中华文明史

赵轶峰 主 编

陕西师范大学出版总社有限公司

图书代号　JC12N0530

图书在版编目(CIP)数据

中华文明史 / 赵轶峰主编. —西安:陕西师范大学出版总社有限公司, 2012.8(2022.8 重印)
　　ISBN 978-7-5613-6378-2

　　Ⅰ. ①中… 　Ⅱ. ①赵… 　Ⅲ. ①中华文化—文化史
Ⅳ. ①K203

中国版本图书馆 CIP 数据核字(2012)第 145333 号

中华文明史
ZHONGHUA WENMING SHI

赵轶峰　主编

责任编辑 /	谢勇蝶	
责任校对 /	钱　栩	
封面设计 /	鼎新设计	
出版发行 /	陕西师范大学出版总社有限公司	
	(西安市长安南路 199 号　邮编 710062)	
网　　址 /	http://www.snupg.com	
经　　销 /	新华书店	
印　　刷 /	西安市建明工贸有限责任公司	
开　　本 /	787mm×1092mm　1/16	
印　　张 /	21.5	
字　　数 /	397 千	
版　　次 /	2012 年 8 月第 1 版	
印　　次 /	2022 年 8 月第 5 次印刷	
书　　号 /	ISBN 978-7-5613-6378-2	
定　　价 /	39.00 元	

读者购书、书店添货或发现印刷装订问题,请与本社高教出版分社联系、调换。
电　话:(029)85303622(传真)　85307826

前　言

　　现代大学培养具有专门领域知识、能力的人才，以满足社会对专门人才的需求。此种功能、目标在所有大学中都得到了体现，天经地义。然而现代社会崇尚竞争，追求效率，大学一旦过分偏重于学生竞争能力的训练，就会忽略普遍文化知识的根基。这样培养出来的人才，专而不通，在将来的社会实践中容易流于浮躁。这在处于持续变革状态中的当代中国大学体系中，也有明显的表现。所以近年来，国内多所高校研讨、尝试为所有学生开设博雅通识性的课程，以期学生能有人文情怀，知识宽博，这是意义深远的。本书就是专门为正在读大学的青年朋友编写的，可以作为教材、教学参考书，也可以当做自修的读物。它的基本内容，是用专题的形式，对中华文明的历史做一个提纲挈领又融会贯通的介绍，以便青年学生，尤其是不拟专修历史学课程的其他各学科的学生，通过不太繁冗的阅读，建立起思考中国历史、中国文化和中华文明的知识基础，并通过这样的学习，养成对人文历史进行思考的习惯。

　　为什么要把中国历史、中国文化和中华文明分别列出来说呢？这三个说法所指的事实其实本来是同一的，就是中华民族以往的总经历。但是当我们说"中国历史"的时候，比较强调这个总经历中一些主题线索中的次序关系，以明其变迁的因果、次第；当我们说"中国文化"的时候，比较强调这个总经历中蕴含的精神气质和表现方式；而当我们说"中华文明"的时候，则是强调把这个总经历看做人类文明史上发生的一种独具特色的文化、社会、制度类型，看做人类总的生存和发展经验中一种值得专门了解的大共同体存续传统。所以，中华文明史，其实是把中国历史整体地放到人类文明总经历的背景之前，因而衬托出其最突出特色的中国历史。这门课程，当然要与"世界文明史"一起修习。

　　现在流行的历史教材大多以国家为对象。本书之名，不称"中国"，而称"中华"，是基于文明史的基本取向和方法论。简单地说，当今世界上有许多国家，但并没有同样多的文明。国家是一种比较"刚性"的政治共同体，要有一个政治权威机构、一套制度、明确的地域范围、明确的归属人群。用国家的概念来叙述几千年的历史，总会遇到诸如政权反复分合重组、疆域变迁、民族聚散、制度废兴等等复杂的、超过国家范围的现象，最后不得不运用一种以今天的国家疆域、人群为尺度，从末端倒着看上去，再从开端正着说过来的办法来写。我们很容易就可以看出，这种方式其实是今天的状态与以往的事实之间的一种妥协，其中有一些勉强的地方。

文明则是一种比较"柔性"的共同体，它的基本内涵是认同和共生。"文明"一词的欧洲语词根是古代拉丁语中的"civis"，指公民权益的、合法的、民法的，后来演变出英语中的"civilization"，汉语翻译成"文明"。这个词根使得文明一直保持着作为一个关于城市社会组织的概念的特性。根据法国历史学家布罗代尔的考察，直到18世纪，"文明"还是一个不太引人注目的词。18世纪中后期，文明作为与野蛮对立的一个概念，在英国、法国思想家的著作中流行起来，这显然与把"civis"这个词根所指的那些城市—公民—法制现象及其后来演变充实的社会状态看做积极进步的，而把与之有差异的其他社会状态看做消极落后的观念有关。于是，文明就成了一个关于物质水准和精神状态的概念，成了一种价值尺度。这时，在西方语言中，"文明"这个词和"野蛮"这个词一样，都是单数的，因为它们都表示一种发展、开化的水平状态。比如在法国思想家基佐的著作中，文明主要涉及的是社会和人的精神进展状态。他说，文明"总而言之，是社会和人类的完善"。① 当时的欧洲思想家从进步信念出发看待人类各个群体的经历和状态，认为只有少数杰出的民族或者社会达到了超过其他人群的所谓文明的水平。后来，单数的文明观念被普遍使用，比如今天我们说"讲文明，讲礼貌"，这就是在恒定品质和单一性质意义上使用文明的概念。从19世纪20年代前后开始，文明逐渐地也被用作复数形式的，在英语中表示为"civilizations"。在这种语境中，历史上出现过的较大人类共同体各自有不同的发明创造和生存、表现成就，它们相互有差异，但是却以各自的方式实现自己的存续和发展。复数的文明概念，演变为对形成传统的大规模的人类共同体的文化和成就特性的区分，从而形成文明比较的意识和各个民族、文化、社会各自具有独特价值的意识。20世纪初，德国学者施本格勒在他的《西方的没落》一书中，把文明看做有生命的共同体，认为文化充分发展以后就会僵化，从而进入文明状态，文明是文化开始没落的阶段，这时的文明处于单数和复数之间。文明特属于西方，所以是单数的，但从逻辑上说，其他文明存在过，也可能再形成，所以又是复数的。稍后，英国历史学家汤因比讨论了人类历史上的20多种文明，指出"所有的文明都是同时代的"。这种说法与18世纪的

---

① 基佐著：《法国文明史》，沅芷、伊信译，北京：商务印书馆，2007年，第1卷，第8—9页。

单数文明概念有深刻的差别,它已经不再把文明看做单一的属性,并且弱化了各种文明之间进化、发达、好坏之类差别的本质意义。20世纪中叶以来,人们普遍使用文明这个概念的时候,实际上有18世纪以来逐渐形成的双重含义,一重是表示与野蛮相对的进步、发达、开化的属性,另一重是指在历史上曾经有持续性表现并实现了自具特色的物质和精神创造同时构成大范围群体认同的人类社会共同体。后者就是将文明看做具有较大规模、复杂分工和管理体系并展现出复杂精神生活的具有持续性的人类社会共同体及其传统。当我们把"中华文明"作为这本书的主题的时候,已经表示出把"文明"看做大社会共同体及其传统的基本取义。这种共同体的内核是明确的,因而可以在比较的时候显示出与其他文明的差别,它的外缘又是弹性的,因为所有的文明都在历史上以"经历"的方式展开,而长时间的"经历"中,一定包含着许多地缘和人缘的变迁。历史上构成文明的大共同体如果不是在历史变迁中分化、嬗变、消失,在进入现代社会的时候,就大多分解成多个政治共同体,即民族国家。所以在今天的世界上,国家要比文明多得多。中华文明却在几千年的历史变迁中作为一个社会共同体和文化传统走进了现时代,这是人类历史和文明史上的一个奇迹。我们尝试在这本书里展示这个奇迹,探讨奇迹般的中华文明在人类以往和现代生存中的意义。

教材不同于专著。专著的目标是对一个或者一个紧密关联系列的专门问题进行深入的研究,提出创新性的结论,以推进人类知识的进步;大学教材的基本目标是对已有知识进行阐释、传播,并在此过程中培育读者的文化与心智倾向。所以教材并不以知识创新为绝对目标,而以引导读者建立合理的知识基础并达至知识和思想的前沿即创新的临界点为基本目标。因此,教材编写者必须公允地综合前沿性的和根基性的知识,以顺畅的方式呈现于读者面前,同时展示对这些知识做进一步追问的可能性。由于这样的性质,本书编写过程中参考了许多学术著述,基于本书的基础概念和编写要旨,择善而从。不过,读者切请注意,大凡认真的综合,都需整合具体的知识,在这样的过程中,会发现一般知识中分离的知识点之间有断裂甚至冲突,会发现各家各派的学者对同一史实的理解和叙述有差异甚至相互矛盾,这就要求综合者进行新的思考,这种思考有时会触及根本性的学术观念与方法论问题,有时则牵连出对一些具体事实的进一步考订。所以,凡能展现新的视角的成体系的教材,往往包含着许多新的深层次的探索。这部教材作为一个整体,也涉及关于中华文明史的独立建构的一些理解和叙述,其中如下几个方面应该特别加以指出:

第一,对于文明本身的界定,如前所说,首先是将之视为经历了长期历史积淀并具有独到精神特质的人类社会共同体，这与其他一些著作中采用的文明定义有所不同。只有在这种意义上，才可能讨论不同文明之间的交往、互动、冲突、融合之类的问题。

第二，各个文明的特质，包括中华文明的特质体现在其历史经历中展现出来的制度、信仰和信念、生产生活方式、语言文化及科学与艺术的创造中，并非只表现在狭义的文化生活中，因此文明史与文化史是有区别的。

第三，每个文明都是人类文明总经历中的一部分，这不仅在于各个文明之间存在不同的交往、互动，而且在于所有的文明共有一些基本的倾向、诉求，并且在现代社会逐渐强化了其相关性。因而，文明史的叙述和研究，需体现世界的视角和普世的人文精神的观照，这样才可能既有益于公民的民族自知与自信，同时又不至于成为狭隘种群竞争、标榜意识的温床。这些理解贯穿在全书的设计和行文中，是使用本书时需要注意的。

一般的历史教材大抵沿着时间的顺序，从古到今平推开来，这本教材没有采取这种方式。原因是如果那样做，本书就成了一个一般常见中国史教科书的简写本，同样体例而篇幅缩短，结果其知识内容和思想内涵也就都会成为常见教科书的纲要。现在的体例是将全书内容分为 18 个纵向的专题，各专题分别从物质创造、制度安排、知识求索、价值观念、信仰世界、艺术表现、内外关系等侧面贯通古今地讲述中华文明的基本经验，其背后的共同话题则是中华文明作为一个社会共同体和文化传统长期存续的因缘及其在现代世界的意蕴。在这样的编写过程中，参编者都感受到一种知识探索的张力，使得这项工作对于编者成为颇具挑战性的学术工作，希望读者也能在使用这本书的时候分享到这种感受。进行教学时，建议教师按照 40 课时安排教学时间，18 讲各用两个课时，共 36 课时，另外 4 个课时用来进行课程说明、总结、讨论等活动。此外，因为每一讲涉及的内容都很多，又不能过分节略，所以修习这门课程的学生，一定要事先阅读教材的相关部分，这样才允许教师在课堂上覆盖教学内容的要点，同时节省出一点时间来进行课堂互动。学生如果只听课，看教学课件，就肯定不能形成通贯的理解，会落入机械背诵一些关键词和所谓知识点的窠臼。要知道，那种方式并不是任何意义上的学习方法，只是敷衍教师、贻误自己的流俗。

因为篇幅和编者学力的限制，本书不能十分详尽地讨论它提出的问题，书后列出了一些主要参考文献，也是值得扩展阅读的书籍，可供好学深思者参考之用。

赵轶峰

2011 年 12 月于长春

目录

第一讲

中华文明的起源

文明发生的第一步是人类通过进化从动物界独立出来,成为一个具有特殊的知识积累能力、敏锐的经验反思能力、创造性和道德意识的类属。迄今为止,学术界比较公认的看法是人类的远祖最初是在非洲发生脱离动物界的进化的,他们扩张了自己的实力之后,向欧亚大陆迁徙扩散,进一步演进,成为人类。从考古学角度看,中华大地有大量而且连成系列的古人类遗物和活动遗迹,说明中华大地曾是人类进化的重要舞台。文明发生的第二个重要的步骤是农业的发明。迄今为止所知道的所有上古文明都以发达到一定程度的农业为基础,中华文明也不例外,是建立在古代大河流域农业生产生活方式基础上的。农业发生之后,人类的体质和心智都获得了显著增强,社会生活变得复杂起来,各种手工业技艺也发展起来,从而使人的技术创造能力和艺术审美情趣得到提高。中华先民在手工业技艺方面曾有独具特色的造诣。关于文明形成的标志,目前普遍的看法是国家的形成。从文明史的角度而言,国家体现为一个具有相当规模并且高度复杂化了的社会,具有高度的组织性、有序性,因而获得了管理内部事务及抵御外部冲击的强大力量,同时,其部分生产品被集中使用,使得深邃、高雅的精神文化活动能够展开。不过,单一的小型古国并不构成文明,这种古国在中华文明发生的历程中曾经出现很多,旋聚旋散,无法长久积淀为精神文化传统,只有当它们更大规模地聚合起来以后,才能够凝聚起稳定的性能,积淀起影响久远的知识和价值传统。因而,我们将汇聚诸多上古方国而成为较大的国家共同体的夏朝看做中华文明发生的一个确定的标志。当然,文明是历时发展的,夏朝建立之后,中华文明不断演进、增益、扬弃、变迁,逐步形成其基本特征。

一、中华大地的远古人类进化

文明是人类社会发展历程特有的现象。远古时代的中华大地是人类进化的早期历程中活动的重要舞台。大约在距今400多万年的时代,人类从南方古猿的一个分支中分化出来,形成了"能人"(Homo habilis),其体质、形态与现代人已经接近,实现了人猿揖别。能人进化为直立人(Homo erectus),再进而发展为智人(Homo sapiens)。早期智人又称古人,晚期智人又称新人,新人后来发展成为现代人。1998年,学者在安徽繁昌县孙村镇人字洞发现了距今240万至200万年之间的古人类石制品和骨制品,这是目前已知的亚洲地区最早的人类遗迹之一,表明中国是人类早期发展的一个摇篮。从距今200万年的巫山人到距今1万年的山顶洞人,正是中华大地上的远古人类从直立人到早期智人,再到晚期智人的进化时期。这个时期,远古人类主要使用经过敲打而制成的石器作为生产和生活的工具,所以被称为中国历史上的旧石器时代。迄今已经在中国境内发现的旧石器时代主要的人类遗存可见下表:

命名	发现时间	地点	古人类化石	遗物	伴随物	大致时代
巫山人遗址	1984 年	重庆市巫山县庙宇镇龙坪村龙洞苞西坡	两块女性人骨化石,一为左侧下颌骨,一为左上内侧门齿	大量石制品,多数带有人工打击痕迹	5000 余件动物化石,涉及约120种动物	距今约 204 万—201 万年
西侯度遗址	1960—1962 年	山西省芮城县西侯度村附近"人疙瘩"北坡		一批人工制作的石器、有人工加工痕迹的残鹿角和一批烧骨	大量动物残骸化石	距今约 180 万年
元谋人遗址	1965 年	云南省元谋县上那蚌村附近	两颗青年男性上中门齿化石			一说距今约170 万年;一说距今约60万—50万年
小长梁遗址	1978 年	河北省阳原县官亭村小长梁一带		石制品千余件,包括刮削器、尖状器、砍砸器等		距今约为 100 万年
蓝田人遗址	1963—1966 年间	陕西省蓝田县县城西北的陈家窝村、蓝田县东南 17 公里的公王岭村	一块完整的老年女性下颌骨化石、一个 30 岁左右女性的头盖骨、鼻骨、右上颌骨化石和 3 枚牙齿化石			距今约100 万年—53 万年
北京人遗址	1921—1966 年	北京市房山区周口店龙骨山	共有头盖骨6 个、头骨碎片14 块、下颌骨15 块、股骨 7 段、胫骨 1 段、肱骨 3 段、锁骨 1 块、月骨 1 块、牙齿153 颗	数以万计的石器和石制品,有刮削器、尖状器、砍砸器、雕刻器和石球等,以及大量烧骨和灰烬	各种动物化石百余种	距今约 70 万—20 万年,较多著述中称距今约50 万年
金牛山人遗址	1974—1975 年	辽宁省营口市西南 8 公里的永安乡金牛山	相对完整的成年男子头骨、脊椎骨、肋骨、髋骨和四肢骨			距今约 28 万年
大荔人遗址	1978 年	陕西省大荔县解放村甜水沟	一块基本完整的青年男性头骨化石			与金牛山人大体同期
许家窑人遗址	1974—1977 年	山西省阳高县古城乡许家窑村东南 1.5 公里处	人顶骨 11 块、枕骨 2 块、左上颌骨 1 块并附连牙齿 4 颗、单个牙齿 2 颗	3 万余件石器,包括刮削器、尖状器、石球、雕刻器、石钻、砍斫器等		距今约 10 万年以上

中华文明史

命名	发现时间	地点	古人类化石	遗物	伴随物	大致时代
马坝人遗址	1958年	广东省曲江县马坝乡狮子山	一块中年男子的头盖骨化石			距今约10万年
长阳人遗址	1956—1957年	湖北省长阳县下钟家湾村西北关老山坡龙洞	一块附连2枚牙齿的上颌骨及单个牙齿1颗			略晚于马坝人
丁村人遗址	1954年	山西省襄汾县丁村	3枚人牙化石和1件右顶骨化石	2000余件石器,包括砍斫器、石球、三棱大尖状器和刮削器等	各类动物化石	距今约10万年
山顶洞人遗址	1933—1934年	北京周口店龙骨山	3具完整的头骨、3件头骨残片、4件下颌骨及其残片、一批脊椎骨、枕骨、肩胛骨、髌骨、跗骨和零星牙齿化石10余枚			距今约18000年
柳江人遗址	1958年	广西壮族自治区柳江县新兴农场通天岩旁的一个洞穴中	仅缺下颌骨的头骨一具、胸椎骨4块、肋骨5段、腰椎骨5块及骶骨、右髋骨、左右股骨各一段		大熊猫、巨貘、中国犀、东方剑齿象化石	距今约22万—7万年
资阳人遗址	1951年	四川省资阳县黄鳝溪	一块50岁以上女性头骨			距今约7000年

在距今5万年左右,人类在体质上已由早期智人发展到晚期智人阶段,晚期智人已经基本上接近于现代人。与此同时,世界上三大人种已经基本形成,即非洲大陆上的尼格罗人种、欧亚大陆上的欧罗巴人种和蒙古人种。目前在中国境内发现的晚期智人化石,构成了一条相对完整的人类进化链,且均具有原始蒙古人种的体质特征,可见这些智人是现代中国人的直系祖先。晚期智人的脑容量已经接近现代人的脑容量,如柳江人和山顶洞人的脑容量为1300—1500毫升。与此同时,晚期智人的颅骨变高,厚度减薄,头骨最大宽度上移,额部丰满,吻部后缩,眉弓变矮,牙齿变小,下颏突出,其智力水平已接近现代人。晚期智人不仅能够使用和制作石器,而且学会了使用火、弓箭、梭镖和复合刀具,这使人们可以猎取飞禽和大型走兽、游鱼,大规模的围猎也成为可能。骨针和缝制技术的发明,使得人们得以穿上皮衣,携带火种,走出原始的洞穴,落脚于四面八方。许多过去荒无人迹的地方,陆续出现了人类文明的曙光。目前在中国境内发现的旧石器时代晚期文化遗存,西起青藏高原,东达江浙、台湾,北抵黑龙江漠河,南至云贵、两广,遍及各地,其数量远远超过旧石器早期和中期文化遗存的总和。

二、农业的发生

　　大约在公元前 1 万年时,中华大地上的远古先民开始从直接获取自然界赐予的食物转变为利用自然条件生产食物,即从单纯的采集、狩猎经济转变为以栽培作物、饲养家畜为基本特征的农业经济。相应地,也发生了由使用打制石器向使用磨制石器即新石器工具的过渡。中国的新石器时代,大体上从约公元前 1 万年持续到约公元前 2000 年。

　　在人类文明史上,农业曾经多次在没有外部社会影响的情况下发生,其基本环境都是具有冲积平原和灌溉条件的大河流域。这表明,农业是一场具有普遍性的变革。至于农业究竟是怎样发生的,并没有具体的证据来帮助我们做出准确的说明,最大的可能是,农业是在适合人类生活的区域自然地“发生”的,而不是被“发明”的。大致说来,大河流域本来是采集和渔猎条件比较好的区域,是先民比较易于获取生活所需要的各种条件、资源的区域,人们尽量争取在那些地区定居下来,从而发现了野生植物的种子可以被种植再生的规律,并驯化了一些野生动物作为劳动的助手或者食物来源,从而形成了定居的以农耕为主的社会生活。事实上,农耕社会始终没有彻底摆脱部分采集和渔猎活动。

　　世界上的主要粮食作物中,高粱原产于非洲,小麦和大麦原产于西亚,玉米原产于中美洲,水稻、粟和稷则原产于中国。长江流域是世界上稻作农业的起源地。考古学家在湖南道县玉蟾岩遗址和江西万年吊桶环遗址,都发现了公元前 1 万年左右的稻谷花粉和保存完好的稻谷颗粒,这是迄今所知世界上最早的人工稻栽培遗迹。[①] 目前发现的世界上最早的粟类植物栽培遗迹距今 8000 年左右,黄河流域的磁山—裴李岗文化遗址和西辽河流域的兴隆沟遗址都是世界上粟类和黍类作物人工栽培的最早遗址。根据这些遗存中粟类作物堆积的情况看,粟类作物开始栽培的时间还要早得多,很可能在距今 1 万年前后就已经发生了。

　　受地理环境和物产资源等诸方面因素的影响,远古中华大地逐步发展出各具特色的经济文化区。到距今 7000～5000 年前后的新石器时代晚期,中国境内较为重要的文化区系大致有黄河中游的仰韶文化,黄河下游的大汶口文化,燕北、辽西的红山文化,长江中游的大溪文化,长江下游的马家浜—崧泽文化,长江以南的石峡文化。其中,仰韶文化的发现最早,知名度最高,所以学术界称整个新石器时代晚期为仰韶时代。

　　仰韶时代的社会经济以农业生产为主,辅以饲养家畜,兼营渔猎和采集。这一时期各地的文化遗存中,普遍发现了栽培作物的遗迹。在西安半坡发现的谷物窖穴可容 0.83 立方米的谷物。在山东胶县三里河大汶口文化遗址,发现了容积为 3 立方米的储粮窖穴。在马家窑文化遗址,发现了储量达 2 立方米的炭化的稷。南方稻作文化区也普遍发

[①] 严文明:《农业发生与文明起源》,北京:科学出版社,2000 年,第 18—19 页。

现了稻谷遗存。大溪文化区的湖北宜都红花套、江陵毛家山、湖南澧县三元宫,屈家岭文化区的湖北武昌放鹰台、湖北京山屈家岭、湖北郧县青龙泉、河南淅川黄楝树等地,都发现了掺在抹墙的泥土或其他建筑用土内的稻草和稻谷壳遗存。在长江下游的安徽潜山薛家岗三期文化、良渚早期文化和华南地区的石峡文化遗址中,也都发现有稻谷遗存。

农业生活总是伴随着家畜的养殖。这一时期的家畜饲养,以猪、狗为主,其次为鸡和黄牛。除了农业和饲养业,渔猎和采集还在当时的社会经济生活中占有相当地位,如半坡遗址中曾发现大量的渔猎工具。当时狩猎的对象主要是斑鹿、獐、野兔、野鸡等,采集的主要对象为松、榛、栗、朴等树木的果实。

农业的发生是人类历史演进过程中的一次重大的革命,它使大规模的人口聚居成为可能,从而形成了建立复杂的社会组织的需求,复杂的社会组织又加强了人类群体生存和发明创造的能力,在较大群体的生存斗争和相互竞争中,又进而产生了国家。

三、文明初曙时代的手工技艺

以农业、采集、渔猎复合的方式构成更为稳定的生存条件和技能的过程,伴随着定居生活的日益复杂化、精细化,以及人群聚落生活的扩大。这个时候,人类求知、审美、增强自身能力的意识日益觉醒,手工业技能也逐步发展起来。

人们开始对实用的工具进行精细的加工,使之不仅具有实用的功能,而且具有美感。这个时候的工具,主要还是通过改造自然物的形态进行制作的,其中主要是石头,而比较坚硬而且具有审美意味的玉石在被加工成为精细的工具的同时,也被用来制成装饰品,制石和制玉的工艺就发展起来了。

从仰韶时代的遗存来看,磨制已经是当时石材工具加工的普遍工艺,这种工艺被广泛应用到其他材料如骨、角、蚌、牙等制作的工具和生活用品上。当时的人们已经能够实现对石头等材料的切割和钻孔,这不仅使钻孔石器的数量大增,而且使装有手柄的工具结构更为稳固。当时的南北各地各支古文化中,普遍都有手工加工的玉器。玉因其质地坚硬、温润细腻,成为体现当时工艺、审美乃至信仰倾向的重要器物。其中,红山文化、大汶口文化、凌家滩文化都在制玉工艺方面达到了惊人的水平。

时间与仰韶文化部分同时而延续到稍晚时期的龙山文化,以山东济南历城县龙山镇城子崖遗址的发现和发掘而得名,考古学家又将大致同一时期的具有龙山文化典型特征的其他文化也归入龙山文化类型,其中在中原地区的有后岗二期文化、王湾三期文化、陶寺文化、三里桥文化和客省庄二期文化等,在长江中游的称石家河文化,长江下游是良渚文化。在长江上游的成都平原一带,还有与龙山文化大体同期的边堆山文化。这些文化中的手工技术达到了更精细的程度,切割法、管钻法和磨光技术普遍应用,石器的种类和形态更加丰富多彩,地区性风格差别也更加明显。发现于浙江省余杭县的良渚文化遗址的玉器工艺极其发达,其中的玉琮,最深的钻孔长达 30—40 厘米,施纹方法有透雕、浮雕和线刻三种。最典型的纹饰是神人兽面纹,其背景纹饰是一个戴羽冠的神人,胸部和腹部通过浮雕手法强调成兽面形,兽面上又有阴线刻纹,其最细者仅有 0.7 丝米,已经具有微雕性质。大型贵族墓葬中的玉器动辄以千计。

世界上许多地方的先民首先开始使用铁器,然后才开始使用铜器。中华先民则在石器时代的后期就开始使用铜器,后来发展为辉煌的青铜文化,使用铁器则是在东周时代才开始的事情。考古学家在仰韶文化、大汶口文化、马家窑文化和红山文化遗址中,都发现了金属遗存。1973 年,考古学家在仰韶文化的陕西临潼姜寨遗址中发现了一件残存的铜片。1975 年,甘肃东乡林家遗址的马家窑文化遗存中出土了一件单范铸造的铜刀,其主要成分为铜和锡。1981 年,在内蒙古敖汉旗西台红山文化遗址中出土了两件陶质铸铜合范,是铸造一种小型钩的模具。在龙山时代的各个文化遗存中,铜器数量增多,应用范围扩大。铜器中包括锥、刀、匕、斧、镯、指环、铃、镜等等,质地多为红铜,也有少量的青铜和黄铜。

体现文明孕育时代工艺水平的另一个重要门类是制陶工艺。最初的陶器可能是受经火烧灼过的泥土变硬的现象启发而被制作出来的,在所有上古人群聚落遗址,几乎都可以发现早期的陶片。初期的陶器成型的时候主要是采用捏塑、泥条盘筑、泥圈套接、泥片贴筑等方法,露天烧制,火温不高,色泽不匀,质地疏松。仰韶时代的陶器,则显然已经是轮制成型和修整的,并且已经采用陶窑来烧制;陶器基质主要为淡红色,上面经常有手绘的淡黑色的图纹,显得绚丽斑斓。仰韶文化遗址中也有一些黑陶和灰陶,这是陶器烧制过程中松烟进入窑室,发生渗碳作用的结果。龙山时代制陶业的进步表现在快轮拉坯成型工艺的推广应用。中原龙山文化和良渚文化的陶器一般不再施加其他纹饰,而只是用轮盘直接旋出竹节状纹、阴弦纹等,有的器物在局部范围施以不同形状的镂孔或刻划纹。中原龙山文化和良渚文化的陶色都以黑色为主,龙山文化的蛋壳黑陶杯代表了这一时期制陶工艺的最高成就。

属于新石器时期的纺织物遗迹表明,中华先民是最早运用纺织技术的人群之一。龙山时期已经发明了丝织工艺,麻织工艺更加精细。最早的养蚕织丝遗存发现于良渚文化遗址。江苏吴江县梅堰遗址良渚文化层中曾出土一把刻有 5 条蚕纹的带把灰陶壶,[1]由此可以推知养蚕已经属于良渚文化居民社会经济生活的构成要素。此外,在浙江吴兴钱山漾良渚文化遗址中曾发现一批盛在竹筐中的丝、麻织品,其中丝织品包括绢片、丝带和丝线,[2]经鉴定,原料均为家蚕丝。其中绢片采用平纹组织法织成,经线和纬线粗细相若,织物密度为每平方厘米 47×47 根,已属较为精细的丝织品。

在良渚文化的一些大型墓葬中,曾发现涂漆木质盘、觯和杯等,个别棺木也有施漆迹

---

① 江苏省文物工作队:《江苏吴江梅堰新石器时代遗址》,载《考古》1963 年第 6 期。
② 浙江省文物管理委员会:《吴兴钱山漾遗址第一、二次发掘报告》,载《考古学报》1960 年第 2 期。

象。这些漆器一般都以黑色为地,上施红彩,绘成各种纹样。在中原龙山文化的陶寺墓地中,一些大型墓葬中也往往发现腐朽成灰的漆器,器类有鼓、盘、豆、案、俎等。这里的漆器一般是以红色为地,其上以黑、白、黄、蓝、绿等色彩绘出美丽的图案。良渚文化和中原龙山文化的漆器都发现于大型的贵族墓葬之中,说明早期的漆器是专门服务于贵族的,属于社会分化的产物。

四、早期国家与夏王朝

现代学者比较公认的判别文明时代开始的标志是出现了国家。国家是一种达到高度复杂程度和较大规模的社会组织体系,它的出现表明该人类生存共同体已经具备了相当严密的组织秩序和制度,具备了整体行为所需要的公共权力,具备了足以区别内外的群体认同机制,并且具备了共同体竞争和防御的军事能力。国家具有阶级统治和压迫的功能,但它的共同体整合功能在文明发展史上也具有根本性的意义。因为在此基础上,人类社会才开始以一个个巨大共同体的形式展开其生存、竞争和发展的历程,从而使文明社会趋于不断的发展。

如何判定国家是否已经形成了呢?考古学上使用的最重要的尺度是看是否已经形成了具有较大规模的设防城区。

农业发生后,大规模的人口聚居成为可能,人们在聚居地建造房屋,以便充分利用多年积累的经济生活条件,从而出现了定居的农业村落。这种村落即使不是由出于同一血缘系统的人群发展而来的,也会在发展中很快被血缘、婚姻纽带联系成为具有血缘色彩的小社会共同体,这在现代被称为氏族社会。氏族社会的人们已经注意到近亲配偶子女不昌,相邻氏族之间相互通婚成为普遍的婚姻方式,于是出现若干相互通婚的氏族社会相邻而居的情形。它们构成的较大共同体叫做部落。到新石器时代中期,中国南北各地都出现了修建有壕沟和围墙的设防环壕聚落。壕沟或围墙一般环护于定居村落的周围,内蒙古敖汉旗的兴隆洼遗址和湖南省澧县梦溪镇五福村的八十垱遗址都发现有这种环壕的遗迹。这两处遗址前者占地面积约 2 万平方米,后者约 3 万平方米。在黄河流域的西安半坡和临潼姜寨,也发现了距今 6000 年左右的环壕聚落遗址,其中半坡遗址现存面积约为 5 万平方米,姜寨遗址现存面积约为 2 万平方米。①

大约从仰韶文化晚期开始,中华大地上的环壕聚落开始向早期城邑过渡,聚落围墙的墙体建筑由早期的堆筑发展为更坚固的版筑。1992 年至 1995 年间,考古学家在郑州

---

① 参见中国科学院考古研究所、陕西省西安半坡博物馆编:《西安半坡》,北京:文物出版社,1963年,第 9 页;半坡博物馆、陕西省考古研究所、临潼县博物馆编:《姜寨——新石器时代遗址发掘报告》,北京:文物出版社,1988 年,第 15 页。

西山发现的仰韶文化晚期古城,大体呈环形,总面积约 2.5 万平方米,墙体就是采用版筑法建造而成的。墙外挖有护壕,宽 4—7 米,最宽处可达 11 米,深约 4 米。城址开有西门和北门,其中,北门外侧还筑有一道长达 7 米、宽约 3.5 米的护城墙。据初步研究,此城的年代距今约 5300 年。① 在黄河下游的五莲丹土、滕州西康留、阳谷王家庄,也发现了类似的建筑遗迹,年代都在距今 5000 年左右。

目前考古学家在各地发现的龙山时代的古城已有 50 余座,主要分布于黄河中下游的华北平原地区、内蒙古中南部的河套地区、长江中游的江汉平原地区、长江上游的四川盆地,其中最具代表意义的是近年发现于山西临汾的陶寺古城。陶寺城址平面呈圆角长方形,总面积约为 280 万平方米,为目前中国最大的史前城址。此城址中发现有大型宫殿、祭祀场所、墓葬、手工业作坊、大型仓储和居住区。其中的宫殿区外围有护壕围护,总面积约 6.7 万平方米。宫殿的核心建筑区为一巨型夯土台基式建筑群,总建筑面积约 7800 平方米。② 根据陶寺古城占地空间规模、礼仪建筑设施、建筑技术等情况,学术界认为陶寺古城已经具备了都城的基本特征。陶寺以外,龙山时代出现的夯土版筑城墙、宫庙设施基本齐备的重要城址还包括河南新密新砦、古城寨、登封王城岗和江苏连云港的藤花落等,都属于这个时期华夏文明形成的重要物化表征。山东章丘县的城子崖古城址、河南淮阳县的平粮台古城址、登封县的王城岗古城址,都具有较大的规模和复杂的功能,同时也显示出华夏国家文明形成之初以中原为核心区域的演变趋势。

城墙的出现一是由于社会共同体防御外部攻击的需要,一是由于社会共同体内部出现了群体、层级、角色、地位的分化。城墙的营建表明巨大集中的权力中心和复杂社会组织体系已然存在,城外部的护城河表明对外防御是这些城墙的重要功能。和中国古代文献相印证,这些城当是所谓的“国”,而其周边地区则为“野”。从其规模上看,这些“国”中还未必发展起了充分的城市生活,应是以政治权力中心为基本性质的,所以与后来的“城市”相比,还有重要的区别。与这些城同样表明集中的权力中心出现的是,大体在同样广大地域间发现的大量祖先和神祇祭祀建筑群与墓地建筑遗存。这些祭祀中心的崇拜祭祀活动当和中国上古时代礼仪制度的形成有直接的关联。这些墓地中陪葬物品的丰俭差别,则可以印证贫富差别和阶级分化的明显存在。这样,在中国历史文献记载的夏朝建立以前的大约 1500 年间,中国历史上的早期国家组织已经星罗棋布地在以长江、黄河流域为中心的广大区域出现了。

中国历史文献中记载的第一个强大的王朝是夏朝。依据文献记载推算,夏王朝存在的时间约在公元前 21 至公元前 17 世纪。这个时期,世界上的绝大多数地区都尚未进入文明时代。夏王朝统治的区域,主要在今河南的嵩山至伊水、洛水流域,夏人活动的区

---

① 张玉石、乔梁:《郑州西山遗址发掘获丰硕成果》,载《中国文物报》1994 年 3 月 13 日;张玉石、杨肇清:《新石器时代考古获重大发现——郑州西山仰韶时代晚期遗址面世》,载《中国文物报》1995 年 9 月 10 日。

② 何驽:《陶寺:中国早期城市化的重要里程碑》,载《中国文物报》2004 年 9 月 3 日。

域，则达到了山西南部、河南东部及河北、山东两省的交界处。

由于夏代的文字至今尚未被发现，因此目前还不能确认哪一处考古学文化就是文献上记载的夏王朝的遗存。为了解决这一问题，自1996年开始，中国学者组织了"夏商周断代工程"研究项目，来自不同学科的学者通过各种研究，大致断定，河南龙山文化晚期已经处于夏文化的存在与发展期，而在豫西及晋南发现的二里头早期文化，就是夏王朝的文化遗存，豫西、晋南是"有夏之居"的所在。

二里头遗址位于河南偃师市西南约9公里的二里头村，总面积在375万平方米以上，遗址中部为宫殿区，占地7万余平方米。遗址共有4层文化堆积，年代基本在公元前20世纪至公元前17世纪之间，与夏王朝存在的时间大致吻合。而且，河南地区的龙山文化、二里头文化以及早商文化基本上是依次叠压、前后相继的地层关系，说明与这一文化相对应的王朝只能是夏。此外，山西南部的汾水下游地区，也有同类型文化存在。目前所发掘的二里头文化遗址主要有河南偃师二里头，洛阳东干沟、矬李、东马沟，陕县七里铺，临汝煤山，郑州洛达庙，山西夏县东下冯、翼城县感军等地。

从二里头文化遗址看，夏代社会经济以农业为主。河南偃师二里头文化遗址中，发现了大量的石斧、石镰、石刀、石铲、蚌镰、蚌刀、蚌铲以及骨铲等。当时极有可能也使用木制生产工具，只是由于木器易于腐朽而没有木制考古遗物的发现。《韩非子·五蠹》描述的大禹是"身执耒臿"的，耒和臿都是用来启土的木制工具。二里头早期文化遗存中出土的器物以陶器数量为最多，主要是轮制的夹砂灰黑陶和泥质灰黑陶，兼有少量的泥质红陶和白陶，包括炊具、饮器、盛储器和礼仪用品。二里头文化遗址还出土了不少青铜器，种类包括刀、钻、锛、凿、渔钩、锥、戈、钺、镞、爵、铃等。一些铜器及玉器的表面上，能看到附着麻布等纺织品的痕迹。这种青铜铸造能力可与《左传·宣公三年》中记载的夏王铸九鼎，图像远方之物说相参酌。文献中记载的夏代陶器和青铜冶铸的中心在昆吾。《墨子·耕柱》云："昔者，夏后开，使蜚廉折金于山川，而陶铸之于昆吾。"[①]二里头遗址的墓葬中还出土了盒、豆、钵、觚、鼓、棺等漆器。二里头文化遗址中除发现海贝以外，还发现了不少模仿海贝而制作的骨贝与石贝，这说明贝在经济生活中已经占据了重要地位，可能已经被作为货币使用。

迄今为止，还没有发现夏代的文字，但由于在更早的山东大汶口文化遗存中已经看到萌芽形态的文字，而商代的文字已经相当成熟，夏代已经产生文字是完全有可能的。二里头文化的遗址中，出土了不少用猪、牛、羊的肩胛骨制成的卜骨，骨上有烧灼过的痕迹，说明时人已会占卜，但这些卜骨多数未经钻凿修治，说明其卜法还比较简单原始。

目前已公布的二里头文化的宫殿遗址有两处。一号宫殿遗址是一座大型的夯土台基，整体略呈正方形，东西长约108米，南北宽约100米，总面积约1万平方米，方向基本上坐北朝南。夯土台基上建有成体系的建筑群，包括堂、庑、门、庭等建筑单体。建筑群

---

① 孙诒让：《墨子闲诂》卷十一《耕柱第四十六》，北京：中华书局，1954年，第264—265页。

的主体是一座殿堂,位于台基的中央偏北。殿堂东西长30.4米,南北宽11.4米。二号宫殿主要也是由中心殿堂、庭院、大门以及廊庑组成,不同的是,该基址殿堂与北墙之间,建有一座大墓。二号宫殿基址小于一号宫殿基址,东西约为58米,南北约为72米,其宫殿建筑格局与一号宫殿基本相同。两座宫殿相距仅150米左右,应该是相关的一组宫殿建筑群。普通民居的建筑主要有三种:一是在平地起建的夯土台基上建造土木结构的房屋,二是以较为垂直的坑壁作为墙壁而修建的半地穴式住所,三是窑洞。三种居住房屋应属于不同经济条件和政治地位的百姓。

二里头文化遗址的墓葬形式主要可以分为两种。一种墓室作长方形竖穴,面积在4—5平方米左右,用大量的朱砂铺底,有棺有椁,且有较多的铜器、玉器随葬品。另一种墓室一般也是长方形竖穴,但是面积仅有前者的1/5或1/3,随葬品主要是陶器。墓葬中的死者多半是仰身直肢,也有一些采用蹲坐式。此外,还有一类埋葬情况,死者并无专有的墓圹,骨架散见于灰坑和灰层之中,个别的甚至和兽骨埋在一个灰坑之内,没有随葬品,也无一定的葬式,有的甚至身首异处,应是死后随意掩埋的。

在文献记载中,夏族为姒姓,是居住在黄河中游的一个历史悠久的原始部族。在传说中的尧、舜时期,黄河流域发生了重大水患。夏族的首领鲧奉帝舜的命令前去治理洪水,由于他简单地采用堵的方法,结果反而加剧了各地水患。帝舜对鲧进行了严厉惩罚,任命鲧的儿子禹继续治理洪水。禹吸取鲧的教训,并不一味用堵塞之法,而是疏导小水入川,然后再引川水入海,这样,不仅消除了洪水之灾,还为农业生产创造了有利的条件。禹治水有功,被舜指定为自己的继承人。舜死,禹即帝位,定都于阳城(今河南登封)。禹对各地的山川、道路进行测量,将天下划分为冀、兖、青、徐、扬、荆、豫、梁、雍九州,命伯益和后稷教民种植,按照各地物产的不同分派纳贡的责任,讨伐了拒不合作治水的有苗氏,又在会稽大会诸侯,申明共同的秩序原则。在先秦文献中,禹是受到称赞最多的圣人之一。《国语》记载周太子晋评价大禹的功绩,称其"厘改制量,象物天地,比类百则,仪之于民,而度之于群生。共之从孙四岳佐之,高高下下,疏川导滞,钟水丰物,封崇九山,决汩九川,陂鄣九泽,丰殖九薮,汩越九原,宅居九隩,合通四海。"①夏代已经有相当复杂的历法,春秋时代的鲁国天文学家梓慎就称赞夏代的历法,认为"夏数得天"。②孔子谈治理国家,也强调要"行夏之时"③。夏历不仅记录天象的变化,而且还包含安排生产活动的内容。《国语》记载:"夏令曰:'九月除道,十月成梁。'"④表明夏历对不同季节的生产活动都作了明确的安排。现存《夏小正》一书,虽然成书很晚,但其中记载了夏代的一些天文历法知识以及当时对于生产活动的安排。

禹生前按照古老的禅让制度将东夷族的首领益立为自己的继承人。但禹死后,诸侯

---

① 徐元诰:《国语集解》之《周语下第三》,北京:中华书局,2002年,第95—96页。
② 杨伯峻:《春秋左传注》之《昭公十七年》,北京:中华书局,1981年,第1391页。
③ 程树德:《论语集释》卷三一《卫灵公上》,北京:中华书局,1990年,第1077页。
④ 徐元诰:《国语集解》之《周语中第二》,北京:中华书局,2002年,第65页。

拥戴禹的儿子启继位。启与益之间发生了权位争夺,结果是启将益杀死,即帝位。启将禅让制度废除,建立了帝位家传的世袭制度。这个制度建立之初,也曾发生了反对者的武装抗争,最终建立之后,"天下为公,选贤与能"的时代就让位给了"大人世及以为礼"的家族统治时代。

家族承继的王朝意味着财产私有制达到了吞噬公共生活体系秩序的程度,表现为私人的、家族的占有、支配对象从个人生活、生产资料延展到了公共资源乃至公共社会其他成员本身。这种公共组织结构在人类文明史上曾经非常普遍,为什么如此,目前尚无非常透彻的解释。不过,因为这种体制在古代农耕社会比在定居生活方式不那么确定的游牧社会更为发达,所以农业定居方式可能是家族王朝的普遍基础。这种体制相对于它所取代的部落联盟共同体来说,最大的优势在于大共同体的结构严整性和统一行动的能力。所以夏王朝在大规模的抗御洪水的群体生存斗争之后形成。强大的外部挑战可能是中国历史上长期保持强大国家共同体传统的主要原因。然而家族王朝的巨大缺陷是统治者个人的品质、能力、作为对于共同体的命运关系太大。就夏朝而言,禹是一个与民众共甘苦的领袖,因此受到后世的歌颂,启则是好逸恶劳的君主,生活淫逸放纵。到夏代末期,为王的桀恃其武力,不修德政,大兴土木,百姓诅咒说"时日曷丧,予及汝偕亡"。①最后,夏朝被其东方的商国用武力推翻。

五、关于中华文明起源的神话传说

现存的古典文献中,保留有许多关于人的起源和远古人类生活情况的神话传说。这些神话传说里面包含有涉及中华文明起源的一些信息,或者表达出后来的人们对于中华文明起源情状的想象。

关于人类的起源,中国古人有盘古开天地与女娲造人的神话。盘古开天地的神话可见于三国时人徐整的《三五历记》和《五运历年纪》。这两部书记载说,宇宙初始时,天地浑沌一体,状若鸡蛋,有名盘古者,裹在其中。后来天地开辟,盘古与天地一起生长。盘古死后,身体化为山川、日月和江河,身上的诸虫化为黎氓。女娲之名可见于屈原的《天问》,其中说"女娲有体,孰制匠之"。当时将之看做神,或者是上古皇王之一,还没有说她是造出人类的起源之神。相传战国列御寇著的《列子》说:"庖牺氏、女娲氏、神农氏、夏后氏,蛇身人面,牛首虎鼻。此有非人之状,而有大圣之德。"②这是将女娲看做人神不分的远古时代的人类先祖之一。同时,《列子》已经提到女娲补天:"物有不足,故昔者女娲氏

---

① (汉)孔安国传,(唐)孔颖达正义:《尚书正义》卷八《商书·汤誓》,北京:中华书局,1980年,影印阮元校刻《十三经注疏》本,第160页。

② (晋)张湛:《列子注》卷二《黄帝第二》,北京:中华书局,1959年,《诸子集成》本,第26—27页。

练五色石以补其阙，断鳌之足以立四极。"①汉代文献《淮南子》说得就具体了："往古之时，四极废，九州裂，天不兼覆，地不周载，火爁炎而不灭，水浩洋而不息，猛兽食颛民，鸷鸟攫老弱。于是女娲炼五色石以补苍天，断鳌足以立四极，杀黑龙以济冀州，积芦灰以止淫水。苍天补，四极正，淫水涸，冀州平，狡虫死，颛民生。"②在这样的神话传说中，可以看到上古人类曾经目睹巨大地质变动的心理印记，女娲则是一个重新补正天地自然界，进而造就秩序的女神。女娲造人的神话，见于文献记载稍晚，大体说天地开辟之时，未有人民，女娲乃抟黄土作人，不胜其繁剧，乃引绳投于泥中，甩举淋漓而为人。

关于远古人类的生存进化，战国末期的《韩非子》一书中说："上古之世，人民少而禽兽众，人民不胜禽兽虫蛇。有圣人作，构木为巢以避群害，而民悦之，使王天下，号之曰有巢氏。"③这反映的是远古人类就岩穴而居或者在树上筑巢穴而居的情形，筑巢的这位圣人，被称为有巢氏。《韩非子》中还说到，古人生食，"民多疾病，有圣人作，钻燧取火以化腥臊，而民说之，使王天下，号之曰燧人氏"。④这讲的是火的发明。《礼记》的《礼运》篇更讲述了巢居、用火以后的进化："昔者先王，未有宫室，冬则居营窟，夏则居橧巢；未有火化，食草木之实，鸟兽之肉，饮其血，茹其毛；未有丝麻，衣其羽皮。后圣有作，然后修火之利，范金合土，以为台榭、宫室、牖户，以炮以燔，以亨以炙，以为醴酪。治其麻丝，以为布帛。以养生送死，以事鬼神上帝，皆从其朔。"⑤中华远古的人类可能就通过类似的步骤，逐渐从蒙昧走向了文明。

西汉时代的史学家司马迁所著的《史记》，将中国的国家史追溯到夏代以前很久的时代，这种追溯虽然缺乏考古实物的佐证，但是其中包含着一些有益于解释中华古国起源的信息。据《史记》等书记载，上古曾有诸多帝王，互相征伐，到黄帝所处的时代，黄帝与炎帝相争，打败了炎帝，又擒杀了边远地区的蚩尤，于是被诸王尊为共主。黄帝设置官吏，分工治民，推广农业，考定星历，采铜铸鼎，建设城郭。黄帝之后的伟大帝王还有颛顼、帝喾、唐尧、虞舜，合称五帝，然后才是大禹。传说中的五帝已经开始祭祀天地山川、巡狩四方、握有军队、设有刑狱。

【小结与思考】

本讲的核心是说明中华文明是如何发生的。本讲的要点，首先是要认真揣摩"文明"的定义，要注意这是一个常常因语境不同而取义不同的概念，通常的用法，一是指性质的，一是指具有特定文化精神传统的大社会共同体的。本书主要在后一意义上使用这一

① （晋）张湛：《列子注》卷五《汤问第五》，北京：中华书局，1959 年，《诸子集成》本，第 52 页。
② 何宁：《淮南子集释》卷六《览冥训》，北京：中华书局，1998 年，《新编诸子集成》本，第 479 页。
③ 陈奇猷：《韩非子集释》卷十九《五蠹》，上海：上海人民出版社，1974 年，第 1040 页。
④ 陈奇猷：《韩非子集释》卷十九《五蠹》，上海：上海人民出版社，1974 年，第 1040 页。
⑤ （汉）郑玄注，（唐）孔颖达疏：《礼记正义》卷二十一《礼运第九》，北京：中华书局，1980 年，影印阮元校刻《十三经注疏》本，第 1416 页。

概念。其次要了解农业的发生是文明起源的曙光,这在整个人类文明史上都是一样的,而中华文明的农业基础是以大河流域的稻粟作物培育为突出特征的。文明的形成以稳定的国家出现为基本象征,国家是社会组织的复杂形态,社会组织形态发展到能够组织成国家的时候,就有了更复杂、精细的社会、思想、文化生活,也有了更强大的对抗外部侵扰、保持内部秩序的能力,从而有可能长期保持,形成我们现在所说的"传统",即群体生存的自然倾向。传统使一个人群区别于另外的人群,使一种文明区别于另一种文明。今人对于上古文明的认识,主要是通过考古遗存、传世文献和各时代的神话传说建立起来的。

【思考题】

1. 什么是文明?
2. 农业对于人类走向文明有什么意义?
3. 中国古代国家的产生与中华文明的形成有什么关系?

第二讲

中华多民族文明的内聚和演进

人类历史上出现过许多文明，大家熟悉的所谓古代四大文明——古埃及文明、两河流域文明、古印度文明、中国文明，是其中最古老而且成就尤为辉煌的上古文明。不过，现代社会以前形成的文明，大都在其发展演变的漫长岁月里消亡了，然而中华文明却生生不息地从古代延续下来，这是人类文明史上的一个奇迹。了解中华文明史，一定要了解中华文明延续性特征的自然的和历史的基础。通过考察可以发现，中华文明的延续性与其内聚演进的历史是互为表里的。

一、中华文明的延续性和精神特质

一种文明是一种共同体生活方式，其基本特征体现在这种文明的生产生活方式、信仰和价值取向、制度设置中独有的文化精神、语言艺术的特征等所有方面。当我们说某一种文明中断或者湮灭了的时候，一般来说，这些方面所蕴含的文化精神特色都发生了根本性的变化，而且通常该社会共同体的主流人群构成也发生了巨大变化。当古代地中海文明，包括古希腊和古罗马以及小亚细亚地区所构成的文明断裂的时候，泛神主义的宗教信仰让位于基督教信仰，城市和商业生活让位于农村和农牧业生活，人本主义的价值观和艺术倾向让位于神本的价值观和相应的艺术表现方式，贵族民主制度让位于人身依附性的军政集团及稍后的封建体制。与之相应，古希腊人、古罗马人也不再是欧洲社会的主流群体。中华文明则不同，她的前述各个方面的基本特征在大约公元前8～公元前3世纪充分展开以后，只是沿着基本特征的方向延伸，其间虽也发生一些重要的嬗变，但先前既有的文化精神总是延伸到后来的生活中去，不曾从根本上断裂，中华文明的人群主体，虽然不断融合，却仍能追溯到原初的祖先。正因这种延续性，直到19世纪的时候，人们依然把公元前5世纪时孔子提出的学说作为修身、治国的指南，甚至到了现代，中国人在思考人生根本问题的时候，还往往回溯孔子的思想。直到现在，海外华侨、华人居民聚居的城市街区还叫做"唐人街"，中国传统服装则叫做"唐装"，这种现象，也反映出中华文明传统的悠远和现实性。

可能是由于看到了中华文明延续性的基本特征，许多西方学者在提到中华文明的时候，喜欢在前面冠以"古老的"的字样，他们倾向于认为，中华文明在达到高度精细复杂的程度以后，就停止了发展，接下来的几千年中，只是不断地复制着已经具有的生活。这种倾向后来被表述成具有理论色彩的说法，一般称为中国历史的"停滞论"。即使是中国现代的学者，也有许多人认真地探讨过中国历史或者中国封建社会"长期停滞"的问题。直到20世纪后期，这类看法的偏颇性才被重新评估。

延续性的特征本来是通过比较概括出来的，它并不等于说中华文明陈陈相因，没有发展变化。关于中华文明或者中国历史长期停滞的看法，最初是由于欧洲近代的一些思想家曾经把"理性"看做文明历史的目标，同时又把当时欧洲的社会文化看做这一目标实现的体现。在他们眼中，除了欧洲，其他地方都缺乏朝着理性目标发展的真正的历史。现代思想家特别强调历史不断革命性地发展的属性，所以他们对于落后的社会、文明、文化的解释，都常常夹杂"停滞论"的词语。此外，对中华文明的这种看法也受到近代以来西方的一些文明理论的影响。比如在德国历史哲学家施本格勒看来，文明是一种文化发展充分以后必然达到的一种僵化状态，达到了文明的状态以后，就如人已老成，渐渐失去创造力，走向没落，所以他认为近代的西方也已经走向了没落。但是这只是一种假说，究竟是否如此，究竟一种特定的文明到什么时候才丧失生命力，需要实践来验证。中华文明在今天仍然具有创造力，这种事实的说服力要大于假说的解释力。我们所说的文明，是指具有精神文化特质的社会体系，这种体系是可能在保持特有的基本精神文化特质的情况下，也就是在保持比较清晰的历史记忆的情况下，实现发展的。

中华文明一以贯之的基本精神文化特质是什么呢？许多思想家探讨过类似的问题。中国的古人就常常用文化精神，而不是人种或者民族属性，来区分华夏和夷狄。"夷狄"等词语固然包含着对非华夏者的轻视，是包含偏见的，但是从文化精神角度来寻找认同的基础却是可取的认知方式。现代的许多思想者，在寻求中国在落后的处境中崛起的精神文化根由或者找寻改造自我的症结时，也会探讨"中国精神"或者中国人的"国民性"等等，这也表明中华文明的基本精神实际上不仅存在于过去，而且也存在于现今中华民族的社会生活方式和文化表现中，在不知不觉中塑造着我们每一个人的行为倾向。就主流而言，中华文明有如下基本文化价值观倾向：

1. 在人与自然的关系方面倾向于天人亲和，而不是天人对立；
2. 在信仰层面，倾向于神道设教，兼容并蓄，而不是信仰任何形态的单一神教；
3. 在社会观方面，倾向于家国并重，均平忠孝；
4. 在道德修养方面，崇尚推己及人、中庸平和，而非好勇斗狠、一味竞争；
5. 在认知方式方面，注重整体参悟，格物致知，而非剖割分析；
6. 在男女关系方面，倾向于男外女内，男刚女柔；
7. 在对外关系方面，倾向于固守自我，安绥远人。

这些特征存在的时候都有与之相反的倾向与之颉颃，但是如果细细揣摩，应能看到前述的特征是主流，而且是在各个时代都有表现。这些特征当然并不都是优长，其中许多要素，在现代社会生活中已经被扬弃或者改造，并不值得固守；也有一些，导致人保守而缺乏进取，从而引起历史上的许多弊病；还有一些，在过去的时代曾经是比较可取的，但随着历史的发展和社会的进步就显露出缺陷来了。尽管如此，中华文明的基本精神特质是中华文明群体认同的基础，也是中华文明生生不息的源泉，其中的许多成分乃至其总体的意蕴，值得认真体认，以求重新阐发其可取的精髓，扬弃其衰朽的糟粕。

其实，所有的文明，都是在自成体系的社会生活中逐步形成的，与其外部都有一些接触、交流的缺失。所以，所有的文明都有保持自己基本特征的惯性，都有一定的保守性。同时，文明的精神、文化、传统都是在历史中展开的，因而都在历史中嬗变，并非一成不

变。历史是一种复杂的过程，所以精神、文化和传统的嬗变并不一定都意味着进步，可能包含进步的意义，也可能是没落，也可能转变到另外的利弊得失纠缠的方向。到了现代社会兴起的时代，也就是在最近的几百年间，才有一种被概括为"现代性"的精神伸展笼罩到所有文明之上，使得人们习惯了一种将文明视为历史之目的、文化之方向的思维方式。这种思维方式其实是很短视的。到了这个时候，人们在文化普遍趋于同质化的经验中，开始感受到文化自我的失落，于是对于自我文化特异性的依恋和追寻重新强化起来。一种叫做"后现代主义"的思潮流布开来，专门去揭示"现代"事物的局限。这种倾向，有偏激的色彩，但不可否认的是，"现代"的事物其实也是历史的事物，以往人类经验中的所有内容都在其后的历史上被更新的事物反衬成为有缺失的，我们当下面临的这个"现代"也会成为过去。所以，保持对于"现代"的几分批评意识，不使人类文化过早地因为同质化而失去比较、反省、更新的能力，又是必要的。

二、中华文明的内聚性

中华文明的时间延续性与其空间内聚性相辅相成。这种内聚性是指这样的一种时空景观：在中华大地上各处分布的远古人群各自发展到接近文明时代的门槛时，中原适合农耕的大河流域较大的部族在洪水和外部侵扰的挑战刺激下，率先发展起了比较完备的国家体系和共同体竞争实力。这个共同体具有超过所有周边具备和不具备国家形态组织力的其他共同体的吸引力、凝聚力。周边的各种力量，要么臣服于这个核心共同体，要么挑战它的权威，要么和它保持较远的距离，而每次竞争的胜利，都使这个核心共同体发展成更强有力的组织体系。经历夏、商、周前期的长期演进，这个核心区成为亚洲大陆上最强大的国家共同体，也是文明的各种特征最为充分的共同体，于是其人民形成了日益强化的自我认同意识，形成了专门实践和用特殊手段传承这个文明的精神文化的知识精英、管理阶层、具有沿袭惯性的制度。到了公元前8～公元前3世纪的时候，这个共同体内部的经济能力和知识累积达到了这样的一种程度，以至于其先前通过联盟和层累分封关系构成的服从于中央的次级的小共同体也具备了运作强有力国家体系的能力，于是围绕华夏文明核心区域展开了长时间的竞争，这就是春秋争霸和战国争雄的故事。长期的激烈竞争激发了人们的创造力，战争的苦难激发了沉思智者对于生命、社会、政治、伦理的反思，相对开放的人文环境为个人才能的施展提供了广阔的舞台，从而使中华文明逐渐累积起来的智慧和知识前所未有地"百花齐放"，凝聚成为中华文明的古典精神。这种古典精神提供了运作更大规模国家共同体的经验和智慧，秦汉大一统的国家体系应运而生。到了这个时代，在整个亚洲大陆上，中华文明核心区域已经组成无与伦比的国家共同体，形成了更为强大的对周边的吸引力和对外部挑战的整体抗争力。

此后，中华文明的内聚运动继续围绕核心区展开。中原王朝时强时弱，但是入主中原的群体,毕竟要认同中原的文化才可能长期立足,毕竟要采用中原的基本制度才能进行统治,古典时代就奠定的基本文化精神成为所有后来建立的王朝立国的基础。中原王朝时分时合,但是当出现诸多政权分立的局面时,必定有一个出来将之统合,否则所有的政权都难以长期安宁。在这样的过程中,中原地区形成了人口最为众多的民族——汉族。汉族其实是许多古代部族后裔的融合体,是共同生活方式和文化认同而不是原来的族属渊源把它融汇成一个大民族,而且它的成员愈是众多,就愈具有文化吸纳和包容的特性。这样的一个大民族其实是一个文明的核心载体,其成员的生活方式和历史记忆都使文明更易于延续而不易于离散。汉民族的周边,是许多人口较少的少数民族共同体。这些民族主要由于其生活区域的生态条件特点而保持了游牧等其他生产和生活方式,从而与以发达的农耕区域为主要生活区的汉族有文化上的差异。不过,核心农耕区域与周边游牧区域有物质产品交换的需求,也有文化往来的愿望,还有区域民生的直接交融,他们之间在不断的互动中结成互补的关系。这种互补关系的形态既包括和平的互市往来,也包括和平往来受到阻碍情况下的相互战争——所有的这种战争,客观上都使战争双方社会和文化生活上达成互补,并且使之在国家组织方式、文化内涵与风气、艺术等方面相互借鉴。

周边与核心区域之间的互动仍以中原为轴心,而其外缘则是亚洲大陆顺畅交通路线的自然阻隔线。我们看中国大陆的自然交通条件,西阻于昆仑山脉、喜马拉雅山脉,北阻于大漠和西伯利亚寒冷区,东阻于海,南阻于热带雨林和当时的烟瘴之地,在此范围,互动是向心的,出此范围,则远飏而去。所以,中华文明是一个覆盖广大的内陆文明体系,和古代地中海文明相比,她的形成和发展的突出主题是内向的组织化整合,而不是外向的扩展。核心之外的边缘区也有巨大的文化活力,并不断地将这种活力带给核心区域,但是其自身的发展却以其与核心区域的关系状况为条件。核心区与边缘区的关系构成了一个有内聚倾向的"场"。这样一个文明的内聚运动使中华文明虽少受外来的挑战,但却不乏核心区域与边缘区域之间各种复杂形式的矛盾、交往与融合,使得古代的中国人保持了文化进取的强韧和包容精神。这个运动的形式要素是古代的国家、民族关系,其内容则是中华文化精神的明晰化和大地理范围内的认同。这个过程经历了漫长的岁月,使中国的历史充满戏剧性的故事。到17、18世纪间,这个过程达到了中国政府的行政版图与中华文明分布的空间基本吻合的状态,从而奠定了现代中国版图的基础。

中华文明作为一个以内聚方式覆盖亚洲内陆的文明体系,内向的组织化整合是长期的倾向,所以中华文明在国家体制运作和国家政治哲学领域很早贯通并理论化、传统化,形成以华夏共同体之自我为中心的世界文化观念,对于外部世界的关注则主要是被动反应式的。这种类型的文明之基础是农业,商业和手工业是其补充。所以中国古代文明中的国家政治精神也体现着农业精神,突出表现是国家经济和社会价值体系中的农本主义。中国古代的农本主义以对于群体生存基本条件的关注为中心,在这个基础上形成了一种关注抽象化的和群体的人的价值却忽视个人价值的国家主义的取向。这在政治上

体现为以强大的国家权力实现对分散的社会单位的强控制的传统,其演进表现为君主政治强化以及官僚政治复杂完备的过程;从经济角度来看,这是个总体上自给自足而区域发展程度差异又很大的体系;从文化的角度来观察,则可以看到丰富的多样性、重视生存而忽视发展的传统和重视地缘与血缘关系的倾向。中华文明在原本联系微弱的众多原生态文化逐渐团聚成宏大的文化社会共同体的过程中,将多种多样的古代民族、社会、文化因素包容到一起,各种文化因素在这个体系中都有存在的空间,又不断地相互激荡融合,展现出主导文化和地区性文化并存,在融合与变异中保持基本文化特征,精英文化与民间文化差异共生、持续演进的风貌。

三、中华文明演进之大势(上)

从公元前大约2000年到公元前大约1600年的夏王朝可以看做中华文明的前古典时期。

夏王朝的建立标志着在黄河中下游一带形成了一个具有内聚力的历史和文明运动的中心,中华文明的内聚运动开始展开。由于还没有确切的证据断定这个区域的农业生产力水平如何远远超过其他区域,这个特定区域形成的直接原因的解释只能着眼于自然的挑战。水患和其他自然灾害严重威胁这个地区人类的生存,人们需要集结成为比分散的城邦和氏族组织更强大有力的集体来对抗自然灾害。在这个过程中,王权国家出现,其发展带来庞大的国家体系,形成了对于周边地区的竞争优势和扩展趋势,并且使大规模的集体科技和文化创造活动成为可能。《诗经·商颂·长发》中所说的“洪水芒芒,禹敷下土方,外大国是疆,幅陨既长”①就是生动的写照。这种王权国家在很大程度上是通过包容原有的地方性集团势力、血缘氏族组织和自然人群聚落而发展起来的,除了一个有限的核心范围之外,王的权力并没有直接贯彻到社会中的个人。所以,王权的权威不仅要依靠直接控制的实力,而且要依赖同盟者的认同,所以关于王权道义合法性的观念,即“德”的观念,就成了中华政治伦理的核心观念。德的正当性需要更为终极的存在的支撑,于是泛神崇拜时代已经存在的“天”就成了德的观念和政治合法性的根源。商代夏,周伐商,乃至后世一次又一次以基层取代现存政治权威的政治变动,都采用了类似的人心整合手段。

从商朝建立到公元前221年秦建立统一的帝制国家之前的时期,可以看做中国历史文明的古典时代。其间,又可以公元前770年的周平王东迁为界,划分为早期古典和成熟期古典两个阶段,后者相当于西方学者所说的“轴心期”。

中华文明的整体性的原始特征在这个时期相当充分地建立了起来,成为中华文明后

---

① 高亨:《诗经今注》之《商颂·长发》,上海:上海古籍出版社,1980年,第529页。

来演进的原点。这个时期对中华文明的组织方式产生深远影响的变化是与宗教精神相结合的国家政治伦理的发展。卜祝之官成为国家体系中的一个重要分支,祭祀活动频繁举行,巫者成为国家机关中的重要角色,也是天文历法、医药知识、文字运用、历史记录中的重要角色。这时已经形成了一系列的成文法典,《尚书·多士》就称:"惟殷先人,有册有典。"

商代在世界文明史上的突出地位,集中体现在其青铜制品中。商代青铜器种类繁多,规模巨大,其主流器物表现为礼器和兵器,兼及手工生产工具和其他生活用具。从这个意义上说,与铁器工具推动社会发展的其他地区相比,中国国家制度文明有一个相对于生产工具水平的先期发展,中国国家政治哲学、礼仪、典章制度的发达已经肇端于此。青铜制造业是官营的,主要为国家和贵族制作器皿,所以青铜文化本身是一种国家文化。当时社会的构成中有贵族、平民、氏族公社成员和奴隶,多种社会关系体系并存,但奴隶并不是社会经济生产中的主要劳动者。商之后建立起来的周朝在文明史上最突出的表现,一是改造和完善了以礼乐和宗法为中心的国家社会体制,二是推动了以周朝王畿为核心的华夏文明内聚运动,三是建立了更为系统复杂的包括官僚体系在内的国家管理体制,四是易学的发明使中华文明的宇宙、哲学观念走向系统化。

公元前770年周平王东迁成周后,周王权威严重削弱。这个变动的实质主要是中央王权的削弱,而不是文明的衰落,所以接下来出现了一个多元的、充满竞争因而又充满创造性的文明繁荣发展时期。这个时期包括春秋、战国,直至公元前221年秦统一天下。

这个时代的历史主题是诸侯纷争、变法改革、思想争鸣,其总结果是大一统帝制体系的建立。纷争强化了小国家内部整合以求富强的需求,而其取向和经验实际上为更大共同体的国家化提供了基础。变法改革的普遍方向是削弱内部分权势力,简化社会分层,加强中央权威,这也等于是大一统帝制体系的区域性试验。当时的思想争鸣是中国历史上最为持久、活跃的一次思想学术争鸣运动,它以当时的一切精神文化成就为基础,以整合、创新和变通为取向,以国家政治哲学和谋略体系为关注的重心,以诸子学说为标志,奠定了中国古典精神文明丰富的概念体系和流派纷呈的基本格局。诸子学说中对后世影响最大的是儒、道、法三家。孔子代表的古典儒家学说以发掘和弘扬古代人文主义与礼制文化精神为核心,以社会精英的个人伦理完善为国家政治完善的原点,强调道德的本体价值,他的学说是中华文明有理想、重道德、崇礼仪、行教化特征的基础。道家学说是以对自然整体充满睿智的体悟为基础的关于人的行为和国家政治的哲学。老子阐述了辩证法思想,并且提出了以守虚、无为为要点的谋略思想,这使道家学说具有实用的意蕴。法家学说是一种实践性极强的集权国家主义的政治哲学与谋略体系,其关注点是君主权力的运作和国家势力的增长,倡导严格的法律和赏罚体系,推进国家对社会生活的全面参与,强调非伦理化的权谋艺术,是中国君主集权政治的思想基础。这个时代社会结构的新气象是士阶层的崛起。当时的士是依据个人能力和行为定位的社会精英群体,既是官僚阶层的储备,也是文化活动和文化传承的主要群体,他们在当时的历史潮流中

逐渐与君主政治契合,同时建立了以天下、民生为己任的独立的责任意识,成为后世中国士大夫文化和士大夫政治的基础。

四、中华文明演进之大势(中)

公元前 221 年秦统一六国后,中华文明进入到以核心区域的帝制国家体系与周边区域的互动共生为基本格局的状态。这种帝制体系一直持续到了 1911 年清朝灭亡,秦朝建立到清朝灭亡的这段时期就是统称中国的帝制时期。这是个漫长的大共同体存续和发展的时代。因其时间跨度长,可以将之简略区分为几个单元。

第一单元从秦统一到公元 3 世纪初汉王朝没落。和前后的时期相比较,这一时期的明显特征是国家大一统政治的展开。秦始皇兼并六国,实现了华夏文明核心区域长久孕育着的政治统一和基础设施、制度、文化的整合。在此基础上,积极抵御周边游牧民族内扰,并在空间上推进中央集权国家政治的扩展。在这个过程中,修葺连贯了战国时代留下的防御匈奴的边墙,成为后来举世闻名的万里长城。秦代中国疆域辽阔,东至沿海,西至临洮、羌中一线,南至象郡,北则沿长城由河套至辽东,是当时世界上最大的统一多民族国家。西汉王朝继承秦朝以中央集权和郡县制为中心的国家体制模式,社会上大中小地主和自耕农经济、商业经济、官营手工业、私人奴婢占有关系并存,经河西走廊和塔里木盆地通向中亚、西亚的“丝绸之路”,以及从番禺出海到达南亚诸国的对外贸易也已经展开。

第二单元从公元 3 世纪开始,大一统帝国让位于军阀混战、诸多政权分立的局面,直到 589 年隋朝重新统一中国,这 400 年是帝制时代最长的一个政治分裂期,该时期中华文明演进的主旋律是各民族间的大融合。和以前时代一直进行着的民族融合相比,这个时代民族融合的规模空前巨大,持续长久,其主要接触方式不再是汉族共同体明显主导的在中央王朝边缘地区的相互渗透和攻防战争,而是高度发展了国家组织形态的少数民族主动向华夏文明核心区域持续的内向运动。以往华夏文明的核心区域黄河流域在此期间长期处于少数民族政权的管辖下,中华民族文化的整体形态因此极大地丰富起来。主要由汉民族创造和发展的国家政治精神在这种冲击中经受磨炼并进一步发展。佛教和道教在这个时期迅速发展,形成了中国化的宗教文明,也影响了中国精神文化的变迁。

第三单元从 589 年隋统一中国到唐朝灭亡,是在民族大融合的基础上重新展现开放性多民族统一国家风貌的文化整合时期。这次重建的大一统国家覆盖了比秦汉时代广阔得多的地域和成分复杂得多的人民,国家政治体制也更为发达。制度上影响深远的是更为精细的官僚制度,包括三省六部制、科举制。文化上的整合主要体现在对儒家经义和礼学的整理,对佛儒关系的处理,官史学的发达,国家政治观的反省,律例体系的建构,文学艺术的多姿多彩。社会层面的整合主要表现在普遍贵族制度的没落和庶民地主阶层的兴起。强大开放的唐王朝是亚洲在8世纪前后的政治、经济和文化交流中心,都城长安是汇聚各国使节、商贾、学者、僧侣的国际性大都市。

第四单元从907年唐朝结束到1279年南宋被元朝灭亡。这是中华文明突出地表现出发展中的区域性差异的多元繁荣时期。唐朝灭亡之后,中国大地上一时没有形成强大的组织体系和实力集团从政治上恢复统一局面,军阀政治余波造成中原分裂之后,出现的是南方农耕社会与北方游牧社会的南北并立。这大约400年间,各区域社会文化的发展有不同的基础和主题。北、南宋区域实现了对儒学的重新阐释,在保持人本主义传统的基础上,对人性和认知、修养路线做了形而上学层面的探讨,为士大夫的理性自觉奠定了新方向。宋代的科学技术发达,火药在军事上广泛应用,制瓷工艺臻于完善,指南针的发明开拓了人类航海业的巨大前景,活字印刷术为文化传播提供了更好的条件,农业精耕细作,水稻、棉花、茶叶等作物种植更为普遍,城市普遍繁荣,信用货币行用,平民文化发展。辽、金、蒙古,则仿照中原政体实现了对北方的统一,在此基础上积极学习中原文化,使北方社会带着生动的进取活力整体地而且比较稳定地走向与中华文明核心区域的彻底融合。

第五单元包括元、明、清三个王朝统治中原的时代,从1271年蒙古定国号为大元开始,直到1840年爆发西方列强入侵中国的鸦片战争。元朝的统一使中华文明呈现出比以前更为宏阔的地理覆盖和文化包容面貌,这种面貌不仅蜚声亚洲,而且给欧洲人形成了深刻印象。随后建立的明朝巩固了华夏文明核心区的文化价值取向,促成了16、17世纪商品经济的长足发展和庶民文化的繁荣。这时欧洲已经开始殖民扩张,人类文明联结成为一个普世体系的运动已经展开。中国在航海交通、贸易互惠、文化交流等方面都参与其中。这个时期出现了中华文明史上史无前例的人口爆炸性增长。在文明内聚、民族融合、人口增长、灾害频发、中外互动的综合背景下出现的中国历史上最后一个王朝清朝,最突出的成就是实现了华夏文明圈地理区域与国家行政版图的基本重合,这使中华文明共同体核心区域的农耕社会与周边地区的游牧社会终于实现了彻底的行政统一。这时的政治是强化的内地中央集权与边疆的因俗设制并行的双轨体制,文化上则在多元的基调上凸显了儒学传统。18世纪的中国幅员辽阔,人口众多,市场体系基本健全,边疆得到开发,商人和手工业者相对自由,丝绸、茶叶、瓷器大量销售到国际市场,文化学术更为精细化,文学、绘画艺术都达到了空前的水平。这时虽然清朝逐渐进入了王朝衰落期,但中华文明共同体仍然具有蓬勃的生命力和创造力。

五、中华文明演进之大势(下)

从19世纪中叶到今天,前后约170年,是中华文明浴火重生的新时期。这个时期演变的主题是中华民族在殖民化危机情势下的自强、革命和现代化发展。

19世纪中叶，西方列强依托先进的武器，逼迫中国敞开大门、开放市场、出让主权。这无疑是一个前所未有的挑战。以往的挑战，基本上是中华文明外缘区域或周边区域对核心区域的挑战，外来挑战者即使可能在军事上占据优势，但在文化上从来没有占据优越地位，因而如果不是以军事的方式解决，就是以文化的方式化解。而这次，中国面临的挑战与以往不同，首先是挑战者起码在军事技术上比中国先进；其次是西方列强实际相互勾结，摆出了一个共同阵营的姿态逼近中国；再次是这场宏大冲突的背后是一场全球普遍联系的时代浪潮。在这种情况下，中国以往对待外来挑战的所有经验都失去了效用，况且又恰好处于一个统治王朝的腐朽没落期，因而不仅在国际交涉中步步退却，而且在历史上第一次动摇了文化自信心。

然而中国始终没有像许多亚非国家那样沦为殖民地，而是在保持着中华民族共同体的前提下一步步地探索，从自强运动到君主立宪的尝试，再到推翻帝制、建立共和政体，进而扫荡军阀势力，抗击日本侵略，重新组建有效的政府，然后探索着走上快速现代化的发展道路。这段历程，处处展现出中华文明悠久历史传统的凝聚力量。西方现代社会作为一种新的文明类型具有激切的普世取向、扩张性、发展性，所以迅速地以强势姿态波及世界上所有的地方。其所到之处，大多数原有的制度、价值、权威崩塌，仿照西方的面貌并服从于西方的利益而重建西方式或者半西方式的社会体系。在这个时期，中华文明发生了深度的适应性调整，在基本保持原社会共同体的前提下尽可能汲取西方先进经验，扬弃不合时宜的旧传统，逐渐走上了现代化轨道。

在这一时期，中华文明面临的根本问题是如何适应现代社会的大转变。所有历史悠久的文明都植根于先民时代的社会基础，又都有文化、制度方面的基因使之倾向于在能够生存的情况下不破坏既有体系。中华文明历史悠久，这使其很难迅速转变，适应新的外部环境，也使其不肯轻易放弃自我，全盘西化。在发生一系列大变革的时候，中华文明的共同体认同依旧强烈，对传统文化价值的体察没有消泯，社会组织方式中也依然保留着以往的痕迹。以往中外很多历史学家判定1840年以来的中国社会变革缓慢，不及日本快速有效。他们没有看到，中华文明的体量远大于日本，中华文明的本土因素也远深厚于日本，文明的嬗变需要足够的时间，过度急速的全面变革不得不借助极端的思想，其弊端会在以后显现出来。中国没有过快变革，也没有走上和殖民主义列强一样的侵略道路，这是有其历史和国情的基础的。

由于中华文明的传统要素在中国现代化发展的历程中没有彻底消解，所以到21世纪的时候，世界范围的人们依稀看到了对中华文明传统的价值重新体认的必要性。

【小结与思考】

中华文明是一种覆盖亚洲大陆主体部分的内陆文明，是在亚洲大陆特有的自然条件下，在长期的历史演进中形成和存续的。中华文明具有延续性的特征，是世界几个古代文明中唯一延展到现代的文明，这固然使得现代中华文明带着更厚重的传统性印记，也使得中华文明有更充分的历史文化遗产。中华文明还有内聚性的特征,它是通过核心区域与其周边区域不断融合汇聚而成形、壮大的,这种演进的历史使得中华文明既有持久的文化价值内核,也具有博大的包容力和变通能力。大体上说,中华文明史可以分为先秦时期、帝制时期和现代三个大的演进阶段。先秦时期形成了中华文明的思想文化原典和价值传统;帝制时期展开了规模宏大的民族和文化大融合,并形成了博大精细的文化艺术和国家管理制度与思想;现代则经历了面对外来挑战后的重大变革和全社会的现代化改造。

【思考题】

1.思考人类文明史上的各个古代文明衰落的原因,尝试说说与之相比,中华文明长久延续的基础是什么。

2.试着说一说中华文明在历史上曾经包容吸纳了哪些周边和外来的文化因素。

3.谈谈中华文明的传统文化价值观取向。

第三讲

文字符号系统与书籍

文字是文明时代的人们才能实现的创造,它的存在表明,发明它的人群的思维已经达到非常复杂的符号系统化的程度,因而已经具备了保持更丰富的经验记忆、更有效地跨时空交流、探讨更精微的问题、管理更大规模的公共事务的能力。只有借助于文字,一种文化传统的精髓才能长时期地延续下去,各个文明的精神文化特质也突出地通过它的文字和艺术品表现出来。因而,人们一般把是否已经有文字看做文明是否已经发生的基本尺度之一。文字在文明史上的意义并不限于作为记录、交流的工具,每一种文字都是一种特殊的文化符号系统,承载着其创立者特殊的语汇、思维方式、价值倾向,并各有自己的表现潜质。所以,即使在全球化时代,人类还是需要尽一切努力,保护所有的文字和语言。

一、汉字的起源和刻写方式

文字作为记录语言的符号体系,大致有象形文字、表音文字(即拼音文字)和语素文字三类。绝大多数原创文字都是象形文字,每个字为一个较直观地表达特定意义的图画符号,多个这样的符号组成系统以形成表达思想的语言。表音文字记录音节,基本单位是字母,字母组合成为词,按照语法规则的表达思想,英语就是表音文字。汉字最初是象形文字,但到了甲骨文时期,已经不限于以形象图画符号表达思想语言,开始采用多种方法构字,至迟到秦汉时代,已经是很发达的语素文字。简单的字可以只是一个语素,复杂的字由多个语素组成,其中有的表音,有的表意,有的象形,故大多数汉字是形、音、义的统一体。我们知道,口头语言很容易流变,所以表音文字本身也易于发生变化;语素文字则不易随着语音的变化而变化,所以汉字所承载的文化信息也自然更多地保留下来。

中华先民在新石器时代就已经普遍开始尝试使用抽象的符号来表达思想。如陕西西安半坡仰韶文化中的彩陶、临潼姜寨遗址出土的陶器,以及青海乐都柳湾墓葬出土的殉葬陶器上,都发现了具有记事功能的刻画符号。先民的这种零散的符号记事活动,虽然还不能标志文字已经形成,但应该是中华文字出现历程中的一个过渡状态。稍后的龙山文化遗址出土的刻画符号更多,而且出现了多个刻画符号连贯排列的现象。如山东邹平丁公龙山文化遗址出土的一块陶片,上面刻有5行11字的陶文。山西襄汾陶寺遗址出土的一个残破的陶壶上,也有用朱砂写出的一个"文"字,反面还有几个小字。学者们对于这些连贯的符号是否就是中国最早的文字仍然持不同意见,主要的问题是,这些刻画符号究竟和语言有没有形成对应的关系,以及它们究竟是在表达连贯的思想还是仅仅各自标记独立的意念,这些刻画符号与后来出现的已经成熟的甲骨文是否有直接关联等等,这些都还不能达成一致的意见。尽管如此,我们还是可以看到,从仰韶文化到龙山文化,先民用来记事的符号是由简单向复杂发展的,即使后来流传下来的成熟文字并非直接从这些刻画符号演变而来,这些符号仍然可以看做中华文字起源历程中的一个过渡

状态。

接下来的历史时期是夏王朝统治中原的时期,可惜夏代的文字至今没有被发现,所以也就无从判定先前时代出现的那些刻画符号与后来真正发展起来的成熟文字之间存在何种程度的关联。从迄今考古学所了解的夏代文化社会状态来看,当时应该已经有了成系统的文字,其至今湮没不显,可能与两种情况有关,一是当时文字的刻写材料可能是易于腐烂的,二是迄今还没有找到夏代文化的真正遗存。其后的商代和周代,则留下了大量的文字资料。

考古学家在商周文化遗址上发现有甲骨文、金文、陶文,还有刻在玉石上的文字。甲骨文是商周时代使用的一种刻在龟甲及兽骨上的文字。金文是铸刻在铜器上的铭文,因为古人泛称金属为金,故称金文。商代前期铜器上还没有发现铭文,晚期的铜器上则出现有铭文,一般字数很少,只有一两个至数个,最多的也只有三四十个字,且极罕见。陶文是在陶器烧制以前先行刻画上去的,位置多在陶器的口沿、肩部及底部等处,在大汶口文化遗址中已经发现,商周遗址中仍有出现。商代陶文字形与甲骨文相近,但其字义及字音是否与甲骨文一致,很难断定。一些陶器上的刻画可能不是文字,而只是具有某种含义的符号。商代部分玉器上也刻有一些文字,虽然数量很少,但有研究价值。殷墟遗址中还曾发现墨书和朱书的文字,有的写在甲骨之上,有的写在陶器和玉器之上,书写工具可能是毛笔。

秦始皇统一中国的时候,"田畴异亩,车涂异轨,律令异法,衣冠异制,言语异声,文字异形"。① 当时发布的诸多政令中有一条,称为"书同文",是针对先前的各诸侯国使用的文字书写体系差异很大的情况而制定的。秦朝命令各类文书使用小篆,当时由李斯、赵高、胡毋敬用小篆字体分别书写了《仓颉篇》、《爰历篇》、《博学篇》作为标准的文字范本。不过,当时也通行书写更为简便的隶书。据传隶书是狱吏程邈所创,对小篆字体略加简化而成,初意是为了满足官吏处理刑狱时的便捷需要,后因其笔画直线方折,书写方便,被广泛使用。汉字经秦代规范整理之后,其基本形态和原则沿袭下来,以后虽有增益改革、风格差异,都并未脱离先前的体系,这种稳定性对中华文化的长期传承起到了重要的作用。

汉字发展演变历史上的一个非常重要的线索是文字书写材质的变化。除了陶文以外,成熟后的汉字最初不是"写"在专门用来书写的材料上的,而是刻在具有其他用途的、通常是坚硬的材料、器物上的。商周时期遗留下来的文字或刻在甲骨上,或刻在铸造铜器的模范上再翻铸成铜器上的金文。战国秦汉时期的书籍和文书主要是写在竹简、木简上,也有写在玉片或者帛上的。单片的简径称"简",编连起来则称"策"。新竹含水,易于腐朽,制为简时要烘干水分,叫做"汗青",也叫"杀青",这是后来人们称书为汗青,称写作定稿为杀青的原因。在干燥少竹之地,常用木制简,在新疆南部、敦煌、居延等地发

---

① (汉)许慎:《说文解字》卷十五上,北京:中华书局,1963年,第315页。

现的西汉至东晋时期的简，大多是木制的。制作木简的方法与制作竹简类似。修改简策，需要用刀处理竹木，所以《史记·孔子世家》称孔子修《春秋》"笔则笔，削则削"，"笔"指增益，用笔补写，"削"指删去，要用刀削简牍。东汉造纸术发明，但一时并未普及使用，所以两汉直至魏晋时期，简牍、缣帛与纸混杂使用。宋朝人曾记载南北朝时的说法："古无纸，故用简，非主于恭，今诸用简者，宜以黄纸代之。"①据此，是在公元4世纪后期的时候，公文书中的简牍才被纸代替。坚硬材质上的文字基本刻写朴拙，纸张书写是日常使用的方式，行用日广，因而作为艺术的书法也就发展起来。文字和书法的发达与对于知识和信息的需求相辅相成，到印刷术发明的时候，文字作为知识和信息传播的主要手段，借助书籍在大众中传播，从而使中华文明的知识累积和传播方式、学术思想所凭借的介质也发生了根本的变化。

二、甲骨文和金文

迄今发现的系统化、成熟的中国文字是商周时期的甲骨文和金文。殷商时代刻写有甲骨文的甲骨，最迟到孔子的时代，就已经不得而见，所以孔子在谈论商周的事情时，能够依据的只是一些传世的书籍，并没有直接提到当时的档案文书，感到"文献不足征"。孔子以后的学者，长期靠口授知识和传世的书籍了解、推论上古的事情。

金石文在宋代开始被学者关注，但是其文字很少，并不足以对关于上古史事的知识有根本的改进。直至19世纪末期，河南安阳一带的农民在耕作土地的时候发现一些甲骨片，不识其为何物，将之当成中药"龙骨"，卖给中药店。1899年，金石学家王懿荣见到"龙骨"上的刻画，认出是已经失传的古代文字，便按字论价，收购甲骨片。学者们一般将这一年作为发现甲骨文的年代。② 后来，刘鹗、罗振玉等中国学者，以及许多欧美国家的学者也纷纷搜集甲骨片。1903年，刘鹗（字铁云）出版了第一部著录甲骨文的著作《铁云藏龟》，一共拓印了1000多片甲骨，并第一个提出这些刻在甲骨片上的文字是"殷人的刀笔文字"，是占卦的"卦辞"。1904年，孙诒让根据《铁云藏龟》著录的甲骨文字，写成《契文举例》，这是第一部研究甲骨文字的著作。1928年以后，考古工作者对安阳殷墟先后进行了数十次发掘，到目前为止，商代甲骨出土总计在15万片以上，共有单字5000字左右，其中已经被学者辨识并且隶定的单字有1000多字。现代汉语中的常用单字，也不过5000字，可见商代的人们已经能够非常细腻地表述事物，具有以符号和抽象的方式思考和表达非常复杂事物的能力，而其中的绝大部分，今人尚未能解读。现今收录甲骨文最

---

① （宋）朱长文：《墨池编》卷六，台北：台湾商务印书馆，1986年，影印《文渊阁四库全书》本，第928页。

② 在王懿荣高价收购甲骨片之前，就已经有学者开始对甲骨文进行研究。例如，1898年，天津的孟定生与王襄，通过对甲骨片上文字的辨认，已经认定这是一种古代留传下来的"古简"。

多的是 1979 至 1983 年间陆续出版的《甲骨文合集》，加以稍后出版的《小屯南地甲骨》、《甲骨文合集补编》，甲骨文字大体收录齐备。

甲骨文的发达与殷商时人的信仰有关。《礼记·表记》中有云："殷人尊神，率民以事神，先鬼而后礼。"①由于信奉神鬼，凡事占卜。占卜时使用龟腹甲、背甲，或者兽胛骨，钻凿出沟槽或者穴点，然后用火烧灼，再根据出现的裂纹形态推测吉凶。既卜之后，一般将该占卜之事记录在甲骨上。除了卜辞之外，也有少量记录其他事务的记事甲骨，内容有祭祀、干支、晴雨、往来之事等。通过这些甲骨文字，学者获得了大量关于商代中华文明的信息。在此之前，有关商代的记载，只有《尚书》中的《商书》5 篇和《诗经》中的《商颂》5 首比较可靠，其他传世文献都因成书太晚，难以直接征信。甲骨文发现以后，学者得以用甲骨文献与传世文献、考古发掘相互参酌，大大增进了对于商代社会的了解。迄今发现的甲骨文献中涉及的社会历史信息包括信仰、天文气象、历法、地理情况、农业生产方式、牲畜养殖、渔猎、交通、货币、国家制度、宗法关系、名物称谓、战争、刑罚、医药、手工业等广泛领域。

从文字结构上看，甲骨文的造字方法主要是象形，但已经运用到后来汉字结构法中的象形、会意、形声、假借等中，早已简化并趋于定型，是很复杂的文字系统了。例如，以角来表示牛、羊等四足二角一尾的家畜，直角表示牛。对于比较抽象的概念，则通过会意或指事的方式来表达，如用一个"日"和一个"月"合写在一起来表示"明"。甲骨文中还出现了形声字。一个形声字要包括两个符号，一个是用于表示字义的形符，一个是用于表示字音的声符。如"盂"字上半部的"于"表示这个字所发的音，下半部的"皿"表示这个字所代表的义；"祀"的左半边示义，右半边标音。形声是汉字构成的主要方式，甲骨文中的形声字说明，汉字在商代以前已经经过了很长时期的发展。

金文是铭铸在钟鼎等青铜器上的文字，旧称钟鼎文。青铜是红铜与锡的合金，比红铜熔点低而硬度高，易于铸造。青铜器的种类主要是祭祀和典礼上使用的礼器、盛储器、兵器、乐器、车马器、工具、货币、衡器，以及其他杂器。商代早期青铜器器壁较薄，多无文字，晚期器壁较厚，器形高大，铭文增多。西周早期青铜器中饮食所用器皿增多，铭文字数也增多，达数十字乃至几百字。西周中晚期至东周的器形轻薄简陋，出现了成组器物，如编钟。东周时期青铜器轻薄精巧，铭文内容简单且多为刻制，开始出现鸟篆等字体。商代金文字体与甲骨文接近，至周末与小篆接近，迄今被辨识的有两千余字。

青铜器上的金文涉及的社会历史信息主要包括征伐、分封、暴乱、联姻、买卖、祭祀、赏赐、册命等，与国家事务和贵族生活相关的为多。北宋时代的学者就已经关注青铜器上的铭文，因而产生了金石学。目前收录金文较完备的文献是中国社会科学院考古研究所编的《殷周金文集成》，以及钟柏生等编的《新收殷周青铜器铭文暨器影汇编》。

---

① （汉）郑玄注，（唐）孔颖达疏：《礼记正义》卷五十四《表记第三十二》，北京：中华书局，1980 年，景御阮元校刻《十三经注疏》本，第 1642 页。

甲骨文是刻在龟甲或兽骨上的文字,与占卜行为有关;金文是铸刻在金属器皿上的文字,主要与贵族的活动有关。到了春秋战国时代,文化知识向社会中下层普及,用其他方式刻写的文字大为增多,而刻写材料、方式的变化也伴随着书体的变化而变化。

其中一类刻写材料是竹木简牍。简是长条竹或木制成的书写材料;牍是两面光滑用以书写的材料,也称为版。以竹简书写,大约在商周时代就已经开始了,因为甲骨和金属器皿上的文字难以记载长篇的著述,而商周时代应该已经有较具规模的典制、著作。但是,迄今为止,商周时代的竹木简牍尚未发现。史书上记载,孔子晚年研究《易》,反复阅读,以至于“韦编三绝”,就是三次磨断了串联简牍的皮条,可见孔子所处的春秋战国之交使用竹木简牍书写文字,串联成书是一种基本的文书记录方式。《汉书》中记载,西汉武帝时期,曾在孔子的旧居发现了大批战国时代的竹简文书。《晋书》也记载,西晋时期曾在今河南汲县的一个古墓中出土了战国的竹简文书,称为“汲冢竹书”。1901年以后的一段时间里,英国人斯坦因(Marc A. Stein)和瑞典人斯文·赫定(Sven A. Hedin)分别在新疆尼雅遗址和楼兰遗址发现了一些木简,包括汉简、晋简和唐简。1927年至1935年间,瑞典和中国学者联合对西北地区进行科学考察,发现了居延汉简和罗布泊汉简。1949年后,中国大陆陆续发掘出土的简牍主要有:(1)甘肃武威汉简(1959—1981年);(2)甘肃居延汉简(1973—1974年);(3)甘肃敦煌汉简,包括马圈湾出土汉简(1979年)和悬泉置遗址出土汉简(1991—1992年);(4)湖南云梦县睡虎地秦简(1978—1979年);(5)湖南长沙市的马王堆汉简(1973年);(6)山东临沂银雀山汉简(1972年);(7)安徽阜阳县出土的阜阳汉简(1977年);(8)湖北江陵地区的张家山汉简(1983—1984年);(9)湖北荆州市的包山楚简(1987年);(10)湖北省荆门市沙洋县的郭店楚简(1993年);(11)江苏连云港市东海县尹湾汉简(1993年);(12)湖北随州擂鼓墩曾侯乙墓出土竹简(1978年);(13)湖南长沙走马楼遗址出土三国吴简(1996年);(14)湖南湘西龙山县里耶古城出土的里耶秦简(2002年)。①

另一种书写材料是帛。《墨子》中有“书之竹帛”之语;秦末陈胜、吴广起义时,曾经利用“鱼腹丹书”来鼓动戍卒造反,塞到鱼腹中的歌谣,应是书写在帛上的。这说明最迟到战国时代,用丝绸作为书写材料已经不是偶然的事情。1942年在湖南长沙战国楚墓中出土的一块帛上面,写有900余字,记载了楚国的神话故事,原件现藏美国纽约大都会博物馆。

原竹木简牍文书和帛书之外,还有石刻。目前故宫博物院收藏有10块鼓形石,刻有共2000余字的四言诗,记述大约战国初年秦国国君的游猎等活动。这些鼓形石上刻写的文本,被称为“石鼓文”,这种文字则称为籀文,也称为大篆。不过,大篆中还有另外一类,从材质角度说,可归属于铸造在金属器皿之上的钟鼎文。

---

① 参见徐建新:《出土文字资料与东亚古代史研究——以中日韩三国古代木简为例》,载《古代文明》2011年第2期。

此外,迄今存世、出土的大量兵器、符节、印信、钱币上面也有许多文字,其结构特征大致不出上述范围。

三、秦汉以后的汉字书体及其对朝鲜、日本的影响

甲骨文和金文都不是书写的文字,到了使用竹木简牍的时候,用毛笔书写也就随之成为主要的文字记录方式。当时地方政权分立,各地书写风格差异很大。到了战国晚期,秦国采用的从金文、石鼓文发展而来的小篆成为一种主要书体。秦统一六国之后,推行"书同文"的政策,就以小篆为规定的官方书体。不过,小篆仍然保留刻写文字的特点,书写并不流畅。所以在文字使用已经日常化的情况下,于战国末年形成了作为"俗体"的隶书。到西汉初年,隶书取代小篆,成为使用最普遍的官私书写方式。从甲骨文到隶书,演变的基本线索是,象形程度趋于弱化,表意符号增多,字体简化,字形的规则方形结构稳定下来。

到东汉时期,汉字系统已经相当完备,这时候出现了许慎编写的字书《说文解字》。许慎以小篆字形为本,可考者列出其古文和籀文的对应字形,将9353个正字及1163个重文分别列于540个部首之类下,每个字后有解释字形、字义、字音的文字。540部又归并为14大类,全书正文按14大类分为14篇,加上序目共15篇。许慎在《说文解字》的叙说中,提出了汉字构成的象形、形声、指事、会意、转注、假借"六书"说,成为汉字构字法的权威论说。构字的主要方法其实主要是六书中的前四种,转注和假借则都是用字之法。其中象形字是最古老的构字方法,是摹写自然存在之物而造的字,一般是名词,如"日、月、水、山"等。这类字既为单字,也多用为构字的偏旁部首,成为表意的语素。许多单字经过进一步抽象简化,作为部首,在其他结构复杂的字中起表意、标音的作用。形声字稍为复杂,多包括摹写形态和标注声音的两个或者两个以上的偏旁部首,表示声音的叫做声旁,表示意义的叫做形旁。如鸠字,左边近似"九"的偏旁表示声音,右边的部分表示为一种鸟。用抽象的线条表示事物的特点从而构成的文字为指事字,如"上"之古字,为一短横在一长横之上,"下"之古字,为一短横在一长横之下。会意字是将两个或者更多的直观意向的书写符号组合起来表示另外一个更复杂的意思的文字,如"日"、"月"两字并列,日月交相辉映,就成了"明",但"明"不取"日"、"月"之声;"国"的原始字形作"戜",从邑,从戈,其意思是执干戈以卫城邑。在东汉时期成书的《说文解字》中,"象形字只有364个,占3.89%;指事字125个,占1.34%;会意字1167个,占12.48%。三项加起来是1656个,占17.7%。最多的是形声字,有7697个,占82.3%"。[①] 到了宋朝,郑樵编写《通志》,其中有《六书略》专门讨论汉字的构字方式,其法已经更为复杂,所列的汉字更达到

---

① 袁行霈等主编:《中华文明史》第1卷,北京:北京大学出版社,2006年,第327页。

了 24235 字。①

　　秦初统一推行的小篆,在普遍使用过程中经过简化,形成隶书。汉代留下来的大量碑刻是用隶书书写勒石的。东汉末年著名书法家蔡邕正定"六经"文字,书丹镌刻,这就是著名的《熹平石经》。碑成之后,观览摹写者络绎不绝。汉末三国时,在隶书基础上又演变出更便于书写的新字体——草书。草书既保留了隶书的笔意,又能放纵奔逸,很快流行起来。于是书法作为一种高雅艺术发展起来,其风格、形式也不断出新。到魏晋时期,隶、草、楷、行诸体皆备,书法艺术趋于成熟,名家辈出。东晋时代,王羲之的书法代表了这一时期的最高成就。他兼善隶、草、行、楷,作品"飘若浮云,矫若惊龙",极富生气,后世尊称他为"书圣"。其代表作《兰亭序》《黄庭经》原本都已失传,现存唐人临摹本,仍为中华书法艺术的珍本。北朝多碑刻,字体端庄,笔力骏放,厚重遒劲,世称魏碑。除了甲骨文之外,金文、篆文,以及隶、楷、行、草等风格各异的书体,后来都持续保持下来,用于不同用途,并且高度艺术化,形成源远流长的汉字书法艺术传统。

　　汉字是以汉族为核心的民族共同体在历史变迁中一步步创造和推进发展起来的,后来随着汉文化的传播,使用范围超出了中原区域,在亚洲广大区域流行。西汉王朝在朝鲜半岛北部设乐浪、真番、玄菟、临屯四郡,中国典章文物更多地传入朝鲜半岛,又经过朝鲜半岛传入日本。早在 1931 年,在朝鲜平壤南井里就出土了一枚木简,简长约 23 厘米,相当于一汉尺,简文为端正的隶书,同时出土的还有笔和砚盒。20 世纪 90 年代,平壤地区又出土了多枚竹简和木牍,竹简内容为抄写的《论语》,书体为隶书,木牍的内容为后汉元初四年(117 年)乐浪郡的户籍簿。据韩国学者统计,迄今为止,已经在 15 处遗址中出土了 350 余枚木简,其中有字木简有 240 余枚,年代大致在 6 世纪前期至 8 世纪之间。②汉字传入朝鲜半岛以后,当地人采用汉字的音和意记录口语,形成"吏读文",为官僚上层使用的书面语。15 世纪中叶,当时朝鲜王朝第四代国王世宗当政,鼓励郑麟趾等一批学者创制了由 28 个字母组成的朝鲜文字,称为训民正音。此后,汉字与训民正音在朝鲜并行,朝鲜王朝的大量历史文化典籍也是用汉字书写的。

　　日本各地出土的古代文字资料基本都是汉代以后的汉字。大体说来,公元三四世纪以前的古日本人只认识少量的汉字。公元 5 世纪以后,大量大陆移民迁居日本,古日本人接触到中国的汉字文化,学会了汉字的书写。最初,日本人直接用汉字记事,用日本固有的发音方式读出汉字。后来在书写时改变汉语本来的语序,采用日语的语序,于是形成"和文体汉文"。后来又借用汉字在文句中添加进日语的助词、助动词和动词语尾,结果形成了采用汉字但又不是汉文的"和文体"。据学者统计,从 1913 年开始在日本发现古代木简,到 2007 年,日本发现的木简总数已经达到 30 多万片。不过,日本木简中没有

---

① (宋)郑樵:《通志》卷三十一至三十四,台北:台湾商务印书馆,1986 年,影印《文渊阁四库全书》本,第 364—411 页。

② 参见徐建新:《出土文字资料与东亚古代史研究——以中日韩三国古代木简为例》,载《古代文明》2011 年第 2 期。

长篇连缀的册书,绝大多数日本木简的内容都是独立的,而且多是记录临时性事项的。这可能是因为,日本人使用木简的时候,造纸术已经发明,纸简并用。在日本奈良时代,书写的汉字书体基本上是楷书、行书和草书。唐代,王羲之父子书法的摹写本传到日本,对后来日本的书法产生了影响。① 现代日本的片假名是借助汉字偏旁拼读日本语音的系统,现代日本书写文字中还直接保留着大量汉字。

四、中华文明史上的其他文字

除了汉字以外,不同时期生活在中华文明核心区外缘地带的其他民族共同体,在保持了较长时间的存续或者建立起国家政权的时候,也曾创立文字。这些文字也是中华文明史上值得关注的成就。

公元6—10世纪的中国西北和北方地区,活跃着诸多属于突厥系统的部族。考古学家在中亚腹地和中国的新疆、甘肃等地发现了大量突厥文的碑铭乃至写本文献。现代学者对于突厥文如何起源还没有形成统一的看法。活跃在中国西北地区的回鹘人,曾经采用突厥文,后来,逐步采用了一种粟特字母拼写突厥语的一种文字,成为回鹘文,共有大约20个字母。回鹘人主导的各政权衰落以后,中亚地区先后出现的察合台汗国、金帐汗国、帖木儿帝国等都曾使用这种文字,用于宗教、世俗生活,也用于国家政治、法律文书、文学创作。

公元7世纪前期,吐蕃参照当时的梵文体系中的一种字体,创制了古藏文,也称吐蕃文,后来与翻译佛经相结合,加以修订,形成了藏文历史上的"厘定新语"。"厘定新语"比先前的藏文有所简化,统一了佛经译语,更加接近藏语口语。公元9世纪的藏文,共有4个元音符号和30个辅音符号,自左至右横写。历史上用藏文书写和编译的书籍十分丰富,对于藏族文化和中华文化的发展起了很大的作用。

公元10世纪前期,契丹族在北方建立政权,其领袖耶律阿保机任命汉化程度颇深的契丹族学者突吕不、鲁不古等人增损汉字偏旁部首,"作文字数千,以代刻木之约",②创制了契丹大字。其后数年,阿保机之弟迭剌又参考回鹘文和汉文,创造了"数少而该贯",是属于拼音文字的契丹小字。契丹大小字创立后,同汉字在契丹社会中并行使用。这种文字在北方行用,一直到金朝明昌二年(1191年),金章宗才"诏罢契丹字",从此因无人使用渐渐失传。

活动于西北地区的党项族也曾经模仿汉字创立了一种文字,西夏政权称之为"国

---

① 参见徐建新:《出土文字资料与东亚古代史研究——以中日韩三国古代木简为例》,载《古代文明》2011年第2期。

② (宋)欧阳修:《新五代史》卷七十二,《四夷附录》,北京:中华书局,1974年,第888页。

字"，今称西夏文。西夏当时用这种文字编制了字典、辞书。20世纪初，在今内蒙古额济纳旗黑水城遗址发现了大批西夏文字文献，包括法典、史书、词典、兵书，以及从汉文书籍翻译为西夏文的《论语》《孟子》《孝经》《孙子兵法》佛经等等。目前所知的西夏文字有6000多个单字。这种文字行用时间很长，直到明朝中期，仍有使用者。

金朝初年，女真人借鉴汉字和契丹文，或取其音，或取其义，增减笔画，创立了女真文，先后所创，也是大字、小字两种。目前能够看到的，只有一种，一般认为属于女真大字，共存859字。女真人曾创办女真学校，设女真进士科，用女真文考试。其使用延伸到明朝初年。

蒙古人在成吉思汗时期，曾经借用回鹘文书写蒙古语，形成最初的蒙古文字，即回鹘式蒙古文。元世祖忽必烈命吐蕃僧人帝师八思巴利用吐蕃文字母和少量梵文字母，创制出八思巴文字。其字母最初为41个，后陆续增加，据现存资料，包括各种变体共有57个字母。这种文字在整个元朝作为法定文字在官方文书中通用。元朝灭亡后，八思巴文字停止使用，而回鹘式蒙古文则因其更方便蒙古口语表达，经过一些改革，再度流行起来，最终演变为今天的蒙古文。蒙古文也是拼音文字，上下连行，行款从左到右。现行蒙古文有29个字母，包括5个元音字母和24个辅音字母。

公元16世纪，兴起于东北地区的女真人后裔满族政权创立了用蒙古字书写满语而形成的满文。这种文字在清朝前期一直与汉文、蒙古文、藏文一起用于国家政务，后来渐渐减少使用，然而迄今仍然有大量满文档案、图书存世。

现代中国的一些少数民族仍然使用自己古老的民族文字，如彝族使用的彝文是一种古老的音节文字，一个字形代表一个意义，文字总数达万余字，大致有象形字、会意字、指事字、假借字。因为彝族居住分散，方言差别大，读音不同，用字法和书写法也有差异。贵州地区的水族有水书，这种文字起源极早，其形态与甲骨文、金文有相似之处，但多类汉字的反写，现存水书文献内容，多涉及民间信仰、习俗。云南纳西族祭司（东巴）使用的东巴文，大约创于唐代，约有1400个单字，纳西族宗教典籍兼百科全书《东巴经》就是用这种文字写成的，是一种迄今仍有人使用的象形文字。生活在中亚地区操突厥语的若干民族在13～20世纪初期使用属于阿拉伯字母系统的拼音文字，称察合台文，早期维吾尔文学作品多用这种文字写成，现代维吾尔文则是在晚期察合台文基础上改编形成的。

除了上述文字以外，中华文明史上还有其他一些古代少数民族使用的文字，如于阗文、焉耆—龟兹文等。

五、中国的书籍

新石器时代后期的先民就已经在使用象形符号帮助记忆和交流，由此发展出文字系统。文字发展到一定程度，就有可能使用连贯书写的文字符号来记录复杂的事项，表达

复杂的思想。根据现在可以看到的文献和实物，最迟在商代的时候，中国先民已经能够用文字刻写国家政务、祭祀方面的记录、文书、告示等等。这些记言、记事、记制度的单独文件被有意识地累积汇编起来，就成为最早的书。后来的书除了记录事项以外，渗透了更多的汇编者、纂修者、创作者的思想，甚至以阐释作者的思想、情感、观点为主线索，具有更复杂的知识、思想、艺术探索与传播功能。

从文献记载来看，《尚书》可能是中国历史上最早汇集成编的书，其内容是商周时期的政典文献。如果是这样，那么中国历史上最早的书就是国家档案的汇编，也可以看做一种史料汇编。又因为这种汇编目的是明先王之制，为后世之国家行政立法则，所以这部书也具有典制的含义，因而也就从书的起源角度印证了中华文明自古就有与国家事务交融演变的特点。周代的国家机关会派人到民间采集歌谣，整理后由负责音乐的官员谱曲，演唱给王听，作为了解民间隐情、相应施政的参考。这类歌谣称为"风"，与贵族、官僚所作的申抒己意的诗歌"雅"，以及庙堂祭祀演奏的颂词"颂"被汇集到一起，经孔子的删定，成为《诗》，后世称为《诗经》。这部中国历史上最古老的诗歌总集，包含公元前 3000 年左右到公元前 2500 年左右共四五百年间的 311 首作品。孔子时代，已经有了多种类型的书籍，《孟子·离娄下》载："王者之迹熄而《诗》亡，《诗》亡然后《春秋》作。晋之《乘》，楚之《梼杌》，鲁之《春秋》，一也：其事则齐桓、晋文，其文则史。"①看来周朝王道衰微以后，在全国的采风也就不能继续，接下来各个强大起来的诸侯国各自编写自己的史书，史书是中国最早的书籍门类。同时，除了史书，还有占卜的书。孔子应该就曾读到了用竹简刻写的《易》，据说因反复翻阅，以致串联竹简的韦编即皮绳三次断绝。现在能够看到的《尚书》《诗经》《易经》都不是当年的原件，而是后来转写的文本了。现在看到的最早的古书，是 1993 年在湖北荆门出土的郭店竹简。郭店一号战国楚墓发掘出竹简 804 枚，竹质墨迹，其中有字简 730 枚，共计 13000 多个汉字，整理之后可以归纳为 16 篇文献，即《老子》、《太一生水》、《缁衣》、《鲁穆公问子思》、《穷达以时》、《五行》、《唐虞之道》、《忠信之道》、《成之闻之》、《尊德义》、《性自命出》、《六德》、《语丛一》、《语丛二》、《语丛三》、《语丛四》。其中《老子》、《缁衣》见有传世本，《五行》见于长沙马王堆出土帛书，其余皆无传世文本。其他地方也曾出土了相当多的战国竹简文献。综合起来看，春秋战国时期，是中国图书爆发式问世的第一个历史时期。这与周朝王官之学下移、私人学校发展、士阶层兴起关系很大。

秦统一六国之后，为了禁锢天下思想，大量焚书，知识分子也多遭劫难。秦亡以后，汉朝初年借助孑遗学者的记忆，重新写定了许多典籍，使之不至于永久湮没。西汉设立太学，又将天下图书尽量网罗汇聚，使得学者能够就各类知识文本，做详明的推究，于是学术、思想、文化都进入了一个新综合的境界，对于图书本身的研究也具体深入，出现了最早的文献目录之学。这一方面特别值得重视的是刘向、刘歆父子。刘向在西汉成帝时

---

① 杨伯峻：《孟子译注》卷八《离娄章句下》，北京：中华书局，1960 年，第 192 页。

奉命主持整理朝廷所藏书籍,撰写了《别录》,这是中国历史上最早的图书分类目录。刘向的儿子刘歆跟随刘向整理书籍,也为上古经典的整理和图书分类做了重要的工作。刘向去世以后,刘歆继承父业,整理编成《七略》7卷。《七略》将《别录》的内容简化,以总论性的辑略和六艺略、诸子略、诗赋略、兵书略、术数略、方技略六略将图书分类,成为中国历史上第一部分类目录。《别录》和《七略》一起,奠定了中国目录学"辨章学术,考镜源流"的学术特点。刘氏父子创立的图书分类法到了唐代,发展为《隋书·经籍志》分类法所体现的四部分类法,即将所有书籍分为经、史、子、集四大门类的方法。这种分类法到今天也还是古籍考索的重要依据。

汉以前的图书,主要是竹简、木简连贯起来的,其他显示在甲骨、青铜彝器、帛、石等材料上的文字,多为单篇文献,极少可称为书。汉代图书、文化事业的发达,促进了书写材料的进步。近年考古发掘证实,西汉时代已经发明了造纸术。1986年,在甘肃天水放马滩西汉文景时期的墓葬中出土了纸质的地图,该纸由麻纤维制成,表面光滑平整,上面用细墨线条绘出山川、河流、道路。与此前发现的"灞桥纸"及居延、扶风等地发现的纸相比,这张麻纸残片年代更早,纸质细致。20世纪90年代,在新疆、甘肃的一些考古遗址中,又出土了很多生产于西汉时期的麻纤维纸。到东汉和帝时,宦官蔡伦总结劳动人民的经验,用树皮、麻头、破布等原料制造成本低廉、质量优良、适于书写的"蔡侯纸"。这使得纸的大量生产成为可能,此后的图书就逐步转变为以纸张为书写材质了。纸张的发明,为思想文化突破少数精英的垄断而向大众延伸,提供了方便可靠的介质。对图书的普遍需求又推动了图书生产方式的改进,到了隋代,出现了雕版印刷术,使得同种图书可以很快批量生产出来。到了宋代,有平民毕昇,发明了活字印刷术,使图书印刷的工具更为灵活便利。由于图书的印制、传播技术发达,不仅支持了庞大的国家图书收藏,而且使私人藏书兴盛起来,还使民间的图书文化市场得以形成。明清时期的私人藏书达于鼎盛,宁波范钦的天一阁、常熟毛晋的汲古阁、聊城杨以增的海渊阁、常熟瞿镛的铁琴铜剑楼、吴兴陆心源的皕宋楼、杭州丁丙的八千卷楼等,都是著名的私人藏书中心。这些藏书中心的藏书家通常也是图书印制家。

唐宋明清时代,都曾经出现大规模的图书整理。唐代已经开始编辑大规模的道教典籍,称为《道藏》。宋代出现了《册府元龟》、《玉海》,明代出现了《永乐大典》、《道藏》,清朝则有《四库全书》、《古今图书集成》、《佩文韵府》。这些大规模书籍,有的叫做类书,即按照主题拆分原书重新编排而成的图书;有的叫做丛书,即将完整图书汇聚到一起而成的系列图书。这样持久的大规模图书的编纂,是其他近代以前的文明中罕见的,与中华文明在几千年的演进中步履格外凝重关系甚大。

造纸术在唐代广泛传播到欧洲,对西方文明的演变产生了重要的影响。中华文明核心区周边区域的一些规模较小的文化共同体,也是在隋唐时代通过图书传播更真切也更普遍地感受到了中华文明的内在力量。它们的地理位置使之便于以独立的国家方式存继,在文化方面则便于借鉴中华文化,同时又不能整体上超越中华文化,于是就形成了文

化上认同甚至学习中国,行政上与中国形成边缘与内核关系的更大区域格局。日本发展滞后于中国,借用汉字创造了自己的文字;朝鲜直到 19 世纪,官方书写文字仍然是中文;越南也将中文作为官方文字。周边国家使用汉字,不仅是由于其书写文字后起,也不仅是为了与中国交流的需要,而且是因为需要阅读、掌握汉字文献来指导自己的社会管理。由于这多重原因,中国的书籍文献大量流入上述国家和地区。

【小结与思考】

　　文字是文明发生的标志之一,它表明其使用者已经具有精密的思维能力和保持经验、管理大规模公共事务的能力。文字的意义不限于作为记录、交流的工具,而且是文化的载体。中华汉字起源很早,最初是象形文字,后来发展成为语素文字,这种文字所承载的文化信息容易保留下来。现存早期的汉字主要是商周时期的甲骨文、金文,战国、秦汉时期的竹木简牍文字,以及东汉以后绢帛、纸张上书写的文字。书写的文字后来演变成为艺术化的多种书体,这些书体流传到亚洲其他地区,影响了那里的文化。中华文明中的一些少数民族也曾创立文字,这是中华文明史上的重要内容。运用文字记录知识就形成了书,中国现存最早的书是《尚书》,是国家档案的汇编。书的大量出现使中华文明得以孕育出其古典时代的复杂思想。秦朝焚书,是一场文化劫难。西汉设立太学,网罗天下图书,出现了文献目录之学。造纸术的发明,极大地促进了知识的积累和传播。普遍的图书需求又推动了图书生产方式的改进,出现了印刷术,不仅支持了庞大的国家图书收藏,而且使私人藏书兴盛起来,还使民间的图书文化市场得以形成。在此基础上才有了明清时期的文化繁荣,才有了大规模图书的编纂。大规模图书的编纂是中华文明的特色。造纸术在唐代传播到欧洲,对西方文明和中华文明周边区域的文化共同体都产生了深远影响。

【思考题】

1. 文字对于文明史有何种意义?
2. 简要叙述汉字刻、写的材质和方式。
3. 试述中国图书演变的脉络。

第四讲

中华思想文化的古典绽放

中华先民在农业文明展开的过程中开发了自己的心智,形成日益复杂精细的宇宙观、世界观、社会观和自我意识,在社会历史的推演中,借助于国家共同体的发展,逐渐形成一种在整个中华文明影响的范围内具有主流影响力的观念、思想、文化体系。夏代的文字书写文献迄今尚未发现,商代文献片段虽存,但仍难以清晰查见其思想面貌,周代以来的文献则虽有散失但存世的以及见于后世著录的都显示出系统连贯性。自周代以后,尤其是春秋战国时代的"百家争鸣"以后,中华文明的精神要旨已经可以从详细的文本记载中查见,后世的思想者总是参考这两个时代推出的著述来探讨各自时代的问题。百家争鸣的时代在世界文明史上是多个伟大文明思想文化凝聚为久远传统的时代,有的学者将之看做确立文化方向的"轴心期"。因而,百家争鸣是中华文明史上一个至关重要的节点。

一、商周文化环境之大概

商代的思想文化还笼罩在浓重的原始巫术的氛围中。前文曾经提到,《礼记·表记》曾载:"殷人尊神,率民以事神,先鬼而后礼。"[①]据甲骨文记载,商王无论大小事情,都要进行占卜,向鬼神询问,上至国家大事,下至私人生活,几乎无日不占卜和祭祀,祭祀的对象包括天地、祖先和自然神灵等。在商人的信仰世界中,人间的所有事务是由上帝与各种自然神在直接料理着,已经去世的祖先也升入天国,经常宾于上帝之所,接受人王的献祭,影响上帝。这个时候,神灵还没有被道德化,而只是一些超自然的力量,因而现实世界中的人只能顺从神的直接指令。这时从事卜祝之事的巫,在公共生活中就拥有巨大的权力,职责包括占卜、祈禳、祭祀,可以兼任行政官员中职位最高的相,以卜祝、天文、历法、医药、历史文档为主要内容的知识也掌握在巫的手中。透过这些特点,我们可以看到,商代的公共权力实际上掌握在与巫紧密结合的王的手中,这个时候的王可以称作"巫王",他们的权力合法性落在被少数人占据的与神沟通的特权和特殊能力上。这实际是世界文明史上许多原始性文明或者文化的特点。

这种文化结构实际上只能比较有效地在较小的社会共同体中实行,对于更大的共同体,尤其是通过联盟而形成的层级分权的共同体,各有神明和祖先,公共权力的合法性需要更具普遍性的说明,即需要一个普遍价值来作为更大范围认同的基础,否则最高的权威太易于受到挑战。这种认同的必要性既然突出地存在于权力秩序建构的领域,其内涵也就突出地指向国家政治秩序。所以,西周时期发生的思想文化方面最重大的变化是圣王政治和礼仪规范的制度化。这个变化应是在周初分封,周公把周王朝的秩序稳定下来

---

① (汉)郑玄注,(唐)孔颖达疏:《礼记正义》卷五十四《表记第三十二》,北京:中华书局,1980 年,影印阮元校刻《十三经注疏》本,第 1642 页。

的时候就开始了。周初的分封是一种分权、分治基础上的大共同体联盟，它承认各个诸侯以族体为基础在为之划定的区域内因俗而治，同时共同拥戴一个王来保障大共同体秩序。这时诸侯必然各祀其所祀，各卜其所卜，大共同体的权威需要超越各个分权实体利益和信仰的文化、制度、契约来保障，于是发生了政治的理性化变迁，也就是把政治秩序落实在人本的关于政治合法性与合理性的价值意识基础上的变化。整个周礼的最大的意义，就在于呈现出人本的秩序理路，从而使巫术在公共生活中退却一步，人直接对政治负责，圣王理想也就应运而生了。

由于重人，所以西周国家重视教育，"学在官府"，分大学与小学。小学学习书写、计算及音乐的知识；15 岁束发后入大学——辟雍，学习礼、乐、射、御、书、数等治理国家的知识与能力。这些内容都是世俗的、人本的，很少有巫术的影子。可见周代是中国政治文化乃至整个文化向人本主义迈进的一个关键时期。在巫术有所消退的时候，人们尝试对宇宙和自然现象做出新的解释，形成了阴阳说。阴阳说认为世界万事万物都由阴、阳这两个对立的因素构成，事物内部阴阳的关系决定事物自身的性质，两种因素的互动与消长，则造成事物与事物之间的转化。这种思想在西周时期最后成形的《易》中有充分的反映。《易》本为卜筮之书，卜筮是先前既有之传统，《易》则试图通过解释卜筮，寻求命运与人的行为之间的相互作用，因卜筮而成为一种智慧，而不再仅仅是对不可抗拒的神意的探询。《易》用卦象解释事物，所有的卦由"—"和"┆"两个称为爻的基本符号组合构成。"—"代表"阳"，"┆"代表"阴"。原始的八卦中，每一卦由三个爻即卦符上下排列而成，共成乾（☰）、坤（☷）、震（☳）、巽（☴）、坎（☵）、离（☲）、艮（☶）、兑（☱）八个卦象。八卦根据各自所成的阴符与阳符的数量及组合结构的不同，分别表示不同的意象。象征宇宙、自然现象时，乾为天，坤为地，震为雷，巽为风，坎为水，离为火，艮为山，兑为泽；象征动物时，乾为马，坤为牛，震为龙，巽为鸡，坎为豕，离为雉，艮为狗，兑为羊。八卦再依次两两相叠，就组成了 64 卦，由此可以表达复杂的自然和社会事物。卜筮的人按照一定的程序先后推导出 6 个卦符组成的卦象，就可以通过分析来判断吉凶了。这时候，关于大共同体的宇宙观、国家制度、伦理秩序观念都逐渐地体系化了，这从周代制度的精细繁复中可以看得很清楚。在 64 卦中，乾、坤二卦居首。乾坤代表天地，天地之间的相互运动，造就世界万事万物。既济一卦表明从乾坤以来的变化与发展，到这一步已经完成，其后又有未济，表示新的一轮变化又从此开始，于是将世界置于无穷无尽的变化过程中。

周初建立的诸侯国其实是按照国家的理念和方式来运作的，其中的一些逐渐过于强大，并且与周王室的血缘关系渐渐疏远，加上周王室的逐渐腐朽衰败、周边部族的干预等等，周初的平衡被打破，自公元前 8 世纪后期开始，逐渐出现诸侯争霸的局面。这种争霸斗争的表面是重重利益冲突，其实质则是诸多行为能力更为充分的分立的小国家共同体在大共同体中的秩序重组——这个时候，各诸侯国已经不是靠周王的恩封而是靠实力生存，周王的权威失去了基础，各国之间的关系不断变化，所有的诸侯国都感受到生存竞争的压力，都需要谋求新的大共同体秩序。周的知识文化教育和国家事务的延伸，已经培

育出一个专门化的、世俗的知识阶层,其社会角色是充当各种意义上的国家管理者——主要是官僚。这个阶层开始从社会的角度,而不仅仅是服务于王侯的角度来思考社会体系的建构。春秋战国之际,与争霸图存和变法图强相呼应,发生了中华文明史上最为持久、内容丰容的思想争鸣。它以当时的一切精神文化成就为基础,以整合、创新和变通为取向,以国家政治哲学和谋略体系为关注的重心,以诸子学说为标志,奠定了中国古典精神文明丰富的概念体系和流派纷呈的基本格局。

二、孔子的古典政治哲学

儒家学派创始人孔子,名丘,字仲尼,生于公元前551年,卒于公元前479年。他是殷人的后裔,其先世本居宋国,后迁徙到鲁国。他曾官至司寇,因其主张不能被统治者采用而辞职,周游列国,宣传自己的思想,晚年回到鲁国,专心著述、授徒。他的言论被他的学生记录下来,经过整理,以语录的方式流传,后来名为《论语》。这部书以及当时与稍后的其他人对于孔子及其学派、学说的记述,使我们可以了解孔子思想的基本要点。孔子代表的古典儒家学说以发掘和弘扬古代人文主义与礼制文化精神为核心,以社会精英的个人伦理完善为国家政治完善的原点,强调道德的本体价值。现代的一些学者曾经判定孔子是一个保守和主张复古的思想家,其实他是一位富有创造性的思想家,追述前贤只是他阐发自己思想的方式,他对古代典章制度的注重主要并非出于对旧的社会制度的留恋,而是出于对现实社会状况和人的命运的深切关怀,进而对新理想境界做出设计和追求。孔子学说的继承人孟子着重阐释了人性善的理论,并且从普遍人性出发论证了道德政治理念和民本主义的政治哲学。基本上属于儒家的荀子,主张人性恶,并主张礼制和法制相结合。

孔子承认"天命",《论语》记载孔子曾说过:"君子有三畏:畏天命,畏大人,畏圣人之言。"①但是孔子说的"天命"并不是主宰人类命运的具有人格的上帝,而是指人类还不能把握的力量和趋势。他说:"天何言哉?四时行焉,百物生焉,天何言哉?"②他感叹大道不行于世,曾说:"道之将行也与?命也;道之将废也与?命也。"③孔子主张对待事物要"中庸",即凡事无过无不及。他感叹当时之人每每偏激:"中庸之为德也,其至矣乎?民鲜久矣。"④他积极主张德治,曾说:"道之以政,齐之以刑,民免而无耻;道之以德,齐之以礼,有耻且格。"⑤他的德治的基本内容,就是重建西周曾经努力推行的礼。他提出了"非礼勿

---

① 程树德:《论语集释》卷三十三《季氏》,北京:中华书局,1990年,第1156页。
② 程树德:《论语集释》卷二十五《阳货下》,北京:中华书局,1990年,第1227页。
③ 程树德:《论语集释》卷三十《宪问下》,北京:中华书局,1990年,第1024页。
④ 程树德:《论语集释》卷十二《雍也下》,北京:中华书局,1990年,第425页。
⑤ 程树德:《论语集释》卷三《为政上》,北京:中华书局,1990年,第68页。

视,非礼勿听,非礼勿言,非礼勿动"①的行为准则,在既乱之世推行礼,要凡事"正名",即按照身份、角色的规范衡量一切。他认为"名不正,则言不顺;言不顺,则事不成;事不成,则礼乐不兴;礼乐不兴,则刑罚不中;刑罚不中,则民无所措手足。故君子名之必可言也,言之必可行也。君子于其言,无所苟而已矣"。② 礼的核心是仁,学生樊迟向孔子询问什么是仁时,孔子回答说:"爱人。"③普通人实践仁的途径是推己及人,"己欲立而立人,己欲达而达人",④"己所不欲,勿施于人"。⑤ 统治者以仁为政,就要爱护百姓,宽以待人,不用残杀。《论语·子路》记载:"子曰:'善人为邦百年,亦可以胜残去杀矣。'"⑥

孔子是个伟大的教育家,他创办私学,率先打破"学在官府"的格局,提出了"有教无类"的普遍教育主张,并能身体力行。无论是谁,只要能向孔子交纳一份"束脩"以示诚意,他就会对之进行教育。据记载,孔子培养的在当时就成名的学生有72位,曾经随孔子学习的学生多达3000多人。在教学实践中,孔子主张因材施教,发明了启发式教育,认为"不愤不启,不悱不发",⑦就是不到学生反复思考仍不得其解的时候,不要轻易地将答案告诉他。他强调经常温习的必要,说"学而时习之,不亦说乎";⑧强调学思结合,说"学而不思则罔,思而不学则殆";⑨强调端正学习态度,说"知之为知之,不知为不知,是知也"。⑩ 孔子还主张一个人应不耻下问,说:"三人行,必有我师焉,择其善者而从之,其不善者而改之。"⑪孔子死后,弟子们为他守了三年的丧,以此表达对他的敬意。

孔子晚年,还对我国上古时期的文献进行了一次较大规模的整理。现传儒家五经《诗》、《书》、《礼》、《易》、《春秋》都经过孔子的删定或整理,他为我国上古文化的保存做出了重大的贡献。

儒学传到战国时期,出现了另外两位对后世影响巨大的思想家,即孟子和荀子。孟子名轲,是孔子的孙子子思的再传弟子,大约生活在公元前385年到公元前305年。他也曾游历各国,见过当时的多位国君,曾担任齐宣王的卿,后来也是因为与统治者政见不合,退隐家乡著述讲学。他的思想,被整理成为《孟子》七篇,是儒学的重要经典。孟子生活的年代,功利主义的各家学说盛行,"杨朱、墨翟之言盈天下",⑫法家人物吴起、商鞅,纵

---

① 程树德:《论语集释》卷二十四《颜渊上》,北京:中华书局,1990年,第821页。
② 程树德:《论语集释》卷二十六《子路上》,北京:中华书局,1990年,第892—893页。
③ 程树德:《论语集释》卷二十五《颜渊下》,北京:中华书局,1990年,第873页。
④ 程树德:《论语集释》卷十二《雍也下》,北京:中华书局,1990年,第428页。
⑤ 程树德:《论语集释》卷二十四《颜渊上》,北京:中华书局,1990年,第824页。
⑥ 程树德:《论语集释》卷二十六《子路上》,北京:中华书局,1990年,第909页。
⑦ 程树德:《论语集释》卷十三《述而上》,北京:中华书局,1990年,第448页。
⑧ 程树德:《论语集释》卷一《学而上》,北京:中华书局,1990年,第1页。
⑨ 程树德:《论语集释》卷四《为政下》,北京:中华书局,1990年,第103页。
⑩ 程树德:《论语集释》卷四《为政下》,北京:中华书局,1990年,第110页。
⑪ 程树德:《论语集释》卷十四《述而下》,北京:中华书局,1990年,第482页。
⑫ 杨伯峻:《孟子译注》卷六《滕文公章句下》,北京:中华书局,1960年,第155页。

横家苏秦、张仪、兵家孙膑等人各逞其能,各国竞争如火如荼。孟子则主张唯有孔子主张的仁政理想和学说是政治的正途。他的学说的出发点是性善论。他认为,人的恻隐之心、羞恶之心、恭敬之心和是非之心,都是与生俱来的,由于它们分别是仁、义、礼、智的源头,因此可称之为“四端”。世界上之所以会出现众多丑恶的现象,是因为人们陷溺于外界事物,善性得不到充分的发扬而造成的。为了避免外界事物的诱惑,人必须从“不动心”和“寡欲”做起,逐渐使“浩然之气”充斥于自我和天地之间,这样,就可以回复到人的善性,并将善性加以扩充。由各人内心善的本性的萌发,可以发展为社会关系中的孝、悌。“老吾老以及人之老,幼吾幼以及人之幼”,①就能实现社会和睦。

孟子由内心之善对“仁政”说再加阐释。他说:“人皆有不忍人之心。先王有不忍人之心,斯有不忍人之政矣。以不忍人之心,行不忍人之政,治天下可运之掌上。”②同时,孟子认为人民需有产业,才会心志恒定,主张“制民之产”,使老百姓“仰足以事父母,俯足以畜妻子,乐岁终身饱,凶年免于死亡”。③其具体计划是分给每户人家五亩宅基地和一百亩土地,“五亩之宅,树之以桑,五十者可以衣帛矣。鸡豚狗彘之畜,无失其时,七十者可以食肉矣。百亩之田,勿夺其时,八口之家可以无饥矣……老者衣帛食肉,黎民不饥不寒,然而不王者,未之有也”。④他把这种以民生为本的社会理想与对国家角色地位的判定结合起来,提出民心向背是王朝兴亡的根本。《孟子·离娄上》说:“桀纣之失天下也,失其民也;失其民者,失其心也。得天下有道:得其民,斯得天下矣;得其民有道:得其心,斯得民矣。”⑤《孟子·尽心下》说:“民为贵,社稷次之,君为轻。”⑥孟子心目中理想的统治者是古代的尧、舜、周文王:“师文王,大国五年,小国七年,必为政于天下矣。”⑦在剧烈纷争图存的局面下主张仁政,很难收到立竿见影的效果,所以赞赏孟子学说的人不少,却没有任何一国的国君采用他的学说。

荀子名况,又称荀卿或孙卿,是战国晚期的赵国人。他年轻时曾在齐国临淄游学,以后历游燕、秦、赵、楚等国,后来又回到齐国,在稷下教书。晚年的荀子主要是在兰陵家居著书。现传有《荀子》32篇。荀子虽与孟子同为战国时期儒家的代表,但是二人对于人性的基本认识截然不同。荀子认为,人生来就有感官要求,饿了要吃饭,冷了要穿衣,此外还爱好声色,贪图享受,“好利”、“疾恶”、“好声色”是人的本性。现实中的人的行为凡率性而为者,皆是恶的,遵循后天教育与学习培养出来的善行,则是“伪”的,即人为的。从性恶论出发,荀子提出,人类所以能够战胜自然,根本的原因在于能结成群体,要结成

---

① 杨伯峻:《孟子译注》卷一《梁惠王章句上》,北京:中华书局,1960年,第16页。
② 杨伯峻:《孟子译注》卷三《公孙丑章句上》,北京:中华书局,1960年,第79页。
③ 杨伯峻:《孟子译注》卷一《梁惠王章句上》,北京:中华书局,1960年,第17页。
④ 杨伯峻:《孟子译注》卷一《梁惠王章句上》,北京:中华书局,1960年,第17页。
⑤ 杨伯峻:《孟子译注》卷七《离娄章句上》,北京:中华书局,1960年,第171页
⑥ 杨伯峻:《孟子译注》卷十四《尽心章句下》,北京:中华书局,1960年,第328页
⑦ 杨伯峻:《孟子译注》卷七《离娄章句上》,北京:中华书局,1960年,第168页。

群体,就要分清人们彼此之间的利益。君主最大的责任就是"管分之枢要也",而能使人们安于自己身份,"各得其宜"的,就是礼。礼的要义是区分身份等次,使之各安其分,则可免除纷争。这样,荀子学说中的礼,虽然仍以孔子学说中追求秩序的思想为基本线索,但是其含义已经接近于强制性的法规,而不强调各人内心的修养。他明确地指出:"法者,治之端也。"尽管如此,他还是把良好政治的希望寄托在人的自觉上,《荀子·君道》说:"有乱君,无乱国;有治人,无治法。羿之法非亡也,而羿不世中;禹之法犹存,而夏不世王。故法不能独立,类不能自行,得其人则存,失其人则亡。"作为儒家思想家,荀子与孟子一样主张重民,认为"君者舟也,庶人者水也。水则载舟,水则覆舟"。[①] 但在孟子那里,民是政治的本体,重于君和社稷,在荀子那里,民的重要性却是参照维系君主统治的必要性而言的。荀子将最高统治者的统治区分为"王道"与"霸道",指出通过"王道"可以取天下,而用"霸道"则只能使一国强盛。荀子比孔子和孟子都更强调与时俱进,在政治上主张"法后王"。

在宇宙观方面荀子接近于唯物主义。他认为"天行有常",日月星辰的运行,春夏秋冬四季的更替,不管是在夏禹的时候还是在帝桀的时候,都是相同的,即自然现象与君主的德行没有关系,人类社会的一切变化都不是出自天意,而取决于人的作为,人能务农而节用,天不能使其贫困,人当"制天命而用之"。[②]

三、老子和庄子的道家学说

老子是道家学派的创始人。《史记》称老子是春秋晚期楚国人,姓李,名耳,字聃。但先秦古籍都只称其为老聃或老耽,不称李耳,所以他也可能姓老,名聃。老子曾在周王室任守藏史,负责管理周王的藏书室,十分博学。据称孔子就曾向老子问过礼,可见孔子对老子是十分敬佩的。现存《老子》一书,是表述老子道家学说的主要文献。道家学说本质上是以对自然整体充满睿智的体悟为基础的关于人的行为和国家政治的哲学,它对自然本质的体悟是神秘主义的,对自然规律的体悟是经验的和直观的。在老子学说的整个体系中,人的本质从属于自然的本质,人的行为和国家政治也以遵循自然本质与自然规律为根本。老子学说阐述了辩证法思想,并且在这种辩证法基础上提出了以守虚、无为为要点的谋略思想,这使道家学说和儒家学说、法家学说一样具有现实关切和实用的倾向。

老子对于中国古代哲学的最大贡献,是率先将"道"发展成为一个具有本体意义的哲学概念。在老子之前,人们使用"道"这个词,主要指内在于事物的规范与法则,如子弟之道、亲亲之道、天之道、王道等等。《老子》中所使用的"道",也还有指称某些事物具体规

---

① (清)王先谦:《荀子集解》,北京:中华书局,1988 年,第 152—153 页。
② (清)王先谦:《荀子集解》,北京,中华书局,1988 年,第 317 页。

律和法则的意义,但是在绝大多数情况下,则是一个本体概念。《老子》第一章就说:"道可道,非常道。"①就是说,那些可以具体而言的某一种事物的"道",并不是所谓的"常道",而老子的学说,是关于常道的,这个常道,不是可以具体为外人道(说)的"道"。显然,老子是在形而上的层面上来探讨"道"的。《老子》第二十五章说:"有物混成,先天地生。寂兮寥兮,独立而不改,周行而不殆,可以为天下母。吾不知其名,字之曰道。"②这个先天地而生的"道",正是天地万物之母,也就是世界的本体。《老子》第四十二章还说:"道生一,一生二,二生三,三生万物。"③老子的"道",不是一种纯粹的绝对精神,它本身源于自然。例如,《老子》第二十五章说:"人法地,地法天,天法道,道法自然。"④但它也不是一种完全物质性的东西,它惚兮恍兮,寂兮寥兮,视之不见,听而不闻,大象无形,难以名状。因此,简单地将老子划为唯心论或唯物论都不妥帖。

老子的学说,富含辩证法和谋略色彩,且有深沉的历史感。在他看来,世间万物都在矛盾对立中形成并确立自己的性质。《老子》第二章说:"有无相生,难易相成,长短相较,高下相倾,音声相和,前后相随。"⑤事物在不停运动的状态下总是朝着对立面方向转化。《老子》第二十二章说:"曲则全,枉则直,洼则盈,敝则新,少则得,多则惑。"⑥第五十八章说:"祸兮福之所倚,福兮祸之所伏。"⑦正因为如此,老子强调在处世方法上要守弱、守虚,第二十八章说:"知其雄,守其雌";"知其荣,守其辱"。⑧ 第四十章说:"反者道之动,弱者道之用。"⑨而对敌人或对手,则应采取相反的方法,第三十六章说:"将欲歙之,必固张之;将欲弱之,必固强之;将欲废之,必固兴之;将欲取之,必固与之"。⑩ 第十八章说:"大道废,有仁义;智慧出,有大伪;六亲不和,有孝慈;国家昏乱,有忠臣。"⑪

在国家政治方面,老子主张统治者应清静寡欲,无为而治,反对过分扰乱百姓。对于百姓,老子则主张采取愚民政策。《老子》第六十五章说:"古之善为道者,非以明民,将以愚之。民之难治,以其智多。"⑫因此他主张统治者绝圣弃智,绝仁弃义,绝巧弃利,"使有什伯之器而不用,使民重死而不远徙,虽有舟车,无所乘之,虽有甲兵,无所陈之,使人复

① (魏)王弼:《老子注》,北京:中华书局,1959 年,《诸子集成》本,第 1 页。
② (魏)王弼:《老子注》,北京:中华书局,1959 年,《诸子集成本》,第 14 页。
③ (魏)王弼:《老子注》,北京:中华书局,1959 年,《诸子集成本》,第 26 页。
④ (魏)王弼:《老子注》,北京:中华书局,1959 年,《诸子集成本》,第 14 页。
⑤ (魏)王弼:《老子注》,北京:中华书局,1959 年,《诸子集成》本,第 1—2 页。
⑥ (魏)王弼:《老子注》,北京:中华书局,1959 年,《诸子集成》本,第 12 页。
⑦ (魏)王弼:《老子注》,北京:中华书局,1959 年,《诸子集成》本,第 35 页。
⑧ (魏)王弼:《老子注》,北京:中华书局,1959 年,《诸子集成》本,第 16 页。
⑨ (魏)王弼:《老子注》,北京:中华书局,1959 年,《诸子集成》本,第 25 页。
⑩ (魏)王弼:《老子注》,北京:中华书局,1959 年,《诸子集成》本,第 20—21 页。
⑪ (魏)王弼:《老子注》,北京:中华书局,1959 年,《诸子集成》本,第 10 页。
⑫ (魏)王弼:《老子注》,北京:中华书局,1959 年,《诸子集成》本,第 40 页。

结绳而用之,甘其食,美其服,安其居,乐其俗,邻国相望,鸡犬之声相闻,民至老死不相往来"。①

到了战国时代的庄子,道家思想发生了一些嬗变。庄子名周,宋人,生活年代约与孟子同时而略晚,曾与魏相惠施交游,拒绝过楚王的聘请,后来一直过着隐居的生活。《汉书·艺文志》道家类载有《庄子》52篇,现存33篇,一般认为内篇7篇是庄子本人所作,外篇及杂篇则掺杂有门徒及后人的作品。

庄子继承了老子"道"为世界本体的思想。他也讨论道:"夫道,有情有信,无为无形,可传而不可受,可得而不可见。自本自根,未有天地,自古以固存。神鬼神帝,生天生地,在太极之先而不为高,在六极之下而不为深,先天地生而不为久,长于上古而不为老。"②这与老子的说法基本一致。庄子在中国古代哲学思想上的突出贡献在于对事物相对性进行了充分论述。他认为世界万物都是对"道"的体现,尽管千差万别,但是从"道"的角度来看,没有任何差别。《庄子·秋水》说:"以道观之,物无贵贱。"③《庄子·齐物论》中,举了大量的事例来论证事物的性质都是相对的,如毛嫱、丽姬,人见了以为是美女,但鱼见了却会避入水底,鸟见了会吓得高飞,鹿见了也会逃跑,因此,美丑并没有客观的标准。从不同的角度,以不同的标准,可以说"天下莫大于秋毫之末,而太山为小;莫寿于殇子,而彭祖为夭"。④

庄子一生追求精神自由和个性独立,主张"无己"、"无名"、"无功",实现彻底解脱。他托言于孔子与颜回的对话,说:"堕肢体,黜聪明,离形去知,同于大通,此谓坐忘。"⑤一旦做到了这一步,就能达到"天地与我并生,而万物与我为一"⑥的精神自由境界。为了能在危机四伏的战国时代找到安身立命之所,庄子调侃自己是在"材与不材之间",⑦在社会的夹缝当中做到"为善无近名,为恶无近刑"。⑧然而他完全知道个人的自由离不开社会条件,他在《庄子·大宗师》中说道:"泉涸,鱼相与处于陆,相呴以湿,相濡以沫,不如相忘于江湖。"⑨鱼因水不足而相互依赖亲近,不如得水于江湖之中,虽疏远却自如。如此珍惜个体自由,庄子对治国的具体方略便不做深入的探讨,其才思多在个人生命的高邈境界

---

① (魏)王弼:《老子注》,北京:中华书局,1959年,《诸子集成》本,第46—47页。

② 郭庆藩:《庄子集释》之《内篇·大宗师第六》,北京:中华书局,1959年,《诸子集成》本,第111—112页。

③ 郭庆藩:《庄子集释》之《外篇·秋水第十七》,北京:中华书局,1959年,《诸子集成》本,第254页。

④ 郭庆藩:《庄子集释》之《内篇·齐物论第二》,北京:中华书局,1959年,《诸子集成》本,第39页。

⑤ 郭庆藩:《庄子集释》之《内篇·大宗师第六》,北京:中华书局,1959年,《诸子集成》本,第128页。

⑥ 郭庆藩:《庄子集释》之《内篇·齐物论第二》,北京:中华书局,1959年,《诸子集成》本,第39页。

⑦ 郭庆藩:《庄子集释》之《外篇·山木第二十》,北京:中华书局,1959年,《诸子集成》本,第293页。

⑧ 郭庆藩:《庄子集释》之《内篇·养生主第三》,北京:中华书局,1959年,《诸子集成》本,第55页。

⑨ 郭庆藩:《庄子集释》之《内篇·大宗师第六》,北京:中华书局,1959年,《诸子集成》本,第109页。

驰骋。他公开提出要"道之真以治身,其绪余以为国家,其土苴以治天下"。①

庄子认为社会上出现种种混乱,人心日益败坏,关键在于现时的政治及人为提倡的礼义道德使社会及人类都丧失了本来之性。他向往的"至德之世",是不需要礼乐制度、仁义道德、人为设计的世界,与老子的小国寡民状态一致。庄子学说强调个人的精神自由,为以国家政治哲学为主干的中国古典哲学提供了另一种富有个人理想主义气息的浪漫的发展空间,代表着对个人存在的独立思考。

在中华文明史上,道家思想一直构成对于儒家积极入世、刚健有为取向的平衡因素。近年出土的战国简牍中有不少道家的作品。郭店楚简的《太一生水》、上海博物馆藏的战国楚竹书《恒先》等都是传世文献中没有的学术文献。郭店简及马王堆帛书中有战国及汉代的《老子》,阜阳汉简中有《庄子》的残篇。这些都为道家思想提供了前所未见的可靠资料。

四、墨家学说表达的平民价值体系

墨家学说是崛起于平民阶层的思想体系,体现着一种以民生而非以国家政治为关怀目标的价值体系。它虽然也讨论国家政治哲学,但是不以国家权力的扩张为核心,而强调人民的生存状况。墨家的创始人墨翟生活在春秋战国之交的时期,墨为氏,翟为名,鲁国人,曾经做过宋国的大夫。在《墨子》一书中,他始终自称为贱人,"量腹而食,度身而衣",②可见是一位来自平民阶层的思想家。

墨家与儒家有着比较密切的关联。墨子初就学于儒者,但觉得其礼烦扰、靡财、害事,遂自立学说,成为当时显学。《孟子·滕文公》中说:"杨朱、墨翟之言盈天下"③。信奉墨家学说的墨者,有比较严格的组织,最高领袖称为钜子,所有的墨者都必须服从钜子的指挥,钜子一职由前任传给他认可的贤者。墨者内部纪律严明,作战时能够"赴火蹈刃,死不旋踵",④在当时的政治舞台上扮演着相当重要的角色。

针对诸侯国之间战争频繁、人民生命饱受摧残的局面,从下层民众生存的立场出发,墨子的社会、政治主张非常鲜明,归结起来就是"兼爱"、"明鬼"、"非攻"、"尚贤"、"尚同"、"节葬"、"节用"。墨子认为天有意志,天的意志就是"兼爱","顺天意者,兼相爱,交相利,必得赏;反天意者,别相恶,交相贼,必得罚",⑤"天子为善,天能赏之;天子为暴,天

① 郭庆藩:《庄子集释》之《杂篇·让王第二十八》,北京:中华书局,1959 年,《诸子集成》本,第 417—418。

② (清)孙诒让:《墨子闲诂》卷十三《鲁问第四十九》,北京:中华书局,1954 年,第 436 页。

③ 杨伯峻:《孟子译注》卷六《滕文公章句下》,北京:中华书局,1960 年,第 155 页。

④ 何宁:《淮南子集释》卷二十《泰族训》,北京:中华书局,1998 年,《新编诸子集成》本,第 1406 页。

⑤ (清)孙诒让:《墨子闲诂》卷七《天志上第二十六》,北京:中华书局,1954 年,第 125 页。

能罚之"。① 不过,墨子并不认为天直接决定人间事务,认为人的寿夭、贫富与天下的安危治乱,都不是由天命所决定的,而是人的努力的结果。"非攻"就是主张和平,否认征战各国提出的种种冠冕堂皇的理由。"尚贤"就是选拔贤能的人来管理国家,"虽在农与工肆之人,有能则举之。高予之爵,重予之禄,任之以事",使"官无常贵,而民无终贱,有能则举之,无能则下之"。② 古代的圣王就"甚尊尚贤而任使能。不党父兄,不偏贵富,不嬖颜色。贤者举而上之,富而贵之,以为官长;不肖者抑而废之,贫而贱之,以为徒役。是以民皆劝其赏、畏其罚,相率而为贤者。以贤者众而不肖者寡,此谓进贤"。③ "尚同"是指政府权力运行须以社会权利平等和上下同心为基础。"察天子之所以治天下者,何故之以也?曰:'唯以其能一同天下之义,是以天下治。'"④ "古者上帝鬼神之建设国都、立正长也,非高其爵、厚其禄、富贵佚而错之也,将以为万民兴利除害、富贵贫寡、安危治乱也。"⑤ 墨子认为当世为政者倘能如此,就会使天下同于贤者,臻于大治。"节用"的内涵是主张统治者用财不废,不劳民。《墨子·节用中》指出:"凡足以奉给民用则止。诸加费,不加于民利者,圣王弗为。"⑥ 针对社会上日趋浮华的风气,墨子提出了"节葬"、"非乐"等主张。对于儒家的厚葬久丧,墨子也表示坚决反对。墨子出身于普通民众,其学说特别重视生产劳动,《墨子·非乐上》就提出:"赖其力者生,不赖其力者不生"。⑦

墨子坚持从下层民众的立场立说,这在中华文明史上是非常可贵的,但是他承认国家制度,所以,他努力向各国的国君传播他的主张,甚至采取直接行动,干预现实。《墨子·鲁问》就说到向国君们宣传他的思想的方法:"凡入国,必择务而从事焉。国家昏乱,则语之尚贤、尚同;国家贫,则语之节用、节葬;国家憙音湛湎,则语之非乐、非命;国家淫僻无礼,则语之尊天、事鬼;国家务夺侵凌,即语之兼爱、非攻。"⑧

墨子的学说在战国初期曾经盛极一时,但战国以后就基本上烟消云散了。墨子的思想体系在国家间激烈竞争的时代缺乏实用性,但是其中表露出的庶民自我意识的觉醒在中国历史上是值得重视的。

① (清)孙诒让:《墨子闲诂》卷七《天志中第二十七》,北京:中华书局,1954年,第127页。
② (清)孙诒让:《墨子闲诂》卷二《尚贤上第八》,北京:中华书局,1954年,第28—29页。
③ (清)孙诒让:《墨子闲诂》卷二《尚贤中第九》,北京:中华书局,1954年,第31页。
④ (清)孙诒让:《墨子闲诂》卷三《尚同中第十二》,北京:中华书局,1954年,第52页。
⑤ (清)孙诒让:《墨子闲诂》卷三《尚同中第十二》,北京:中华书局,1954年,第54—55页。
⑥ (清)孙诒让:《墨子闲诂》卷六《节用中第二十一》,北京:中华书局,1954年,第106页。
⑦ (清)孙诒让:《墨子闲诂》卷八《非乐上第三十二》,北京:中华书局,1954年,第164页。
⑧ (清)孙诒让:《墨子闲诂》卷十三《鲁问第四十九》,北京:中华书局,1954年,第299页。

五、韩非子与法家学派

　　法家学说是一种实践性极强的国家主义的和功利主义的政治哲学与谋略体系。春秋战国时期各国的变法改革主要是在法家思想的指导下推进的。为这个思想体系做出贡献的主要有管仲、李悝、吴起、商鞅、韩非和李斯,韩非为其中的集大成者。法家学说的关注点是君主权力的运作和国家势力的增长。以此为目的,这个富于进取精神的学说追求以竞争赢得国家富强,倡导严格的法律和赏罚体系,清除包括贵族在内的所有妨害君主集权的社会势力,推进国家对社会生活的全面参与,并强调非伦理化的权谋艺术。法家学说是中国君主政治传统中君主集权倾向的基础。

　　韩非是韩国的公子,为人口吃,不善言谈而善著书。他对以往法家思想家所提倡的法、术、势等学说进行了综合论证,提出了最高统治者必须兼用法、术、势的观点。法家思想家所说的"法",是指由政府制定,向全民公布的成文法,"术"是指君主驾驭臣下的手段与方法,"势"则是指君主所拥有的权势地位。韩非认为法、术、势三者各有长处,同时也各有短处,它们必须相互弥补,才能发挥最大的作用。秦国用商鞅变法,国富民强,但因为"无术以知奸",①结果秦国富强的成果却被大臣们利用。如果只有"术"而没有"法",则会前后法令不一,使奸臣有机可乘。君主如果失去作为一国之君的"势",也不可能有效地推行"法"和行使驾驭臣下的"术"。韩非主张加强君主专制权力,建立中央集权的国家。《韩非子·扬权》描述这种政权体制的特点是:"事在四方,要在中央。圣人执要,四方来效。"②他认为商周王朝的灭亡是因为诸侯过于强大,而晋齐两国的被分与被夺,就在于大臣太富。因此君主要用"术"除掉有野心的奸臣,"散其党","夺其辅",这样才能巩固自己的统治。凡是危害君主专制统治的,韩非都坚决主张予以铲除。在《韩非子·五蠹》中,韩非将当时的"学者"、"言谈者"、"带剑者"、"患御者"和"商工之民"称为"五蠹",认为这些人都不利于加强君主的专制统治。他把"法令"与"私道"完全对立起来,认为民间评议世道的士人中有"二心私学",这种学问,"大者非世,细者惑下",③极不利于国家法令的推行,"民之所誉,上之所礼,乱国之术"。④ 主张禁其行,破其群,散其党。他设计的政治秩序是:"明主之国,无书简之文,以法为教;无先王之语,以吏为师;无私剑之捍,以斩首为勇。"⑤秦统一天下之后在文化领域所推行的专制主义政策,与韩非的主张有着直接的关系。

---

① 陈奇猷:《韩非子集释》卷十七《定法》,上海:上海人民出版社,1974 年,第 907 页。

② 陈奇猷:《韩非子集释》卷二《扬权》,上海:上海人民出版社,1974 年,第 121 页。

③ 陈奇猷:《韩非子集释》卷十七《诡使》,上海:上海人民出版社,1974 年,第 946 页。

④ 陈奇猷:《韩非子集释》卷十九《五蠹》,上海:上海人民出版社,1974 年,第 1066 页。

⑤ 陈奇猷:《韩非子集释》卷十九《五蠹》,上海:上海人民出版社,1974 年,第 1067 页。

韩非主张用严刑酷法来加强君主的统治。他举例说，母亲爱儿子倍于父亲，但是父亲的命令被儿子奉行的可能性却是母亲的十倍，官吏对于人民没有爱，他们的命令得到实行的可能性万倍于父母，因此君主对待百姓并不需要培养"恩爱之心"，而应增强自己的"威严之势"，实行绝对的专制。① 韩非认为历史是进步的，他将社会的发展划分为三个阶段，分别是上古、中古和近古，认为"上古竞于道德，中世逐于智谋，当今争于气力"，② "仁义用于古而不用于今"。③ 因此，幻想在当今之世恢复古代的制度是荒唐的。

法家的学说，在"竞于气力"的战国时代应运而生，确实对各国专制政体的发展产生了巨大的推动作用。在各国推行富国强兵，从事统一战争的过程中，法家学说也为各国统治者提供了最易取得直接效益的思想武器。但是，正如西汉时期司马谈所指出的，法家理论断绝亲亲尊尊之恩，完全无视人与人之间的亲情在维护政权统治及社会稳定方面的作用，因此只能是不可长久的"一时之计"。④ 秦国统一战争的成功与秦王朝的短命而亡，证明了法家实践的效用和局限。

六、士阶层的兴起与百家争鸣

与百家争鸣相辅相成的是士阶层的崛起。战国时代的士已经不再是依据出身背景定位的下级贵族阶层，而是依据个人能力和行为定位的一个处于具有流动性的社会体系中的精英群体。这个群体在社会政治体系中是官僚阶层的基础，在文化思想上是积极的活动者和传承载体，在社会生活中是具有个人独立性和表率影响的人群。士通过参与到君主政治体系中实现个人的理想和生存，同时也逐渐萌发了以天下、民生为己任的独立的责任意识。他们是一个特殊的知识分子群体——士大夫群体。

春秋以前，士是贵族中的最低阶层，他们有一定数量的"食田"，受过礼、乐、射、御、书、数等"六艺"的教育，能文能武，有参与政治的权利，也是国家军事力量的中坚。战国时期，随着宗族血缘关系的瓦解及民间聚徒讲学风气的兴起，士成为一种关于个人能力和人格的称谓，而不受国家、宗族及经济地位、政治地位的限制。一些普通人家的子弟，通过学习文化，就可以上升为士。战国时期，很多著名的政治家，像苏秦、张仪、范雎、李斯、宁越等人，就都是由平民而上升为士，最后成为政治家的。士的人数众多，品类复杂，上至将相，下至鸡鸣狗盗之徒，都可以称为士。

战国时期，士阶层的政治地位、社会地位提高。各国为了战争需要，都积极招揽人才，这为具有一定的文化水准、具备不同才能的士的发展创造了非常有利的环境。各国

---

① 陈奇猷：《韩非子集释》卷四《奸劫弑臣》，上海：上海人民出版社，1974年，第249页。
② 陈奇猷：《韩非子集释》卷十九《五蠹》，上海：上海人民出版社，1974年，第1042页。
③ 陈奇猷：《韩非子集释》卷十九《五蠹》，上海：上海人民出版社，1974年，第1042页。
④ （汉）司马迁：《史记》卷一百三十《太史公自序第七十》，北京：中华书局，1959年，第3291页。

的最高统治者都非常重视拉拢士阶层。《吕氏春秋·察贤》记载:"魏文侯师卜子夏,友田子方,礼段干木。"①秦孝公在秦国实施变法,首先向四方发布求贤令。战国中期以后,各国的养士之风盛行。齐国的孟尝君田文、赵国的平原君赵胜、魏国的信陵君无忌、楚国的春申君黄歇以及秦相吕不韦等人,都有"食客"3000人以上。这些士在各国都受到了很高的待遇。如孟尝君养士,"食客数千人,无贵贱一与文等";②信陵君对待士,"无贤不肖,皆谦而礼交之,不敢以其富贵骄士";③春申君待客,"其上客皆蹑珠履"。④

随着社会政治地位的提高,士往往傲视王侯。史载,魏文侯的太子击在朝歌遇到了田子方,"引车避,下谒",但田子方并不礼让。太子击询问究竟是贫贱者"骄人",还是富贵者"骄人",田子方直言"亦贫贱者骄人耳",并称:"夫诸侯而骄人则失其国,大夫而骄人则失其家。贫贱者,行不合,言不用,则去之楚、越,若脱躧然,奈何其同之哉!"⑤士阶层的发展及其独立、自由意识的昂扬,为战国时期学术文化的繁荣创造了条件,滋养了不拘一格的学者和众多的学术派别,时称"百家异说"。"百家"是形容流派纷呈的描述性词语,西汉初年人司马谈在《论六家要旨》中,将战国时期的主要学术流派归纳为"六家",即阴阳、儒、墨、名、法、道"六家"。汉代刘歆《七略》则将战国诸子划分为儒、道、阴阳、法、名、墨、纵横、杂、农、小说等"十家"。"十家"中除去属于文学范围的小说家,又可以合称为"九流"。"九流"之中,纵横家讲合纵连横,农家提倡"君民同耕"、研究农业技术,杂家则博采各家学说。因此,在学术思想上自成体系且学说完整的,实际上主要就是儒、墨、法、道、名、阴阳六家。

战国时期的齐国在都城临淄西郊的稷下设置学宫,吸引众多学者前往讲学、著述,形成了一个影响极大的学术文化交流中心。著名学者如孟子、荀子、邹衍、淳于髡、慎到、田骈、环渊、接子、尹文等人,都曾在稷下讲学。史载齐宣王时,"喜文学游说之士,自如驺衍、淳于髡、田骈、接予、慎到、环渊之徒七十六人,皆赐列第,为上大夫,不治而议论"。⑥稷下学宫的规模很大,能容纳数千名学生在此学习。据记载,稷下先生淳于髡死时,为其治丧的弟子达到3000人之多。稷下学宫是战国时期百家争鸣、学术繁荣的一个缩影,在这里讲学的学者分属不同的流派,自由讨论,著书立说,教育弟子,并在争鸣中取长补短。稷下学宫在齐宣王时达到极盛,齐湣王时,燕军攻破临淄,学宫解散,学者们纷纷离去,田单复国之后,齐国政府重开学宫,到齐襄王时又再度复兴,直至齐国被秦国灭亡,前后共持续150年左右,为战国时期学术文化的探索和中国上古文化的总结做出了巨大的贡献。

---

① 王利器:《吕氏春秋注疏》卷二十一《察贤》,成都:巴蜀书社,2002年,第2630页。

② (汉)司马迁:《史记》卷七十五《孟尝君列传第十五》,北京:中华书局,1959年,第2354页。

③ (汉)司马迁:《史记》卷七十七《信陵君列传第十七》,北京:中华书局,1959年,第2377页。

④ (汉)司马迁:《史记》卷七十八《春申君列传第十八》,北京:中华书局,1959年,第2395页。

⑤ (汉)司马迁:《史记》卷四十四《魏世家第十四》,北京:中华书局,1959年,第1838页。

⑥ (汉)司马迁:《史记》卷四十六《田敬仲完世家第十六》,北京:中华书局,1959年,第1895页。

战国末期,多国林立让位于普遍统一已经成为明显趋势,以争鸣为基调的诸子学术思想也让位于综合思潮。在这种背景下,依赖吸纳各国人才、思想而强盛起来的秦国出现了吕不韦和他组织百家学子共同编纂的以兼收并蓄为特点的《吕氏春秋》。吕不韦原为阳翟(今河南禹州)大商人,因曾辅佐秦庄襄王登上王位,任秦国相。他广招门客,汇集百家思想,编辑成《吕氏春秋》,亦称《吕览》。该书采集诸家之长,兼取黄老、儒、墨、名、法各家,提倡取法天地,顺应自然,无为而治,大一统,公天下,行德政,一法令,养民生。这种思想综合,为社会纷争时代的百家争鸣做了总结,也为后来长期的大一统政治文化做了准备。

【小结与思考】

商代的思想文化笼罩在浓重的原始巫术氛围中。在商人的信仰世界中,人间的所有事务由上帝与各种自然神直接料理,现实世界中的人只能顺从神的直接指令,这时的公共权力实际上掌握在与巫紧密结合的王的手中。西周时代,巫术的意义弱化,是中国政治文化乃至整个文化向人本主义迈进的一个关键的时期。人们对宇宙和自然现象尝试做出新的解释,形成了阴阳学说,关于大共同体的宇宙观、国家制度、伦理秩序观念都逐渐体系化。春秋战国之际,与争霸图存和变法图强相呼应,发生了中华文明史上最为持久的思想争鸣,奠定了中国古典精神文明的概念体系。其中,孔子的古典儒家学说以弘扬人文主义与礼制文化为核心,以社会精英的个人伦理完善为国家政治完善的原点,强调道德的本体价值。老子的道家学说是以对自然整体充满睿智的体悟为基础的关于人的行为和国家政治的哲学,强调人的本质从属于自然的本质,人的行为和国家政治也以遵循自然本质与规律为根本。体现平民意识的墨家学说以民生而非以国家政治为关怀目标,坚持下层民众的立场,其思想在国家间激烈竞争的时代缺乏实用性,但是其中表露出的庶民自我意识的觉醒在中国历史上是值得重视的。法家学说是一种实践性极强的国家主义的和功利主义的国家政治哲学与谋略体系,其关注点是君主权力的运作和国家势力的增长,强调非伦理化的权谋艺术,是中国政治传统中君主集权倾向的基础。与百家争鸣相辅相成的是依据个人能力和行为定位的精英群体——士的崛起。他们不仅是春秋战国时代思想文化的集中体现人群,而且是后来的官僚阶层的基础和文化思想传承的载体,他们通过参与到君主政治体系中来实现个人理想和生存,逐渐萌发了以天下、民生为己任的独立的责任意识。

【思考题】

1. 商周两个时代思想文化特征有何不同?
2. 简述先秦儒家思想的要义。
3. 道、墨、法三家思想各有哪些特色?

第五讲

秦汉帝制国家体系及其遗产

对春秋战国时期历史大势有一定的了解后,就很容易看出,当时的中华文明核心区正在酝酿着一次空前的大统一。这时,作为天下共主的周王虽然已经成为傀儡,但是实际上一直存在到秦国统一前夕,在那里提示着周初各国曾经服膺于一个中央权威的传统。周朝的典章制度、文化价值是所有诸侯国谋求富强时的参照体系。春秋时代所培育的士人是一个跨诸侯国的统一阶层,他们在各国之间游走,成为所有政权在竞争中都要倚重的社会群体。以士人为主体掀起的百家争鸣,从来就不受单一诸侯国的局限,他们探索的世界观念、治理社会的道理与谋略,都针对着"天下"而不限于一个特定的"国"。当时的语言、文字、书籍是各国共享的,当时的商人,也穿梭于各国之间,"织造"着大范围内普遍关联的市场。人民早就饱受了战乱之苦,渴望出现一个普遍和平的社会局面。随着诸侯国在争霸和兼并战争中逐渐聚合成少数几个强国,稍有见识的人都知道,这个"天下"迟早会归于统一,否则任何一个强国都不能安枕无忧。秦就是在这样的时代,终于吞并了其他六国,实现了中华文明核心区的统一。这次统一,与夏、商、周朝的建立有根本的不同。夏、商、周的王朝体系都有部族集团联盟的性质,其内部都有不同程度独立的小共同体,王的政令只能下达给直属的官僚、贵族、诸侯和方国,不能直接去管理诸侯国、方国之下的臣民。各个诸侯国、方国的统治者在自己统治的范围内都有充分的治权,有自己的军队、法庭和监狱,而且都依赖自己的家族构成权力的网络。周比起夏和商,国家体系更为严密一些,但层级分权的特征却更为明显。这种体制,在中国古代的文献中,称为"封建",也就是一个被拥戴的"天下"共主与分等级分割权力的大小诸侯共同实行统治的体制。秦所建立并且延续到了清朝的体系,则是一种帝制体系。这种制度的基本特征是皇权、官僚、郡县三者互为掎角,构成中央集权行政体制的支柱。这种帝制体系不是直接继承于夏商周的制度,而是在春秋战国时代的竞争中逐步形成的强秦模式的放大。

与夏商周之初年为贵族、实力派各自安排势力范围的方式截然不同,秦统一之后,首先为防止六国贵族复辟,收缴、销毁民间兵器,又把先前各国的贵族、富豪迁徙安置,使其脱离原有的社会基础,削弱其经济实力,并且下令拆毁了六国在战争期间修筑的关隘壁垒,修筑以都城咸阳为中心的驰道,其主干线,"东穷燕齐","南极吴楚",[1]北抵九原。[2]这就形成了由中央直接统治各地的基本格局。此时推行的种种统一制度的政策还包括:(1)统一货币。以前各国自己发行货币,差别种种,不便使用。秦朝统一货币为两种,以黄金为上币,称重计值,以铜为下币,方孔圆钱,其文曰"半两",先前各国货币一律废止。(2)统一度量衡。以商鞅变法以后推行于秦国的度量衡制颁行全国。(3)统一文字书写法。春秋战国时期分裂割据,文字书写结构参差,秦推行小篆,作为书写标准,间行隶书。其他如赏功罚罪、奖励农战、严刑峻法之类政策之大略,也成为全国性的政略。在从秦到

---

① (汉)班固:《汉书》卷五十一《贾邹枚路传第二十一》,北京:中华书局,1962年,第2328页。

② (汉)司马迁:《史记》卷六《秦始皇本纪第六》,北京:中华书局,1959年,第256页。按秦设九原郡,汉武帝时改称五原郡,地在今内蒙古五原县一带。

清的帝制时代，皇权和由皇权衍生的贵族势力特权是国家体制中居于上层地位的权势，但在大多数情况下，国家日常政务是由庞大的职业化官僚阶层通过官僚体制、郡县体制和司法体制来运作的。皇帝、贵族、官僚士大夫、普通民众之间构成了复杂的权力支配关系。大体而言，在隋唐发展起科举制度以前，贵族权力尚为活跃，科举制度兴起之后，官僚士大夫权力更为显著。

一、皇 权 政 治

夏商周三代最高统治者称"王"，战国时代各国国君也都先后称"王"。秦统一六国后，秦王嬴政自号"始皇帝"。皇者大也，意为亘古无上之大帝，并望后世绵绵继承，"后世以计数，二世、三世，至于万世，传之无穷"。① 从此以后的最高统治者，都称为"皇帝"。皇帝自称"朕"，印称"玺"，命称"制"，令为"诏"。"天下之事无小大，皆决于上"，②从而确立了皇权居于顶端的金字塔式由上制下的权力体系。

这种金字塔式权力体制的运作是以上制下的，也就是专制的。皇帝是法律的最高制定者，是司法决策的最终裁决人，也是一切人事任免以及行政的最高主脑。皇帝的权力通过由郡县制形成的从中央到地方的支配架构和由官僚机构构成的运作体系辐射到全国各地，既实现庞大国家共同体的统一调度，也实现皇帝为首的统治阶层对于社会的控制。在看到这种皇权统治的专制性质的同时，也要看到，皇帝统治的权威不仅需要实力的支撑，也需要得到社会对于其统治之合法性的一定程度的认同，否则难以长期保持下去。

从秦到清，所有朝代的开国皇帝都是凭借实力，通过战争或者政变获得皇位的。所以每个具体朝代皇权的建立，都伴随着实力角逐。但是开国皇帝的子孙就不一定是靠实力来继承皇位，而是主要凭依继承的法则承袭前代皇帝的位置。皇位的家族传承，体现着皇权政治中"家天下"的性质。不过，这种家族传承的皇权政治从秦代到清代，延续了2000多年，其间并没有另外的最高统治者权位承袭、交替的系统思想被提出来，说明这种方式构成了一种文化，成为了一种"自然的"倾向。人类社会的政治体制是在政治实践经验中逐渐摸索变迁的，一旦某种经验获得了基本解决社会需求的一定认可，就有可能被承袭下去，积淀而成为传统之后，就可能成为人们考虑问题时的定式。中国古代社会最少有四种因素可能构成大一统皇权政治的基础。首先是中华文明的核心区地域广大，同时又经常处于周边游牧民族的挑战之下，这使得中原社会需要比较强大的国家共同体来维系整体安全和基本稳定；第二是中国农业社会需要应对水害，兴修水利，这也构成对于

---

① （汉）司马迁：《史记》卷六《秦始皇本纪第六》，北京：中华书局，1959年，第236页。
② （汉）司马迁：《史记》卷六《秦始皇本纪第六》，北京：中华书局，1959年，第258页。

比较强有力的国家体系的需求;第三是中国古代农业社会相对简单,可以比较有效地实施从上到下的集权运作;第四是在中国历史的前期就形成了家国同构的,以家庭、家族的方式来运作国家的传统,后来形成的比较系统复杂的政治理论又是基于这种传统而展开的。很可能是这些因素一起,使得大一统帝制和皇权政治得以长期延续。

皇权政治虽然作为一种专制的体制比较生硬,但是在看到其长期延续的历史实际的时候,就会明白,这并不是少数拥有实力的人绑架了社会的结果,而是基于它在特定历史和社会条件下满足了社会某些需求的功能,同时基于它本身也具有一定的弹性。中国帝制时代的皇权本身需要建立在一定程度的社会认同基础上,所以皇权运作的相当一部分精神,被用来说明现实皇权合法性。其中包括:第一,皇帝要宣扬皇帝受命于"天",把天的宏大、威严、深邃、无私、普惠的品格转接过来,为此要举行经常化的对天地、神明的祭祀,以显示皇权的合法,这固然带有一定的欺骗性,但也设立了高于皇权的天道权威,使得皇权是被评价的、有极限的;第二,要接受臣工乃至庶民的劝谏,要崇敬古往今来的"圣贤",以显示皇权的运用遵依着前贤往哲建立的尺度,是明智的;第三,要关心民众的疾苦,甚至做出节俭、勤劳、宽厚、孝友等行为表率,以表明皇帝及其家族是道德高尚的。这样,在实际的运作中,理论和制度上都缺乏限制的皇权,实际上却有一种文化上的限制,并不是全无忌惮、为所欲为的。过度缺乏社会认可的皇权,可能丧失臣民的拥护,失去皇位。秦以后中国历史上的朝代,寿命都不超过 300 年,重组的新朝有机会重新建立社会秩序和社会认可。

二、贵族和贵族政治

帝制体系虽然主要依赖专业化的官僚阶层来实现日常的国家管理,但是从秦到清,一直存在着庞大的贵族阶层,从来也没有脱离贵族权力和贵族政治的影子。这主要是因为,皇权政治固有的家族传承的特性和皇室的特权,必然会衍生出一个较大规模的皇室贵族,这样的一个贵族人群,反过来会为皇权在皇帝家族中的传承提供人脉基础。除皇室以外的贵族大致有三类人群。其一是由皇室与其家族以外的联姻造成的部分分享皇室特权的"外戚"阶层;其二是为建立或者维系王朝统治而建立巨大功勋因而获得世袭特权的军功贵族;其三是主要存在于唐代中叶以前的基于家族财富和声望而拥有特权地位的"世家大族"。这些贵族的基本特点是,拥有依据血缘而世袭的由国家认可的司法、政治或者经济特权。这些拥有特权的人群都在国家政治生活中扮演特殊的角色,都与皇权以及官僚士大夫群体乃至民众发生复杂的政治关系。

贵族对于皇权政治既是不可缺少的基础,又可能构成对于皇权更直接的威胁,祸起萧墙,发生皇室内部的皇权争夺。所以,如何安排这样的一个不能缺少又构成威胁的势力,一直是帝制时代政治的一个重要问题。秦朝短祚,这个问题可从汉代说起。汉朝皇

室出身寒微,与依托数百年王国经营而得天下的秦朝皇室不可同日而语,不得不依赖许多拥有实力的军事将领。汉高祖刘邦在楚汉战争中为笼络韩信、彭越等人合力击败项羽,先后分封了7个非刘姓的军事将领为诸侯王,史称异姓王。刘邦与这些异姓王尽管有君臣关系,但诸王在各自的范围内各司其政。汉朝初立,这些异姓王几乎占据了战国末年六国的故地,朝廷直接控制的地区仅限于关中、巴蜀和河南的一部分,其中还错杂着140多位功臣的侯国以及封君的"汤沐邑"。强敌既灭,庞大的军功贵族阶层构成了皇室权威的最大威胁。刘邦从公元前202年到前195年间,以谋反等罪名将这些异姓王大部分铲除,在被铲除的异姓王故地分封自己的子侄9人为王,并与群臣刑白马为誓:以后若有"非刘氏而王者,天下共击之"。[①] 汉初全国54郡,诸侯王国占据39个郡,中央直辖的只有15个郡。诸侯王还有权自置御史大夫以下官吏,自征租赋,自铸货币,自集军队。其在体制上的作用其实与异姓王差别不大,仍然构成潜在的分裂态势。刘邦死后,其妻吕雉又曾大封吕氏子弟为王、侯,吕后病死后,诸吕方被剿除。这时便有多次刘姓诸王的叛乱。当时的政论家贾谊写了一篇题为《治安策》的文章,指出当时最严重的问题就是中央弱而王国强,要使天下治安,必须削弱王国。汉景帝时,开始逐步削夺诸侯国领地、实力,结果激起了"吴楚七国"的反叛,经过武装镇压,方才稳定了局面。此后,汉中央朝廷一直处于与贵族势力抗衡角逐的紧张状态,直到汉武帝时期才通过对皇室贵族势力层层分割的"推恩"策略,消除了大贵族的威胁。汉初这场持续很久的皇帝与贵族阶层之间集权还是分权的斗争表明,帝制体系与实权贵族分权制有根本的冲突。以后的王朝,就大多谨慎避免赋予皇室贵族军政实权,使其享有经济、司法特权,但却在朝廷能够随时控制的程度之内。但是,汉代以后的历史上还是发生了多次贵族政治复活的事件。其中较为突出的,一是晋朝,再度分封皇室贵族为王,结果发生了"八王之乱",晋朝不久灭亡;一是明朝初年分封朱元璋诸子为王,结果在朱元璋死后很快爆发了燕王朱棣主导的"靖难之役",朱棣从其侄子建文皇帝手中篡夺了皇位。除此之外,大致上由少数民族为主导建立的王朝,如元朝、清朝,也都提高了皇室贵族在国家政治中的地位,其原因,应该是由于先前的部族政治的遗风还有所保留。

由于大多数情况下皇位的世袭依循嫡长子继承制,所以经常会出现皇帝幼小的情况,这时皇帝的母亲就以太后的身份拥有一定的参政权,甚至决策权,而为了获得外援,太后的家族中人可能被给予较大的权力,当这种权力达到左右皇帝的程度时,就出现了"外戚专权"的局面。历史上曾经多次出现外戚掌控朝政但并没有篡夺皇权的情况,也曾发生外戚篡夺皇权的情况,如王莽篡汉就凭借了其外戚的身份。军功贵族时常与皇室联姻,所以常常兼有外戚贵族的身份,多数情况下与现实的皇权共存,也有威胁皇权乃至篡夺皇权的时候。从东汉时代开始,一些豪强大户出身的官僚利用权力推荐亲属故旧为官,而士人为了做官,也投靠、依托权门,逐渐形成围绕势力强大家族的私人纽带网络。

---

① (汉)班固:《汉书》卷四十《张陈王周传第十》,北京:中华书局,1962年,第2047页。

其中的一些家族,累世专攻儒家经典中的某一经书,世代相袭,借助经学标榜门第威望,扩大关系网络,于是出现了一些累世公卿的家族。如弘农杨氏,四世皆为三公;汝南袁氏,四世中居三公之位的多至五人。这些人世居高位,有大批故吏、门生、弟子,围绕他们形成了具有世袭特征的家族集团势力。东汉政府对这类世家大族实行优容政策,选官先看族姓阀阅,世家子弟优先。在其本乡州郡,世家势力更具有操纵政府的实力。魏晋南北朝时期,政权林立,皇权转移频繁,世家大族反而相对稳定,成为许多政权依赖的势力,因而普遍享有政治特权,并且得到普遍的社会尊荣,家族出身门第渐渐成为一种常规化的社会等级身份。直到唐朝前期,随着大一统皇权的重建,民间的门第身份等级与皇室地位以及皇权集权统治的不和谐性比以前凸显,同时又因为科举制度实施带来的通过考试选拔官僚的制度日益成为主流,这类世家贵族才逐渐退出了历史舞台。

世界文明史上,因为大多国家是经由部族联盟的途径而形成的,基本上都有贵族共治的经历。部族是依赖血缘和家族的纽带而自然形成的社会共同体,占据优势地位的家族倾向于保持家族的主导地位,一些特殊的知识、能力以及财富也易于在占据优势地位的家族内部传承,导致这些家族拥有更大的优势。这些部族的领导者在加入到更大共同体的联盟时,依旧保持着对于本族群的控制力,并且凭借这种实力在大共同体中获取地位。当联盟式的国家更紧密地聚合时,中央最高权威与贵族的矛盾就凸显出来。夏、商、周时代,除了外部侵扰和少数的下层社会动乱之外,频繁挑战最高权威的正是体系内部的贵族。不过,无论是作为天下共主的王还是诸侯王都不能不依赖贵族制度,因为王的权威和家族利益本身正是依赖这种制度才世袭下来的,而且这种世袭对于共同体的稳定来说也是必要的。所以,综观整个帝制时代,皇权虽然不断发展,却从来没有根除贵族制度,而是将贵族特权限制到以皇室为中心的最小范围。对于社会底层的民众说来,贵族只是围绕皇权而延伸开来的特权统治阶层,并没有明显的积极意义。

三、郡县制与官僚政治

秦国在商鞅变法以后就开始推行郡县制,用这种制度把先前由封君、贵族世袭掌控的地方社会剥夺过来,由王国的中央政府统一管辖。为了落实这种统一管辖,就需要一个听命于中央的从上到下的职业官僚系统。官僚是职业化的处于层级权力架构体系之中的国家政务管理人员,它作为一个阶层,在商周时代已经存在,《周礼》中就记载了非常复杂的周代官僚制度。但是在春秋战国以前的时代,因为有庞大的世卿世禄的贵族执掌着核心权力,官僚在国家机构中不是主流。而且,从知识素养来看,那时的官僚也还没有专业化。春秋战国时代,各国为了竞争图存,各自削弱本国内部的贵族势力,依托王权来延揽人才,改革变法、谋求富强,专门化的官僚阶层就成了各国政治的实际运作者。春秋战国时期崛起的士和官僚阶层,构成了不依赖世袭贵族而运作国家的社会条件,在这种

基础上,才会出现秦汉时代的大一统帝制体制。所以,郡县制的推行和官僚制成为国家机器的主导系统乃至中央集权国家体制的确立,是相辅相成、伴随而来的。

秦统一后,在强化皇权集权统治的同时,大力推行郡县制和官僚制。它把战国以来的政府官僚机构加以调整、扩充,形成了新的中央集权国家行政机构。中央设"三公列卿"。"三公"指丞相、太尉、御史大夫。丞相为最高行政长官,协助皇帝处理全国政务;太尉是最高军事长官,协助皇帝处理全国军务;御史大夫相当于副丞相,掌管监察。"三公"互不统属,皆受制于皇帝。三公之下的列卿分管各方面事务,其中以"九卿"为贵,因此,历史上习惯称之为"三公九卿"制度。列卿之下,皆有数量不等的属吏。"三公列卿"皆由皇帝任免,听命于皇帝,领取俸禄,不世袭。在地方,郡的长官为守、尉、监。郡守为一郡最高行政长官,统管一郡政务;郡尉掌一郡军事;郡监御史负责监察。郡下设县,县的长官有令(不满万户的县,其长官称长)、尉、丞,分别负责政务、军事和司法。郡、县两级主官均由皇帝任免,直接对皇帝负责,是中央在地方的政治代表。县下设乡,乡官中有啬夫掌赋税诉讼,有三老掌教化,游徼掌治安。乡下设里,里是最基层的行政单位。里有里典,后称里正、里魁,以乡人强有力者为之。另外还设有掌管治安的专门机构,称为亭。亭设于城市的街道和乡村的交通要道,有亭啬夫、亭长、校长、求盗等官吏。居民按严密的什伍编制,5 家为伍,10 家为什,互相督责,实行连坐。这样就在全国形成了从上到下系统严密的统治网络,皇帝高居于整个权力系统的最顶端,以奉天承运的天赋权威君临天下,先前拥有相对独立的地方统治权力的诸侯、贵族在这种体制下就游离到权力架构的边缘或者处于依附于皇权的地位去了。

西汉的国家政治体制大体沿袭秦制,举凡皇帝制度、三公九卿制度、郡县制度、官僚制度、军事制度、法律制度、土地和赋役制度等,最初都直接沿用秦制,即所谓"汉承秦制"。到了汉武帝时期,随着政治、经济、边疆形势的变化,开始对官僚系统的中央机构、行政监察体制、人事选举制度等进行一系列调整,从而使国家机关设置更加适应于大一统中央集权政治的需要。

西汉初年,丞相总理万机,统辖百官。举凡官吏的选拔、弹劾、诛罚、郡国上计与考课、总领百官朝议与奏事、封驳诏制、谏净等,都在丞相的职权之内。这种体制,隐含着皇权与相权发生冲突的可能。汉武帝时,起用"布衣"公孙弘为相。公孙弘以治经学起家,在朝中没有复杂的人脉关系,对于皇帝旨意唯唯诺诺。从此以后,丞相以及行政官僚系统就更直接地掌握在了皇帝的手中。同时,汉武帝选拔亲信臣僚,在其本职之外,另授予侍中、给事中、中常侍等加官,让他们出入禁中,参与政事,又选用宦官担任文秘之职,出纳文书,逐渐形成了一个宫内决策机构,称为"中朝"或"内朝",以丞相为首的政务机关则成为执行机构。"中朝"的常设官职是尚书。随着皇权的发展,尚书的权力趋于增强。

东汉时,尚书台成为总理国家政务的中枢机构,时称"虽置三公,事归台阁"。[1]

汉初承秦旧制,选拔官员主要通过军功制和郎选制,前者是依据军事方面的功绩授予官职,后者是从负责皇帝侍卫的郎官中选拔人才授予各类官职。汉武帝时,开始推行察举制和征辟制。察举制是令各郡国每年推举孝、廉各一人,孝廉推举遂成为士人仕进的主要途径。除孝廉外,汉朝还要求各郡国不定期举荐茂才、贤良方正、文学等,任用这些人才为官僚。征辟制即从基层直接征聘人才为官僚的制度。皇帝和三公衙门直接征召的人到朝廷为官或者被派往地方任官,州郡大僚辟除的人才一般在其属下担任职务。察举制、征辟制一定程度上克服了世袭制的弊端,但推荐选拔中常常掺入个人好恶,并且逐渐被地方豪族把持,导致豪门大姓实际控制了各地的人才选举,被推举征辟的人与推举者形成私人纽带关系,豪门阀阅之家势力膨胀的局面。

庞大的官僚系统本身需要监督。秦以御史大夫掌管监察。汉设御史府,其长官称御史大夫,地位相当于副丞相,除了主管图籍、文书外,负责考察、监督百官。汉武帝时,把全国除了京师附近的三辅、三河、弘农地区外,划分为十三州部,每州部设刺史一人,为地方专职监察官。后来汉武帝又在长安置司隶校尉,监察京师百官和三辅、三河、弘农七郡的京畿地区,有权劾奏三公以下的公卿贵戚。类似功能的机构,在后来历朝皆有设置。

四、法律形态与中华法系

根据《左传》等文献的说法,商代初期就已经有了刑法,也设置了关押犯人的监狱。西周穆王时,曾制定了比较详尽的成文法典《吕刑》。《吕刑》将刑罚分成五大类,即墨、劓、剕、宫、大辟。墨刑是在脸上刺字,劓刑是割去犯人的鼻子,剕刑是砍断犯人的腿,宫刑是对男子割去生殖器,对女子处以幽闭,大辟就是砍头。这样分类的刑罚,表明当时对于罪名的判定也有了复杂的等差。《吕刑》许可触犯法律的人通过交纳不等的罚金而赎免。周朝还规定了区别社会身份判罚的制度,《周礼·小司寇》中就提到"八议",即对"亲、故、贤、能、功、贵、勤、宾"八种人予以减刑。对于有尊贵社会身份的人,避免动用肢体残害的处罚,称为"礼不下庶人,刑不上大夫"。而且,周朝虽有成文法,但并未追求法律通用,很多案件不是根据成文法典判决,而是临时裁决。西周有专门负责刑法事务的官员,称作司寇,但司法权没有完全从行政权中分离出来,行政机构长官也可能判案、用刑。

战国时期,各国先后"变法",其中既涉及一般社会制度、政策的改革,也涉及法律制度的修订,这促使法律制度和法典制定有了一次较大的发展。李悝在魏国编撰的《法

---

① (南朝宋)范晔:《后汉书》卷七十九《王充王符仲长统列传第三十九》,北京:中华书局,1965年,第1657页。

经》，是中国历史上现存最早的一部文本内容可考的较为系统的刑法法典。其内容分《盗法》、《贼法》、《囚法》、《捕法》、《杂法》和《具法》六个部分。《法经》的原文已经散佚，后来的《晋书·刑法志》对其内容有简单的介绍，可知《法经》是一部相当完备的成文法典，在当时产生了巨大的影响。商鞅从魏国入秦，在秦国进行变法，就是带着《法经》去的。后来秦国的《秦律》及上承秦制的《汉律》，都是在《法经》基础上补充、修订而成的。商鞅原是卫国国君的族人，"少好刑名之学"，来到秦国后，得到秦孝公的信任，在公元前356年开始主持推行新法，使得秦国很快强盛起来。其他各国也相继颁行了改订后的成文法典。此前的法律条文，并不向公众公布，因而随意性较强，到战国时代，法典公开，增强了法律的公共规范意义。

1975 年，在湖北云梦出土了一批《秦律》竹简，应是战国晚期秦国所使用的法律文献，反映出秦代法律的基本内容。其中，《法律答问》是以问答的方式对各种刑律进行解说，内容明确而且详细；《封诊式》是各类民事、刑事案例的汇编，当时被用作官员判案的重要参考资料；《田律》、《仓律》、《工律》、《均工律》、《工人程律》等，则是官府制定的关于社会生产的管理规章。归纳起来，秦律涉及行政法、刑法、民法等基本法律范围。行政法采取单行律的形态，分类单独发布，见于秦简的行政法律有 20 多个类目。其中，《内史杂律》、《司空律》、《属邦律》、《传食律》、《行书律》、《游士律》、《置吏律》、《除吏律》、《除弟子律》、《效律》等，是关于国家政策和管理制度的法规；《傅律》、《徭律》、《戍律》、《田律》、《仓律》、《藏律》、《厩苑律》、《牛羊课律》、《关市律》、《金布律》、《工律》、《工人程律》、《均工律》等，是关于经济政策和管理制度的法规；《军爵律》、《中劳律》、《敦（屯）表律》等是关于军事行政和边防事务的法规；《尉杂律》、《捕盗律》、《封诊式》是关于司法行政和狱政管理的法规。刑法是秦律的重心，源于法家传统，罪名繁多，判罚从重，主要包括反叛罪、降敌罪、不敬国君罪、扰乱秩序罪、逃避赋役罪、侵犯人身罪、侵犯财产罪、官吏职务犯罪等大类。民法在秦律中并不完备，没有单行的民事法规，关于民事的法规混杂在刑法和其他单行法规中，从中可以看到对于民事权利行为能力、所有权的取得与变更、债权、继承权、婚姻家庭关系等均有相应规定。秦律中的定罪量刑，主要有以下原则：（1）刑事责任年龄原则，凡未成年人犯罪不负刑事责任或减轻刑事责任；（2）连坐原则，一人犯罪则与当事人有一定关系的人连带受罚，包括家属亲族连坐、什伍连坐、职务连坐等；（3）区别从重从轻原则，根据犯罪情节、认罪情况、主从角色、故意与否，量刑判罚；（4）同罪异罚原则，即考虑犯罪者身份地位的不同而作不同判罚，有爵位者和官吏可能减免刑罚。秦律中的刑罚包括死刑、肉刑、徒刑、流刑、赀刑、赎刑，涉及对犯人的生命、肌体、人身自由、财产的各类惩罚性处置。死刑有戮、磔、弃市、定杀（投入水中淹死）、生埋、车裂、腰斩、枭首、坑、囊扑、凿颠、绞等十余种；肉刑有宫刑、斩左趾、劓、黥、耐、髡、笞等；徒刑有城旦舂、鬼薪、白粲、隶臣妾、司寇、候等；流为流放服役；赀刑和赎刑是财产罚没代刑之法，有金赎、赀赎，主要对有产者有实际意义。

秦的司法制度是高度集权的。皇帝拥有最高司法审判权，廷尉是最高专职司法长官,位列九卿,地方则实行行政与司法机关合一的制度,郡县长官兼理司法。县以下的基层乡官啬夫、游徼、有秩可以调解民事纠纷,缉捕罪犯。乡官不能决的案件报县,县不能决报郡,郡不能决报廷尉。起诉方式主要有当事人自诉、官吏公诉、知情人告诉。司法机关决定受理案件后,一般会派人前往案发现场调查、勘验,作出笔录"爰书",如需查封的,还要"封守"。这表明当时已经有复杂的刑事侦查意识和手段。审判的过程中,重视当事人的口供,不提倡刑讯,但允许刑讯,注意收集证人、证言、物证,尤重现场勘验和司法鉴定。判决须向被告宣读,当事人不服可要求复审。

汉朝法律以秦律为本,又加以修订增补,形成更详尽的法律系统。1983年,在湖北江陵张家山汉墓出土的一批汉初法律文献,基本可以证实秦汉律的前后继承关系。到武帝时,法网严密,律文繁多,各地郡国治狱时难以准确运用,受董仲舒思想影响,盛行以《春秋》经义为依据,"原心定罪",即以犯罪者主观动机为定罪量刑依据的做法。轻重之间,主观意识作用加强,加以官吏舞文弄法,冤狱多发,酷吏多有,致使"吏民益轻犯法,盗贼滋起"。[1]

汉法有律、令之分。律是最基本的法律,令多为后增法律条文,包括一些皇帝诏令。律、令之外,还有科、品、比、例,也具有法律功能。科的作用在于具体规范、禁约某种行为,是对律令的诠释和补充;品的作用在于划分等级标准;比是比附相关律条定罪的规定;例是案例。汉代司法组织、诉讼程序、监狱制度等,基本沿用秦制,略有变通。

法制史研究者一般认为世界上共有五大法系,包括大陆法系、英美法系、伊斯兰法系、印度法系、中华法系。中华法系到唐代臻于成熟,其标志是保存至今的《唐律疏议》。《唐律疏议》当时称为《永徽律疏》,是由唐初太尉长孙无忌等人编订的,在唐永徽四年(653年)颁行。这部法典分名例、卫禁、职制、户婚、厩库、擅兴、贼盗、斗讼、诈伪、杂律、捕亡、断狱十二篇,共502条,律条后面加有注疏。它对后世的《宋刑统》、《大明律》、《大清律例》等有深远影响,并影响到东亚及东南亚多国的立法。唐律为代表的中华法系的主要特点是:(1)以儒家思想为观念基础,维护三纲五常,原则上承认家族法规;(2)没有宗教性质;(3)行政权左右立法权和司法权;(4)在承认法权平等的前提下有上层身份者司法特权和对良、贱身份的区分对待;(5)诸法合体,行政法规、刑法、民法内容成分常混合于同一法律文本中。唐律是朝鲜《高丽律》、日本文武天皇制定的《大宝律令》、越南李太尊时期颁布的《刑书》的范本,在世界法制史上占有重要地位。

五、学校、科举与士大夫

秦朝大一统专制体系建立以后,统治者曾试图将社会思想乃至文化知识全部纳入国

---

[1] (汉)班固:《汉书》卷九十《酷吏传第六十》,北京:中华书局,1962年,第3662页。

家的严格控制之下。公元前213年,丞相李斯向秦始皇建议:"臣请史官非秦记皆烧之;非博士官所职,天下敢有藏《诗》、《书》、百家语者,悉诣守、尉杂烧之。有敢偶语《诗》、《书》者弃市;以古非今者族;吏见知不举者与同罪。令下三十日不烧,黥为城旦。所不去者,医药、卜筮、种树之书。若欲有学法令,以吏为师。"①秦始皇采纳李斯的建议,下令燔毁诗书,春秋以来发展起来的私学也被禁止,次年又发生了坑儒事件。秦始皇一直寻求长生不老之术,一些方士投其所好,为其寻找仙人和不死药,然而不死之药终不可得,方士们多所议论,相约而逃。秦始皇追查下去,被认为犯禁者460余人,皆在咸阳活埋。焚书坑儒反映出高度集权的政治体制愚民而治的倾向及其与民间多样化的思想文化之间的严重冲突。先秦时代累积的大量思想文化典籍因此而被销毁,此后秦朝一味依赖严刑峻法以治天下,人民徭役沉重,统治者奢华无度,致使"男子力耕不足粮饷,女子纺绩不足衣服,竭天下之资财以奉其政",②人人思变,终于社会大乱,秦朝二世而亡。

汉朝在一定程度上吸取了秦朝教训,在其初年推行黄老政治,与民休息,同时总结历史经验,探索中央集权政治体制与意识形态以及社会思想文化、知识分子之间的共生关系。其基本方针是选定儒家思想为国家意识形态核心,大力倡导,对民间其他思想文化则不多干预。这一方针,为知识分子与国家政治的结合开辟了宽阔的道路,缓和了国家与知识分子之间的紧张关系,也为官僚政治的文化基础指出了方向。后来的史书把当时的这种方针概括为"罢黜百家,独尊儒术"。其实,"罢黜百家"是从国家指导思想意义上说不以之作为治国思想,并非像秦朝那样不许民间读百家书。所以汉代思想文化政策与秦代大有不同。当时的官方学者董仲舒等人主张,把不属于六经、孔子之术的各家学说都从官学中排除出去,从官僚机构中罢黜不习儒家五经的贤良文学之士,以优厚礼遇聘请数百名儒生参政。董仲舒还发挥《春秋公羊传》中的说法,提出"春秋大一统者,天地之常经,古今之通义也"③的主张,并撷取阴阳五行学说,鼓吹君权神授,用经他改述的儒家纲常名教来规范社会行为,儒学遂被塑造成为皇权政治的基石。在此过程中,汉朝长安城外兴建太学,教授青年才俊学习儒家经典,经考试合格后按等第录用,并下令各郡国皆立学校,称"郡国学"。

董仲舒在推崇儒学时改造了儒学,在先秦儒家思想中融入了具有浓厚神学色彩的宇宙观。他把"天"作为宇宙间的最高主宰和本源,天通过五行次序显示其品格和功能,并作用于人间政治社会制度。人间的皇帝受命于天,又要受天的制约;天能干预人事,人事也能感应上天。天人之间彼此交通感应,保持均衡状态。他把孔子提出的"君君、臣臣、父父、子子"的伦理思想进一步政治化、绝对化,提出"三纲"、"五常"的道德规范,认为这是天道的体现。这就基本开启了儒学与大一统政治形态契合的道路。随后,儒学被尊为

---

① (汉)司马迁:《史记》卷六《秦始皇本纪第六》,北京:中华书局,1959年,第255页。
② (汉)班固:《汉书》卷二十四《食货志第四上》,北京:中华书局,1962年,第1126页。
③ (汉)班固:《汉书》卷五十六《董仲舒传第二十六》,北京:中华书局,1962年,第2523页。

经学。经就是常,常规、常理、不变的原则。儒家的文化典籍,《诗》、《书》、《礼》、《易》、《春秋》之学,相继被立为官学,尊为"五经"。通经可以入仕,因此传授经学者日众,讲习经书蔚然成风。因为"五经"是用当时通行的隶书写成的定本,后来就称为"今文经"。经学师承不同,解释者遂出现分歧。甘露三年(前51年),汉宣帝召集萧望之、刘向、韦玄成等儒生在石渠阁召开会议,讨论"五经"异同,宣帝自己称制临决。武帝时,官设博士弟子50人,以后递增,成帝时多至3000人,东汉顺帝时发展到3万人。与此同时,民间的读书人仍可研习其他学问,如汉代著名的无神论思想家王充(27~约100年)就曾经在洛阳的书肆中博览百家之言。

国立学校的兴盛以及经学的繁荣,催生了大批熟悉儒家经典的知识分子。儒家学说的核心内容是国家治理和伦理价值观,所以在儒家文化语境中培育起来的知识分子就具有强烈的天下社会关怀意识,积极参与政治社会生活。到东汉末期,聚集在太学中的知识分子强烈抨击腐败政治、宦官干政,要求直接影响国家政治生活。当时太学生人数达到3万人左右,形成了强大的社会舆论。他们与反对外戚、宦官专政的官僚联合起来,以纲常卫道士自居,以清流自诩,相互标榜,激扬名声,品核公卿,裁量国政,当时称为"清议"。太学生特别推崇李膺、陈蕃、王畅等人,誉之曰:"天下模楷李元礼(膺),不畏强御陈仲举(蕃),天下俊秀王叔茂(畅)。"[1]166年,与宦官交往密切的河南术士张成占卜,算出不久当有大赦,遂教子杀人。李膺为河南尹,督促收捕,既而果然遇到大赦获免。李膺不加理会,仍将犯人处死。张成弟子牢修遂上书告李膺"养太学游士,交结诸郡生徒,更相驱驰,共为部党,诽讪朝廷,疑乱风俗"。[2] 桓帝下令郡国逮捕"党人"。李膺、杜密、陈蕃等200多人被捕下狱。次年,由于士大夫奋力营救,李膺等"党人"被赦归田里,但禁锢终身不得做官。这是第一次党锢之祸。李膺等人获释后,声望更高。169年,宦官侯览指使人诬告曾经打击过宦官势力的张俭"共为部党,图危社稷",李膺、杜密、范滂等百余人皆横死狱中。一些州郡官借承旨意,肆意攀连,一些与所谓"党人"没有交往的人也遭迫害,被处死、受罚或者遭到禁锢。这是第二次党锢之祸。党锢之祸反映出,汉朝的儒家知识分子与国家体制中的专制势力处于关系紧张状态。

汉末以降,战乱频仍,政权林立,社会动荡,学校制度和选拔人才的察举制度都难以持续有效地实施,各个政治势力不同程度地采取了不拘一格,"唯才是举"的选任人才方针。魏文帝曹丕实施了"九品官人法",亦称九品中正制。其法是在州、郡、县设立中正,由在朝廷担任高级官职的本地人充当,负责考察本地士人的家世门第和品德才干,评定等级,共分九品,供中央部门选任官吏时作为依据。但到了曹魏后期,中正对士人的品评越来越重家世门第,蜕变成维护大族政治特权的制度。西晋时期,中正愈发为大族把持,

---

① (南朝宋)范晔:《后汉书》卷九十七《党锢列传第五十七》,北京:中华书局,1965年,第2186页。
② (南朝宋)范晔:《后汉书》卷九十七《党锢列传第五十七》,北京:中华书局,1965年,第2187页。

所评人物,"上品无寒门,下品无势族",①世家大族借助九品中正制成为更为稳固的特权阶层,成为门阀士族。门阀士族极力扩大其与寒门庶族的差异,不仅政治权益不同,而且互不通婚,甚至坐不同席。在这个时代,普通知识分子在国家体制中的进身阶梯非常狭窄。南朝以后,门阀士族由于长期寄生于门第身份之上,丧失进取追求,不学无术,"肤脆骨柔,不堪行步,体羸气弱,不耐寒暑",②寒门庶族出身的知识分子则得以逐渐依托各自的能力掌握了更多的国家权力。

隋朝在统一之后,废除九品中正制,在保持推荐用人机制的同时,逐步设立了通过考试选拔人才的科举制度。这促使门阀士族制度加速衰落。科举制最初有秀才、明经两科,后来又设进士科。唐朝在建立初年大力发展学校教育。京师设国子学、太学、四门学、律学、书学、算学,皆隶于国子监。此外,还设有崇文馆、弘文馆,招收皇族、宰相、功臣子孙学习。国子学招收三品以上官员子弟,太学招收五品以上官员子弟,四门学招收七品官员及庶人子弟,律、书、算学招收八品以下及庶民子弟。国子学、太学、四门学主要学习儒家经典,"以《周易》《尚书》《周礼》《仪礼》《礼记》《毛诗》《春秋左氏传》《公羊传》《穀梁传》各为一经,《孝经》《论语》兼习之"。③ 凡能通两经以上者,由祭酒、司业考核合格后,保送参加常举考试。地方各州县亦设置官学,各州设有经学博士,以《五经》教授诸生。州学学生可补为国子监学生。县亦设置博士,教授诸生学习儒家经典。

唐代科举考试可分制举与常举两种。制举由皇帝主持,不定期,科目临时设置,平民及官吏皆可应试,以招致急需人才。常举定期举行,有秀才、明经、进士、明法、明书、明算、道举、童子等科,其中以明经、进士两科为最重要。明经考帖经、经义、时务策,以背诵儒家经典为主。进士科考试内容初为时务策,后来加试帖经、杂文,天宝以后开始专用诗赋。由于科举制度的发展,大批庶族地主乃至平民子弟成为官僚群体的成员,一般地主乃至平民不仅可以借助科举入仕为官,而且有可能跻身高层,获得政治经济特权,添置地产,聚集财富,而公卿官僚之家,其子弟如果不能通过科举入仕,则将不能保持其家族的政治经济特权,这深刻地改变了社会权利的分配结构。

宋朝的科举制度进一步发展,不仅科目众多,有进士、明经、诸科、武举,诸科中又包括九经、五经、三礼、三传、三史、学究、开元礼、明法等科,录取名额大大超过前代,而且实行了解试、省试、殿试三级考试和贡举制度,被后代王朝沿袭下来。为防止考试录取中舞弊行为的发生,宋太祖时废除了唐朝以来的"公荐"做法;为防止官僚队伍中结成宗派,下令不许士子及第后自称门生向知贡举的官员谢恩。在真宗以后又实行了试卷糊名法和誊录法。鉴于唐朝后期武人跋扈的教训,宋朝崇尚文治,提倡读书。宋太祖即位后,不仅自己手不释卷,还经常督促文武大臣们读书明理,提高治事水平。宋朝还立下规矩,不杀

① (宋)司马光:《资治通鉴》卷八十一《晋纪三》,北京:中华书局,1956年,第2587页。
② 王利器:《颜氏家训集解》,北京:中华书局,1993年,第322页。
③ (后晋)刘昫等:《旧唐书》卷四十四《职官志三》,北京:中华书局,1981年,第1891页。

文臣,所以"终宋之世,文臣无欧刀之辟"。① 宋朝还重建了朝廷藏书、校书、编书的场所,大力搜求图书,所收正本图书超过 3 万卷,供施政参考,并提供给一些才俊、官员学习修养。宋朝科举制度的日益完备,为一般官僚子弟和读书人不凭门第进入官场铺平了道路,官僚政治达到成熟的程度。

王安石变法期间,对科举制度进行了一些改革,主要是保留进士科,罢明经诸科,新增明法科。进士科不再考诗赋、帖经、墨义,而以经义、论、时务策为考试内容。王安石主持训释《诗经》、《尚书》、《周礼》,编成《三经新义》,作为经义考试的依据和太学中的基本教材。扩大太学的规模,增加学额。后来还在京城设立武学、律学、医学等,培养各类专门人才。北宋初期,在恢复官办学校的同时,政府对私人兴办的私学、书院也给予支持,如白鹿洞书院、岳麓书院、应天府书院、嵩阳书院、石鼓书院等,都得到了朝廷的赐书、赐田、赐额等。南宋书院在办学规模、经济实力、教学制度及管理等方面都超过官学。据统计,两宋共有书院 460 余所。② 书院大体实行自由的教学方式,主讲学者自择题目,学生可以自己选择老师,师生互相质疑辩难,自由讨论,各抒己见,推动了教育的社会性发展。在兴儒重教政策的背景下,宋代士大夫阶层迅速扩大。他们参与国家管理,从事学术研究,反思历代兴亡,探索现实问题,以天下为己任的主体意识逐步增强。如范仲淹在地方做官,关心民瘼,"居庙堂之高,则忧其民;处江湖之远,则忧其君","先天下之忧而忧,后天下之乐而乐"。③ 张载提出,士大夫需"为天地立心,为生民立命,为往圣继绝学,为万世开太平"。④ 叶适说:"有民而后有君,有天下而后有国"⑤反映出君民一体和要求限制皇帝权力过度膨胀的意向。北宋灭亡前夕,太学生陈东率领 300 余学生伏阙,请求罢免妥协派宰相李邦彦,重新起用抗战派官员李纲,指挥汴京城中军民反击金军的进攻。在宋末抗元武装斗争中,以文天祥、谢枋得、陆秀夫为代表的一批士大夫出身的官员前赴后继,百折不挠,表现出爱国主义的浩然正气。

元初不甚理会儒生和学校教育,但到忽必烈即位以后,诸路设提举官,管理本路学校。至元七年(1270 年),立京师蒙古国子学,选朝中蒙古、汉人百官及怯薛子弟入学读书。至元二十四年(1287 年),正式建立国子监学。到至元二十八年(1291 年),"由京师达于郡邑,海隅徼塞,四方万里之外,无不立学"。⑥ 两宋书院都属于私学,元代地方有自由建学的权力,书院数量超过前代,书院的山长由政府任命,于是书院纳入了官立学校体

　　① (明)王夫之:《船山全书》第十一册,《宋论》卷一《太祖四》,长沙:岳麓书社,1988 年,第 24 页。按,"欧刀"即行刑之刀。

　　② 李国钧:《中国书院史》,长沙:湖南教育出版社,1998 年,第 1010—1028 页。

　　③ (宋)范仲淹:《范仲淹全集》卷八《岳阳楼记》,成都:四川大学出版社,2002 年,第 195 页。

　　④ (宋)张载撰,(宋)朱熹注:《张子全书》卷十四,上海:商务印书馆,1935 年,第 292 页。

　　⑤ (宋)叶适:《叶适集·水心别集》,北京:中华书局,1961 年,第 659 页。

　　⑥ (元)黄溍:《重修绍兴路儒学记》,见王颋点校《黄溍全集》,天津:天津古籍出版社,2008 年,第 291 页。

系。自京学到州县学以及书院的学生,经守令荐举和台宪官的考核,合格者可出任教官或做吏员。

明初官僚铨选举贡、吏员、进士三途并用,后来独重进士科,从而使科举制度与官僚政治的结合更为紧密。明初在京师建立国子监,在各府、州、县设学校。国子监设祭酒、司业、博士、助教、学正、监丞管理,学生多时达 8000 余名,功课为《大诰》《明律》、"四书五经"及刘向《说苑》。三年学习之后,再实习一年,然后选任官职。科举与学校的功能相辅相成。学生通过县级考试后为生员,可入州、县学读书。生员可报考乡试,即省级考试,中试者为举人。举人通过中央一级的考试成为进士。进士是明朝中叶以后封疆大吏和内阁、九卿要员的主要出身来源。科举试题出于"四书五经"。答题需取宋儒对经典的解释,而文风语气模仿古人。弘治时期以后,考卷格式固定化为八个部分,称为八股文。得儒学教育的长期滋养,明代的官僚在皇权政治强化的环境下依然表现出顽强的独立价值意识。明朝中期,士大夫多次围绕国家事务集体与皇权抗争,对遏制皇权的过度滥用起到一定作用。万历时期,士大夫以书院为依托,通过讲学、著书立说、政治参与等方式,批评皇权专制、腐败、掠夺社会,也抨击大官僚与宦官把持朝政,力图振作文化风气。到天启、崇祯时期,政治日坏,知识分子普遍结社,初为以文会友,研习举业,渐渐明确挽救时艰的意旨,品评时政,援引参政,倡导经世致用之学。明朝灭亡后,复社人士把恢复明朝和抵抗清军南下当做自己的责任,成为抗清斗争的中坚力量。

清朝入关以后,为实现对全国的有效统治,极力拉拢汉族官僚知识分子。初入关,清帝便祭奠孔子,为孔子加"大成至圣文宣先师"称号,承认儒学的至尊地位,提倡程朱理学,继续兴办学校,积极以科举取士笼络官僚士子。顺治时期,曾突破以往时限,连年开科取士。康熙时期,又开特科,称为"博学鸿词科",儒学人望,多入彀中。与此同时,清朝运用强硬手段,打击怀念明朝的知识分子。顺治十七年(1660 年),清廷禁止士人结社,"投刺往来,亦不许用'同社'、'同盟'字样"。[①]康熙到乾隆时期,多次以文辞细故,罗织罪名,兴起大案,使大批知识分子遭到残酷迫害。这些大案包括庄廷鑨《明史》案、吕留良之狱、戴名世《南山集》案、查嗣庭案、曾静案、胡中藻诗案等等。在这种环境下,士大夫知识分子或者到皇权统治更为强大的朝廷去做皇权运作工具式的官僚,或者退居象牙塔,寄文化理想于故纸钩沉之中,潜心学术,从而形成了以考据为特征的清代汉学。

【小结与思考】

春秋战国时期酝酿了中国历史上空前的大统一。秦、汉王朝在实现中华文明核心区统一的条件下,建立了以皇权、官僚、郡县为突出特征的帝制行政体制。这种体制,带来了经济、文化政策的统一,强化了中华文明的内聚性,同时也强化了中央集权、以上制下的专制政治。不过,帝制时代的皇权需要建立在一定程度社会认同的基础上,并非简单

---

① (清)蒋良骐:《东华录》卷八,济南:齐鲁书社,2005 年,第 120 页。

依靠强权就可以保持,所以统治者要经营皇权的合法性认同,过度缺乏社会认可的皇权,可能被臣民推翻。皇权政治伴生着贵族特权政治,其内涵在历史上有所嬗变,但是始终存在。郡县制和官僚制是帝制体系的基本结构系统。郡县制保证中央权威合法贯彻到地方,官僚实际运作国家各级权力。帝制时代比其前的王制、贵族制时代更需要统一的法律。秦汉时期的法律、法规已经非常复杂,到了唐代,终于形成了后来的几个朝代皆加以继承并对亚洲其他国家产生直接影响的中华法系。帝制时代,国家积极干预学校教育和学术思想导向,确立了尊崇儒学的基本文化方针,并且建立了非常系统化的人才遴选制度,在这种社会环境中,战国时期的士演变为以研读儒家经典、参政为人生目标的士大夫。士大夫在隋唐建立科举制以后,稳定地主导了官僚系统,并明晰了独立的价值认同取向。

【思考题】

1. 先秦与秦汉至明清时代的基本体制结构有哪些差异?
2. 科举制度有什么特点和利弊?
3. 什么是中华法系?

第六讲

经济与民生

经济是社会的基础,民生是经济活动的目的所在。中华文明在农业经济基础上发展起来并且长期保持了农业社会的基本特征,所以,了解中华文明的经济状况,首先要了解农业经济中最基本的生产资料即土地的所有制关系,其次,要了解国家以何种方式从社会征取一定比例的财富用于公共支出和供应统治者生活——即了解其赋税和财经体制。在此基础上,要了解商品交换关系通过怎样的媒介来进行——即了解其货币制度。然后,要考察经济生产与生活的两个基本环境——城市与乡村之间的关系。最后,还要考察社会成员的基本构成。在所有这些方面,中华文明史都提供给现代的人们丰富的历史信息和经验。

一、土地所有制

古代中国是一个以农业为基础的社会,农业以土地为根本性的生产资料,所以土地所有制关系实际构成整个社会经济生活的制度基础。中外许多学者、思想者考察过中国古代的土地所有制,其中一种具有很大影响力的看法是认为中国古代一直是实行土地国有制度,没有真正意义上的土地私有制,甚至没有真正意义上的财产私有权。基于对土地所有制的这种判断,他们一般把中国的经济社会形态归类于所谓"亚细亚形态",并认为这种土地所有制形态正是中国历史"长期停滞"的根本原因。此外又有许多学者认为中国古代的土地所有制是演变的。他们关于演变途径的解释有所不同,但大体上倾向于认为是从普遍的国有制向各类形态的私有制演变。

从历史上看,周代的王直接拥有的土地在王畿之内,而对于分封给诸侯的广大土地,就没有直接的经济支配权了。诸侯对于分封给陪臣的土地,也不再拥有直接的经济支配权。所以,笼统地说中国古代的土地都归王所有,进而把王有直接看做国有,是缺乏肯定证据的。土地与其他任何生产资料有一个重要的不同点,它不仅是生产资料,还是疆域,前者是经济意义上的财产标的,后者是政治意义上的主权标的,这种含义是其他生产资料所不具备的。所以,《诗经》中所谓"溥天之下,莫非王土;率土之滨,莫非王臣",主要是描述王的法权:天下的土地,都在王的治下;所有地方的人民,都归王来统辖。这种法权陈述,并不表示王以外的所有社会成员都不拥有土地财产权。土地所有权涉及政治法权和财产权双重含义,应该结合中国古代土地所有制关系的相关记载,引入分层次的概念来加以说明。

目前可见的说明夏、商时代土地所有制关系的文献过于稀少,勉强解说,难免牵强附会,可留待将来考古或者文献发现更多时再讨论。周代的土地所有制基本面貌是可以勾勒出来的。西周时期实行等级分封制度,这种制度从法权的意义上对土地做了纵横的分割。从纵的意义说,服膺周天子统治的所有诸侯以及周朝王畿下辖的土地,都在法权的意义上归周王治理,这是"溥天之下,莫非王土;率土之滨,莫非王臣"的本意。《尚书·梓

材》说:"皇天既付中国民越厥疆土于先王。"也表示在疆域的意义上所有土地都归周的"先王"统辖。这种语境中的"先王",虽是个人,但也是国家共同体的象征。在这种王代表国家共同体握有全国土地的法权基础上,对土地再从其他意义上加以划分,如对诸侯的分封就用"授民授疆土"之类的话语来表达。这种从周王的法权划分出去的对人民、疆土的权利是一种与周王的法权意义相同但次一级的法权,同样不直接等于土地产权。所以受周王分封的诸侯及在王朝任职的卿大夫也用类似的话语理解这种权利。《左传·昭公七年》载楚国的无宇曾对楚王说:"封略之内,何非君土?食土之毛,谁非君臣?"这与《诗经》中说周王对于天下土地及人民所拥有的权利如出一辙。周王和诸侯直接控制的土地只占一小部分,而且其用途是公私混合的。东周时的周襄王就说:"昔我先王之有天下也,规方千里以为甸服,以供上帝山川百神之祀,以备百姓兆民之用,以待不庭不虞之患。其余以均分公侯伯子男,使各有宁宇,以顺及天地,无逢其灾害。"①这种混合的原因是,君主政治下最高统治者的私权与共同体的公共权力及其职能总有一部分重叠。这样看,王、诸侯直接控制的土地,具有国有和私有的双重性质。其中的国有,又是分层的。诸侯国卿大夫的土地来自于诸侯的分封,等而下之,至于士,其土地来自于卿大夫的封赏。天子、诸侯、卿大夫、士等各级贵族占有的土地,也具有治权和财产权的双重性质,治权归相应的贵族,财产权则分属于这些贵族和社会最基层的单位邑、里或公社。《周礼·小司徒》记载:"九夫为井,四井为邑。"一邑约有二三十户人家。一个贵族,往往占有数十乃至数百个邑,文献记载中也称"采",后来一般采、邑合称。贵族对其采邑的财产权,体现在他们收取采邑提供的租税。而采邑内部则又采取公社的方式,占有、使用和分配土地及其产品。土地分公田和私田两种,私田由私人耕种,公田则由公社成员共同耕种。所以《诗·小雅·大田》中有这样的描述:"雨我公田,遂及我私。"可见公田、私田是区分的。战国时期的孟子曾经带着理想色彩把这种制度描绘为这样的图景:"方里而井,井九百亩,其中为公田。八家皆私百亩,同养公田;公事毕,然后敢治私事。"②私田产出的粮食归劳动者自己所有,其使用权定期分配。公田的产出归占有这一地区的各级贵族所有,其劳作方式是征用该社的普通劳动者共同参与,称为"籍田"。"籍"就是借的意思,籍田就是指贵族借老百姓的民力去耕作土地。租税就是通过这种方式收取的。由于各级贵族占有的土地上都附着法权,所以在西周时期,贵族之间可以用土地进行封赏、赔偿,甚至也出现了个别的土地交换现象,但是"田里不鬻",私人之间的土地交易是缺乏合法效力的,土地转让需要报告周王,由史官予以登录认证。综合这些情况,可以看到周朝前期的土地是分级所有的,也是公有和私有混合的。

春秋以后,周王丧失了对诸侯的控制力,诸侯们不再向周王报告他们之间的土地转让活动,各级诸侯乃至卿大夫、士所占有的土地的私有属性都增强了。这时各级贵族以

---

① 徐元诰:《国语集解》之《周语中第二》,北京:中华书局,2002年,第51—52页。
② 杨伯峻:《孟子译注》卷五《滕文公章句上》,北京:中华书局,1960年,第119页。

及其他有势力者，都加入到土地争夺中，而且随着生产工具的进步，土地开垦日益普遍，新开垦的土地从一开始就带有更强的私有性质。这时体现基层土地公共占有属性的土地定期分配制度也趋于瓦解，土地的使用权固定化，私田逐渐转化成为平民的私有土地。与此相应，公田上的生产难以组织，各国都对原来的赋税征收办法进行改革。公元前685年，管仲率先在齐国推行"相地而衰征"，即根据土地产量的高低征收土地税。后来鲁国实行了"初税亩"，楚国实行"书土田"，郑国实行"作丘赋"。这些改革的起因都是为了增加国家的财政收入，但客观上承认了土地私有制度，并促进了这一制度的发展。这种变化加速了乡村社会的分化与改组。占有大量土地的贵族开始采用租佃的办法经营土地，这使他们不再仅仅依靠法权特殊地位来分取土地产品，而是更多地参与到土地作为生产资料的管理中，成为贵族地主。在这种逐渐演变的过程中，村社的成员部分转化为个体农民，以个人身份而不是公社成员身份直接向国家缴纳赋税、负担徭役；另一部分在土地买卖中失去土地，转而租种地主的土地，成为依附民。春秋战国时期各国的变法运动不同程度地推动了这种转变，从土地所有制角度来看，其含义主要是把多层次分割的土地权利关系简化为三个层次。首先是王、诸侯所掌握的疆域治权，各国范围的土地占有、使用权都不超越这种疆域治权，王、诸侯拥有对所有私人土地权进行干预、征税，乃至剥夺与再分配的权力。这种权力渗透到所有土地上面，而且在中国历史上一直继承下来，所以在中国历史上，私人的土地权利从来没有达到超越政治法权而"神圣不可侵犯"的程度，从来也不是完全独立、自明的。第二个层次是土地私有权，即归各类私人拥有，可以买卖、转让、继承的土地财产权，其使用方式包括自耕农的自己耕作、地主的雇佣或者承包耕作，私人承担向国家缴纳赋税的责任。在这两极中间，则还有各类贵族、官僚凭借法权特殊地位、劳绩而从国家那里获得的土地领有权。后者其实是国家治权中经济收益成分的分割，即国家让渡其部分土地收益权给那些贵族、官僚，所以一般情况下这种土地领有权并不影响土地直接耕作者自己在土地上的耕作方式。土地的两极化归属，有利于国家直接控制更大范围内的社会直接生产者，有利于削弱处于国家和直接生产者之间的贵族的权力，所以伴随着春秋战国时期的变法，存留下来的诸侯国都强化了其对于社会的控制力。公元前4世纪秦国的商鞅变法，"为田开阡陌封疆"，较大程度上承认土地私有，允许百姓自由买卖土地，鼓励甚至强制分家，按户授田，造就了大批的自耕小农，成为秦国战胜其他各国的社会基础。

汉代整理、消化了战国末期以来，尤其是秦的各项制度，包括土地制度。这时的土地所有制基本格局与秦相同，还是三层次的结构。国家凭借其普遍治权，通过土地分配、限田、度田、税收等政策杠杆竭力扩大、保持自耕农和小地主土地所有权。汉高祖五年（前202年），刘邦下诏放军队兵士解甲归田，归农的军吏卒，由地方政府按立户先后和爵位高低授予政府掌握的田宅。同时，诏令在战乱中流离的人各归本郡，恢复其原有的土地和房屋。贵族势力则尽量保持和扩大其凭借法权特殊地位从国家那里分割来的大土地领有权，因而贵族与国家之间围绕土地所有权形成博弈和竞争。私人土地所有权本身变得

复杂化,小自耕农在人口比例上仍然占很大比重,但这种小农经济资本有限,脆弱而趋于分化,大量土地向贵族、官僚、商人等势要阶层集中,先前的小自耕农大量转变为依附农民,掌握私有土地的大地主经济持续发展。势要地主利用宗法关系,结成强宗大姓,兼并土地,实际控制乡村社会,通过各种途径进入政治权力体系,成为渗透到国家体制内部的强势社会阶层,国家亦不得不与之周旋,不能强行剪除。势要地主经济的突出形态是庄园。光武帝刘秀的外祖父樊重的田庄有耕地300余顷,经营手工业,自制各种器物,甚至内部"闭门成市",基本生活所需很大程度上自给自足。东汉崔寔所著的《四民月令》记载了这类庄园内部经营的详细情况。《后汉书》也记载这种庄园大量存在,"豪人之室,连栋数百,膏田满野,奴婢千群,徒附万计"。① 东汉末年豪强地主武装割据局面的社会基础即在于此。

东汉末、三国时期,战争频繁,政局动荡,人民流离,土地所有权也不稳定,而且会不断出现荒芜无主土地。这时各种政治势力在自己占有的区域,因应需要而制定各种土地政策,比如,曹魏政权曾在北方大力招抚流民屯田,包括民屯和军屯。民屯的土地,耕牛、种子甚至由国家拨给,屯田客每年向国家交纳田租,国家和屯田客按一定比例对收获物进行分成,屯田客不再负担兵役和徭役。军屯是用兵士屯田,将驻守各地的军队,在仍保持原有军事建制的同时,编制成以营为单位的生产组织,屯田军队"且田且守",收获物全部交给国家。民屯相当于国家雇佣佃户在国有土地上生产,军屯更是直接的土地国有制,故屯田制基本体现土地国有制。这是历史上反复出现的在战争或者军事对峙时期国有土地所有制复活的情况。曹魏统治的区域内,同时还有大量编户齐民,属于自耕农或地主,其土地基本是私有的。

西晋统一后,废除屯田制,实行占田制,规定男子一人占田70亩,女子一人占田30亩,丁男课田50亩,丁女课田20亩,次丁男课田25亩,次丁女及老小没有课田。这里的占田数量,是指一般民户可以按人口占有和耕种的田亩数,课田则是按丁承担租税的田亩数。各级官吏有依等级递减的"占田"、"荫户"特权,即一定数量的土地赋税和人丁劳役豁免权。这种占田制,是国家普遍治权恢复之后在原有土地占有关系基础上以恢复国家直接控制的普遍小土地使用权的制度,而这种小土地使用权也是一种层级性的土地私有制。西晋统一不久即颠覆,接下来又是长期的政治分治状态,土地制度各异而不统一。其间,北方的土地制度对后来影响较大。北魏孝文帝改革,推行了均田制。当时中原地区存在大量空荒土地,北魏为使土地与劳动力结合,实行普遍授田。男子15岁以上授给露田40亩、桑田20亩,妇女授露田20亩。露田不得买卖,受田者身死或年满70者归还官府。桑田则永为个人所有,无须还官,在一定条件下可以买卖。桑田须种一定数量的桑、榆、枣树、麻。奴婢授田与良人相同,耕牛每头授田30亩,限四牛。土广民稀地区,可

① (南朝宋)范晔:《后汉书》卷七二九《王充王符仲长统传第三十九》,北京:中华书局,1965年,第1648页。

以任力耕垦;土狭民稠之处,民户可迁往他乡。官吏按官职高低授给公田,所授土地不得买卖。这一制度使无地少地的农民获得一定数量的土地,而且实行按劳动力授田,并以法律形式确认受田者对土地的占有权和使用权,对豪强大族肆意兼并土地也起到了一些抑制作用。北魏之后,东魏、北齐、西魏和北周继续实行均田制,细节有变化,主旨仍相同。均田制仍然显示出强烈的国家治权在土地所有制领域的力量,国家对于土地的终极权力体现在其对土地重新分配的权力和关于露田不得买卖的规定中,也体现在桑田限制耕种品种的规定中,官吏的公田则保持国有土地的性质。隋朝主要在北方继续推行均田制,并做了一些调整,对南方的大土地私有制并未触动。唐初,大量土地荒芜,人民流散,遂颁布了更为详细具体的均田制。北魏以来,历代田令都限制在一定条件下才可以买卖永业田,但唐均田制放宽了对土地买卖的限制,不仅永业田可以买卖,口分田也可以买卖,只是买主的土地占有总量还是不能超过应受田的限额,而且必须向官府申牒立案,"若无文牒辄卖买,财没不追,地还本主"。①

　　均田制是一种复杂的土地制度,实际实施的情况也千差万别,但是就这种制度本身的设计精神而言,与秦、汉初的土地制度是内在一致的,这就是由国家作为最高的社会共同体对最基本的生产资料进行调控,调控的目标又是双向的,一是维护等级差异,使贵族、官僚等依附于国家的势要阶层保持对土地的较大支配权,二是在社会底层尽量使直接劳动者拥有基本数额的土地,以维持其生存,使其提供赋税,实现社会稳定。国家的这种调控能力,表明国家对所有土地的所有权保持干预权力。同时,部分土地禁止买卖或者有买卖的限制条件,表明民间对于土地支配的自由权不完整,即产权不完整,民间对不准买卖的露田、口分田都只有使用权,没有财产权。国家又直接占有部分土地,如公廨田、职分田实际都进入了国家财政运作体系,是国家财产,并直接进入财政支出。均田制又是演变的,其中最值得注意的趋势性变化是私人对于土地的支配权逐渐增大,表明均田制是中国土地私有制成长的一个过渡。这里还要注意,即使在国家大力推行均田制的时候,私人的大土地占有也没有消失。国家对于贵族、势要阶层,从来是既要依赖又难以完全掌控的。

　　北宋以降,土地制度演变的基本方向是私有化的增强,同时国家的干预权和对部分土地的直接占有始终没有消失。北宋是通过政变开国的,先前没有类似隋末那样烽火连绵的战乱,也就没有大规模重新分配土地的背景条件。在原有土地占有状况基础上,宋把与土地相关的社会制度整理重点放在户籍登记、户等划分和赋税制度方面,也就是说,放在财政对于社会分配的调节方面。户籍中区分主户和客户,占有土地并向官府缴纳赋税的民户称主户,不占有土地而靠租种土地维持生计的民户称客户。主户又根据财产多少划分为五等。主户对国家承担的赋税,包括按土地数量和质量分夏秋两季征收的土地税和差役、徭役。差役指按户等轮流到官府中当差,徭役是按人口征发的劳作。客户没

<hr>

① （唐）杜佑:《通典》卷二《食货二·田制下》,北京:中华书局,1984 年,第 16 页。

有土地,因而没有土地税,但承担徭役。这样,北宋其实承认了唐中叶以来土地私有化加强的现实与趋势,而且开国以后,"不抑兼并",较大程度上放弃了传统的由国家调控土地占有权的政策。因而宋代大地主与无地、少地农民之间的矛盾甚为突出,贫富分化扩大,土地产权转移也大大加速。"贫富无定势,田宅无定主,有钱则买,无钱则卖。"①同时,宋代国家仍直接控制一些官田,其中史籍记载最多的是东南地区的官田。这些官田主要是国家籍没败落势要之家的土地而来。宋代国家并不直接经营这些官田,而是对这些官田实行比私田更高的税率,等于租、税合一,由国家收取。

宋以后的土地制度基本沿袭宋代基调,各代、各地区略有差异。明、清两朝建立之初,国家都曾以较强手段进行土地所有、占有关系的调控,随后弱化调控,放任私人土地占有和交换。明初的干预主要是迁移人口,包括把苏、松、嘉、湖、杭等人稠田少地区的无田者迁徙到临濠等有闲置田地的地区,迁徙"沙漠移民"到北平附近屯田,以及迁徙江南、山西、浙西等一些地区的人口到其他地区,分给土地,使成"永业"。这种政策的核心是使土地与劳动者结合,以便稳定社会,保障赋税收入。明朝国家直接拥有的土地是屯田,包括军屯、民屯,这类土地上的收获由国家与耕种者以各种形式分成。宋代遗留下来的东南地区的官田,仍然承担更高的税额,体现国家对于这部分土地的直接占有关系。明朝大土地兼并与商品货币关系发展对小农土地所有制构成巨大冲击,以皇帝为首的贵族、官僚、势要之家占有大量土地,如河南皇亲王源受赐地27顷,后通过兼并,达到1220顷。② 宦官汪直一人就占宝坻县七里海荒地20000多顷。河南地区的"缙绅之家,率以田庐仆从相雄长,田之多者千余顷,少亦不下五七百顷"。③ 由于大土地所有者大多拥有特权,得以减免赋税,国家财政收入就更多地被转嫁到小土地所有者身上。人民不堪压力,出现了大量流民。成化时期,聚集在荆、襄一带开垦屯聚的流民达150万人,一些流民称王建国。明朝剿抚两用,最终准许流民就地附籍,开垦土地,并且减低赋额,方才大致平息下来。然而国家赋税压力、大土地占有过度膨胀、小土地所有者困境、无地农民生计等问题的交织矛盾,一直持续到明朝末年。清朝入关后,曾在京畿300里至500里范围内,先后进行过三次大规模的圈地,名义上圈占无主荒地及明朝贵戚庄田,实际上民间私有土地也被掠夺。这种做法在土地制度史上是依托军事征服而实施的国家对民间现有土地的直接掠夺,极大地激化了社会矛盾。康熙八年(1669年)才下令"圈占民间房地,永行停止"。康熙二十四年(1685年),再次下旨不许重新圈占民地,最终结束了持续数十年的圈地。此后,大体上回复到先前已经形成的土地私人所有体制轨道上来。康熙八年(1669年),清朝对明末战乱中形成的土地占有关系,包括农民占有的明朝藩王的土地予

---

① (宋)袁采:《世范》卷下《治家》,长沙:岳麓书社,2003年,第60页。

② 《明宪宗实录》卷二百零四"成化十六年六月辛亥",台北:台湾"中央"研究院历史语言研究所1962年校勘本,第3561页。

③ (明)郑廉:《豫变纪略》卷三,杭州:浙江古籍出版社,1984年,第61页。

以承认,"照民地征粮","永为世业"。1712 年,清朝又开始实行滋生人丁"免其加增钱粮"①的办法,以全国丁银额数字最高的 1711 年为准,征收丁役,以后增加的人口不再计算丁役。雍正年间开始,全国范围内"因各疆吏奏请,以次摊入地亩",②与田赋一体征收,称"地丁银"。这样,虽然直接的人丁力役并没有彻底消除,但是赋税的绝大部分都是按照土地征收的,地主成为赋税征发的对象主体,这在一定程度上限制了土地兼并,土地占有形态也基本稳定下来。这里也应注意,清朝与以前的所有王朝一样,也以国家的名义直接控制土地。在清朝前期、中期,整个东北地区都是封禁的,不许民间开垦,以为满洲退步之地。所有的荒地也都归国家所有,朝廷曾经利用这类荒地安置无业八旗子弟,开垦营田。

回顾前面所述的情况可以了解到,现代以前中国的土地制度,并不是"东方专制主义"论者所说的那种唯有国有制,没有私有制,但也的确不曾达到彻底的私有制,而且,无论国有还是私有,都曾有许多复杂的具体形态。这时候,我们应该尝试从这种复杂、漫长的制度经验历程中,归纳出最恒定的特征。第一,国家对于全国的普遍治权明显而且经常地显现为土地财产权,国家始终拥有大量直接占有的国有土地,对土地进行重新分配,可以剥夺私人土地产权。第二,国有土地与皇室以及皇室贵族的土地虽然有时纠缠不清,但仍然有所差别,前者本质上是公共土地,后者则是私有土地。第三,贵族、势要凭借其在国家权力体系中的特权地位或者与掌握国家权力者的私人纽带关系而占有大量土地,这类土地的所有权中包含较强的政治特权属性,大土地所有者同时也会利用经济手段获取土地,后者的所有权中则经济属性强于前者。第四,私人土地的基本形态是自耕农和庶民地主土地占有,这种形态体现最强的私有土地性质,在先秦时代就已经发生,几经波折,在唐朝中期以后趋于占据土地所有制的主导形态。第五,中国古代的土地私有权从来没有达到神圣不可侵犯的程度。

二、赋税与财经

国家是复杂社会共同体的组织结构,它依托政府、军队、警察、监狱以及其他公共生活的统一协调、控制机关,整合社会秩序,同时从社会征取赋税以维持自己的运转。赋税既是国家运作的主要经济基础,同时也休现国家与社会各个阶层的利益、责任关系,以及合理性程度,是社会制度的基本内容。除了来自赋税的收入以外,国家运作所需要的经济资源还来自国有资产收入、国家控制的专卖特许经营和特权出让收益,以及军事行为

①《清实录》第 6 册《圣祖实录(三)》卷二百四十九,"康熙五十一年二月壬午",北京:中华书局,1985 年,第 469 页。

②(清)王庆云:《石渠余纪》卷三《纪丁随地起》,北京:北京古籍出版社,1985 年,第 115—116 页。

的战利品和政府机构服务收费等等。

中国古代社会以农业为基础,土地税、农民的劳役是赋役中占最大比重的部分。赋税征收和缴纳主要分为劳役、实物赋税、货币赋税三种形态。劳役是直接征收社会成员的直接劳动时间,包括在国有土地上耕作、从事公共工程和国家机关服务性劳作、服兵役等,皇室和贵族、官僚常常利用其特权地位把向国家提供的劳役转化为为其私人服务的劳作。劳役是最古老的、造成社会成员人身束缚的带有超经济强制性质的赋税形态。实物赋税是国家向社会成员征收的劳动产品,如粮食、棉、麻等,这相当于国家对劳动者的劳动成果进行分成。货币赋税是将应纳赋税抽象、折算成一般价值后以流通货币形态缴纳的赋税,这种赋税形态要求纳税人更多地卷入货币交换关系中。就一般情况而言,直接的劳役发生最早,在历史演变中趋于减少、弱化,但从来没有彻底消失;实物赋税是16世纪以前主要的赋税,尤其是农业赋税的形态;货币赋税最初主要用于商业税和财产税,后来呈扩大的趋势,16世纪以后成为基本赋税形态。

夏、商、西周赋税形态的细节,后人了解已经不多。后来的文献称:"唐虞法制简略,不可得而详,其见于《书》者如此。夏后氏五十而贡,殷人七十而助……周人百亩而彻,其实皆什一也。"朱熹对此的解释是:"夏时,一夫受田五十亩,而每夫计其五亩之入以为贡……商人始为井田之制,以六百三十亩之地画为九区,区七十亩,中为公田,其外八家各授一区,但借其力以助耕公田,而不复税其私田……周时一夫授田百亩,乡遂用贡法,十夫有沟;都鄙用助法,八家同井,耕则通力而作,收则计亩而分,故谓之彻。其实皆什一也。"①按照这种说法,夏以前的赋税制度早就已经不可考了,夏代普遍授田,采用"贡"法,是一种劳动产品实物税法,比率是农夫受田所得的十分之一。商代开始推行井田制,采用"助"法,是一种以直接劳役为税的方法,比率高于夏代,为九分之一。周代乡村用"贡"法,城内及其附近地区则用"助"法。夏、商、西周的农业税率在设计上都大致以十分之一为尺度,但实际实施起来当然会因为区域、土质、土地所有权差异以及其他赋税负担的差异而有不同。朱熹的解释应当有一定的根据,不过肯定也是简化了的。因为,夏、商、西周,民间的土地都要定期重新分配,而且还有多个等级的贵族处于国家与普通民众之间,分割社会劳动产品,造成层级化的复杂土地占有关系。能够基本肯定的是,那时的土地赋税形态是以劳役和农产品赋税为主,平均税率在10%上下。

春秋时期,贵族土地占有制被破坏,村社共有土地和土地重新分配的传统都严重瓦解,私人对于所耕种土地的使用权固定下来。于是赋税制度也趋于简单化,即处于中间层面的土地占有关系以及权力主体弱化,国家针对社会直接劳动者的赋税征取成为主导的赋税关系,与此相应,各国先后实行了按私人所占有的土地数量征收赋税的制度,并逐渐允许百姓买卖土地。这类赋税制度改革,增加了国家的财政收入,也推动了土地私有制的发展。秦国在比较彻底的土地私有化基础上,有效强化了国家的财经、军事实力,得

---

① (元)马端临:《文献通考》卷一《田赋考一》,北京:中华书局,1986年,第27页。

以征服六国。

秦汉以后的赋税制度在文献中记载得就比较充分了。秦汉以后赋税的基本成分包括四类：一是土地税，即拥有土地的人向政府缴纳的田赋；二是劳役，包括兵役和为公共工程而征发的人民劳动；三是财产税，按照家庭财产状况征收的赋税；四是人头税，按人口征收的赋税。从那时起，直到清朝末年，人民承担的赋税都是由这几种基本成分以不同比例、形态构成的。

汉朝前期"与民休息"，田赋"三十税一"，即仅仅征收三十分之一的土地税。据称文帝十三年(前167年)时，甚至曾一度诏免田租。但完全免税国家就无法运作，所以这是不可能完全或者持续实施的，而且因为人民实际受田数额与政府统计的数额相比常有短缺，实际田赋征收肯定要多于三十分之一。文帝、景帝时的徭役也很轻，年15岁至56岁的人，每年要缴纳120钱，称算赋，即人头税；农民每年为国家无偿服徭役一个月，不愿服役者可出钱300交官府雇人代役，这是徭役。汉武帝时期对周边长期用兵，公共工程巨大，且穷奢极欲，开支浩繁。为控制经济命脉，增加政府财政收入，开始实行盐铁专卖政策。朝廷在产盐地区设立盐官，募人煮盐，产品由盐官收购贩卖；在产铁地区，设立铁官管理和经营铁的采冶铸造和产品销售。盐铁业的直接劳动者是政府征发服徭役的农民和刑徒、奴隶以及雇佣的工匠。盐业的官营后来一直持续下来，铁业的官营则时断时续。汉武帝时还曾下令实行"算缗"，即核算商人及高利贷者的财产，征收财产税。当时由于许多商贾匿财不报，政府鼓励告发，把没收资财的一半奖给告发人，称为"告缗"。东汉初年实行十一之税，不久名义上恢复了西汉三十税一的旧制，以减轻农民负担。三国时期，各国多屯田，在这种制度下，属于民屯的，由于土地由国家拨给，屯田客每年向国家缴纳田租，不再负担兵役和徭役，劳动者相当于是国家这个最大地主的佃户。军屯是用兵士屯田，"且田且守"，收获物全部交给国家，相当于国有资产收入。曹魏的编户齐民向政府缴纳租、调，田租每亩收四升，调则根据民户资产多寡划分为若干等差征收。西晋废除屯田制，将屯田客变为郡县管理下的编户齐民，对之实行占田制。如前所述，区分了男女老少规定占有田地的数额，平均每亩收租谷8升。丁男为户主的民户，每年纳绢3匹、绵3斤；丁女及次丁男为户主者减半缴纳；边远地区的纳三分之二。北魏在实行均田制之后，制定租调制，规定一夫一妇每年纳帛1匹、粟2石，15岁以上未婚男女4人、从事耕织的奴婢8人、耕牛20头，各纳相当于一夫一妇的租调。产麻之乡，以布代帛，数与帛同。这时的租调定额虽然看上去是按人口计算的，但因为其基础是按人口实行均田，所以计量方式的内涵仍然是以土地、人口相结合为尺度的。北魏之后，东魏、北齐、西魏和北周继续实行均田制和租调制。授田和租调数额都有调整，但基本精神不变。西魏时期，执政的宇文泰在部落兵制发展演变的基础上，推行具有兵农合一特色的府兵制。府兵不入民籍，另立军籍，自备弓、刀，免除租调和力役，平时训练，战时出征。这种将部分社会群体纳入兵农合一体制的做法，把军事制度、社会制度与赋税制度紧密结合，在西魏到唐中叶这个时期，构成一种基本体制。战时当兵，是基于获得形式上由政府颁给的耕地的责任，

所以原则上说，凡是得到均田的农村人口，都可能被征发承担兵役，但为了军事训练需要，一部分农民会较多承担兵役而较少或者免除其他赋役责任，战时与和平时期，对兵役征发的需求也有差异，所以，府兵制只体现均田制推行时期赋役的部分情况。除了府兵制以外，主要的赋税形态是对政府缴纳租调。如隋朝初年民 18 岁至 60 岁者要负担租调，一夫一妇每年纳租粟 3 石，有桑田者每年缴纳调绢 1 匹、绵 3 两，有麻田者每年缴纳调布 6 丈、麻 3 斤；单丁和奴婢纳一半租调；每丁每年服役一个月。后来在此基础上有所减轻。然而，隋炀帝营建东都、征伐高句丽、开凿运河、修筑长城、四处巡幸，人民因此承担的赋税要远高于前述的平时标准，以致民力疲敝，激发了大规模的反隋起义。唐朝在隋末战乱的基础上重新推行均田制，在此基础上推行租庸调制：每丁每年纳租粟 2 石；每丁每年输调绢 2 丈、绵 3 两或者布 2 丈 5 尺、麻 3 斤；每丁每年服徭役 20 日；不应役者纳绢或布替代。唐初仍实行府兵制，府兵平时在家乡生产，农闲时接受军事训练，其平时军事任务是轮番到京城宿卫或戍守边地，战时出征，战事结束后，兵士解甲归农。唐初府兵三年拣点一次，从军府所在地合乎标准的民户中点充，21 岁入军，60 岁免役，不服其他徭役，不纳租税，其兵甲衣粮均需自备。若有战事需要，可能另外征发人民入伍，战后解散回家。开元、天宝时期，土地兼并严重，均田制失去效力，小农逃亡日多，赋役被转嫁到尚未流亡的农民身上，名曰"摊逃"，结果恶性循环，加之中唐时期的战乱，唐朝陷入财政危机。唐德宗时，采纳宰相杨炎建议，颁行两税法。

两税法的基本原则是："户无主客，以见居为簿；人无丁中，以贫富为差。"[1]意为不论土著户与外迁户，一律在现居地立籍纳税。征税不以人丁为主，而以土地财产为主。具体包括：以大历十四年（779 年）全国税收额作为新税征收的标准额，分摊各州，按"量出以制入"的原则，确定收缴税额；废除租庸调及一切杂税，主要征收地税与户税，但丁额保留不废；依照丁壮与资产划定户等，户税按照户等征钱，地税按照田亩纳粮；无固定居所的行商，由其所在州县据其收入征税三十分之一；两税每年分夏秋两次征收。这是中国赋役制度史上的一次大的变革。它在均田制和租庸调制崩溃，土地买卖普遍化，人口流动性增强，户籍失真的条件下产生，其基本精神是征税由以人丁为主要依据转为以土地、财产为主要依据，由此增强了赋税针对财富的性质。在这种赋税制度下，土地兼并不再受到限制，此后地主经济大为发展。两税法的基本精神后来一直承袭下来，是中国帝制时代后期的基本赋税制度。宋代注重财产税，对拥有土地的家庭分五等登记人丁、财产，作为征收赋税的依据，对不占有土地只靠租种土地维生的民户则登记人丁数，以征"丁口之赋"。土地税分夏秋两季征收，税额由于地区、耕地产量不同而有差别。夏秋两税之外，另有加耗、义仓税等。政府有需要时，可能要求纳税人自费把赋税物运送到指定地点，否则要缴纳"道里脚钱"。有土地之家要承担差役，即按户等轮流到官府中当差。对有地未承担差役之家或者无地之家，要按人口征发徭役，为官府从事一定时间的劳动。

① （后晋）刘昫等：《旧唐书》卷一百一十八《杨炎传》，北京：中华书局，1981 年，第 3421 页。

宋代城市经济繁荣,城市居住的家庭分为十等,按贫富区别,向官府缴纳房产税、地基钱、承担劳役,有时官府会向他们低价征购某些物品。宋仁宗时期,宰相王安石推行新法,其中涉及将原来由主户按户等轮流充当的差役改由官府雇人承担,所需费用由应役民户按户等缴纳,这是向各类赋税货币化转变的一个步骤。元代南北赋税制度不同。北方采取与唐代租庸调相近的方法,主要有税粮和科差两项,税粮分丁税、地税两种,每丁税粟2石,每亩税粟3升。儒、道户享有优待,只纳地税,不纳丁税。军、站户由于已经承担了军役和驿站役,不纳丁税,减免地税。对中原地区被分拨给诸王、贵戚和功臣的76万余"投下"户,征收"五户丝"。一般人户征收"包银",每户4两,半输银,半折征丝绢、颜料等物,中统四年(1263年)后,全部改征纸钞。南方则沿袭宋代两税制,征取夏秋两税,在江南地区还征收户钞。此外,元朝还征收盐税、茶税、酒醋税、商税、市舶抽分、额外课、金银铜铁课等。盐税是土地、人丁税以外的最大宗税收。元后期盐税的收入为200万锭左右,占国家货币岁入的一半以上。除交纳税粮、科差、杂税外,人民还要为政府提供劳役,包括定期征发的用于土木工程、治河、运输等方面的"杂泛之劳",以及服务于地方衙门的"差役"。手工业者被编在官工业作坊中劳作,无人身自由。

明初编制赋役黄册,民110户为一里,其中丁、税粮多的10户轮流出一人为里长。10户为一甲,每年用一户为甲首,10年轮一周。每里编为一册,册首绘置一图,故里也称图。册为黄色,故称赋役黄册,十年更造一次。又测量天下田土,编制成鱼鳞图册,每册图写田主姓名、田土面积、品质等。黄册用来核实赋役,鱼鳞图册用来核实产权及税粮责任。工匠分为"轮班"和"住坐"两种。轮班者三年服役一次,为期不超过一个月,免除其家其他劳役;住坐者每月上工10日,不上工者每月罚银6钱,称为输班。15、16世纪间,大土地兼并和商品货币关系的发展严重破坏了明初建立的赋税体系。享有赋役优免特权的权势之家兼并土地,国家控制的纳税土地大量失额,劳役也更多地被分摊到没有特权的庶民身上,迫使庶民投寄于势力大户成为依附人口,或者流亡他乡。正统元年(1436年),明朝在东南人口密集的地区征收"金花银",将这些地方应纳田赋米麦400余万石,折收白银100余万两,入解宫中内承运库。这使得东南地方的赋税大幅度地由实物转变为货币,促使民间社会强化其与商品交换关系的联系,国家财政体系也向货币财政转变。到张居正主持朝政的万历初期,明朝对全国土地进行清查,在此基础上于全国范围推广一条鞭法。其大意是以州县为单位,以经过重新清丈的田土的等级和数量与人丁为基础,将该州县原额田赋、力役、贡办等应承担的各项赋役,除苏、松、常、嘉、湖地区供应京师食用的白粮以外,一概折合为白银征收。这样使赋税负担重新和田产与丁口相应,多占田者多交税,一定程度上体现了赋税的公平合理。缴纳赋税的方式基本上是官收官解,减轻了民间征收和运送的压力。实物赋税和直接力役改为货币赋役,推动了农民与市场经济的结合,对于田少人多的地区而言尤其方便。项目简化归并,减少了吏胥上下其手的机会,从而实际减轻了人民负担,国家财政也为之一振。但到了万历中期以后,额定支付皇室开支的财政收入不足以满足皇室日益扩大的支出需求,皇帝派遣宫中太监越

过常规财政收入体制,到地方搜刮财富。这时按土地、人丁核算的赋税早有收支的常规,皇室就从没有纳入严格财政管理系统的矿业下手,在各地征取所谓"矿税",扰民累民,成为一时弊政。明末发生了援朝抗倭的战争、东北防御女真的战争、镇压地方势力反叛和民间反抗的战争等等,明朝因此额外加税,名目有辽饷、练饷、剿饷、新饷等等,人民不堪重负,朝廷财政崩溃,明朝灭亡。清初赋役制度沿袭明制,编制赋役黄册、鱼鳞图册,作为征收赋役的依据。经过 60 年的恢复与发展,清朝于 1712 年起,实行滋生人丁"免其加增钱粮"的政策,以全国丁银额数字最高的 1711 年为准征收丁役,以后增加的人口不再计算丁役。雍正元年(1723 年)开始,又在全国推行"摊丁入亩",即将丁银全部摊入地亩,与田赋一体征收。这一政策取消了赋税征收中土地与人丁的双重标准,简化了赋税征收的程序,把赋税负担较多地置于地主身上,少地农民的负担相对减轻,自耕农和农村租佃关系更为普遍。

三、货　币

　　货币是交换关系的媒介,中国历史上的货币有三种基本形态:一是自然形态的货币,凭借其使用价值获得一定范围的公共社会的一般价值认可,从而充当交换的媒介,如金、银、帛等;二是由国家用具有价值的金属制造的与其材料价值接近并统一量度和交换比价的金属制币,包括铜钱、铁钱、银元、铜板、镍币等;三是由国家发行进而实际上提供担保而充当交换媒介的纸币,属于信用货币,主要是交子、宝钞,以及民国以后使用的纸币。

　　新石器时代的仰韶文化遗址中就出现了贝,在夏代二里头文化遗址中也发现了贝。不过,因为贝的出土量不多,还不能完全断定这些贝是否已经作为货币在使用。最迟到商代,肯定已经存在着普遍用于商品交换的贝币了。考古学家发现,商代无论贵族还是平民中,都流行用贝随葬。而且,商代遗址还发现了仿制的石贝、铜贝、玉贝及骨贝,表明贝已经不仅用为装饰品,而且具有抽象价值的意义。到了商代晚期,商王经常将贝作为财富赏赐给他人。当时贝币的计量方式是 5 个贝为 1 系,10 个贝为 1 朋。由于货币的这种起源,汉字中与货币、财富有关的字,多含有"贝"字元素,如财、货等等。西周时期仍然使用贝币,在当时的金文中常有用"贝"、"朋"表示财富关系的文字。在河南辉县琉璃阁周墓中,曾出土过 1000 多枚鎏金铜贝,说明周代已经在仿照贝的形态铸造金属货币,而用来铸造货币的金属本身也具有交换价值和功能。据《国语·周语下》记载,周景王二十一年(前 524 年)铸大钱,这是传世文献中关于中国古代国家铸币发生的最早记载,与其他材料提示的实际情况大致吻合。周景王处于春秋后期,当时各个诸侯国各自为政,出于本国经济活动和国家控制财富的需要,都在发行货币,同时又互不统属,用于市场交换的媒介多种多样。当时的黄金、铜、银等金属都既可以用来铸造货币,也可以直接流通,珠玉、布帛也可以流通。金属铸币的形制也很多,有布——仿照挖土的工具、刀——仿照武器、贝——仿照珍贵自然物，以及象征周转不息的圆形圜钱等等。一般认为，春秋时楚国铸造的郢爰是迄今为止发现的中国最早的黄金铸币，不过，郢爰在实际使用中仍然需要以称量为准，故还很难说已经具备了统一铸币的功能。

　　秦以前各国发行的货币形状不一，重量不等，单位不同，都是区域性货币。秦朝统一货币制度，以黄金为上币，以镒为单位；以铜币为下币，方孔圆钱，其文曰"半两"，重如其文；其他先前各国货币一律废止。汉初政府发行的货币质量低劣，币面文曰半两（十二铢），而实重只有八铢、四铢，甚至更轻。民间还有私铸，政府时允时禁。汉武帝时发行白金（银）币、白鹿皮币①等面额巨大的货币，其面值远高于其材料加工价的价值，国家由此获得实惠，但引起商贾豪民大量盗铸，所以只好恢复改铸货币实重与币面标文一致的标准钱，先用三铢，后用五铢，同时禁止民间私铸，并取消各郡国铸钱的权利。五铢钱质量高，盗铸无利可图，币制得到较长时期的稳定。王莽时期，先后进行了四次币制改革，更张频繁，币制混乱。其中一段时间，使用的货币包括金（一种）、银（二种）、龟（四种）、贝（五种）、钱（铜制六种）、布（铜制十种），凡五物六名二十八品，同时投入市场流通。人民反抗不已，只好取消这些杂乱的货币，重新发行"货布"、"货泉"两种新币。东汉恢复使用五铢钱。东汉末、三国时期，币制再度混乱，最后还是大体流行五铢钱制。五铢钱是一种以材料重量标志钱币流通价值的货币，只要材质和标注的重量是真实的，就可以流通，与政府财政状况、信誉程度的关系并不直接。这是从汉到隋的漫长历史时期中，五铢钱虽然也有伪劣情况，但与其他钱币相比行用最多的基本原因。

　　唐朝初年，五铢钱废止，唐朝开始发行制钱，即标注政府定名的圆形方孔铜钱。这种钱正面一般最少标注四字，两字为政府定名，如"开元"、"乾元"——宋以后大多直接采用皇帝年号，表示政府官方资质；另外两字表示通用货币，如"通宝"、"重宝"、"元宝"等。其背面，则可能标注价值，如"当五"、"当十"，也可能标注铸造机关的地点或者简称。与五铢钱相比，这种制钱更凸显了国家权威，也带有国家信用的成分在内。而且，自此，先前的以 24 铢为 1 两的折算方式就被以 10 钱为 1 两的折算方式取代了。以后直到清朝末年，流行最多的铸造货币就是这类铸有统治年号的制钱。国家垄断铸币权会使政府掌握较多的经济资源和经济调节手段，使同种货币流通的范围扩大，同时也会使货币流通受到政府财政状况更直接的牵制，因而市场受政府之拖累，出现钱荒、钱与贵金属或者粮食等实物的比价人为失调等情况。唐朝中期就出现了钱荒，于是铸币、白银、实物都参与到直接流通关系中，而且出现了飞钱。飞钱是民间发生的类似现代汇票的一种金融工具，拥有钱财者可以在一地将钱财换成飞钱，到异地兑换为货币。这种工具极大地便利了大额货币、财富的异地转移，对于大宗商品交易尤其能提供很大的便利。宋朝初年主要使用铜钱，在西北和四川也使用铁钱，北宋铜铸制钱数量巨大，工艺讲究，迄今存世量也很大。然而宋代钱币不能满足市场、民间需求，在四川商业发达而交通不发达的地区，出现

---

　　① 白鹿皮币是"以白鹿皮方尺，缘以藻缋"而成的皮币。

了民间行用的交子,即纸制兑换券,由成都 16 家富民连保发行,在印成的交子上"书填贯,不限多少,收入人户见钱,便给交子"。[①] 后来宋朝收交子为官府发行,类似的还有会子、钱引,在不同地区行用,按时收旧换新的交子是世界上最早的由政府发行的纸币。纸币与铜钱的根本区别是,纸币完全脱离了材料本身为货币定值的原则,完全依赖政府强制或者政府信用在市场流通,因而就被捆绑到政府财政上。宋朝在财政困难的情况下,大量发行纸币,最后使得货币系统和政府财政一起崩溃了。这时,民间交易中,白银的地位悄然上升。元朝统一全国以前,北方地区沿金朝制度发行地区性的交钞。忽必烈即位后,开始由中央政府统一发行交钞。元灭南宋后,交钞的行用推向全国。元代交钞发行以银、丝、铜钱作为准备金,发行量有一定限制,从中央到地方均设交钞提举司加以管理,交钞与金银可以互换,昏烂纸钞可以兑换新钞,纸钞一度行用平稳。后来,政府财政陷入困境,取消纸钞的准备金,以纸钞与铜钱一并流通。结果朝廷纸币发行过多,百姓舍钞用钱,最后连钱都不用,回到以物易物的状态,交钞遂成一堆废纸,元朝不久灭亡。明朝初年,政府仍试图发行无准备金无限额的"大明通行宝钞",与铜钱一并使用,金银则不准在市场作为货币流通。不久纸币贬值,虽设法维持,终归无用。随后,民间普遍使用的白银逐渐在收缴赋税等国家行为中取得合法货币地位,与铜钱并行。至 16 世纪 40 年代以后,大量白银从美洲、日本等地输入中国,称量白银成为主导性的货币。由于这是一种以自然形态的贵金属直接作为流通媒介的货币,政府无法通过行政权力加以有效调控,明朝失去财经调控的势位,财政逐渐陷入困境,直至灭亡。清朝继续实行白银与铜钱并行的货币政策。康熙中叶以后,海禁开放,海外贸易活跃,白银源源流入,出现了银贱钱贵现象。清朝政府大量增铸铜钱,以维持银钱比价接近稳定,充裕的货币供给推动了清中前期的经济繁荣。嘉庆、道光时期,鸦片贸易造成清朝国际贸易巨额入超,白银大量外流,清朝遂陷入财政困境。

明朝中期开始,民间出现了钱庄、钱铺、银号,经营银钱兑换、放贷,有的发行钱票、银票,即可在指定地点兑换的钱银券。这种钱庄、银号普遍发展起来并且形成较好的信誉之后,所发行的钱票、银票就获得了在市场上直接流通的功能。到 18 世纪末,专门经营货币兑换业务的票号在山西获得了长足的发展,山西票号发行的票券,在全国各地都可以兑换。鸦片战争后,钱庄、票号都卷入了对外贸易信贷结算、工商业资本借贷和代理清朝税务、协款等事务中,但与进入中国的西方银行制度相比,传统羁绊过多。1897 年,官商合办的中国通商银行创立,1905 年,清朝政府的大清银行设立,各地政府也纷纷设立省级地方银行。清朝灭亡之后,西式银行彻底排挤了钱庄、票号在金融体系中的位置。

① (宋)李攸:《宋朝事实》卷十五《财用》,北京:中华书局,1955 年,第 232 页。

四、城市与乡村

文明史的开端以国家的形成为基本标志,国家形成表示较大规模而且具有复杂功能和巨大权威的共同体已经形成了;国家的出现又以设防城市出现为标志,它标志着国家权威集中存在的形态。最初的设防城市可能只是国家权力机关的所在地,并不具备经济功能,但是一旦形成稳定的较大规模的人口聚居,共同的经济需求也就会出现,随后形成经济生活。文明发展起来以后的所有城市,实际上都具备经济和管理的双重功能。

中华传统文明是一种内陆型的农业文明,在广袤的农业区域较早形成了一些国家共同体,国家权威的所在地率先演变成为稳定的人口聚居区,从而成为与乡村相异的城市。迄今考古学发现的较大的上古时期的城市,都被认定为某种政治中心。直到宋代以前,较有规模的城市都具有或大或小的行政中心的性质,即使不是都城,也是某一级行政或者军事管理机关的所在地。即使宋代以后,许多经济繁荣的市镇在市场经济的培育下逐渐兴起,但是大规模的城市依然是行政中心的所在地。所以,可以说中国的城市具有较强的政治中心色彩。

作为政治、行政中心的城市,被广大的乡村所包围着,依托于乡村生产品和劳动资源供给的同时,也将乡村纳入国家司法、治安、赋税体系。所以早在先秦时代,住在城中的主要是贵族,也称"国人",住在乡村中的人,主要是农业劳动者,也称"野人",国、野即城、乡的二元对立和相互依存格局早就形成了。正是由于有广袤的乡村作为基础,中国的城市在很早的时候就达到了很大的规模,精湛的工艺、精微的思想、精细的文化,因此也发展起来。这种由广大乡村烘托起来的城市,比古代、中世纪欧洲的城市有与农村、农民、农业更深、更密切的关联,乃至庙堂之上的筹划、哲学家的思考、艺术家的创作,都紧密地观照着乡村。

夏代已经出现了城市,只是迄今的考古发掘还没有达到能够确切判定具体城市面貌的程度。商代城市的遗址已经陆续发现,包括河南郑州商城遗址、河南安阳殷墟、湖北黄陂盘龙城遗址等。不过,这些遗址都是政治统治中心的都邑遗存,还不能完整反映出作为大规模居民城市生活聚居区的面貌。这种情况透露出来的信息是,中国古代的城市的确是首先从政治中心发展为政治与社会生活综合中心的。大量城市在西周时期兴起,在继续具有政治功能之外,其商业、文化、服务中心的特征也逐步增强了。到战国时期,各国都出现了很多工商业功能发达的城市,像周的洛阳,秦国的雍、咸阳、栎阳,燕国的涿、蓟,赵国的邯郸、蔺、离石,魏国的大梁、安邑、温、轵,韩国的荥阳、郑、屯留、长子,齐国的临淄、即墨、安阳、薛,楚国的郢、宛、陈、寿春,郑国的阳翟,宋国的陶邑,卫国的濮阳,越国的吴等,都是著名的工商业城市,这些城市都达到了高度繁荣。1986年,在秦国旧都雍的东北部发现了战国时代一个"市"的遗址,市的四周有长方形的围墙,南北长150米,东西

长180米,四面围墙各有一座市门,总面积近3万平方米。市的西边还发现有南北向的两条大街,与东西向的两条大街正好交错成"井"字形,说明当时的"市"建在交通发达的地方。政府对这种市场实行严格的管理,包括将经营同类商品的店铺集中在一起,商肆占地大小有统一规定,市场开闭定时,不得欺行霸市、垄断经营,并征收营业税、屋基税,对于行商,则征收关税。《史记·苏秦列传》记载,齐国的都城临淄,共有7万户人家,以平均每家5口计算,就有35万人口,再加上政府机关人员、学生、军队、奴仆、流动人口等等,构成了数十万人的大都市。居民生活内容丰富,在公共场合常有吹竽、鼓瑟、击筑、弹琴之类的音乐集会,还有斗鸡、赛犬、赌博、蹴鞠等种种娱乐活动。街市上常常挤满往来的人流,以至于"车毂击,人肩摩,连衽成帷,举袂成幕,挥汗成雨"。①

西汉都城长安以秦代离宫兴乐宫为基础发展起来,是当时全国的政治、经济和文化中心,也是著名的国际都会。长安城的布局基本上与《周礼·考工记》的规制相符。城墙全部用夯土筑成,城墙外侧有壕沟,宽约8米,深约3米;城的周长为25700米,城内总面积约36平方公里;全城共12个城门,平均分布在四面,每面3个城门,每个城门有3个门道,每个门道各宽6米,正好等于四个车轨的宽度。城内有皇室居住的未央宫、长乐宫、桂宫、北宫和明光宫,占全城总面积的1/2以上,集中在城南部和中部。在未央宫和长乐宫之间是储藏武器的武库。达官贵人的住宅分布在未央宫的北部,一般的居民包括官吏居住在城的北部,居民的住宅区以"里"为单位,共160个里。城外靠近城门的地区也有平民居住。城内共有8条大街,一般长约3公里,互相交叉,最长的安门大街长达5.5公里。大街的宽度都为45米左右,街中间有两条排水沟,将全街分割为平行的3条通道,中间的称"驰道",专供皇帝行走。长安城已有全城整体的排水系统,城门地下埋筑有宽大的排水涵洞,洞宽1.2—1.6米,高1.4米,用砖和石块砌筑,顶部用砖发券,城内的许多建筑物底下也发现有排水设施。长安城中有九市,其中三市在横门大街以东,称为东市;六市在横门大街以西,称为西市。东市是商业中心,面积比西市大近一倍;西市则是手工业作坊区,以制陶、铸币为主。长安南郊建有"明正教"的明堂、"宣教化"的辟雍、"观天象"的灵台,以及祭祀天地、社稷、神明、祖宗的场所;西南郊有上林苑,是皇帝游玩的所在。

东汉都城洛阳遗址在今河南省洛阳市以东约15公里。北靠邙山,南临洛水。城略呈长方形,南北长约汉制9里,东西长约汉制6里,全城周长约13000米,城内总面积约为9.5平方公里。洛阳城东面和西面各有3个城门,南面有4个城门,北面有两个城门,每个城门各有3个门道。城内最长大街达3公里,街宽一般在40米。洛阳城的主要宫殿南宫和北宫分布在城南部、北部,占全城总面积的1/3以上。南宫东南是最高行政机构太尉府、司空府和司徒府。达官贵族的住宅区在城东部,平民区则大多在城外。北宫中的德阳殿据说可以容纳万人,陛高二丈,殿前朱雀阙从40多里外就可以望见,足见规模之宏大。洛阳城有南市、马市和金市。南市在南郊,马市在东郊,金市在城内南宫的西北。

① (汉)司马迁:《史记》卷六十九《苏秦列传第九》,北京:中华书局,1959年,第225页。

从城的平面形状、城门的分布、宫殿和市的位置等来看,东汉洛阳城的设计已经基本上摆脱了《周礼·考工记》的规制。

魏晋南北朝时期,南方城市发展较为突出。建康(今南京)处于政治、经济中心地位,最为繁华。城中有四市,市内店铺林立,秦淮河两岸商旅云集。东晋时期,建康有居民4万户。梁朝时,城区扩大,东西南北各40里,居民达到28万户。江陵为长江上游各地商品转运的通道,商业发达。番禺是南部的经济中心、海外贸易口岸,中外商船往来不绝。

隋朝的长安和洛阳是当时的两大商业中心和重要的国际贸易城市。长安有都会、利人二市,为国内外商旅荟萃之所;洛阳有丰都、大同、通远三市,市中商贾云集。洛阳的丰都市有120行,3000余肆,市的四面有邸店400余,“重楼延阁,互相临映,招致商旅,珍奇山积”,①通远市往往招致“郡国舟船舳舻万计”。此外,四川的蜀郡,江南的宣城、毗陵(今江苏常州)、吴郡、会稽、余杭、东阳(今浙江金华)、丹阳等地,以及南海、豫章、荆州、蔡州、岐州等,都是当时著名的商业城市。丹阳郡,“小人率多商贩”,“市廛列肆,埒于二京”,②蜀郡(今成都)“水陆所凑,货殖所萃,盖一都之会也”;南海则“所处近海,多犀象、玳瑁、珠玑、奇异珍玮,故商贾至者,多取富焉”,③江都(今江苏扬州)和京口(今江苏镇江)夹江对峙,为大运河与长江的汇合点,商业也很繁荣。隋朝政府在各城市设置市署,管理贸易。唐代首都长安盛时人口达到百万,城区最北部为宫城,宫城之南为皇城,是政府各衙署的所在。皇城南面为外城,是住宅区和商业区,纵横交错的11条南北大街和14条东西大街,将之分割成两市108坊,东市有220行,肆邸千余,货物山积,西市是中亚、波斯、大食商人聚居之处,是对外贸易的中心。东都洛阳有宫城、皇城与外城三个部分。外城有北、南、西三市,其中南市是洛阳最大的市场,内有120个分类经营的市街,包括数千家商店、货栈。唐代后期,随着南方经济的发展,长江流域和沿海地区的城市迅速崛起,成为繁荣的商业城市,尤其是扬州和益州,已经成为新的经济贸易的中心。唐代经济重心逐渐向南方和东南沿海迁移,长江流域的成都、江陵、荆州、潭州、越州、扬州,东南沿海的登州、杭州、泉州、广州,都是繁华的商业都市。扬州是运河与长江的交汇处,东南水陆交通枢纽,是漕米、海盐、茶叶等货物的集散地,中外富商巨贾荟萃此地,大食、波斯商人在这里经营珠宝等奢侈品。广州设有市舶使,管理对外商务,在广州居住的外商数以万计,政府特地划定一区,留居外商,当时称为“蕃坊”。沿海的泉州、明州也是对外贸易的重要港口城市。唐前期,商业贸易集中的市与民居的坊分开,四面有门,按时启闭。凡市皆置市令,掌管市门启闭和交易秩序,3000户以上的州县治所的商业活动须按坊市制度进行,午时入市,日落前散市。唐后期,都市中严格的坊市制度松懈,扬州、长安、汴州等一些大城市里出现了夜市,都有繁荣的夜间商业性消费活动,许多居民坊里也开设了店

① (南朝宋)刘义庆:《大业杂记》,见陶宗仪等编:《说郛》卷一百一十上,台北:台湾商务印书馆,1986年,影印《文渊阁四库全书》本,第363页。

② (唐)魏徵等:《隋书》卷三十一《地理志下》,北京:中华书局,1973年,第887页。

③ (唐)魏徵等:《隋书》卷三十一《地理志下》,北京:中华书局,1973年,第888页。

铺。唐中后期,在交通要道或者水陆津渡、商旅往来繁忙之地出现了许多非官方设置的市场,称为"草市"、"村市"或者"墟市"。唐人杜牧曾经说到:"凡江淮草市,尽近水际,富室大户,多居其间。"①草市的出现,意味着日常化的商业市场已经从城市延伸到了乡村。

北宋中叶,超过10万人口的城市已经有50多个,都城汴京(今河南开封)的人口已达百万以上,坊、市有别的城市格局已经普遍被打破。从孟元老《东京梦华录》的记载中可见,汴京城中工商业者和居民临街而居,大小店铺鳞次栉比,连御街两边的御廊也允许商人从事贸易活动。著名的定期交易场所相国寺前市场,每个月开放八次,"中庭两庑可容万人,凡商旅交易,皆萃其中。四方趋京师,以货物求售、转售他物者,必由于此"。②还有五月的鼓扇百索市,六月的巷陌杂市,七月的乞巧市等。汴河沿岸的桥头、码头,百货杂陈,交易繁忙,"淮浙巨商,贸粮斛,贾万货,临汴无委泊之地"。③汴京城中工商业者有6400余家,小商贩八九千家。除了白天的商业活动外,还有夜市和晓市,夜市至三更结束,晓市接着开始,最繁华的商业区通宵经营。固定的娱乐游艺场所"瓦子",由若干座用栏杆围成的表演各种伎艺的勾栏组成。著名画家张择端的《清明上河图》生动反映了汴京城内外和汴河两岸商贩云集、交易繁忙的景象。

南宋都城临安依托长江下游和太湖流域发达的农业、手工业生产和极为便利的交通条件发展成为大都会,至南宋末年已有人口120余万。临安城中大小店铺毗邻而列,"买卖昼夜不绝,夜交三四鼓,游人始稀;五鼓钟鸣,卖早市者又开店矣"。④临安城中称为"行"的行业组织有414个,商品来自全国各地。城内有瓦子24处,其中众安桥的北瓦内有勾栏13座,分别表演说话、相扑、杂技、傀儡、杂剧、影戏、诸宫调、舞番乐、谈荤话、装鬼神等。宋代在"民聚不成县而有税课"⑤之处设镇,置监镇掌征税榷酤之事,大多是区域性的商业中心,有的同时是手工业生产的中心,如产瓷器的江西景德镇,以雕印书籍闻名的福建麻阳镇等。临安城的两个属县有15个镇,建康周围有14个镇。

1275年,意大利威尼斯人马可·波罗(Marco Polo)到达上都。他在中国居留达17年之久,曾多次奉使云南和江南等地,并在扬州做官3年,又奉命出使过占城、印度。1295年,马可·波罗回到威尼斯。他详细讲述了在东方各国的见闻,经别人整理成书。14世纪以后,《马可·波罗寰宇记》一书在欧洲广泛流传,对欧洲人认识中国起了很大的作用。书中谈到了元代的大都。大都规模空前,城呈矩形,南北略长,城的中心点在积水潭(今什刹海)东岸的中心阁,外城周长28600米,设城门11座。皇城位于城南稍偏西,周围约20

① (唐)杜牧:《樊川文集》卷八《上李太尉论江贼书》,上海:上海古籍出版社,1978年,第169页。

② (宋)王栐:《燕翼贻谋录》卷二,台北:台湾商务印书馆,1986年,影印《文渊阁四库全书》本,第728—729页。

③ (宋)释文莹:《玉壶清话》卷三,台北:台湾商务印书馆,1986年,影印《文渊阁四库全书》本,第301页。

④ (宋)吴自牧:《梦粱录》卷十三,杭州:浙江人民出版社,1984年,第119页。

⑤ (宋)高承:《事物纪原》卷七,北京:中华书局,1989年,第358页。

里,宫殿建筑主要分为大明殿、延春阁及东宫 3 组,前两组建筑分布在从城正南门丽正门直达钟鼓楼、中心阁的正南北向的中轴线上,城门、坊名多来自《易经》。作为一个具有政治、经济、文化中心功能的国际大城市,大都聚居了众多的外国人,贸易相当发达,"百物输入之众,有如川流之不息","外国巨价异物及百物之输入此城者,世界诸城无能与比",城中各色教徒杂居,专门为他们提供宗教服务的星者、巫师就达约 5000 人。大都城外,"每门有附郭甚大,其街道与两邻近城门之附郭相接,延长有三四哩。每一附郭或街道,有华厦甚众,各地往来之商人居焉,每国之人各有专邸"。①

明代中叶以后,形成了相当发达的全国商业市场。不仅南京等传统发达地区的城市铺行鳞次栉比,民物繁华,边塞城市如大同,"其繁华富庶不下江南"。② 非政治中心的集市和市镇在明代也有突出的发展,如山东地区,每逢集市,"则百货俱陈,四远竞凑,大至骡马牛羊、奴婢、妻子,小至斗粟尺布,必于其日聚焉"。③ 这些小集市是农民和商品经济结合的主要场所。新兴的市镇大部分集中在江南的苏、松、常、嘉、湖地区,这些地方是丝织业和棉纺织业发达的地区,人口稠密,土地不足,农民有兼营手工业生产、商业或者出外打工的传统。人口向商品集散地集中促进了市镇的兴起和扩大。苏州府的盛泽在明初还是一个只有五六十户人家的村落,嘉靖时期则已成为江南丝绸纺织和贸易的大镇。其他如松江府的震泽、嘉兴府的濮院等都是这一时期发展起来的专业化的手工业商业市镇。广东的佛山也由明初时的一个村子发展成了全国冶铁业的中心,与汉口镇、景德镇、朱仙镇并称"天下四大镇"。

清代城镇的发展比较显著。原有的大城市如江宁、苏州、杭州、广州、镇江、扬州、无锡、北京、济南、开封等城市比过去更加繁华,而且有的发展为专业性的商业城市,无锡被称为"布码头",镇江为"银码头",汉口为"船码头"。有些城镇人烟稠密,商铺、作坊林立,百货聚集。新兴市镇的发展更为突出:杭州府所属农村市镇,1686 年(康熙二十五年)前后为 53 个,1775 年(乾隆四十年)前后增加到 86 个;苏州府吴江县的盛泽镇、广东的佛山镇、江西的景德镇、湖北的汉口镇等,已发展为人口众多、商业繁荣的大城市。

从上述情况来看,中华文明史较早时期的城市,大多是政治中心和行政设治缘起的,中古以后,又兴起了许多较小的经济缘起的城镇和城市,也有一些行政设治缘起的城市由于经济发展的促进而达到更大的规模。总体上说,集中于城市的国家机关和财富对乡村有强大的支配力,不过,在工业化以前的时代,城市中虽然有较大和经常化的市场、更为集中的学校和政府机关,但并没有发达的金融机构和集中生产的工厂,城市市场所销售的产品,除了来自外贸的以外,大多数还是直接来自乡村,所以城市和乡村的差别并没有像现代的那样巨大。而且,在唐宋以后,科举制度扩大了官僚来源的社会普遍性,世代

① [意]马可波罗著,冯承钧译:《马可波罗行纪》,南京:江苏文艺出版社,2008 年,第 200 页。
② (明)谢肇淛:《五杂组》卷四《地部二》,上海:上海书店出版社,2009 年,第 80 页。
③ (明)谢肇淛:《五杂组》卷三《地部一》,上海:上海书店出版社,2009 年,第 61 页。

生活在乡村的人可能通过科举考试,直接进入上至中央的各级权力机关,退休以后,一般又会回到老家度过晚年,这就使乡村和城市的联系更为密切了。

乡村的社会组织,在春秋战国以前的时代,主要是里社,这是在自然形成的农业人口聚居状态基础上经过国家权力参与而逐渐形成的基层组织方式。聚居于村落中的人们共享一定面积的土地,各个家庭定期分配一部分土地,经营耕种,同时有责任在不分配的里社公地上劳动,以其产品供应公共生活的共同需求。里社内部的人们长期居住在一起,形成血缘、亲缘的关系,受宗法关系的制约,形成带有半自治性质的秩序。春秋战国大变革时代,各国强化中央集权,王权更直接地介入乡村社会,中间阶层的贵族势力对乡村的制约力逐步削弱。比如最先进行变法的管仲,就在齐国将"野"划分成五个"属",分别设五个大夫进行管理;对于"属"内的居民,分别以三十家为一邑,每邑设一司官;十邑为一卒,每卒设一个卒帅;十卒为一乡,每乡设一个乡帅;三乡为一县,每县设一个县帅;十县则为一属。同时废除周代只有国人即居住在城郭中的人才可当兵的权利,使乡村居民也承当兵役,实行普遍兵役制度。又对所有土地实行"相地而衰征"的制度,即根据田土产量的多寡,按等级征收不同量的田税的办法,从而使先前的里社体制更大程度地纳入国家统一体制,国、野之间的纽带也因而强化了。后来其他各国的变法,以各自不同的方式,都朝着同一个强化中央国家机关对乡村控制、排挤贵族对乡村的直接统治的方向发展。到了秦汉时期,乡村的居民基本上成为登记于国家户籍上的"编户齐民"。

不过,要了解古代乡村的生活,需要首先注意到古代与现代相比的两个根本差别。其一,古代的国家是"小政府",不是"大政府",其对于基层社会的管理是松散的,县级以下的乡村社会日常生活,部分地受国家法律、行政命令和政府伸展向基层社会的"触角"支配;部分地受宗族和大户、缙绅、豪强势力支配,现代的国家功能扩大,对于基层社会的制约力已经把其他支配关系排挤到了边缘。其二,古代的整个城乡社会体系更直接地建立在乡村支撑城市的基础上,城乡纽带连接非常紧密,城乡差别也远不像现代社会这样巨大。在从秦到清的整个帝制时代,社会精英阶层常常在都市中活动,但都保持着在乡村的根基。读书的人,大多先是在乡村的学校启蒙,有了基础,再去找名人或者城市的学校进修,隋唐以后则去参加科举考试,如果得中,成了官员,也不会从家乡迁移出去,退休后,大多会回到故乡生活,获得巨大成功的时候,也倾向于回到故乡宣示,去世后,则安葬在故乡的祖坟中,落叶归根。所以那时的乡村,有很高明的学者,有足以出将入相的能人,甚至有在非常情况下推动改朝换代的人物,自然也有很富有和很有地位的人。这些人在家乡事务中自然有很大的发言权,有较大的支配力量。乡村是依赖农业生产的,务农的人安土重迁,轻易不离开土地,因此乡村人口相对稳定。稳定的乡村居民之间,缔结婚姻关系的地理范围有限,逐渐就会形成姻亲连接起来的关系网络。而且,中国先民很早就有尊祖的文化,祖先崇拜会强化同一祖先后裔之间的关系,促使他们尽量聚居,从而使自然形成的乡村聚居区总有宗族关系的纽带。宗族内部的长者具有从祖先那里投射过来的权威,从而会在处理本族内部事务的时候拥有支配力。社会地位、宗族网络、姻亲纽带、财富,这些因素在乡村生活中构成基本的社会关系要素,无须国家、政府的经常性管理,也会大致保持秩序。政府的触角自然也会伸入乡村,但不是在乡村普遍设立政府机关,而是建构一些准官方角色的名目,以实现赋税征收、调节轻微争端,并代表政府监督秩序状况,如明朝前期乡村设立的里甲、清朝设立的保甲等等都是这样。政府还会鼓励乡村的人们进行诸如行乡饮酒礼、制定乡约、设立社学之类的事情,使国家和基层社会的秩序诉求能够相互呼应。

五、士农工商

文明发展起来以后,社会分工日益专门化。随着农业及手工业的不断进步,商代的商业就有了相应的发展。商人的先公王亥就曾赶着牛羊到其他部族去从事贸易。商王朝灭亡后,商的一部分遗民仍然还是"肇牵车牛,远服贾",[1]即驾着牛车,长途跋涉,从事贸易活动。在已经挖掘的商代遗址中,不论是早期,还是晚期,都发现了大量的来自远方的物品,如产于东海、南海乃至印度洋的海贝、鲸鱼骨、海蚌、海龟,以及来自新疆地区的玉石等等。早在春秋时代,人们已经在用"士农工商"来区分各行业人群中最主要的四个群体,"学以居位曰士,辟土殖谷曰农,作巧成器曰工,通财鬻货曰商",[2]读书学习进而位居治理者地位的人是士,开辟土地、种植农作物的人为农,运用技巧制作器物者称工,致力于财、物流通的人是商,这些人一起构成了共同生存的社会。《国语》中也记载了齐桓公与管仲的一段对话。桓公问如何管理士农工商四民,管仲的主张归纳起来是:首先,不要使四民杂处,要使之分离,然后,对于士,要使之"就闲燕",对于工,使之"就官府",对于商,使之"就市井",对于农,使之"就田野",这样这四民就会各自熏陶感染而不为其他人群所影响,各善其事。[3] 这种将社会基本人群按照其职业角色区分为世袭人群的倾向,在后来的历史上长期有所表现,有时表现为国家制度,有时表现为社会习俗,到明朝中期的时候,作为制度的四民社会才不可逆地走向完结。

在古代的观念中,士是四民中品位最高的社会阶层,他们被看做掌握圣贤之道和治理社会、管理国家知识的优秀者群体,事实上也是官僚阶层的直接来源,同时又是文学、艺术的主要创作者和欣赏者。从渊源意义上说,中国的士是在贵族主导的社会制度没落时代从社会中间阶层生发出来的,和世袭贵族相比,他们同样处于社会的支配地位,但与世袭贵族不同的是,他们不是世袭的,而是凭借本人的品质、能力浮升为社会精英的。中国古代社会的这样一种精英来源,使得社会权力的最高层与社会中下层有生动的、千丝

---

① (唐)孔颖达:《尚书正义》卷十四《酒诰》,北京:中华书局,1980年,影印阮元校刻《十三经注疏》本,第206页。

② (汉)班固:《汉书》卷二十四上《食货志第四》,北京:中华书局,1962年,第1118页。

③ 参见徐元诰:《国语集解》之《齐语第六》,北京:中华书局,2002年,第219页。

万缕的、不断置换的联系,也使得士这个阶层比其他阶层更关注整个社会的基本状况。孔子说:"君子谋道不谋食。"①曾参说:"士不可以不弘毅,任重而道远。仁以为己任,不亦重乎? 死而后已,不亦远乎?"②孟子说:"无恒产而有恒心者,惟士为能。若民,则无恒产,因无恒心。"③这里的"道"、"恒心",是指超越的社会理想。士作为社会精英群体,承载着社会的理想追求。

农即农民,是社会人数最多的阶层,是社会主要劳动者、赋税兵役提供者。自春秋战国时期开始,农民占有少量土地,一面耕种自足,一面承担政府要求的赋税徭役的制度就已经逐步发展起来,在以后的时代,更成为大多数情况下社会生产关系的主流现象。但是土地私有制度一旦发生,随之而来的就是土地的转让、出卖,从而使土地兼并于有政治特权、有财力、强横的人手中,使愈来愈多的农民沦为土地不足或者根本没有土地的劳动者。土地与农民所有权脱离,就会造成社会的不稳定,造成政府税收和力役征发的困难,所以中国历史上的各个朝代初建的时候,都会动用国家权力推动农民适当占有土地局面的恢复。因此,自耕农是中国农民的主体,其他则有使用奴仆、雇工耕作土地的地主,以及丧失土地的赤贫农民、流民。在社会安定且没有严重自然灾害或者家庭变故的情况下,自耕农一般能够满足温饱需求,但因其恒在生存基本水平线上下生活,一旦发生前述情况,自耕农很容易破产沦落。大批自耕农破产,就会发生社会动乱,严重的会演变成以农民为主体的民间起义,改变政权,由新政权重建秩序。农民的经济生存水平低下,但在中国古代的政治社会理论中,他们是社会的根本,其抽象的意愿是检验统治者施政善恶的尺度。在法权意义上,农民属于"庶民",虽无少数贵族、官僚所拥有的特权,但有不低于其他人群的地位,理论上有跻身社会上层的机会,更有缔结契约的身份。

工即手工业者,其地位比农民要低。商周时期,手工业为国家所垄断,叫做"工商食官",手工业者是世袭的国家工奴。秦以后直至明朝前期,手工业者依然属于单列的一种户籍,世袭其技能,以直接劳役的形态向国家提供赋税,其余时间方能自己支配。明朝中期推行了手工业者向朝廷缴纳货币以抵消赋役的制度,称为"匠班银",以后手工业者的人身自由迅速扩大,成为与农民一样主要向政府缴纳货币税然后自由营生的平民。

上古时期的商人也是依附于政府的,到春秋战国时代则商人显然已经可以自由经营,因而才可能出现类似弦高犒师这样的事件和范蠡、子贡、吕不韦这样在政治上有作为的著名商人。不过,中国古代以农为本,商业虽被看做贸迁有无所必需的,但是被看做辅助性的,而且是随时可能带来社会不稳定的,所以即使是在春秋战国时期各国的变法改革运动中,农本、农战、抑商政策也是主流,秦汉实行帝制以后,重农抑商成为统治者经常提出的口号。与此相应,商人虽多富有,但是其在公开场合的消费常常受到非议甚至法

① 程树德:《论语集释》卷三十二《卫灵公下》,北京:中华书局,1990年,第1119页。
② 程树德:《论语集释》卷十五《泰伯上》,北京:中华书局,1990年,第527页。
③ 杨伯峻:《孟子译注》卷一《梁惠王章句上》,北京:中华书局,1960年,第17页。

律限制,比如各朝对于商人的服饰都有限制,在宋代以前,对于商人营业的场所、时间也有限制。这种限制当然并不经常有效,比如汉武帝时期,由于财政困难,就曾采取募民入钱、入粟以拜官、爵的政策,甚至打破商人不得为吏的禁令,任用盐商东郭咸阳、冶铁商孔仅为大农丞领盐铁事,任用洛阳商人之子桑弘羊主持财经。王莽任用的官员中,也有一些大商人。唐代商人势力更为增强,大商人邹凤炽"其家巨富,金宝不可胜计,常与朝贵游,邸店园宅遍满海内,四方物尽为所有",①其他"延纳四方才士,竞于供送,朝之名寮,往往处于门下"②的巨商大贾,亦大有人在。宋元时期,商人已经获得了更大的活动自由。明代更出现了地域性的大商人集团,如徽州商人、山西商人,时人指出:"富室之称雄者,江南则推新安(徽州),江北则推山右(山西)。新安大贾,鱼盐为业,藏镪有至百万者,其他二三十万,则中贾耳。山右或盐,或丝,或转贩,或窖粟,其富甚于新安"。③ 徽商资本主要投入盐业、粮食、木材、药材、茶叶、文具等,也进行海外贸易。山西商人的兴盛和明朝在西北屯田开中的政策有关,起初多经营粮食和食盐,并经营资本出贷业。此外还有大批势力强大的私人海外贸易商人。各地商人多到外地经商,在经商地区组成地区性的或者分行业的会馆、公所,保护同行或者同乡的利益。清代的商人分为官商和民商两大类,其中的官商由户部、工部、内务府及各级政府招募而来,直接承接朝廷商贸业务或经营专卖商品,或者扮演对外贸易的中介角色。大体到明清时代,商人已经上升为社会支配力量之一,故有学者认为那时的中国,应该被称为"帝制农商社会"。④

士农工商是一个大致的说法,在中国古代社会,还存在许多在此以外的人群,其中很重要的是奴隶和贱民。贵族制占支配地位的时代,服务于贵族家庭的奴隶是较普遍的,秦汉以后的贵族、官僚、大商人之家,也往往有许多男女奴仆。这些人没有士农工商身份的人所拥有的人身自由权,所享有的法律保护与庶民相比是降等的,各代法律还大致提供对奴仆买卖关系的保护,其婚姻取决于主人,两个奴仆所生子女也具有奴仆身份。这种情况,到帝制结束之后才终结。贱民是指相对于庶民即良民而言社会地位低下的阶层,如娼妓、盐户、疍民等等,这些人也不拥有与其他人群平等的法律地位。良贱之间的法律地位差别,到清朝雍正时期基本取消,但在社会生活中贱民仍然遭到歧视。

【小结与思考】

古代中国以农业为基础,土地的所有制关系为整个社会经济生活设定主导制度框架。周朝前期的土地是分层所有、公私混有的。春秋以后,土地使用权逐渐固定化,土地私有制发展,先前多层次分割的土地权利关系被简化为疆域治权、私人土地所有权、特权阶层的土地领有权。汉代土地所有制基本格局还是三层次结构,但小自耕趋于分化,大

---

① (宋)李昉:《太平广记》卷四九五《邹凤炽》,北京:人民文学出版社,1959年,第4062页。
② (五代)王仁裕撰,(清)曾贻芬点校:《开元天宝遗事》,北京:中华书局,2006年,第17页。
③ 谢肇淛:《五杂组》卷四《地部二》,上海:上海书店出版社,2009年,第74页。
④ 参见赵轶峰:《明清帝制农商社会论纲》,载《古代文明》2011年第3期。

量土地向势要阶层集中。北魏时期推行均田制，形成后来各朝初立时期以国家权力重新分配土地所有权和使用权的传统，其设计精神是由国家对基本生产资料进行重新分配，以维护贵族、官僚等依附于国家的势要阶层保持对土地的较大支配权，同时使社会底层直接劳动者拥有基本数额的土地，以维持其生存，使其提供赋税，实现社会稳定。赋税既是国家运作的主要经济基础，也体现国家与社会各个阶层的利益、责任关系，以及合理性程度。中国古代赋税征收主要分为劳役、实物、货币三种形态。中国历史上的货币主要有自然物货币、金属制币、纸币三种。秦以前货币都是区域性货币，秦朝以后，凡政治统一时代，都推行统一货币制度，但货币并不完全听命于政府，而与市场有复杂的关系。唐代出现飞钱，宋代出现交子，都是民间发行的可兑换凭券。后来宋朝官方发行交子，是世界上最早的政府发行的纸币。宋以后，钱、钞、银交错并行，充当货币。明朝中期以后，称量白银成为主要货币，政府发行的钱、钞成为辅助货币，从而使金融与市场接近而与国家控制疏远。明末清初，民间钱庄、票号发展起来。

中国的城市具有较强的政治中心色彩，城市依托乡村供给，也控制乡村。中国城市很早就达到很大规模，但始终与农村、农民、农业密切关联。五代以后，城市活动限制削弱，都市商业、文化生活普遍繁荣，全国商业市场和经济市镇兴起。不过，工业化以前的城市并没有发达的金融机构和集中生产的工厂，城市市场所销售的产品，除了来自外贸的以外，大多数还是直接来自乡村，所以城市和乡村的差别并没有像现代的那样巨大。而且，唐宋以后的乡村人可能通过科举考试直接进入权力机关，这使乡村和城市保持密切联系。乡村社会有半自发的组织，大多数情况下称为社。古代国家是"小政府"，对于基层社会管理松散，地方社会生活受宗族和大户、缙绅、豪强势力支配。乡村人口相对稳定，宗族网络、姻亲纽带、财富在乡村生活中构成基本社会关系要素。春秋时代，已经出现把普通民众分为士农工商四民的说法。士的地位最高；农是人数最多的阶层和社会主要劳动者、赋税兵役提供者；工的地位比农民低，长期处于政府直接控制下，帝制时代后期才获得较大自由；商人最初也直接受控于政府，受到歧视，春秋战国时已经可以自主经营，但仍被视为会引起社会不稳定的阶层。宋代以后，商人地位上升，明清时代已经成为社会支配力量之一。士农工商以外，社会中还有奴隶、贱民以及其他按职业或者地位界定的人群。

【思考题】

1. 中国的土地所有制有哪些基本特点？
2. 中国古代的赋税有哪些形态？
3. 中国古代城市与乡村构成怎样的关系？
4. 传统中国社会大致是由哪些人构成的？

第七讲

中华各民族的差异、互动与融合

中华文明历史悠久,文化传统绵延不绝,重要原因之一在于,中华文明是中华各民族人民共同创造和传承的,具有顽强旺盛的生命力。在漫长的历史岁月中,中华大地上的各个民族,表现了自身各具特色的文化,也共同塑造出中华民族这个大文明共同体的整体风貌。中华民族内部是多元的,包含着众多不同的民族元素,每个民族都是中华民族这个大共同体的有机组成部分;中华民族是一体的,在强大的凝聚力作用下,各个民族不断融合,紧密联结,共同构建了中华民族的共同生活。多元一体,这是中华民族历史发展过程中展现的鲜明特点。

一、先秦时代的古族

从远古时期开始,中华民族的祖先就已经在我们脚下的这片大地上繁衍生息了。由于当时没有文字记载,所以我们今天所得知的关于这段时期的历史,多是通过先民们世代口耳相传的方式而得以保存下来的。因此,这一时期被我们称作传说时代。传说时代的主要人物,有"三皇时期"的盘古氏、伏羲氏、女娲氏、燧人氏、有巢氏以及神农氏等,"五帝时期"的黄帝、炎帝、蚩尤、太皞、少皞、颛顼、帝喾、共工、祝融、尧、舜、禹、"三苗"等等。[①] 关于这些人物的传说虽然是经由周及秦汉时代的人搜集整理而写录的,但都反映出一些上古部族的历史真实。上古时代频繁的战争与联合、迁徙与交往,一方面促进了各个部族集团自身的发展,另一方面也打破了生活于不同地域范围内诸多部落集团相互隔绝的状态,拉近了他们之间的相互关系,增进了相互融合,为国家的形成与大民族共同体的发展奠定了基础。

传说时代的这些人物,应该代表着不同的氏族或者部落,乃至较大的部落集团。譬如黄帝,不一定是某一个真实历史人物的实名,可能是对某一部落的首领或者整个部落集团的称谓,其主要活动区域位于今天的陕北及燕山地区;炎帝,也应是某个部落集团首领所用的名号,其主要活动区域在今陕西渭水上游以及秦岭以南汉水上游一带;太皞与少皞,代表以泰山为中心的海岱地区的东夷部落集团,主要生活在今黄河下游;而"三苗",则是主要活动于以江汉平原为中心的长江中游地区部落集团。大约在公元前5000到前4000年,这些部落集团开始了大规模的迁徙活动。黄帝、炎帝集团由原居地向东迁徙,东夷集团向西扩张,三苗集团逐渐北上,因而使得中原地区成为各部落集团交汇融合的大舞台。伴随着这些迁徙活动,各部落集团之间展开了频繁的争战,比较著名的有黄帝、炎帝之间的阪泉大战,黄帝与两皞(太皞、少皞合称两皞,亦作两昊)、蚩尤的冀州、涿

鹿之战,尧舜禹与三苗之战。经过一系列的战争,黄帝集团战胜了炎帝、东夷以及三苗集团,在黄河中下游及江汉平原间的广大地区里,建立起各部落集团的大联盟。按照《史记·五帝本纪》等史籍所载,从黄帝到尧舜禹时期,联盟共主都出自黄帝一系。当然,这种共主的权力要受到部落联盟首领会议的制约。

经过炎黄、两皞以及三苗等部落的征战与联合,逐渐形成了夏人、商人、周人三支部族。他们发源与兴起的地区虽然不同,祖先传说各异,但文化特征趋于接近。夏朝建立者姓姒,与传说中的黄帝有较深的渊源关系。《史记·夏本纪》载:"夏禹,名曰文命。禹之父曰鲧,鲧之父曰帝颛顼,颛顼之父曰昌意,昌意之父曰黄帝。禹者,黄帝之玄孙而帝颛顼之孙也。"[1]传说尧舜时期,黄河流域发生了大洪水,舜命禹治水而取得成功,禹也因此而取得了部落联盟首领的地位。禹死后,禹的儿子启破坏了联盟首领禅让的制度,夺得了首领地位,由此建立了夏朝。夏国或夏朝的名称,最初即是因为禹建国于夏或禹为"夏伯"而来的。这种命名方式,大概是继承了"颛顼以来,地为国号"[2]的传统,也为后代的商、周王朝所沿用。继夏之后出现的商朝,建立者为汤,子姓,其始祖名契,契母名简狄,属于有娀氏部落。商朝末年,统治无道,周人兴起。周人姓姬,先世出于黄帝集团,奉后稷为始祖。周人通过武装斗争推翻商朝,建立周朝。夏人、商人、周人相继兴起并建国,经过1000多年的发展,在以中原为核心的区域内形成了融合诸多上古部族成分的大民族共同体——华夏族。华夏族的周边,生活着众多的非夏诸族——当时的文献称之为"蛮、夷、戎、狄"。夏商周三代的统治者对于王畿与四方诸侯之外的各族,或以其具体国名、部族名称之,或加以泛称。

根据《尚书》、《史记》以及《竹书纪年》等史料的记载,"夷"是夏族对周边各族的总称,但用来指称其东方各族的时候较多,如莱夷、淮夷、白夷、黄夷、赤夷、玄夷、方夷等。商代和周代,夷在文献记载中频频出现。在整个西周时期,东方诸夷都是周王朝的劲敌,史料中屡屡出现周与东方诸夷发生战争的记载。

夏朝将其东北方向各族称为"鸟夷",此即后来的肃慎之先民。商朝文献中已有关于肃慎的说法,到了周代,文献中对于肃慎的记载增多,其分布区也更为明确。《左传·昭公九年》载:"肃慎、燕、亳,吾北土也。"[3]《国语·鲁语下》记载孔子在陈,有隼死于陈侯之庭,其身上留着楛矢石砮,陈惠公问孔子,孔子说:"隼之来也远矣!此肃慎氏之矢也。"[4]按照多种文献的记载来推断,肃慎应该分布在以今牡丹江中游为中心的地区,是与中原王朝发生政治交往最早的东北古族。

先秦文献通常将生活于南方的各族,如三苗、楚、巴等,称之为蛮。作为总体称呼的

---

① (汉)司马迁:《史记》卷二《夏本纪第二》,北京:中华书局,1959年,第49页。
② (宋)朱翌:《猗觉寮杂记》卷下,台北:台湾商务印书馆,1986年,影印《文渊阁四库全书》本,第471页。
③ 杨伯峻:《春秋左传注》之《昭公九年》,北京:中华书局,1981年,第1308页。
④ 徐元诰:《国语集解》之《鲁语下第五》,北京:中华书局,2002年,第204页。

南蛮,约出现在战国时期,是对今伏牛山脉以南汉水流域、淮河中上游、长江流域、珠江流域以至云贵高原各族的统称。蛮的族系比较复杂,长江中游有三苗、楚、群蛮,长江下游及珠江流域有百越,长江中上游有濮与巴蜀。但蛮同夷一样,许多时候也被用来泛称非夏之族。

"戎"是对于西北各族群体之泛称,包括西戎、氐羌、昆夷等。"戎"字在殷墟甲骨文卜辞中已经出现,但当时是否已经是族称,还有待考察。周人在灭商之前,已经用"戎"来称呼周原附近与周为敌的各个部落,由于其多集中于周原以西陇山地区,故称其为"西戎"。作为泛称,"戎"可包括氐羌、鬼戎、山戎、条戎、犬戎等等。周王曾征服许多戎部落,使其归附,令其入贡。不过,戎对周叛服无常,文献中时有周王对戎之征伐或戎侵扰周人之事。到战国时,戎的内涵变化,主要用来指称氐羌系各部落。

"狄"在先秦时期多用来指代北方各部族,它的内部组成较为复杂,表现在同一时期内包括诸多部族,而且同一部族在不同时期内的称谓也不断发生变化。商人通常将周边各族称之为"方",在甲骨文中,在商西北和北部的部族被称为土方、鬼方、邛方、御方等等。由于北方部族经常南下迁徙,引发与商人的冲突,因此商王经常讨伐土方、鬼方等等。春秋初,在秦、晋、郑、卫、邢等国以北,即今陕北及山西、河北两省的中部与北部,有许多强悍的部落,当时还将这些部落与西戎一起笼统称为戎,不过已经在方位上有所区别,名为北戎。到了春秋中叶,中原诸国称呼北方各族之时,一般会使用"北狄",而用戎专门称呼西方各族,称作西戎。需要注意的是,尽管自春秋中叶之后,戎与狄已经有所区分,但在整个春秋至战国中叶之前,二者混称的情况仍屡有出现。

到了西汉时,司马迁在《史记》中曾对先秦时期的古族进行过描述,他叙述尧舜时"流共工于幽陵,以变北狄;放驩兜于崇山,以变南蛮;迁三苗于三危,以变西戎;殛鲧于羽山,以变东夷",①这是关于东夷、北狄、南蛮和西戎等称呼的较早记载。当然,这种叙述反映的并非是尧舜时期对于周边古族的认识,而是司马迁将先秦时期华夏诸国对于周边非夏诸部族的认识进行了总结与提炼。这说明,当时的华夏对于周边非夏诸族已经有了进一步认识,这种认识也将华夏与"蛮、夷、戎、狄"的区别凸显了出来。

二、"华夷之辨"与万里长城

中国古代文献中常有"华"、"夷"这样的用语,也有讨论华与夷关系的言论,统称之为"华夷之辨"或者"夷夏之辨"。华,指华夏,也称为诸夏,它是以传说时代的炎黄部落联盟为核心,逐渐融合进许多不同来源的部落集团而形成的、具有共同文化及共同经济生活的共同体。华夏是在夏商周三代长期的历史发展过程中逐渐形成的,其中,周代是

---

① (汉)司马迁:《史记》卷一《五帝本纪第一》,北京:中华书局,1959年,第28页。

华夏形成的关键时期。周人建周之后，分封了大批同姓和异姓诸侯于各地，使之成为周王朝的统治基础。在武王克商之后，封兄弟之国15人，姬姓之国40人；周公东征，立国71，姬姓居其中53。异姓诸侯中，有些实力也很大，譬如姜姓，分封有齐、申、吕、许等国。周代的大分封使得原有分散的各个部落归于周天子的王权统治之下，有助于在政治上使周天子统治区域内的夏人、商人、周人进一步整合在一起，逐渐形成一个较为稳定的民族共同体。西周所封同姓与异姓诸侯，同称为夏，号为"诸夏"，构成了华夏民族的雏形。夷，是与诸夏族相对概念，指代的是"蛮、夷、戎、狄"诸族，它们在夏商周三代长期活跃于历史舞台之上或者通过战争的方式，或者通过和平的手段，与夏商周三朝发生着频繁的交流与接触。夏人、商人、周人对于周边各族的认识也随着接触、交流的增多而逐步加深。

华、夷称谓差别背后是处于以中原为核心的农业区域居民与其外缘区域的游牧或半游牧区域居民之间在生产、生活方式上的差别。《礼记·王制》曾对华夏和"蛮、夷、戎、狄"的区别进行过描述："中国戎夷，五方之民，皆有性也，不可推移。东方曰夷，被发文身，有不火食者矣；南方曰蛮，雕题交趾，有不火食者矣；西方曰戎，被发衣皮，有不粒食者矣；北方曰狄，衣羽毛穴居，有不粒食者矣。中国、夷、蛮、戎、狄，皆有安居，和味、宜服、利用、备器。五方之民，言语不通，嗜欲不同。达其志，通其欲，东方曰寄，南方曰象，西方曰狄鞮，北方曰译。"①依据史料记载可以看出，先秦时期的华夏同周边的"蛮、夷、戎、狄"之间，区别还是明显的。首先，从地域和方位上来说，华夏居于"中国"，而"夷、蛮、戎、狄"分居于东、西、南、北，形成华夷五方之格局。其次，东夷、南蛮有"不火食者"，西戎、北狄有"不粒食者"；东夷被发纹身，南蛮雕题交趾，西戎被发衣皮，北狄衣羽毛穴居。这些都表明"蛮、夷、戎、狄"在生产、生活方式上与华夏区别很大。第三，华夏与蛮、夷、戎、狄语言不同，其相互间的交流要运用"寄"、"译"、"象"、"狄鞮"等中介方式。此外，华夏同蛮、夷、戎、狄在外貌及性格方面也有差异。《淮南子·坠形训》记载："东方川谷之所注，日月之所出，其人兑形小头，隆鼻大口，鸢肩企行，窍通于目，筋气属焉，苍色主肝，长大早知而不寿，其地宜麦，多虎豹。南方阳气之所积，暑湿居之，其人修行兑上，大口决眦，窍通于耳，血脉属焉，赤色主心，早壮而夭，其地宜稻，多兕象。西方高土，川谷出焉，日月入焉，其人面末偻，修颈印行，窍通于鼻，皮革属焉，白色主肺，勇敢不仁，其地宜黍，多旄犀。北方幽晦不明，天之所闭也，寒水之所积也，蛰虫之所伏也，其人翕形短颈，大肩下尻，窍痛于阴，骨干属焉，黑色主肾，其人惷愚，禽兽而寿，其地宜菽，多犬马。中央四达，风气之所通，雨露之所会也，其人大面短颐，美须恶肥，窍通于口，肤肉属焉，黄色主胃，慧圣而好治，其地宜禾，多牛羊及六畜。"②综上来看，华和夷在地理环境、经济生活、社会风俗、民族

---

① （汉）郑玄注，（唐）孔颖达疏：《礼记正义》卷十二《王制》，北京：中华书局，1980年，影印阮元校刻《十三经注疏》本，第1338页。

② 何宁：《淮南子集释》，北京：中华书局，1998年，第352—354页。

性格以及体貌特征方面都存在着诸多差异。对于这种差异，不仅华夏屡屡强调，蛮夷自己也有认识。公元前559年，中原诸侯会盟于郑。《左传·襄公十四年》记载，会盟期间姜戎的首领驹支曾对晋国人范宣子说："我诸戎饮食衣服不与华同，贽币不通，言语不达，何恶之能为？"①南方的楚国先王熊渠曾自称："我蛮夷也，不与中国之号谥。"②这类史料记载，大致反映出先秦时代华夷之间有所差异而又相互接触的情况。

《国语·周语上》记载，周穆王时祭公谋父曾云："先王之制：邦内甸服，邦外侯服，侯、卫宾服，蛮夷要服，戎狄荒服。甸服者祭，侯服者祀，宾服者享，要服者贡，荒服者王。日祭，月祀，时享，岁贡，终王。"③甸服、侯服、宾服、要服、荒服的五服制度反映的是一种王朝统治秩序，五服是按照与周王畿的地域远近关系而排列的，"蛮、夷、戎、狄"显然处于王朝统治的边缘地带，其对于周王的义务也较其他诸侯简单，所谓"要服者贡"，是指要向周天子贡献物产，"荒服者王"，是指要承认周天子的统治地位，定期朝见周天子。比较之下，诸侯国对于周天子所要承担的义务则复杂得多，需要缴纳赋税、共同祭祀等等。从周天子的角度来看，各分封诸侯国与自己的政治经济关系显然更为紧密，而"蛮、夷、戎、狄"则相对疏远。《礼记·明堂位》记载，周公接受诸侯朝觐时诸侯、四夷位次的排列，属于诸夏的诸侯都在明堂之内，夷、狄、戎、蛮都在东、北、西、南四门之外。④

"华夷"之间最重要的区别在于礼仪制度方面。周代礼制设置严密，从国家政治、军事乃至社会生活，通过不同的典章、礼仪，将不同身份的人群在社会秩序中的地位、角色予以界定，借此协调全体社会成员之间的关系。《礼记·曲礼上》有曰："夫礼者，所以定亲疏、决嫌疑、别同异、明是非也。"⑤也就是说，"礼"是用来区分亲疏、贵贱、尊卑、等级，规范各种行为，区分差异，评判是非的标准。由于蛮、夷、戎、狄在生产、生活方式上与华夏存在诸多差异，因此在此基础上产生出的礼仪制度也就有很大不同。秦穆公问出使到秦国的戎族使臣由余："中国以诗书礼乐法度为政，然尚时乱，今戎夷无此，何以为治，不亦难乎？"⑥可见，"诗书礼乐法度"被诸夏当做自身与蛮、夷、戎、狄之间存在的重要差别。这种认识容易使诸夏产生一种华夏文化优越感，从而对周边各族采取轻蔑的态度。《国语·周语中》记载晋景公派遣随会出使于周，周定王曾对随会解释了周王室在接待诸夏和戎狄纳贡时采取不同待遇的原因："夫戎狄冒没轻儳，贪而不让，其血气不治，若禽兽

---

① 杨伯峻：《春秋左传注》之《襄公十四年》，北京：中华书局，1981年，第1007页。

② （汉）司马迁：《史记》卷四十《楚世家第十》，北京：中华书局，1959年，第1692页。

③ 徐元诰：《国语集解》之《周语上第一》，北京：中华书局，2002年，第6—7页。

④ （汉）郑玄注，孔颖达疏：《礼记正义》卷三十一《明堂位第十四》，北京：中华书局，1980年，影印阮元校刻《十三经注疏》本，第1487—1488页。

⑤ （汉）郑玄注，孔颖达疏：《礼记正义》卷一《曲礼上第一》，北京：中华书局，1980年，影印阮元校刻《十三经注疏》本，第1231页。

⑥ （汉）司马迁：《史记》卷五《秦本纪第五》，北京：中华书局，1959年，第192页。

焉。其适来班贡,不俟馨香嘉味,故坐诸门外,而使舌人体委与之。"①轻蔑之意溢于言语之间。战国时期,赵武灵王想学习北方民族"胡服骑射"以壮大军力。其叔父公子成却极力劝阻,其理由为:"中国者盖聪明徇智之所居也,万物财用之所聚也,贤圣之所教也,仁义之所施也,诗书礼乐之所用也,异敏技能之所试也,远方之所观赴也,蛮夷之所义行也。"②赵武灵王的举措反映出诸夏曾经向北方民族学习,公子成的言论则反映出诸夏中有片面强调自身礼仪制度之精细而拒绝学习他族优长的偏见。

华夷之间的差别、界限都不是绝对的。从地缘、血缘方面来说,华夷之间存在千丝万缕的联系。孟子就曾追述华夏先圣的渊源:"舜生于诸冯,迁于负夏,卒于鸣条,东夷之人也。文王生于岐周,卒于毕郢,西夷之人也。"③可见,作为华夏先圣的舜和周文王都源出于蛮夷。先秦诸夏与"蛮、夷、戎、狄"最初本就是相互杂处。以戎为例,根据《春秋》经传的记载,北方的骊戎在今陕西骊山附近,犬戎在今陕西凤翔,陆浑之戎在今河南嵩县,伊洛之戎在今河南伊洛一带,蛮氏之戎居于解州之平陆,北戎(又名山戎)在今北京、河北一带,皆与诸夏相互交错。地理上的交错共处使得华夷之间接触频繁,相互通婚的事例很多。譬如晋国与戎狄长期杂处,以至于晋国公卿世代与狄人通婚,如晋献公就先后娶了四位戎女为妻,有名的晋公子重耳便是戎女所生。上层尚且如此,下层人民更可想见了。另一方面,华夷之间虽然差异很大,但是可以相互转化。儒家认为,分辨夷夏的目的在于"用夏变夷",只要"夷狄"接受了华夏的礼乐文明,就可以"进于中国"而成为华夏。譬如南方的楚国、吴国本被诸夏视为蛮夷,但因其逐渐接受了华夏礼仪制度,最终为诸夏所认同。《左传·襄公十三年》载楚国大夫为楚共王谋谥号时说道:"赫赫楚国,而君临之,抚有蛮夷,奄征南海,以属诸夏,而知其过,可不谓共乎?"④这时曾经被看做蛮夷的楚已经自认为是诸夏的一员而与蛮夷对立相称了。可见当时的夷夏之分,并非以体征或地理为界限,而更多地以文化为考量,正如后人所形容的那样:"诸侯用夷礼,则夷之;进于中国,则中国之。"⑤是否习用中原华夏的文化礼仪制度才是分辨夷夏的主要依据。

华夷之间既然有所差异,就可能发生相互冲突。西周初年,"岁贡"、"终王"政策曾经让周朝与周边各族维持了较长一段时间的安定局面,所谓"成康之际,天下安宁。"⑥但自西周中叶以后,周边各族或不服王事,或武力侵扰,对诸夏形成了巨大威胁,周与东夷、南夷、淮夷等的征战接连不断。周昭王南征荆楚,丧命于江上;周穆王时期曾西征犬戎;周宣王时期,周的王畿受到戎狄威胁,宣王攻伐太原之戎、条戎、奔戎,均遭败绩;周幽王

---

① 徐元诰:《国语集解》之《周语中第二》,北京:中华书局,2002 年,第 58 页。
② (西汉)司马迁:《史记》卷四十三《赵世家第十三》,北京:中华书局,1959 年,第 1808 页。
③ 杨伯峻:《孟子译注》卷八《离娄章句下》,北京:中华书局,1960 年,第 184 页。
④ 杨伯峻:《春秋左传注》之《襄公十三年》,北京:中华书局,1981 年,第 1002 页。
⑤ 马其昶校注,马茂元整理:《韩昌黎文集校注》,上海:上海古籍出版社,1986 年,第 17 页。
⑥ (汉)司马迁:《史记》卷四《周本纪第四》,北京:中华书局,1959 年,第 134 页。

时期,出现了"四夷交侵,中国背叛"①的局面。最终,周幽王被申侯与犬戎联军所杀。公元前770年,周平王东迁洛邑,史称东周。周平王东迁洛邑之后,王室衰微,诸侯不受控制。这时,南下以及内迁的非夏各族不断侵伐甚至灭掉了一些诸夏国家,北方的戎族屡屡侵扰郑、齐、燕等国,狄人也出兵攻邢灭卫,处于南方自称为蛮夷的楚国则开始崛起,陆续攻灭了许多江汉间的姬姓诸侯国。北方戎狄与南方楚国对于诸夏的攻伐,使得后者产生"南夷与北狄交,中国不绝若线"②的严重危机感,从而强化了诸夏对于非夏诸族的敌对心理,春秋战国时期的诸多记载中,都反映出这种心理。如《左传·闵公元年》所载狄人攻伐邢国,管仲对齐桓公说:"戎狄豺狼,不可厌也;诸夏亲昵,不可弃也;宴安酖毒不可怀也。"③《左传·僖公二十四年》载周襄王将率领狄人讨伐郑国,富辰谏阻曰:"耳不听五声之和为聋,目不别五色之章为昧,心不则德义之经为顽,口不道忠信之言为嚚,狄皆则之,四奸具矣。"④因此,当齐桓公听从管仲的建议,打出"尊王攘夷"的旗帜时,得到了中原诸夏的一致拥护,就连孔子也大加赞赏道:"微管仲,吾其被发左衽矣"。⑤

春秋战国时期,一方面有"蛮、夷、戎、狄"对诸夏进行的侵扰,另一方面也有中原诸夏为争夺霸权而对"蛮、夷、戎、狄"的打击与兼并。当时北方的林胡、楼烦、东胡、山戎、义渠、白狄等等活动区域或与中原诸夏接壤,或与诸夏杂处交错,彼此间屡有争战。在这种历史情境之下,诸夏与"蛮、夷、戎、狄"之间血缘、地缘、文化、生活方式方面的差异被放大和强化,华夷之间的界限分明起来,"内诸夏而外夷狄"⑥成了华夏处理与"蛮、夷、戎、狄"关系的一条原则。

战国时期的秦、赵、燕三国,为了防御北方民族,都开始在自己实际控制的北方疆界地区修筑起城墙。由于三国的疆土相互毗邻,因此到了战国中晚期,在秦、赵、燕的北部边界上已经形成了一条线状的军事防御工事——长城。它东起辽东,西至陇西,长城以南,是秦、赵、燕等中原诸国,长城以北,则是狄、胡等北方民族。长城的修建,成为这一时期"华夷"之间彼此分隔的一个象征。

秦统一诸夏六国,建立了大秦帝国,但北方民族的威胁仍未解除。此前被向北驱逐的北方各民族,逐渐融合形成了以匈奴和东胡为主的游牧部落集团。其中特别是匈奴,在战国晚期已经对长城以南的秦、赵、燕等国形成了强大威胁。因此,秦始皇统一六国之

———————————

① (唐)孔颖达:《毛诗正义》卷15—3,《小雅·苕之华三章·何草不黄》,北京:中华书局,1980年,影印阮元校刻《十三经注疏》本,第501页。

② (西汉)公羊寿传,(东汉)何休解诂,(唐)徐彦疏:《春秋公羊传注疏》卷十,北京:中华书局,1980年,影印阮元校刻《十三经注疏》本,第2249页。

③ 杨伯峻:《春秋左传注》之《闵公元年》,北京:中华书局,1981年,第256页。

④ 杨伯峻:《春秋左传注》之《僖公二十四年》,北京:中华书局,1981年,第425页。

⑤ 程树德:《论语集释》卷二十九《宪问中》,北京:中华书局,1990年,第989页。

⑥ (西汉)公羊寿传,(东汉)何休解诂,(唐)徐彦疏:《春秋公羊传注疏》卷十八《成公十五年》,北京:中华书局,1980年,影印阮元校刻《十三经注疏》本,第2297页。

后,遣大将蒙恬以 30 万大军北击匈奴,取得今天的河套地区,迫使匈奴北徙。尽管如此,当时的匈奴并未受到多大损失,仍然是秦朝北边的重要威胁。为了应对匈奴的南下侵袭,秦将战国时期秦、赵、燕修筑的长城连接起来,成为东西绵延万里的军事防御工程——万里长城,将匈奴等北方民族阻隔于长城以北。秦祚短促,汉朝代秦而立。此时的匈奴较秦时更加强大,北方"引弓之民"和西域城邦国家,几乎都臣服于匈奴。匈奴恃强不断南侵,初兴的汉朝国力虚弱,不得不以和亲政策维持汉、匈间的总体和平局面。直至汉武帝时期,汉朝国力强盛,于是展开对匈奴的打击,经过几十年的战争,匈奴的实力被削弱,汉朝增强了对北方及西域地区的控制能力。为了防止匈奴的进一步侵扰,汉朝一方面修复秦时的长城,另一方面还修筑了诸如河西长城、漠南长城等新的防御工程。此后,汉与匈奴大体以长城为界而分守南北两边。

战国中后期出现的长城防御工事,最初主要用来防御北方游牧民族。秦汉时期,以长城为界限,南北各自形成了局部的统一,长城以南,秦国完成了对诸夏六国的一统,长城以北,非夏诸部族臣服于匈奴的弓马之下,由此在长城南北出现了两个强大的政治集团,此为先秦时期未曾有过的局面。在这一背景下,长城作为军事防御工程,将秦汉与匈奴两大政治单元隔离开来,改变了先秦时期华夷杂处往来、界限并不十分清晰的局面,双方开始以长城为界,在其南北两面各自寻求生存、发展的空间。公元前 162 年,汉文帝在一封致匈奴单于的书信中说道:"先帝制,长城以北引弓之国受令单于,长城以内冠带之室朕亦制之。"①这体现了当时华夷对峙并存的局面。长城还是一条不同生产、生活方式的分界线,把农耕与游牧两大经济区域分开,长城以南以农耕为主要生产方式,长城以北以游牧为主要生产方式。从文化意义上说,长城人为地画出了"冠带之室"——"华"与"引弓之国"——"夷"的分野,故东汉蔡邕说:"天设山河,秦筑长城,汉起塞垣,所以别内外,异殊俗也。"②

需要指出的是,长城作为分界线的意义并非是绝对的,它也是联结农耕和游牧文明的一根纽带。农耕和游牧生产方式之间存在着一定的互补关系,双方有交换对方产品的需要。因此,在和平时期,长城一线的各个关隘就成为双方官方与民间经济文化交流的集散场所,这无疑有助于双方关系的紧密联系,有助于推动各民族间的互动与融合。

三、帝制时代的民族互动与融合

公元前 221 年,秦国统一六国,中国从此进入了皇帝—官僚—郡县制度主导的帝制时代。这种帝制体制一直延续了 2000 多年,直到公元 1911 年才宣告结束,对中国历史的

---

① (汉)司马迁:《史记》卷一百一十《匈奴列传第五十》,北京:中华书局,1959 年,第 2902 页。
② (南朝宋)范晔:《后汉书》卷九十《乌桓鲜卑列传》,北京:中华书局,1965 年,第 2992 页。

演进产生了深远的影响,中华各民族之间的关系也在这个漫长的历史时期内发生了各种方式的互动,并实现了多次大融合。这种互动与融合沿着战争与和平两条大的线索展开,其中和平往来是互动关系的主流。

战争是世界范围内古代民族相互交流的一种重要方式。发生战争一般可能出于政治与经济两方面的原因。政治上,各民族政权的统治者出于发展、巩固和维护政治统治的需要,会以战争方式来达到目的。秦汉两朝为了拓展疆域、维护统治,在北方出师征讨匈奴,在南方则派兵征服百越。战争带来的直接结果便是北边匈奴的威胁得以消除,同时秦汉的疆域向南也得到大规模扩展。东晋南朝时期,南方政权为了收复北方失去的领土不断兴兵北伐,与北方胡族政权屡屡交战,而北方由拓跋鲜卑建立的北魏政权为了加强自身的统治,也发动了对柔然、敕勒等游牧部落集团的大规模征服战争。隋唐时期,突厥兴起,据有漠北,控制西域,势倾中原,史称其"控弦百万,戎狄之盛,近代未有也。"①突厥势力强大且有"凭凌中国之志",直接威胁到隋唐两朝的统治安全。唐太宗时期,唐朝为了彻底解决突厥之患,趁其内乱之时出兵将其攻灭,消除了北方的巨大威胁。对突厥战争的胜利不仅极大地提高了唐朝的政治威望,北方诸族君长共尊唐太宗为共同的大君长——天可汗,而且唐朝也借此机会设置了单于、瀚海两个都护府,将大漠南北划归唐朝的统辖范围。蒙古兴起后,通过战争实现了蒙古草原诸部族的统一。在此之后,蒙古族积极拓展自身发展空间,相继征服了西辽、西夏、金朝、吐蕃、南诏以及南宋诸政权,建立了元朝并实现了中国历史上规模空前的大统一。

各民族政权之间的战争也根源于相互间密切的经济关系,这点在北方民族与中原王朝的互动中体现得较为明显。北方民族基本上以游牧为主要生产方式,中原王朝以农耕为主要生产方式,这两种经济生产方式之间存在着较大差异,而这种差异也成为联结双方关系的一条纽带。首先,游牧经济需要农耕经济对自身进行补充。由于游牧经济生产结构较为单一,生产出的产品无法满足游牧民族生产生活的全部需要,因此不得不与农耕经济进行产品交换以弥补自身的不足。此外,游牧生产容易受自然环境、气候条件等因素制约,一旦遇到严重自然灾害,社会生产必然遭到较大冲击,游牧民族的生产生活常会因此陷于困境,必然会向农耕民族寻求帮助。同时,农耕民族也需要和游牧民族交换畜产品以满足自身对于畜力、毛皮等产品的需求。这种相互间经济上的需求关系将游牧与农耕文明紧密地联结在一起。值得注意的是,这种经济关系存在着不平衡性,双方的相互需求度并不相同。比较来说,游牧经济对于农耕经济的依赖度更大一些,而农耕经济因其自给自足特性较强,对于游牧经济的需求度相对较低。经济关系的不平衡很容易导致双方政治关系的失衡,当游牧民族因为各种因素阻碍而无法通过和平手段从农耕地区得到物质补充之时,就可能诉诸武力解决。明代与蒙古一直维持通贡互市关系,草原

① (唐)杜佑:《通典》卷一百九十七《边防十三·北狄四·突厥上》,北京:中华书局,1984年,第5407页。

地区借此能够得到日常生活之所需,所谓"夷狄之服食虽与中国异,而日用之布帛锅釜不能不资中国以为用。"①但当明朝出于政治、经济考量而断绝通贡、关闭互市之时,草原地区的日常生活便受到很大影响,陷入"爨无釜,衣无帛"、"无茶则病"的困境。为了维持生计,蒙古贵族不得不经常纵兵南下抢掠,甚至在请求明朝通贡开市无果的情况下大举入侵。明蒙之间几次战争发生的主要原因就是双方之间经济关系失衡。

虽然史书记载了各民族间的诸多战争,但是我们应该认识到:战争只是帝制时代各民族互动的一种方式,和平相处的时期远远长于兵戎相向的年代,各民族间的友好往来才是民族关系的主流。和平时期民族互动的方式多种多样,主要有和亲与联姻、会盟与和议、羁縻与怀柔、贡赐与互市等等。

和亲与联姻多是各民族统治者出于政治需要而进行的,以汉唐时期最为突出。汉朝出于政治考量,多次与匈奴和亲,将汉朝宗室之女嫁给匈奴首领,目的是缓和与匈奴的矛盾冲突。而汉朝与乌孙等民族政权所进行的和亲,则是为了联合西域诸国的力量去共同对付匈奴。唐代和亲较为兴盛,远较汉时为多,对象也更为广泛。唐代和亲有近30起,涉及周边的突厥、回纥、吐蕃、南诏、契丹、奚、吐谷浑等多个政权。由于唐朝国力强盛,其与周边政权的和亲有缓和民族矛盾的意义,同时也有显示唐朝威仪、"怀柔远人"的政治目的。满族兴起及清朝建立之后,与漠南蒙古的科尔沁等部进行联姻,这种联姻的政治目的很强,即要通过联姻来建立满蒙之间的政治联盟,从而为其进取中原、统一中国提供支持。

各民族政权间的会盟与和议之事在历史上也多次发生。唐代,唐政权与吐蕃政权进行了多次会盟活动,内容涉及平息战争、勘议边界、和好盟誓等等。唐与吐蕃会盟使得双方战事平息,边界安定,社会生产得到恢复发展。宋朝与周边的辽、西夏、金、蒙古都分别签订过和议,和议的达成使得相关各政权可以在较长时期内获得相对安定的政治局面,有利于各自社会生产的发展、人民生活的稳定。

会盟与和议通常是在各政权地位和实力比较对等的情况下出现的,而当其中一方特别是中原王朝实力足够强大,相对于其他政权具有优势之时,多会采取羁縻与怀柔政策来处理民族关系。唐朝强大,周边各族政权基本都顺服于唐的统治,唐即采用羁縻府州的方式对其进行统治。羁縻府州即是在保留少数民族传统管理制度的基础上,由少数民族首领充任羁縻府州的都督、刺史等官,并允许世袭其职,让他们继续统辖本族人民。羁縻府州在财政、户籍、兵事方面享有很大的自治权,但必须接受唐代在地方设置的最高行政机构都护府的监领。唐代设置的羁縻府州总数达到856个,涉及突厥、回纥、党项、吐谷浑、奚、契丹、靺鞨、室韦、高句丽、西域诸族、羌、西南诸族、岭南诸族。除了设置羁縻府州,唐朝还不断派出使者对周边政权的少数民族首领加以册封。有唐一代,周边的少数

---

① (明)王崇古:《为北房纳款执叛求降疏》,见(明)陈子龙等编《明经世文编》卷三百一十六,北京:中华书局,1962年,第3354页。

民族如突厥、回纥、吐蕃、南诏、渤海、吐谷浑、党项、契丹、奚、龟兹、焉耆、于阗、高昌等都受到过唐朝的册封,其封号有可汗、王、郡王、国公、左右骁卫、左右金吾卫、开府仪同三司等等。唐朝通过册封来确定周边民族政权与自己在政治上的隶属关系,这是中原王朝怀柔政策的一种体现。

贡赐与互市一直是中原王朝与周边民族政权进行经济交流的重要方式。贡赐是指少数民族政权向中原王朝统治者进贡土产方物,而中原王朝则以中原所产的丝帛等财物作为回赠。这种方式本身通过经济物资的往来展开,但反映的是一种政治隶属关系。唐朝在太宗和玄宗时期,贡赐贸易最为兴盛,几乎周边所有的民族政权都曾入唐贡献马匹等土产,而唐则依据其贡献土物的价值相应地回赐中原所产之丝织品、茶叶、瓷器等等。边疆民族每一次的朝贡之行,通常都要组织一个规模庞大的使团,而跟随使团出行的还有大批商人,因此每一次朝贡之行实际上也是一次商贸之旅。与贡赐相比,互市贸易开展得更为广泛、规模更大。唐朝与突厥、回纥、吐蕃、渤海等周边民族政权进行的互市贸易就都比较兴盛,这些民族以所产牛羊马及其皮毛制品、地方特产等在互市中交换中原出产的丝织品、茶叶、铁器、瓷器以及粮食等重要生活必需品。宋朝时,多个政权并立,彼此边界上的榷场互市十分繁荣,尤其是茶马互市在此时形成了较大规模并建立有相关制度,取代传统的绢马贸易而成为各民族贸易的主要形式。到了明代,茶马互市出现繁荣局面。明政府为了确保茶马贸易的正常进行,专门设置了茶马司作为主管机构,并建立了金牌信符等制度作为保障。

贡赐与互市对于中原王朝和周边民族政权的意义都十分重要。中原王朝通过与周边民族的贡赐和互市,得到了马匹等重要的生产工具,也满足了军事作战方面的需求;周边民族则通过贡赐与互市得到了粮食、茶叶、铁器等生产生活必需品,满足了日常生活所需,提高了生活、生产水平。总的来看,贡赐和互市贸易对于草原游牧民族的重要性要大于中原王朝,因此一旦这种贸易形式被人为中断,就可能引发双方的冲突。明朝中期一度断绝了与蒙古的通贡互市关系,在屡次协商未果的情况下,蒙古以战求贡,终于恢复了通贡互市关系,"俺答封贡"正是这一时期明蒙通贡关系的生动写照。此后,明蒙之间维持了较长一段时期的和平局面。

综合来看,在中华文明史上,无论战争还是和平,客观上都有助于推动民族的融合。先秦时期,华夏族共同体开始形成,但由于政治上的分散,华夏共同体还不稳定。秦通过大规模的战争灭了六国,将中原诸夏归于一个统一的中央政权领导之下,并通过书同文、车同轨等一系列制度措施进行整合,从而使其稳定下来。秦亡汉兴,经过汉朝几百年的统治,华夏族逐渐完成了向汉族的转化,汉族这个民族共同体也逐渐形成了。在这个漫长的过程中,华夏族、汉族先后融合了各个时期"蛮、夷、戎、狄"的多种成分。秦统一的时候,并非只是统一了当时的华夏诸国,还包括许多的"蛮、夷、戎、狄"。汉朝与匈奴对峙持续百年,其间屡有匈奴降众。而匈奴分为南北两部之后,南匈奴又南下归附汉朝,成为汉朝管辖下的一个民族群体,北匈奴与汉朝对峙而未能取胜,其部众也有大批归汉者。归汉的匈奴人，久而久之，逐渐为周边汉朝人所同化，基本上同于汉朝的编户齐民。从这个角度来说，"汉人"中含有很多原周边部族人的成分，汉族本身即是民族融合的产物。匈奴的民族构成与此类似。匈奴的兴起建立在征服东胡、楼烦、月氏等民族的基础上，因此匈奴的人口中有不少这些民族的成分。汉、匈战争中，汉朝贰师将军李广利曾以7万之众降于匈奴。汉朝人通过被俘、投降以及亡入等方式进入匈奴者，最低限度也有十几万人。[①] 这十几万人客观上改变了匈奴的人口成分，同时也带去了农耕、凿井、筑城、冶炼等技术，促进了匈奴社会的发展。如此来看，匈奴本身也是一个民族融合的共同体。

东晋十六国时期，匈奴、鲜卑、羯、氐、羌等少数民族纷纷进入中原地区并建立自己的政权，出现了"五胡十六国"的局面。这一时期，各个政权相互征伐，战争连绵。战争导致了大规模的人口迁徙，其中既有因躲避战乱而出现的人口迁徙，也有各民族政权统治者强制进行的人口迁徙活动。匈奴和"杂胡"在西晋以后不断南迁入塞，先后迁入几十万人，仅晋太康七年（286年）一次就迁入10万余人，被安置在雍州（今陕西省中北部）。鲜卑族早在前秦时就有4万多户被迁至长安，随着北魏的统一又大范围地分布到北方地区。羯族的后赵石勒前后将百万羌、戎、氐、汉之人迁徙于各地。后赵石虎迁氐、羌15万落于司、冀州，徙戎人、汉人10万户于关东（函谷关、潼关以东地区）。前秦时，苻坚也曾将汉人和各少数民族约10万户迁徙于关中。如此一来，移居于中原内地的各民族人口大量增加，以至于《晋书》形容道："关中之人百余万口……戎狄居半。"[②]不仅北方民族南下中原，南方的蛮族人民在这一时期也大量迁往北方，北魏时大阳蛮首领桓诞率部族8万余户降服北魏，北魏令其居于朗陵（今河南确山县西南）。"胡族"大量入居内地的同时，中原地区的汉人也有不少迁往周边民族地区。曹魏时，曾有10多万户汉人为逃避战乱而迁往乌桓。西晋以后又有几万户迁入辽西郡（治所在今河北省卢龙县北），依附鲜卑。北魏时，曾将山东6州汉人和其他少数民族约10万余人迁入代都（今山西省大同市以北），与这里的鲜卑人杂居共处。北齐神武帝高欢的祖先和他本人都是汉人，由于长期生活于鲜卑族中而完全被鲜卑化。

魏晋南北朝时期，南北方的各少数民族人民，通过大规模的迁徙与中原地区的汉人杂居共处。由于居住地域的改变，其原有的生产方式由畜牧转为农耕，其身份也由部落民转变为国家的编户之民。他们与汉人互相通婚，吸取汉地文化，逐渐与中原汉人融合在了一起。经过长期与汉族的相互杂居，北方内迁的匈奴、鲜卑、羯、氐、羌等族，生产和生活方式逐渐与汉族趋同，双方的差异性降低。由于融合的程度较深，以至于自两晋南北朝以后，史籍中便很少出现匈奴、鲜卑、羯等族的活动记载了，他们已基本同汉族和其他一些民族融合在一起。不过从总体来看，魏晋南北朝时期各民族人民大量融合于汉族之中是这一时期民族融合的主要方面。

① 翁独健主编：《中国民族关系史纲要》，北京：中国社会科学出版社，1990年，第115页。
② （唐）房玄龄等：《晋书》卷五十六《江统传》，北京：中华书局，1974年，第1533页。

　　元代也是一个各民族大迁徙、大交流、大融合的时代。蒙古统治者通过大规模的征服战争,建立了地域空前广阔的大元帝国,打破了辽宋夏金时期诸多民族政权并立对峙的政治格局。分裂时期的此疆彼界消失之后,原有各政权下的人民可以自由穿行于元朝的疆土之上,正如元人所云:"四海为家……适千里者,如在户庭,之万里者,如出邻家。"①在这种条件下,大量不同民族、不同种族之人进入元帝国的各个角落,包括蒙古人、女真人、契丹人、党项人、吐蕃人、汉人以及中亚人、西亚人和欧洲人在内的诸色人等在元朝疆域内杂居共处,彼此通婚,相互交往。此种形势下,民族融合得到了极大发展。元代民族融合发展的突出事例是出现了新的民族共同体——回回。回回由入居元朝的信仰伊斯兰教的波斯人、阿拉伯人、中亚诸民族融合汉、畏兀儿、蒙古等族部分人口之后逐渐形成,直接体现了元代民族大迁徙、大杂居、大融合的时代特征。其次,此前时代在北方活跃的党项、契丹等族,经过与汉族及其他民族的长期杂居共处,彼此间差别逐渐消失,相互融合,以至于元代之后其名称极少见于史籍。同时,入居内地的蒙古人、色目人与汉族长期杂居共处,到元末明初的时候也已经达到与汉人"相忘相化而亦不易以别识之"②的程度。而中原地区的汉人也因为长期接触少数民族而在生活习俗上有所改变,"士庶咸辫发椎髻,深襜胡帽,衣服则为裤褶窄袖及辫线腰褶,妇女衣窄袖短衣,下服裙裳,无复中国衣冠之旧。甚者易其姓氏为胡名,习胡语。俗化既久,恬不知怪"。③"汉人胡化"和"胡人汉化"都是民族大融合的真实写照。

　　从纵向的角度看,中国历史上出现了多次民族大融合的高潮时期,包括春秋战国时期、魏晋南北朝时期和辽宋夏金元时期。可以发现,每次大融合时期都是多民族政权并立、战乱频繁的年代,而这种纷乱复杂的局面最后都被统一的中央王朝所结束,民族大融合的结果也得以在统一的中央王朝之内得到总结和提升。秦汉是这样,隋唐是这样,元明清更是如此。清代是中华统一多民族国家的重要发展时期。这一时期实现了元之后的又一次大统一,蒙古、新疆、西藏等地区都被置于统一的中央政府管理之下,中华文明的地理边界与文化覆盖区大体重合在一起。各民族人民在统一的政权管理之下,经过200多年的杂居共处、相互交流,民族融合的深度与广度进一步增加,为形成现代中华民族这个稳定的大民族共同体奠定了坚实的基础。

---

　　①(元)王礼:《麟原文集》前集卷六《义冢记》,台北:台湾商务印书馆,1986年,影印《文渊阁四库全书》本,第416页。

　　②(明)丘濬:《内夏外夷之限一·区处畿甸降夷》,见(明)陈子龙等编《明经世文编》卷七十三,第615页。

　　③《明太祖实录》卷三十,"洪武元年二月壬子",台北:台湾中央研究院历史语言研究所1962年校勘本,第525页。

四、现代中华多民族国家的巩固和发展

中华文明在以往历史上长期处于优越地位,然而,1840 年鸦片战争爆发,西方列强以武力打开了中国的大门。随着一个个不平等条约的签订,西方的鸦片、商品以及文化在强大武力的掩护下,如潮水般涌入中国。中国的主权丧失,大片领土被鲸吞蚕食,无论是边疆还是内地,中国境内的各个民族面临着被奴役的共同厄运。

西方的坚船利炮改变的不只是中国的政治命运,同时也深刻影响着国人的思想世界。中国被卷入由西方列强建立的主权国家相互竞争的国际体系之中,显然不再是"天下"的中心,中华传统的天下观开始崩塌。面对着"千古未有之变局",中国人的政治、经济以及文化优越感受到前所未有的挫折。特别是甲午战争之后,民族危机空前加深,一批先进的知识分子开始以救亡图存为目的,积极主张学习西方的政治、经济以及文化制度,力图将中国建设成为一个拥有独立主权的民族国家,成为近代世界体系中的一员。随着这一时期中国人和外部世界接触的增多,西方的民族主义观念、主权国家观念传入中国,在国家危机深重的背景下,成为时人拯救危局、振兴中华的思想武器,中国的民族主义应运而生。

清末民初是中国近代民族主义形成的关键时期,而在此期间发挥重要推动作用的是以梁启超为代表的立宪派和以孙中山为代表的革命派。他们手中的思想武器都来自于中国传统的民族主义和西方的近代民族主义。革命派最初主张"排满"而建立单一汉族国家,立宪派则主张"合满"并建立包括满族在内的多民族国家。双方激烈论战之后,相互吸收借鉴对方的观点,修正自己的观点,最终形成建立独立、民主和统一的多民族国家的基本共识。随着中华民国的建立,这种共识得到确立。正如孙中山在《临时大总统宣言书》中所宣称的那样:"国家之本,在于人民。合汉、满、蒙、回、藏诸地为一国,即合汉、满、蒙、回、藏诸族为一人,是曰民族之统一。"[1]"五族共和"、"五族平等"被确立为新成立的中华民国处理国内民族关系的基本原则。

中华民国建立后,中华民族共同体的凝聚力日益强化。如在 1913 年初的西蒙古王公会议上,王公们一致决议赞成五族共和,反对外蒙"独立","联合东盟,反对库伦",并通电声明:"蒙古疆域,向与中国腹地唇齿相依,数百年来,汉蒙久成一家……共和新立,五族一家,南北无争,中央有主……我蒙同系中华民族,自宜一体出力,维持民国,与时推移。"[2]可见,各族人民对于中华民族大共同体的认同已经明确。

---

① 孙中山:《临时大总统宣言》,见中国社会科学院近代史研究所中华民国史研究室、中山大学历史系、广东省社会科学院历史研究室合编:《孙中山全集》第 2 卷,北京:中华书局,1982 年,第 2 页。

② 西盟王公招待处编:《西盟会议始末记》,上海:商务印书馆,1913 年,第 43 页。

第一次世界大战结束后,中国作为战胜国的权利不仅没有得到相应的尊重,自身主权反而受到西方列强的进一步侵犯,从而引发了国内爱国主义运动的强烈爆发。1919年,以北平学生运动为先导,全国各地爆发了反帝爱国的游行示威,展示出维护中国主权和中华民族尊严的强大力量,反映出国家与民族认同的普遍升华。

以1931年的"九一八"事变为标志,日本开始了侵华战争,1937年的"七七"卢沟桥事变则标志着日本侵华战争全面爆发,国土沦丧、民族危亡再次成为全体中国人必须面对的挑战。随着抗日战争的全面展开,中国的民族主义持续高涨,民众的爱国热情迸发出来,各族人民纷纷以实际行动投入到抗日战争的洪流之中。国共抗日民族统一战线建立后,全国各族人民浴血奋战8个春秋,终于将侵略者赶出了中国。自从鸦片战争以来,中国人民第一次取得了反抗外敌入侵战争的伟大胜利,洗刷了百年耻辱,赢得了中华民族的尊严和荣誉。可以说,抗日战争促进了中华民族的空前觉醒,中国各族人民团结一致,共同抵御外敌入侵。抗战的胜利极大地鼓舞了中国人民的斗志,振奋了民族精神,增强了民族自信心,中华民族从此由衰落转向振兴。

1949年10月新中国的建立开启了中国各族人民生活的新时代,他们从此掌握了国家权力,成为国家主人。1954年9月第一届全国人民代表大会第一次会议通过的《中华人民共和国宪法》规定:"中华人民共和国是统一的多民族国家。各民族一律平等。禁止对任何民族的歧视和压迫,禁止破坏各民族团结的行为。"1982年12月第五届全国人大第五次会议通过的第四部《中华人民共和国宪法》中对上述原则予以了重申并继续强调:"在维护民族团结的斗争中,要反对大民族主义,主要是大汉族主义,也要反对地方民族主义。国家尽一切努力,促进全国各民族的共同繁荣。"

新中国各族人民实现了民族平等和民族大团结,国家为切实保障并实现各少数民族的权益,规定在少数民族聚居地区实行民族区域自治。民族区域自治是新中国基于中国具体国情而制定出的基本政策。1984年,第六届全国人民代表大会第二次会议通过了《中华人民共和国民族区域自治法》,从制度上对各少数民族的民族权益进行了规定与保障。根据民族区域自治政策,新中国先后建立了5个省级自治区,包括内蒙古自治区、新疆维吾尔自治区、广西壮族自治区、宁夏回族自治区和西藏自治区,地区级的自治州30个,自治县121个。全国大多数少数民族都有了自己的自治机关。民族自治地方的建立,体现出国家尊重和保障少数民族管理本民族内部事务的权利,体现出民族平等、团结、互助的社会主义民族关系,极大地调动和激发了各民族人民当家做主的积极性,对巩固国家统一、民族团结以及社会稳定都起到了巨大的推动作用。

【小结与思考】

中国作为统一的多民族国家是在长期的历史发展过程中逐渐形成的。在先秦时代已经形成的华夏文明核心区域及其传统的基础上,从秦始皇统一六国建立帝制国家开始直到清代,多民族国家形成并逐步发展、巩固。在此过程中,多元与一体的辩证运动贯彻始终。以秦汉为发端,中华文明历史上各个民族间以各种方式实现的交往互动,不断促进各民族自身的文化社会发展和相互融合,逐渐聚合成为一个稳定的中华民族多元一体的整体架构。近代以来,西方建立的以民族国家为单位的国际关系体系逐渐形成,而中华各民族则在救亡图存的抗争中加速整合,开始以新的姿态跻身世界民族之林。随着救国救亡运动的展开,受到西方民族主义以及本国文化传统的双重作用,中国的民族主义兴起。伴随中华民国的建立和"五四"爱国运动的展开,中华民族的自我认同得到升华,并成为全民族的普遍观念。抗日战争的爆发使得中国人民的爱国主义情绪空前高涨,各民族人民都积极投身于这场维护国家主权和领土完整、维护民族自由与尊严的战斗中。新中国成立之后,国家通过宪法宣告"中华人民共和国是全国各族人民共同缔造的统一的多民族国家",这是对中华民族多元一体历史发展过程的高度总结。几十年来,新中国巩固和发展了平等、团结、互助、和谐的社会主义民族关系,坚持并不断完善了民族区域自治制度,通过实施一系列优惠政策,加快了少数民族地区社会经济的发展,促进了社会进步。进入新世纪以来,全国各族人民正在为实现中华民族的伟大复兴而努力奋斗着,在并不安宁的国际环境中,展现出团结一致的强大力量。

【思考题】

1. 描述先秦中华古族的大体方位。
2. 谈谈古代农耕、游牧社会之间有怎样的相互依存关系。
3. 中国帝制时代的民族融合有哪些途径?
4. 1840 年以来中国遭遇的民族危机与现代中华民族的整体认同观念有怎样的关联?

第七讲 中华各民族的差异、互动与融合

第八讲

家庭、宗族、国家和"天下"

任何一个社会共同体的存在,在深层意义上说,都建立在社会个体成员一定程度认同的基础上。个体社会成员对于所在社会共同体的认同,总是从个体自我意识出发,延展到直接关系的他者,再延展到间接关系的他者以及整个社会,这就构成了个人与社会关联的伦理逻辑——即社会延续的内在逻辑。这种伦理逻辑在很大程度上是文化性的,即是在历史中迁延嬗变而形成的,所以每个文明的社会认同方式都会有差异。中华文明的早期传统将个人的自我意识安置在祖先认同的基础上——所有的个人通过判定祖先来确定自我的基本社会归属。对于祖先的认同落实为尊祖敬宗的礼仪,同时培育起对于同一祖先所出的他者的亲近感与伦理责任意识。家庭、家族是这种由血缘与亲缘关系组成的社会基本单位,因而是个人伦理延展为社会伦理的最初的和基本的环节。由家庭向更大范围的他者延展,就进入了真正意义上的社会。中国传统强调社会是由家庭构成的,因而才会有儒家"君子"自我实现的"修身、齐家、治国、平天下"的层级外化路径。个人总要以某种方式介入家庭、家族层面之外的社会,因而触及大社会普遍伦理以及个人与大社会关系的意识。这类意识因为处境的差异,可能涉及地望、民族等社会归属问题,在较普遍的意义上,更高层次的认同对象是国家认同——对于所属行政统一体与自我存在特别关系的意识以及相关的责任、义务的承担。对于国家的认同,尤其是对于超越直接统治集团的国家共同体的认同是现在所说的国民意识的核心内容之一,这种意识的生成与国家共同体本身存在的形态及其对于个人的意义关系很大。国家本身和关于国家的观念是历史性的,即是在历史演进中明晰起来并一直保持文化差异属性的。中国古人在逐步形成国家观念的同时,还有一种更超越的意识,即"天下"意识。从语词的意义上看,"天下"似乎指天覆地载的一切,但古人不知天、地之范围,"天下"一词实际上有时就是指本国范围,有时笼统地指所有同类即人类生息之地。这一话语虽然模糊,但其指向其实是"世界",所以对于天下观的分析,可能使我们了解中国古人的普世情怀、世界意识到了怎样的地步。

一、祖先崇拜与孝悌价值观

中华先民相信人有魂魄,生命结束之后,"魂气归于天,形魄归于地。"[1]因而在他们的观念中,去世的人在冥冥之中与活着的人们并存,且具有沟通神人、庇佑子孙的力量。为此,他们在庙宇祠堂之中设木主神位,使魂气得以依附;珍重埋葬死者的遗体,使魄气附之,依时祭祀。这类活动能寄托对于死者的思念,保持对祖先的记忆,实现同一祖先后裔之间的认同,从而具有建构现实人际关系秩序的功能。这种信念体现于掌握国家权力的

---

① (汉)郑玄注,(唐)孔颖达疏:《礼记正义》卷二十六《郊特牲》,北京:中华书局,1980年,影印阮元校刻《十三经注疏》本,第1457页。

贵族中时,成为他们所主导的政治伦序和政治继承关系制度的基础。《礼记》中说到:"夫孝者,善继人之志,善述人之事者也。春秋修其祖庙,陈其宗器,设其裳衣,荐其时食。宗庙之礼所以序昭穆也,序爵所以辨贵贱也,序事所以辨贤也,旅酬下为上所以逮贱也,燕毛所以序齿也。践其位,行其礼,奏其乐,敬其所尊,爱其所亲,事死如事生,事亡如事存,孝之至也。"①由此可见,祖先崇拜既是一种信仰方式,又是一种社会生活方式,还是国家秩序演示的形态。

对祖先和神明的祭祀既然有这样重大的意义,就需认真举行。孔子曾说:"祭如在,祭神如神在。"②可见孔子主张祭祀的精神在于恭敬真诚,如果徒具形式,心不在焉,不如不祭。认真的祭祀活动能培养人敬谨、真诚、孝友的品质。东汉崔寔《四民月令》中描述了一般家庭在元旦祭祀祖先、致敬尊长的场景:"正月元旦,是谓正日。躬率妻孥,洁祀祖祢。前期三日,家长及执事,皆致斋焉。及祀日,进酒降神,毕,乃家室尊卑,无小无大,以次列坐于先祖之前,子、妇、孙、曾,各上椒酒与其家长,称觞举寿,欣欣如也。谒贺君、师、故将、宗人父兄、父友、友、亲、乡党耆老。"③可见在祭拜仪式中,祖先成了现实社会成员之间关系的在场监督者。家庭内部的伦理关系以及社区内部的相互关系都在祖先祭祀仪式的举行中获得应然的提示。

祖先崇拜的古老传统逐渐衍生出日益精致的孝的价值观。孟子说:"不孝有三,无后为大。舜不告而娶,为无后也,君子以为犹告也。"④无后即"不娶无子",后果是"绝先祖祀"。这界定了一种个人伦理范畴的责任——每一个人,尤其是男子,都有责任生育子嗣,以确保祖先祭祀不至于断绝。无子的家庭会收养同族他人之子,继承、传递祖上的血统和家族世系。由于祖先系统是沿男性家系排列的,姓氏也按男性家族关系继承,所以祖先崇拜强化了男性在家庭、家族、社会中的主导权。通观整个中国传统社会,男性拥有比女性优越的家庭、社会、政治地位和权利,同时男子也被期待承担比女性更大的责任。

孝本出于子女回报父母养育之恩的自然情感。《诗经》中有:"父兮生我,母兮鞠我;拊我畜我,长我育我;顾我复我,出入腹我;欲报之德,昊天罔极。"⑤反映的就是感念父母养育之恩的自然情怀。经过思想家的推敲,孝的自然情怀演变成为精致的伦理命题。有个名为孟懿子的人问孔子孝的含义,孔子答:"生,事之以礼;死,葬之以礼,祭之以礼。"⑥当子游问孝时,孔子说:"今之孝者,是谓能养。至于犬马,皆能有养。不敬,何以别乎?"⑦

---

① (汉)郑玄注,(唐)孔颖达疏:《礼记正义》卷五十二《中庸》,北京:中华书局,1980年,影印阮元校刻《十三经注疏》本,第1629页。

② 程树德:《论语集释》卷五《八佾上》,北京:中华书局,1990年,第175页。

③ (汉)崔寔著,石声汉校注:《四民月令校注》,北京:中华书局,1965年,第1页。

④ 杨伯峻:《孟子译注》卷七《离娄章句上》,北京:中华书局,1960年,第182页。

⑤ 高亨:《诗经今注》之《小雅·蓼莪》,上海:上海古籍出版社,1980年,第307页。

⑥ 程树德:《论语集释》卷三《为政上》,北京:中华书局,1990年,第81页。

⑦ 程树德:《论语集释》卷三《为政上》,北京:中华书局,1990年,第85页。

在回答子夏提出的同一问题时,孔子说:"色难。有事弟子服其劳;有酒食,先生馔,曾是以为孝乎?"①在另外的场合,孔子又说到:"父在,观其志;父没,观其行,三年无改于父之道,可谓孝矣。"②可知经孔子深入思考的孝,是为人内在的品质,在不同的语境中,涉及以礼事亲、赡养亲长、真诚恭敬、和颜悦色、继承父志等等。这些都需要发自真诚,如果徒有形式,就失离了孝的本意。

孝是子女对待父母的伦理原则。对父母的孝又衍生出对兄弟姊妹的友善,即悌。悌是平辈相处以年齿长者为尊、相互友爱之道。《论语》中说到,孔子的弟子有子曾说:"其为人也孝弟,而好犯上者,鲜矣;不好犯上,而好作乱者,未之有也。君子务本,本立而道生。孝弟也者,其为仁之本与?"③可知孝悌与仁互为表里,孝悌强调实践方式,仁体现内心修养境界。仁是儒家学说的一个重要概念,探究起来很复杂,如果从日常伦理的角度说,《论语》中有这样一句很透彻的话:"夫仁者,己欲立而立人,己欲达而达人。"④就是推己及人,为他人的福祉着想。孝悌的品质使人体察父母之恩,尊重长者,友善兄弟,恭顺谦和,从而养成推己及人的仁心。具有这种品质的人,"老吾老以及人之老,幼吾幼以及人之幼",⑤就在更大的社会领域,成为和谐秩序的基础。握有公共权力的人以此精神施政,也就会促进整个社会的雍熙和睦。

中国古人如此注重个人伦理价值,也就很早探索了培养高尚伦理道德的途径,其中很重要的一点就是经常自省。曾子说:"吾日三省吾身:为人谋而不忠乎?与朋友交而不信乎?传不习乎?"⑥自省使人保持行为的伦理原则性,保持自我批评的能力,保持自我的尊严感,防止为流俗和私欲所牵引支配,以致狂放。中国古代的精英,尤其是信奉儒家学说的知识分子,比其他人更注重通过自省和日常的践行来实现个人伦理的完美化,他们把这种修养的功夫看做参与公共事务的前提。《大学》有云:"古之欲明明德于天下者,先治其国;欲治其国者,先齐其家;欲齐其家者,先修其身;欲修其身者,先正其心;欲正其心者,先诚其意;欲诚其意者,先致其知。致知在格物。"⑦这就表达了一种由个人道德修养到社会理想之间层级的通路,中国文化传统之特重个人修养,在个人和家庭伦理基础上构建社会理想的特色也就充分表述了出来。有这样朴素敦厚的道德情怀和通透精致的伦理学说,中华先民很早就具有了群体的文化道德优越感。

中国古代的施政者早就看到个人伦理在社会秩序维系方面的重大意义,所以采用很

---

① 程树德:《论语集释》卷二《为政上》,北京:中华书局,1990年,第88页。
② 程树德:《论语集释》卷二《学而下》,北京:中华书局,1990年,第42页。
③ 程树德:《论语集释》卷一《学而上》,北京:中华书局,1990年,第10—13页。
④ 程树德:《论语集释》卷十二《雍也下》,北京:中华书局,1990年,第428页。
⑤ 杨伯峻:《孟子译注》卷一《梁惠王章句上》,北京:中华书局,1960年,第16页。
⑥ 程树德:《论语集释》卷一《学而上》,北京:中华书局,1990年,第18页。
⑦ (汉)郑玄注,(唐)孔颖达疏:《礼记正义》卷六十《大学》,北京:中华书局,1980年,影印阮元校刻《十三经注疏》本,第1673页。

多方法使之与国家政策融合。比如汉代有察举制度，其中包括让民间推举"孝廉"，即有孝行而品质清纯者，给予他们特殊待遇，甚至引荐他们至政府机构为官，以示激劝。后世的举人，本来已经是靠科举考试获得的品级，在俗语中还被称作"孝廉"。这种做法虽然也曾产生激励社会道德的作用，但是伦理道德要求高度的自觉，一旦依赖利益激励而养成，就会转而为利益取向所支配。所以汉代的做法，造就出大批伪作孝悌的骗子。后来的政府，虽然保持孝悌道德的倡导，但是简单以道德取人的做法却很少实施了。如此则道德并不由政府来评价，也不由社会地位来表示，而由公论来判定。道德的探讨，也常不在庙堂之上，而在水边林下。

孝悌的价值观是古代中国人内心世界的韵律，是从个人到家庭，从家庭到社会生活有序性的观念基础。然而当社会结构、形态发生巨大变化的时候，这种在长久的历史中与特定的国家制度、经济生活方式融合在一起的价值观念就显示出诸多不合时宜的弊端。19世纪后期，中国在国际竞争中陷于落后挨打的境地，如无社会结构、文化价值的根本反省和重塑，就无法自立于充满竞争的世界民族之林，于是整个文化价值都遭到质疑，面临改造。祖先崇拜在科学精神的映衬下暴露出非理性的色彩，孝悌在个人自由价值的参照下显示出个体被其家庭过度束缚的特质，与孝悌并行的仁、忠、义也似乎成了维护专权统治的工具。20世纪初，废科举，兴新式学堂，不久发生激烈的反传统运动，传统个人和家庭价值观从公共教育领域退却，在公共知识领域受到普遍批评。1915年，陈独秀指出："忠孝者，宗法社会封建时代之道德，半开化东洋民族一贯之精神也……宗法制度之恶果盖有四焉：一曰损坏个人独立自尊之人格；一曰窒碍个人意思之自由；一曰剥夺个人法律上平等之权利；一曰养成依赖性，戕贼个人之生产力。"主张"以个人本位主义易家族本位主义。"①1917年，吴虞（1872—1949年）在《新青年》杂志发表文章，声称"儒家以孝弟二字为二千年来专制政治、家族制度联结之根干，贯澈始终而不可动摇。使宗法社会牵制军国社会，不克完全发达，其流毒诚不减于洪水猛兽"。②1918年，鲁迅（1881—1936年）在《新青年》5月号上发表《狂人日记》，更将旧道德的作用概括为"吃人"。③

帝制社会瓦解，中国逐渐向一种自具特色的现代社会转变。然而，在一个"小康"社会逐渐展现在中国人面前，全面竞争的逻辑、伦理也显露出弊端的时候，对于个人内心、家庭内部、社区和社会内部和谐的诉求再度凸显出来，于是从新式现代社会精神建构的角度，重新审视传统价值观中是否有合理的内涵，重新诠释传统的伦理价值，又成为一个意味深远的话题。

① 陈独秀：《东西民族根本思想之差异》，载《青年杂志》第1卷第4号，见任建树等编：《陈独秀著作选》第1卷，上海：上海人民出版社，1993年，第167页。

② 吴虞：《家族制度为专制主义之根据论》，载《新青年》第2卷第6号；见赵清、郑城编：《吴虞集》，成都：四川人民出版社，1985年，第63页。

③ 参见余英时：《现代儒学论》，上海：上海人民出版社，2010年，第105—116页。

二、家庭、宗族与宗法

家庭是同居共财,具有血缘或亲缘关系的人组成的基本社会单位。新石器时代的聚落遗址显示,一对夫妇与其子女共同生活的核心家庭已经存在。由于生产力的限制,这样的家庭很难独立生存,多个家庭构成的氏族成为主要的社会单位,有的以居住地命名,有的以先祖的名号命名。

同一部落人口日盛,生产不敷所需,资源供应趋于紧张,部分成员会迁徙到别的地方垦辟。随着族群认同意识的增强,无论在原居地还是在新辟地,同一部落的人们都使用同一姓,以与其他血缘人群相区别。同姓分析,就可能发生以氏作为分离出去的同族人的新标志,原来的姓仍旧保留,因而产生姓、氏并存的情况。对于所有同姓成员而言,姓是固定的,但氏名来源多样,如以邑为氏,以官为氏,父子兄弟不必同氏,一人可以多氏。

最初可能只有贵族能区别其姓氏。周初实行赐姓命氏制度,以助封建宗法的推行。《左传》记载众仲的话说:"天子建德,因生以赐姓,胙之土而命之氏。诸侯以字为谥,因以为族。官有世功,则有官族。邑亦如之。"①周代有"同姓不婚"之制:"庶姓别于上而戚单于下。婚姻可以通乎?系之以姓而弗别,缀之以食而弗殊,虽百世而婚姻不通者,周道然也。"②同姓不婚不但能够维持本族的健全与繁衍,而且通过异姓联姻,可以组成超越族属的共同体,形成更大范围内的社会认同。春秋战国之际,一些贵族沦为平民,贵族姓氏流入民间,庶民也拥有了姓氏。

国家可能通过赋税制度和其他法规干预家庭结构。战国时期的秦在商鞅变法中规定,家中有两个以上成年男子合户同居,就要加倍缴纳赋役,这样,兄弟成人结婚之后必须分家,只允许未成年子女与父母同居。汉承秦制,居民一般为五口之家。民众好生分,结婚成家之后不与父母同居共财,父子各为独立的家庭。东汉时代父子生分现象较少,但兄弟同居共财例子也少。魏晋南北朝时期,社会动乱,家族共居自保情况比较普遍,这时政府多实施按户征税政策,实际上也鼓励了合户。唐代法律体现儒家伦理道德,有"以礼入法"的精神。唐代法律禁止生分:"祖父母父母在,而子孙别籍异财者,徒三年;若祖父母父母令别籍者,徒二年。"③故这一时期家庭的特点是子孙与家长合籍、同居共财。宋代根据资产与丁口划分户等,户等愈高,职役负担越重,于是高户设法减少家资和人口,降低户等,父子兄弟分家的情形逐渐普遍。明清关于别籍异财的规定不严格,几代同居

---

① 杨伯峻:《春秋左传注》之《隐公八年》,北京:中华书局,1981年,第60—62页。

② (汉)郑玄注,(唐)孔颖达疏:《礼记正义》卷三十四《大传》,北京:中华书局,1980年,影印阮元校刻《十三经注疏》本,第1507页。

③ (唐)长孙无忌等撰,刘俊文点校:《唐律疏议》卷十二《户婚律》,北京:中华书局,1983年,第236页。

共财与兄弟分居异财的情况都存在。近代以来,随着社会的发展,大家庭逐渐解体,小家庭成为主要的家庭形态。

家庭开始于婚姻的缔结,其意义是满足男女情欲、构成私人共同生活的连署关系、生育子女。中国古人的婚姻缔结,需要"父母之命、媒妁之言"。①中古时期的婚姻关系讲究门第,即为了保持家庭的社会地位,在同一社会阶层、相同文化背景的家庭中选择联姻对象。这种习惯在某些地方到明清时代还流行,但就主流而言,缔结婚姻时的考虑是涉及多方面的,既含家族、家庭背景,也考虑财富和本人状况、婚后夫妇是否可能相得等等。宋代人袁采就说:"男女议亲,不可贪其阀阅之高,资产之厚。苟人物不相当,则子女终身抱恨,况又不和而生他事者乎!"②

中国社会伦理中讲究"五伦",即通过夫妇、父子、兄弟、君臣、朋友五种关系界定伦理境界。前三伦属家庭关系,君臣属政治关系,朋友属社会关系,可见家庭关系在中国社会的重要性。这五伦的相处之道是:"父子有亲、君臣有义、夫妇有别、长幼有叙、朋友有信。"③中国人重家族,因而重子女的教育。这五种伦理之教育,从孩提时代就开始,直到走向社会,"弟子入则孝,出则弟,谨而信,泛爱众而亲仁。行有余力,则以学文。"④北朝裴佗的妻子辛氏"娴礼度。夫丧,诸子多幼弱,广延师友,或亲自教授,内外亲属有吉凶礼制,多取则焉。"⑤北齐颜之推结合自己颠沛流离于南北方的生活经验,著有《颜氏家训》,告诫子孙如何处理家庭内外的关系。北宋司马光著有《家范》,采择史书中所载体现治家法则的往事,间加论说,供世人治家之参考。南宋时期出现题称朱熹所作的《家礼》,后世称为《朱子家礼》,可能是他人托名朱熹而撰,对后世士大夫治家有很大影响。历代相传的礼仪法度,形成规范性的家法,家法是维系家庭成员和族人之间关系的基本规则,一般包括孝悌、祭祀、节烈、尊卑、交往等。元代末年人孔齐视家法远重于物质财产,他认为:"祖宗之法不可失,祖宗之财或可失。使其遇盗遭乱离,则田宅财货皆不保矣,惟家法不可一日紊也。虽处患难,家法犹存,恶可废乎?"⑥

晚清以来,西潮东渐,一些新式知识分子受西方婚姻家庭观的影响,认为传统家庭制度是君主专制的社会基础,与个性独立、自由和发展相悖,父为子纲以及孝、节等伦理道德具有极大的虚伪性。他们主张"家庭革命",要求男女平等,子女有权选择自己的道路,妇女有权入学、自由择偶以及积极参加社会和经济生活等。20世纪末以来的快速工业

---

① 杨伯峻:《孟子译注》卷六《滕文公章句下》,北京:中华书局,1960年,第143页。按,原句为"不待父母之命、媒妁之言,钻穴隙相窥,踰墙相从,则父母国人皆贱之"。

② (宋)袁采:《世范》卷上《睦亲》,长沙:岳麓书院,2003年,第48页。

③ 杨伯峻:《孟子译注》卷五《滕文公章句上》,北京:中华书局,1960年,第125页。

④ 程树德:《论语集释》卷一《学而上》,北京:中华书局,1990年,第27页。

⑤ (唐)李延寿:《北史》卷三十八《裴佗传》,北京:中华书局,1974年,第1384页。

⑥ (元)孔齐撰,庄敏、顾新点校:《至正直记》卷二《祖宗之法》,上海:上海古籍出版社,1987年,第78—79页。

化、城市化、商品化，进一步推动婚姻家庭关系的变动。婚姻缔结中当事人的意愿成为最根本的考虑，核心家庭成为绝对主导的家庭形态，未婚生子、单亲家庭、婚而不育、未婚同居等等都日益增多。

宗族是家庭的延伸，主要指并非同居共财的共同父系血亲及其配偶组成的多辈分成员构成的人群。异姓宗族之间通过婚姻而形成甥舅关系，则为其更大范围的延伸。《尔雅·释亲》说："父之党为宗族，母与妻之党为兄弟，妇之父母、婿之父母相谓为婚姻。"宗族之内由宗法来规范尊卑、亲疏的秩序。宗法的核心在于确立宗族成员间的差别关系，维护以宗子为核心的族内秩序，协调处理族内事务。宗子是同一宗族内长门大宗中的嫡系长子，拥有对宗族祖先的主祭权、对族内事务的裁决权。宗族内部的亲疏关系根据血缘关系界定。这种关系主要以服丧期限表示，大别有五类，称为"五服"，包括斩衰（cuī）、齐（zī）衰、大功、小功、缌麻。斩衰的服丧期为 3 年，齐衰为 3 年至 3 个月不等，[1]大功为 9 个月，小功为 5 个月，缌麻为 3 个月。

在如上复杂的宗族礼仪制度形成之前，聚族而居、聚族而葬的习俗就已经存在了。到不晚于西周的时候，宗族礼仪发展成为复杂的社会制度。秦汉以后，同族聚居的倾向仍然保持，但拥有财富、势力的大家族更能将之世代保持下去，贫困的家族则容易离散。东汉以后，一些世家大族成为社会上凸显的势力，其中有的累世专攻某一经书，成为学术思想领域的权威。这些世家大族一方面借助庞大家族的力量保护家族成员，减少动荡局势造成的侵害，另一方面参与政权，往往左右国家政治。《通典》载，北齐"瀛冀诸州，清河张、宋，并州王氏，濮阳侯族，诸如此辈，一宗将近万室，烟火连接，比屋而居"[2]。可见宗族势力的强大。到隋唐时期，朝廷推崇现任官员家庭之地位，传统宗族地位有所削弱。同时，新兴的科举选官制度也加强了中央集权，增强了社会地位变更的趋势，地方宗族势力有所减弱。

宋代以后，获得科举功名的成员主导宗族建设，更多从地位、财力、才能等方面考虑宗族内部的地位关系。宗族有独立于各个家庭的共同经济基础，主要是义庄或族田，所得收入用来资助远祖以下各房宗亲贫困者的衣食、婚嫁、丧葬、教育及祭祀等费用。在这些功能的基础上，宋代以后宗族有所扩展，同时承担起较多的基层社会组织功能，更多干预族人家庭事务。

宗族组织建立在对同一祖先认同的基础上。这种认同在贵族中较早发生，在甲骨文与金文中已有相关记载。后来的所有王室、贵族、大家族都注重世系记载。在世家大族势力构成国家政权重要基础的时代，朝廷选官考虑族望，可能会查看出身世系谱牒，《新唐书》就提到中古时期"有司选举，必稽谱籍，而考其真伪。故官有世胄，谱有世官。"[3]唐

---

① 斩衰服裁布为衰裳，不缝缉布边；齐衰及以下大功、小功、缌麻等服皆缝缉衰裳布边。齐衰服的丧期按照人伦亲疏而不同，为继母、慈母服 3 年，为曾祖父母服 5 个月，为高祖父母服 3 个月。

② （唐）杜佑：《通典》卷三《乡党》引宋孝王《关东风俗传》，北京：中华书局，1984 年，第 62 页。

③ （宋）欧阳修、宋祁：《新唐书》卷一百九十九《儒学》，北京：中华书局，1975 年，第 5677 页。

初为了提高、凸显皇室、功臣的地位,还曾组织编修《氏族志》、《姓氏录》。唐中叶以后,社会流动性增强,巨大家族形态让位于较小家族形态。宋代的欧阳修(1007—1073 年)、苏洵(1009—1066 年)都主张采用五世之外则易宗的"小宗之法"。苏洵认为,"独小宗之法,犹可施于天下,故为族谱,其法皆从小宗"。① 这种方式成为后来宗谱的典范。族谱中对祖先的追溯,往往与宗族内各支系的现实地位有关,为此有时故意失载一些祖先,特别强调一些祖先,或攀附他人的祖先,甚至创造一个祖先,以界定当下宗族房支的地位关系。明代嘉靖年间,朝廷修改礼制,容许所有臣民祭祀始祖,这为基层宗族普遍建立宗祠提供了契机。② 清初屈大均(1630—1696 年)说,广州沙亭地区"大小宗祖祢皆有祠,代为堂构,以壮丽相高。每千人之族,祠数十所;小姓单家,族人不满百者,亦有祠数所。其曰大宗祠者,始祖之庙也。庶人而有始祖之庙,追远也,收族也。追远,孝也;收族,仁也"。③

一般而言,国家支持宗族制度,承认宗族对族人家庭的某些控制权力,保护族田、祠堂和族墓,利用宗族宣扬纲常伦理,达到稳定社会秩序的目的。但当宗族隐匿户口,横行乡里,削弱国家赋役基础,威胁一方治安时,就可能采取限制和打击措施。近代以来,祖先崇拜被视为迷信,公民意识觉醒,社会流动性增强,宗族社会趋于衰微,但也有复兴宗族关系纽带的一些社会迹象,所以家族与宗族关系将来如何演变,尚不能完全断定。

三、群体认同、国家意识与"天下观"

个人在一定的社会关系、社会框架内生存,逐渐形成对其所属群体的认同心理。这种心理的本质是对自我归属的界定,由此形成关于责任、权利指向的意识和关于群体自我与群体他者的区分意识。直到今天,人们通常是通过群体认同来回答"我是谁"这样的问题的。比如说,"我叫张三,是中国某某大学的一个学生",这样一句普通的话,交代的正是"我"所归属的家族、国家、社会群体,于是听者就觉得知道了言说者是谁,也就自然预期此人会从他的归属立场出发对待社会事物——当然这是在一般意义上而言,到了具体的层面会有许多差异。

家庭是个人认同感的第一归属,大多数文化中的成员都在个人名字中标志出姓氏以体现这种归属。在中国文化传统中,对于家庭的归属感扩展为对宗族的认同感,以扩大更大社会范围内的自然关系界定。这类情况,在前节已经叙述。在比家庭、家族更大的社会层面,人们还会形成更宽泛的认同,如性别、地望、职业、阶层、社团、民族、种族、国家等等,这种层面的认同,是后天逐步感受、确立的,是由文化社会经历造就的。

---

① (宋)苏洵著,曾枣庄、金成礼笺注:《嘉祐集笺注》卷十四《族谱后录上篇》,上海:上海古籍出版社,1993 年,第 380 页。

② 常建华:《明代宗族研究》,上海:上海人民出版社,2005 年,第 12—22 页。

③ (清)屈大均:《广东新语》卷十七《宫语》,北京:中华书局,1985 年,第 464 页。

在贵族制、封建制主导的时代——这在中国历史上主要指商周时期,贵族与平民之间有严格的区分,贵族内部又有复杂的等级区分,各有不同的权利和义务,如参政权、从军权、法律地位等等,都有差别。庶民内部也区分为严格的职业群体,如商人、农民等等。此外还有奴隶和贱民。这些身份差异造成的社会角色、地位都难以超越,从而使得所有的人都有关于自己社会法权地位的自我定义。春秋战国时期,社会发生剧烈变化。时代相传的等级秩序大大削弱,个人更多地凭借能力、功业获得自我的社会地位,从而使社会角色和群体认同变得更多地由文化社会经历来决定。到了士农工商四民构成基本社会群体的时候,社会认同主要已经不是凭借家庭出身而是社会职业来归类了,农、工、商以从事生产与交换为角色,士以谋道、从事公共事务管理为角色。春秋时鲁国公父文伯之母提到人们的社会分工时说:"君子劳心,小人劳力,先王之训也。"①战国时孟子认为一人不能兼营他业,言谈中显示作为士的身份认同:"然则治天下独可耕且为与? 有大人之事,有小人之事。且一人之身,而百工之所为备,如必自为而后用之,是率天下而路也。故曰,或劳心,或劳力;劳心者治人,劳力者治于人;治于人者食人,治人者食于人,天下之通义也。"②

在家庭、宗族、氏族、阶层、职业角色所决定的自我认同指向之外,人们对自己在更大社会范围的归属认识指向国家。上古时期先民的国家意识与国家的组成方式有关。《左传》在讲述西周制度时说到:"天子建国,诸侯立家,卿置侧室,大夫有贰宗,士有隶子弟,庶人工商,各有分亲,皆有等衰。"③看来周代人们的归属是分层级的,在很大程度上类似于家族的亲疏远近关系。天子册封建立诸侯国,诸侯认同天子所建的国家;诸侯借助天子的册封建立下一层级的由卿的势力一起构成的权力体系,卿直接认同于诸侯,间接认同于天子……如此等而下之,到了庶人阶层,对国家的认同已经衰减多次了。如此看来,周代人民对大社会的归属认同感,与当时的国家体制相应,而国家体制又与宗族关系形态类似,是多层级分殊的。其中,贵族的权利、地位直接来自天子,对国家的归属认同要比庶民更直接,所以可能更具体明确些,下层民众则基本上随遇而安,不甚追究国家的事情。这种情况,与后世乃至现代民众的国家认同有很大的区别,中间经历了很复杂的演变。

国家大事集中在天子所在的宫廷之中讨论处理,宫廷即称为朝廷。政务处理中,君王具有最高权力,因而古人的论说中,往往以朝廷指称君主,国家与君主在观念中常常纠缠一体。贵族、士大夫对国家的责任的履行,主要通过对君主的忠诚、对朝政的褒贬批评、在面临内忧外患时挺身而出等形式表现。春秋时期郑国人原繁说:"苟主社稷,国内之民其谁不为臣? 臣无二心,天之制也。"④庶民百姓则一般以奉正朔、纳赋役表明对国家的认同和相应义务的履行。帝制时代,奉行皇权政治的统治者尽量将统治者等同于国家,将君主等同于社稷,从而使"忠君"与"报国"纠缠混合。这使帝制时代的国家认同遭

---

① 徐元诰:《国语集解》之《鲁语下》,北京:中华书局,2002 年,第 198 页。

② 杨伯峻:《孟子译注》卷五《滕文公章句上》,北京:中华书局,1960 年,第 124 页。

③ 杨伯峻:《春秋左传注》之《桓公二年》,北京:中华书局,1981 年,第 94 页。

④ 杨伯峻:《春秋左传注》之《庄公十四年》,北京:中华书局,1981 年,第 198 页。

受忠君思想的侵蚀和扭曲。南宋初年,岳飞(1103—1142年)率军抗击金军,他在给宋高宗(1107—1187年)上奏时表达了收复黄河南北失地、恢复宋朝的愿望,显然是以国家利益为重,但宋高宗对金妥协、以淮河为界是既定国策。岳飞只能忍看"十年之力,废于一旦"。①他的爱国情怀在与忠君、从君思想纠结的情况下,终于流为无可奈何的慨叹。

明清之际,一些深刻的思想家开始重新思考对所属社会共同体认同与忠实于君主的关系。顾炎武(1613—1682年)说:"有亡国,有亡天下。亡国与亡天下奚辨?曰:易姓改号,谓之亡国;仁义充塞,而至于率兽食人,人将相食,谓之亡天下……保国者,其君其臣肉食者谋之;保天下者,匹夫之贱与有责焉耳矣!"②他这里所说的"国"指的是一姓为君之朝代,"天下"指的是由中华民众构成的整个社会共同体。明清时代的思想家已经能够将国家的统治者与社会共同体区分开来,并且把社会共同体视为更具有崇高性的认同对象,是一个很大的进步。

古代国家的另一个称谓是"社稷","社"指土地神,"稷"指谷物神,班固称:"人非土不立,非谷不食。土地广博,不可遍敬也;五谷众多,不可一一祭也。故封土立社,示有土尊。稷,五谷之长,故立稷而祭之也。"③人民依赖耕种土地获取粮食来生存,所以土地和谷物都具有神圣的意味,需要岁时祭祀,以示仰赖之思,社稷也就成为组成国家的社会共同体的另一个代称和象征。君王是社稷祭祀的主祭者,因此可称之为"社稷之主"。在都城设计中,宗庙居左,社稷居右,④王室作为统治者家族大宗的地位与人民生存依赖的土地之神、谷物之神并列,就使王室家族的存在具有更大的公共意义。然而毕竟土地与谷物是社会无可选择的生存基础,王室则是可以选择的,所以,在周代的时候,就已经形成了王室需要以"德"居位的文化意识,最迟到战国的时候,就有了关于其重要性的明确差别意识。孟子曾说:"民为贵,社稷次之,君为轻。"得民心者得天下,诸侯国的君主与国家利益产生矛盾,就可能遭到废置,因此,"社稷无常奉,君臣无常位,自古已然"。⑤到了这个时候,在一些深刻的思想家的观念中,君主是国家的统治者而不是国家的恒定象征,结成社会共同体的人民才是国家的根本利益所在。这时,对国家的认同,就不限于对现实君主的效忠,而在于对所属人民利益的维护。在这种语境中,现代公民国家意识的一些内涵,已经展现出来了。不过在孟子生活的时代,有这种认识的还是少数人,许多同时代的人,专门拘泥于个人恩怨利弊,因而其认同心理总是指向特定的个人、家族,而非公共社会。

周取代殷商政权之后,自称"诸夏"。春秋时期,南蛮、北狄交相侵迫的压力,促使"诸夏"意识日益明确。当时话语中的"中国",指居于"天下之中"的中原文化区,楚、秦两个

---

①(元)脱脱等:《宋史》卷三百六十五《岳飞传》,北京:中华书局,1977年,第11391页。

②(清)顾炎武著,(清)黄汝成集释:《日知录集释》,上海:上海古籍出版社,2006年,第756—757页。

③(清)陈立撰,吴则虞点校:《白虎通疏证》,北京:中华书局,1994年,第83页。

④(汉)郑玄注,(唐)陆德明音义,(唐)贾公彦疏:《周礼注疏》卷四十一《考工记》,北京:中华书局,1980年,影印阮元校刻《十三经注疏》本,第927页。

⑤杨伯峻:《春秋左传注》之《昭公三十二年》,北京:中华书局,1981年,第1519—1520页。

国家,最初尚在"中国"之外。楚武王曾经自称:"我蛮夷也……欲以观中国之政。"①秦国远离中原,秦穆公"不与中国会盟"。② 春秋时期,华夏文明核心与其周边区域的长期融合累积起来的统一聚合趋势,以及对广大地理范围内民生困苦的关注,使得先前已经存在的对于超过单一政权体系的更大社会共同体命运的关注得到升华,形成了对"天下"共同命运的观照。这种对天下共同命运的认同感在中原与边缘区域部族的关系中有很突出的体现,这一体现就是"尊王攘夷"。"尊王"指尊崇周天子,以天子作为虽然有纷争但仍有文化共同性和相互依赖性的中原各国的统一象征;"攘夷"指抵御周边部族的侵扰,保护诸夏区域的安全。春秋时期的第一个霸主齐桓公就以此为旗帜,得到了多国的拥戴。他曾经联合燕国击退山戎的进攻,燕庄公送齐桓公回国,桓公说:"非天子,诸侯相送不出境,吾不可以无礼于燕。"③于是就把燕庄公所到的原不属于燕国的地方也分割给燕国,以成全诸夏各国结成同盟、相待以礼的主张。齐桓公还存邢救卫,恢复被戎狄消灭的邢国,拯救卫国;以不向周天子贡献祭祀用的"包茅"为罪名,指责楚国。他在管仲的辅佐之下,"九合诸侯,不以兵车",④固然以齐国的军事实力为凭依,但的确以比较平和的方式实践了诸夏各诸侯国求同存异,维护中原文化和社会秩序安宁的愿望。所以,孔子对管仲特别推崇,说是"微管仲,吾其被发左衽矣"。⑤ 管仲和齐桓公所实践、孔子所推崇的,就是当时的"天下观"——以天下安危、民生安定为重,凝聚华夏共同体的价值意识。后来,这种思想又得到孟子的赞赏,他说:"不仁而得国者有之矣,不仁而得天下,未之有也。"⑥可见在这个时代,超越诸侯国之上的普遍价值认同和归属感已经具有相当的影响力。正因为有更广大共同体意识的存在,人们的思想才可以突破诸侯国一国的限制,在列国之间游学、从政。士人在一国不能实现抱负,就周游列国,到别国寻求实现理想的机会。孟子还曾说过:"人有恒言,皆曰'天下国家'。天下之本在国,国之本在家,家之本在身。"⑦在他的观念中,大华夏社会共同体、诸侯国、家庭、个人是彼此依托、相互联系的。

当然,直到"天下"统一为一个行政共同体之前,在遇到各国战争的情况时,人们还是首先关注自己所在国家的生死存亡。郑国的商人弦高,曾经运用智谋,吓退秦师;楚国的大夫申包胥,在吴国军队攻入楚国首都之后,前往秦国求救,"七日不食,日夜哭泣",⑧终于搬来秦国的救兵;战国时期的楚国大夫屈原在外强日逼、内政日非的局面下,多方建议,不得其用,忧国忧民,最后在极度绝望中,怀沙自沉。

① (汉)司马迁:《史记》卷四十《楚世家第十》,北京:中华书局,1959年,第1695页。
② (汉)司马迁:《史记》卷三十二《齐太公世家第二》,北京:中华书局,1959年,第1491页。
③ (汉)司马迁:《史记》卷三十二《齐太公世家第二》,北京:中华书局,1959年,第1488页。
④ 程树德:《论语集释》卷二十九《宪问中》,北京:中华书局,1990年,第982页。
⑤ 程树德:《论语集释》卷二十九《宪问中》,北京:中华书局,1990年,第989页。
⑥ 杨伯峻:《孟子译注》卷十四《尽心章句下》,北京:中华书局,1960年,第328页。
⑦ 杨伯峻:《孟子译注》卷七《离娄章句上》,北京:中华书局,1960年,第167页。
⑧ (汉)司马迁:《史记》卷五《秦本纪第五》,北京:中华书局,1959年,第197页。

秦兼并六国，疆域空前广阔，又实行文化统一政策："普天之下，专心揖志。器械一量，同书文字。日月所照，舟舆所载。皆终其命，莫不得意。"①汉代疆域较之秦代更为辽阔，除了废除秦朝的严苛刑政以外，基本继承了秦朝的制度。当时，"古之戎狄，今为中国；古之裸人，今被朝服；古之露首，今冠章甫；古之跣跗，今履［高］舄。以盘石为沃田，以桀暴为良民，夷坎坷为平均，化不宾为齐民。"②这种天下大一统的行政制度实施并稳定下来之后，就把先秦时代的国家观和天下观贯通了起来，培育起大国家共同体、民族文化共同体的认同感。所以汉代的春秋大一统学说颇为盛行，董仲舒就主张，"春秋大一统者，天地之常经，古今之通谊也。"③这种学说，一方面为皇权专制提供理论支撑，另一方面也说明帝制时代更大范围的文化、政治认同基础已经形成。

在整个帝制时代，影响人们在最大共同体意义上的归属认同感的主要有两种基本观念，一是"天下一家"的观念，二是"华夷间隔"的观念，两种观念在每个时代或隐或显，同时并存。④ 大体上说，当中原国力削弱、遭遇外来侵袭的时候，如两晋、唐安史之乱后、两宋辽金以及明清易代之时，"华夷间隔"的说法会盛行。在中原国力雄厚、充满自信的时代，"天下一家"的观念就居于主流地位，汉初即从"家"的理念建立与匈奴的关系。刘敬主张汉高祖（前256—前195年）和匈奴单于和亲，希望用子婿和外孙的身份来约束单于，他说："冒顿在，固为子婿；死，则外孙为单于。岂尝闻外孙敢与大父抗礼者哉？兵可无战以渐臣也。"⑤初唐时期，唐太宗李世民（599—649）能够平等地处理民族关系，说"自古皆贵中华、贱夷狄，朕独爱之如一，故其种落皆依朕如父母"，⑥他曾经迁移战败的突厥部落进入内地，结果是朝廷中布列胡人将领，社会风貌也呈现胡化色彩，北方诸族奉李世民为"天可汗"，唐朝皇帝成"天下之主"。在游牧民族入主中原的时代，风俗习惯、生活习性各异的民族汇聚到一个共同体之中，传统文化中敬天法祖、大一统的观念在大的地域范围内传播，成为凝聚新的共同体的主流思想，华夷分辨的观念自然退居边缘。到清朝统一全国之后，中华范围内天下同体的观念增强，华夷间隔的观念和话语趋于淡化。雍正皇帝（1678—1735年）就说："自古中国一统之世，幅员不能广远，其中有不向化者，则斥之为夷狄，是以有此疆彼界之分。自我朝入主中土，君临天下，并蒙古极边诸部落俱归版

① （汉）司马迁：《史记》卷六《秦始皇本纪第六》，北京：中华书局，1959年，第245页。

② 黄晖著：《论衡校释》卷十九《宣汉篇》，北京：中华书局，1990年，第823页。

③ （汉）班固：《汉书》卷五十六《董仲舒传》，北京：中华书局，1962年，第2523页。

④ 邢义田：《天下一家——中国人的天下观》，见刘岱总主编：《中国文化新论·根源篇》，北京：生活·读书·新知三联书店，1991年，第425—478页。

⑤ （汉）司马迁：《史记》卷九十九《刘敬传》，北京：中华书局，1959年，第2719页。

⑥ （宋）司马光：《资治通鉴》卷一百九十八，"贞观二十一年五月庚辰"，北京：中华书局，1956年，第6247页。

图,是中国之疆土开拓广远,乃中国臣民之大幸,何得尚有华夷中外之分论哉!"①到了晚清的时候,"夷"已经不指中国边疆区域的少数民族,而是指外国人,也并不强调其如何未及中华人物开化,主要是指其为非华人而已。

近代以来,在与西方世界接触的过程中,中国人逐渐受到西方"民族国家"观念的影响。法国思想家卢梭(Jean-Jacques Rousseau,1712—1778 年)就倡导政治性的民族主义,主张国家集合了全体人民的共同意志,是社会契约的结果,因而是具有最高权威的道德共同体。这种思想促使中国思想界在明清时期已经萌芽的"天下"认同价值观基础上,找到了能够更明确地阐释大中华民族认同的话语。梁启超就指出,数千年来的"朝廷"观念妨碍了"国家"思想的形成,人们只关心一家一姓之朝廷的兴亡,而没有认识到国家是一个整体,包括所有的人民、物产、财力等等。在统摄大民族共同体的新式国家意识觉醒之后,跟随而来的是国民意识的觉醒。1899 年,梁启超在《爱国论》中论述了兴民权与建立近代国家之间的关系,其说云:"国者何?积民而成也。国政者何?民自治其事也。爱国者何?民自爱其身也。故民权兴则国权立,民权灭则国权亡。为君相者而务压民之权,是之谓自弃其国;为民者而不务各伸其权,是之谓自弃其身。故言爱国必自兴民权始。"②同年,他又在《近世国民竞争之大势及中国前途》中分析享有民权者需承担管理与捍卫国家的责任:"国者积民而成,舍民之外,则无有国。以一国之民,治一国之事,定一国之法,谋一国之利,捍一国之患,其民不可得而侮,其国不可得而亡,是之谓国民。"③正是在这种新的以整个文化社会共同体为归属标的的新民族国家观的基础上,中华民族的爱国主义得到高度升华和广泛认同,从而使中华民族得以粉碎西方殖民者和日本帝国主义拆解甚至吞并中国的种种图谋,以整体的姿态自立于世界民族之林。

四、世界知识与世界观

受自然环境、交通信息等条件的限制,古人对自身社会以外的世界了解很不充分,在漫长的历史过程中,逐步地积累,才形成关于世界的有限知识。这种知识状态,对他们关于人类世界的总体看法,自然会有很大的影响。

在商代,人们想象中的世界有一个中心,就是他们的先王、先公宗庙所在之地——商(今河南商丘)。在商人的观念中,世界以这个中心为原点,向外舒展,成为"四土"和"四方"。这体现在对地域行政关系的设置中,就是内服、外服和后来的"五服"制度。祭公谋

---

① 中国第一历史档案馆编:《雍正朝起居注册》"雍正七年九月癸未",北京:中华书局,1993 年,第3130 页。

② 梁启超:《爱国论》,见《梁启超全集》第 2 卷,北京:北京出版社,1999 年,第 273 页。

③ 梁启超:《论近世国民竞争之大势及中国前途》,见《梁启超全集》第 2 卷,北京:北京出版社,1999年,第 309 页。

父曾对周穆王说:"先王之制,邦内甸服,邦外侯服,侯卫宾服,夷蛮要服,戎翟荒服。甸服者祭,侯服者祀,宾服者享,要服者贡,荒服者王。日祭、月祀、时享、岁贡、终王,先王之训也。"①这里的日祭、月祀、时享、岁贡、终王,是参加祭祀的时间频率。距离王都愈近,由祭祀贡献所体现出来的对中央的责任愈具体而强。要服与荒服之地为中国声教所不及,基本上处于"化外"之地,故无须频繁参加祭祀。秦汉之后,将相对于内地而言的边远政权称之为"外国"。"外国"和中国的往来,被理解为边缘向中心的靠拢,其活动多被理解为"入贡"——"外国"将本地的特产贡献给中国朝廷,以示遵服;中国皇帝则赏赐礼物,以示回馈和鼓励。仅从经济上说,历史上的这种入贡和赏赐是中国财政的负担,但贡献物品是臣服的象征,意味着中原统治秩序向外面世界的延伸。所以,当汉代与西域各国建立往来关系的时候,会要求各国派遣质子居住在汉朝的京师,学习中国的文化;汉朝使者到各国去的时候,各国都要遵行中国规定的拜见礼仪,否则汉朝可能会与之断绝关系,表示汉朝不与"无礼之国"往来。②

汉武帝时期,张骞的西域之行打开了中原人认识中亚、南亚国家地理方位、物产与交通等状况的窗口。中原人知道中亚的大夏、大宛、安息等都是大国,物产奇异,人民"深眼多须髯",善于经营商业,锱铢必较;又知道大夏东南的身毒(今印度)位于中国的西南方向,从方位上看,可以经过中国西南地区到达其境,身毒面临大海,土地卑湿,气候炎热,人民乘象作战。③ 这些认识虽然粗浅,但也相当准确。到东汉班勇担任西域长史的时候,中原人对西方世界的了解就更为广阔、深入了。他记载的西方大秦(东罗马帝国)具有高度发达的文明,其王位并非世袭,国王经过选举产生,由 36 人组成的议事会议讨论国事,国家机构各有分工,"人民皆长大平正",在文化上可以和中国相提并论。④

以中国为中心的世界观容易将中原人的视野更多限制在对内部事务的关注上,忽略外部世界的重要性,并产生外部世界文明程度低于中国的意识。不过,这种倾向在遇到具体事情时,可能变通。比如,佛教从印度、中亚传入内地之后,被朝野上下许多人信从,一些出家人甚至不畏艰辛,长途跋涉赴印度等地求经,回国后又认真翻译佛经,使得佛学流行于世。再如,唐朝人认可了印度和西方的天文学知识,曾经任命印度人或波斯人长期担任司天台的司天监。⑤ 这就体现出对外来文明的开放态度。

宋元时期,中外之间更多地通过海上交通相互往来,中国人对伊斯兰文明有较为清晰的了解。例如大食国"王与官民皆事天,有佛名麻霞佛(伊斯兰教的创始人穆罕穆

① 徐元诰:《国语集解》之《周语上》,北京:中华书局,2002 年,第 6—7 页。

② 参见(汉)班固:《汉书》卷九六《西域传》,北京:中华书局,1962 年,第 3892—3893 页。

③ (汉)司马迁:《史记》卷一百二十三《大宛列传第六十三》,北京:中华书局,1959 年,第 3173—3174 页。

④ (南朝宋)范晔:《后汉书》卷八十八《西域传》,北京:中华书局,1965 年,第 2919 页。

⑤ 荣新江:《中古中国与外来文明》,北京:生活·读书·新知三联书店,2001 年,第 246—252 页。

德)”，①“有白达国(巴格达)系大食诸国之京师也,其国王即佛麻霞弗之子孙也”。② 元代,波斯湾大部分地区成为元朝的“宗藩之国”——伊利汗国的疆土,对中国海外交通的发展更为有利。

明初郑和从永乐三年(1405 年)开始,先后七次下西洋,西洋即印度洋。郑和开辟的航线从西太平洋穿越印度洋,到达西亚和非洲东海岸。明朝使团与沿途国家通过和平方式建立政治与贸易关系,因而对南洋与印度洋沿岸世界有深入的了解。

明朝中后期,中国人通过贸易关系认识欧洲文明,欧洲先进的造船、航海和武器制造技术使中国人印象深刻。③ 西方传教士带来的最新地理知识稍稍改变了中国人传统的自我中心的世界意识。基督教的普世主义倾向鼓舞基督徒向世界所有地方传播其教义。利玛窦(Matteo Ricci,1552—1610 年)、艾儒略(Giulios Aleni,1582—1649 年)等来华传教时,欧洲人早已完成了环绕地球的航行,因而其世界地理知识以及对于世界范围的认识比当时中国人所知道的更接近实际。传教士把这种世界地理知识介绍到了中国。利玛窦在绘制呈现给中国人的世界地图的时候,做了一些技术处理,设法将中国大体上安置在地图的中央,以适应中国人传统的自我中心的世界意识。部分中国士人在著作中采用了新的世界地图。瞿式穀在天启三年(1623 年)为艾儒略《职方外纪》撰写序言时,提到:“尝试按图而论,中国居亚细亚之一,亚细亚又居天下五之一,则自赤县神州而外,如赤县神州者且十其九。”④即认识到中国并不是世界的中心,并且“东海西海,心同理同”,⑤各文明的基本价值观是相通的。由此推论,既然天下没有一定的中心,华夷文野之别也就不能以固定的地域划分。明朝末年的人显然已经开始以接近平等的态度看待西方文明。当然,当时了解并支持这种观念的人并不占主流地位。

明清易代之后,来到中国的西方人曾在清朝的宫廷中表现活跃,中国人了解的西方事物也进一步累积增加。但是清朝经历了康熙、雍正、乾隆间的百年盛世,对外部世界还是不甚认真留意,当时甚至出现了一种化解西学于中国原有传统之中的“西学中源”说,认为西方的地理知识在中国传统学问中就有源头。乾隆二十五年(1760 年),法国传教士蒋友仁(Benoist Michael,1715—1774 年)绘制了《坤舆全图》并撰写《坤舆图说》进呈乾隆皇帝。乾嘉时期的大学者钱大昕(1728—1804 年)、阮元(1764—1849 年)等人对之加以抵制,⑥结果其中包含的一些新知识没有被认真对待。梁启超感叹,清代乾嘉学者视西洋地理知识为“同邹衍谈天,目笑存之而已”。⑦

① (宋)赵汝适著,杨博文校释:《诸蕃志校释》,北京:中华书局,1996 年,第 90 页。
② (宋)周去非著,杨武泉校注:《岭外代答校注》卷三,北京:中华书局,1999 年,第 100 页。
③ 庞乃明:《明代中国人的欧洲观》,天津:天津人民出版社,2006 年,第 284—335 页。
④ [意]艾儒略著,谢方校释:《职方外纪校释》,北京:中华书局,1996 年,第 9 页。
⑤ [意]艾儒略著,谢方校释:《职方外纪校释》,北京:中华书局,1996 年,第 9 页。
⑥ 黄时鉴、龚缨晏:《利玛窦世界地图研究》,上海:上海古籍出版社,2004 年,第 106 页。
⑦ 梁启超:《中国近三百年学术史》,北京:东方出版社,1996 年,第 391 页。

　　晚清时期,西方用炮舰直接冲开中国国门,迫使中国签订一系列不平等条约,国人终于开始认真探索西方的知识和世界大局。清咸丰二年(1852年),魏源编成《海国图志》。书中认为英国最为强盛,英国有女王、巴厘满衙门(议会)、贵族院(上议院)、加密列冈色尔(内阁会议),还介绍了美国实行民主共和制,勃列西领(总统)四年一选,西业(参议院)与总统分权而治;议会议事三占从二,即少数服从多数,①开始关注西方政治制度。光绪元年(1875年),郑观应在《论公法》中说:“夫地球圆体,既无东西,何有中边? 同居覆载之中,奚必强分夷狄!”这表明中国中心的世界观已经改变。鉴于中国在世界上的孤立现状,郑观应敦促国人改变世界观,如果“能自视为万国之一”,则“彼公法中必不能独缺中国,而我中国之法,亦可行于万国”。②

　　1894年的中日甲午战争使中国陷入更为深重的灾难之中。国人对于西方物质与精神文明的认识日渐深入,传统的文化中心感遭遇挫折,优越感丧失后随之而来的是对外交往中的自卑感。康有为(1858—1927年)在公车上书中反复以“一统垂裳之势”的中国和“列国并立之势”的世界进行对比。梁启超在1899年的《论中国与欧洲国体异同》中指出:“今日地球缩小,我中国与天下万邦为比邻,数千年之一统,俄变为并立矣。”③在这种世界观中,世界文明的中心不是中国,而是近代以来在世界秩序中位于主导地位的欧美国家。梁启超在1901年的《中国史叙论》中就注意到,“今世之著世界史者,必以泰西各国为中心点”,连新兴的“日本、俄罗斯皆摈不录”,因为“过去现在之间,能推衍文明之力以左右世界者,实惟泰西民族,而他族莫能与争”。④ 在这种情况下,中国人开始把加入世界,在世界中获得与各国平等的地位作为追求的目标。康有为在1919年1月致巴黎和会中国首席代表陆徵祥的信件中就指出,和会中“欧美人互相提携而摈斥他种”,⑤在条约谈判中不能平等地对待中国。

　　争取民族自由、平等是一个艰难曲折的历程。辛亥革命之后,孙中山(1866—1925年)积极提倡以民族主义凝聚全国民心。他在1921年6月的演说中,针对欧洲各国提倡世界主义、排斥民族主义的思想,认为中国应该在自强的基础上才能提倡世界主义:“因中国积弱,主权丧失已久,宜先求富强,使世界各强国皆不敢轻视中国,贱待汉族,方配提倡此主义,否则汉族神明裔胄之资格,必随世界主义埋没以去。故兄弟敢说中国欲倡世界主义,必先恢复主权与列强平等;欲求与列强平等,又不可不先整顿内治。”⑥1924年2

①(清)魏源著,陈华等点校注释:《海国图志》,长沙:岳麓书社,1998年,第1380—1381页、1652页。

②郑观应著,夏东元编:《郑观应集》,上海:上海人民出版社,1982年,第67页。

③梁启超:《梁启超全集》第2卷,北京:北京出版社,1999年,第315页。

④梁启超:《梁启超全集》第2卷,北京:北京出版社,1999年,第448页。

⑤《康南海最近之言论(二)》,载《晨报》1919年1月12日,第6版,转引自罗志田:《近代读书人的思想世界与治学取向》,北京:北京大学出版社,2009年,第46页注1。

⑥中国社会科学院近代史研究所中华民国史研究室,中山大学历史系、广东省社会科学院历史研究室合编:《孙中山全集》第5卷,北京:中华书局,2006年,第558—559页。

月,孙中山又提出:"欧洲人现在所讲的世界主义,其实就是有强权无公理的主义。"①"我们以后要讲世界主义,一定要先讲民族主义,所谓欲平天下者先治其国。"②在外敌环伺、危亡迫近的时局中,倡导民族主义,以凝聚举国救亡图存的精神,无疑是非常必要的。不过,民族主义立足于自我特殊意识,如无普世精神的润养,易于偏激,造成封闭、排外的情绪,这也是值得警惕的。陈独秀在 1915 年的《敬告青年》一文中就提出了更豁达的世界观,他说:"(国民)犹有锁国之精神,而无世界之智识。国民而无世界智识,其国将何以图存于世界之中?"③

鸦片战争以来,中国人通过重新定位自身与世界的关系,突破了自我中心的世界观,在争取民族独立、平等,实现经济社会现代化发展的同时,积极"走向世界",终于成为国际社会中举足轻重的一员。

【小结与思考】

在不同的场合,人们有特定的自我身份与群体认同。家庭、宗族、国家与天下就是这样范围逐渐扩大,人们的自我角色因而逐渐变换的基本集体。家庭的绵延、宗族的凝聚与国家的团结似乎有着共同的精神价值贯穿其间。家庭内部,祖先崇拜的意义在于维持家庭中尊尊卑卑的现有秩序,并保持血缘关系延续不断,其中体现孝悌等基本的人伦价值观。宗族在传统社会的家庭与国家之间有不可替代的纽带作用。宗族成员之间"岁时有合食之恩,吉凶有通财之义",宗族因而成为基层社会重要的稳定力量。当认同范围扩大到社会乃至国家时,忠恕观念成为群体凝聚的共同价值观,对职责的遵守、对他人的信用、平等相处都是这种观念的体现。中华文明的漫长延续,可以从传统精神价值中找到部分解释。近代以来,中国人关于家庭、宗族、国家以及世界的观念在西方思潮冲击下颇多更新,而传统精神价值仍有旺盛的生命力。

【思考题】

1. 谈谈祖先崇拜与中国传统价值观的联系。
2. 宗族在中国传统社会中具有怎样的功能?如何看待其利弊?宗族在现代社会还有积极意义吗?
3. 中国古人的国家观与现代国家观有哪些异同?
4. 中国传统的"天下观"有怎样的内涵?

---

① 《孙中山全集》第 9 卷,北京:中华书局,2006 年,第 231 页。
② 《孙中山全集》第 9 卷,北京:中华书局,2006 年,第 231 页。
③ 陈独秀:《敬告青年》,见任建树等编:《陈独秀著作选》第 1 卷,上海:上海人民出版社,1993 年,第 133 页。

第九讲

两性关系与女性角色

在中华文明历史演变中形成的两性关系格局中，男性在国家政治和社会公共事务中一般居于主导地位，在家庭中也是父权高于母权。但在社会生活中，两性自古以来就是相互依赖的，所以在文化意识中，讲求阴阳互动、相辅相成。这种基本格局在不同时期、阶层、民族的实际生活中，表现出很大的差异。在 19 世纪以来的现代化转变中，中华女性所受到的传统束缚基本解除，女性在参与国家政治、公共事务管理、社会生产活动中地位显著上升，但在就业以及婚姻家庭生活中的角色依然与男性有所区别。两性关系是社会组织中的基本关系，从性别角度体现社会权利配置、价值观和文化取向，是文明史的基本内容之一。

一、从母系社会到父权社会

（一）考古学展现的远古两性关系

远古人类的两性关系一直与文明演化同步，在由母系社会向父系社会演变的过程中，两性关系模式也发生了转变。从母系社会的考古遗址来看，排列有序的住房及氏族公用的大房子、氏族公共墓葬等迹象表明，当时的氏族成员共同劳动、共同消费，每个居住群落内部以血缘为重要纽带，氏族成员基本平等，女性先辈可能是人们定义相互关系的标尺，但两性的性别分工已经开始显现出来。

1958 至 1959 年，陕西华县元君庙仰韶文化前期墓地被考古工作者发掘清理出墓葬57 座，多数为多人合葬墓。其中，只见女性和小孩的合葬墓，没有男性与小孩的合葬墓，这是人群依女性聚集的表现，体现出母系社会的形态。据统计，半坡类型的仰韶文化墓地中，男性平均每墓随葬陶器 2.43 件，每人 2.09 件，女性平均每墓 2.84 件，每人 2.17件，女性随葬陶器数量略高于男性，但男性墓葬中的生产工具略多于女性。[①] 从中可以看到劳动分工的差异，但看不出明显的社会地位差异。从多处发现的同时期合葬墓和单人葬墓中的随葬品没有显著性别差异来看，母系社会两性之间主要存在基于两性生理差别而自然形成的社会角色分工，没有法权意义上的单一性别统治。

新石器时代晚期的村落遗址则显示出了明显的变化。在仰韶文化中期汝州洪山庙发现的一批成年单人二次瓮棺葬中，有 3 座葬具——大口缸上都彩画男性生殖器图像，缸内人骨均为在生育年龄之内的女性，另外一座瓮棺已残缺的陶缸上残存彩塑显示男性生殖器的人体下部，缸内人骨缺失。在仰韶文化晚期的文化遗址中，象征男性生殖器的崇拜物出土增多。这种男性生殖崇拜强调男性在孕育子嗣中的突出地位，应是父系认同和父系氏族制确立的反映。此外，大汶口文化、仰韶文化中晚期和崧泽文化遗址所发现

---

① 严文明：《半坡类型的埋葬制度和社会制度》，见氏著《仰韶文化研究》，北京：文物出版社，1989年，第 262—301 页。

的成年男女合葬墓、成年男子与儿童合葬墓等,也体现父系氏族制形态。[①] 其中,部分男女合葬墓中有规律地按照男左女右的位置安葬,男子多仰身直肢且随葬品置于男子一侧,而女性则侧身屈肢在男性胫骨以下。这类葬式强烈表现出丈夫或父亲本位的男尊女卑的社会现实。[②] 到了公元前3500年至公元前2000年左右的新石器时代末期,即仰韶文化后期至龙山文化时期,以墓葬中女子侧身屈肢朝向男子的葬式为代表的父权制在各地区普遍存在。这种变化,主要是由于新石器时代后期男性在强化的生产、战争等公共事务中扮演比女性更活跃的角色的缘故,两性关系由此向男性主导方式转变。

(二)神话传说中所见的两性关系

古代文献中常有不少远古时代"民知其母,不知其父"、[③]"其民聚生群处,知母不知父,无亲戚兄弟夫妻男女之别"[④]之类对母系社会特征的追忆文辞。其中,关于女娲的神话故事被提到最多。《楚辞·天问》中有问:"女娲有体,孰制匠之?"[⑤]屈原的疑问,说明女娲传说在战国时代已经流传。《淮南子·精神训》说:"古未有天地之时,惟像无形……有二神混生"。一般认为,"二神"指女娲和伏羲,[⑥]他们在未有天地时"混生",都有"经天营地"的功劳。汉代应劭《风俗通》则不仅进一步将女娲造人推演为"抟黄土造人",而且说她为了使人类繁衍下去而创建了婚姻制度:"女娲祷祠神,祈而为女媒,因置婚姻。"[⑦]因此,古代中原人不仅奉女娲为祖神,而且还奉其为婚姻媒介之神。前面章节曾提到,《淮南子·览冥训》中记载说,往古时,整个自然秩序遭到了破坏,于是女娲出来"补天",使得世界重新有了秩序。这些神话传说,透露出母系社会女性扮演重要甚至主导性社会角色的信息。

中国古史传说中的"五帝"时期大致相当于考古学的新石器时代末期。传说这一时期常有自然发生或者由人间恶行引起的严重灾害。相应的,早期文献中常有英雄救世的记载,从而形成天生之、地养之、圣人治之这样一种人文历史的记述。后羿射日、大禹治水的神话传说就是大灾害之后英雄救世故事的代表。在古史传说中,不管是抗灾救世的英雄,还是其反面的灾害制造者,绝大多数是男性,如炎帝、黄帝、太暤、少暤、蚩尤、共工、帝喾、颛顼、尧、舜、禹等。即使是女娲繁衍人类的神话传说,到了这一时期也增加了男性

① 中国社会科学院考古研究所编:《中国考古学·新石器时代卷》,北京:中国社会科学出版社,2010年,第790页。

② 中国社会科学院考古研究所编:《中国考古学·新石器时代卷》,北京:中国社会科学出版社,2010年,第790页。

③ (清)郭庆藩:《庄子集释》卷二十九《盗跖》,北京:中华书局,1959年,《诸子集成》本,第429页。

④ 王利器:《吕氏春秋注疏》卷二十《恃君览》,成都:巴蜀书社,2002年,第2423页。

⑤ 古代神话中说女娲人头蛇身,一日有70种变化,屈原因而追问:其体如此,是谁创造出来的呢?参看(宋)朱熹:《楚辞集注》卷三,上海:上海古籍出版社,2001年,第62页。

⑥ 徐旭生:《中国古史的传说时代》,北京:文物出版社,1985年,第237页。

⑦ (宋)李昉等:《太平御览》卷七十八引,北京:中华书局,1960年,第364页。

参与的角色,如伏羲和女娲在汉代画像石中就常成对出现。父系氏族时代的女性神话传说人物,还可举出羲和、常羲、瑶姬和精卫等几位。① 她们或有丈夫,或有父亲,虽然可以与丈夫或父亲一起化生太阳或月亮,但仍具有以男子为本位的家庭妇女色彩。在《诗经》《史记》等古籍中,虽有与夏商周始祖相关的女性传说人物修己、简狄和姜嫄等,但基本限于讲述其在族系起源中的故事。相关传说内容正是父权社会下两性角色分工向男子主导方向转变的体现。

二、阴阳和合观念与两性定位

人类文明的早期演进伴随着国家的形成与发展,而国家是通过比先前更大规模的社会整合而发展的,其标志是强大的政府组织和相应的武装力量。这种残酷的竞争过程凸显了身体较为强健的男性在社会体制中的地位。所以,中华文明史上最早的夏、商、周时代,沿着氏族社会后期父权制体系的趋势演变,男性地位上升,女性地位则趋于下降。氏族制后期作为自然不平等表现的性别差异,被早期国家尤其是周代的君主加以利用并秩序化,奠定了后来两性关系格局的基础。

(一) 商代贵族女性的政务参与

自人类进入父家长统治的社会以后,重男轻女便成为社会习尚。夏商时期的贵族,出于财产继承及"重祖广嗣"的需要,十分重视男性子嗣的养育。甲骨文中就有这样的记载:占卜的人祈问分娩日期,卜得的结果显示某日为吉,结果在吉日之后分娩,生了个女孩,就认为不嘉。② 可见在夏商时期,男尊女卑已成为基本倾向,但当时贵族女子还能广泛参与到社会政治中去。

上古"国之大事,在祀与戎"。③ 甲骨文中有关于贵族女性主持作为"国之大事"的祭祀的记录,如"呼妇好侑俘于妣癸",④"贞:勿乎妇好往燎",⑤"妇妌示二屯"。⑥ 这些文字分别记载了妇好与妇妌主持祭祀及相关事务的事情。至于贵族女性参加战争的记载,甲骨文中也不乏其例,如"辛巳卜,□贞,登妇好三千,登旅万,呼伐羌",⑦其内容是说,征集包括妇好在内的共一万三千人马去讨伐羌人。这是甲骨文中动员军队人数最多的记录,

---

① 分别见于袁珂:《山海经校注》卷十《大荒南经》、卷五《中次七经》和卷三《北山经》,上海:上海古籍出版社,1980 年,第 363、141、67 页。

② 中国社会科学院历史所编:《甲骨文合集》,14002,北京:中华书局,1978—1983 年。

③ 杨伯峻:《春秋左传注》之《成公十三年》,北京:中华书局,1981 年,第 861 页。

④ 中国社会科学院历史所编:《甲骨文合集》,94 正,北京:中华书局,1978—1983 年。

⑤ 中国社会科学院历史所编:《甲骨文合集》,2641,北京:中华书局,1978—1983 年。

⑥ 中国社会科学院历史所编:《甲骨文合集》,6233 臼,北京:中华书局,1978—1983 年。

⑦ 李学勤、齐文心、艾兰编:《英国所藏甲骨集》,150 正,北京:中华书局,1985 年。

可见商代妇女掌管戎事的规模很大。此外的记载还有："贞:王令妇好比侯告伐尸方。"① 又有："辛巳卜,争贞:今者王共人呼妇(好)伐土方受**业**又。五月。"②可见,妇妌与妇好等贵族女性经常作为军事统帅率军出征羌方、尸方、土方等方国。民以食为天,《尚书·洪范》将"食"列为君主"八政"之首。妇妌与妇好的身影也活跃在与民食相关的事务中。甲骨文记载:"辛丑卜,□贞:妇妌呼黍于丘商。"③又:"贞:妇妌黍受年。"④不仅如此,甲骨文中还有以妇好、妇妌为代表的商代贵族妇女拥有封地的记载,如,"贞妇妌受黍年",⑤"妇好受年",⑥显然是贞卜妇妌、妇好封地收成情况的。大体看来,在商代,男子能做的事,贵族女性皆能参加。至于生活在宗族共同体内的下层妇女,在上古宗法贵族社会里自然无法参与国家政务,其在社会生活中的地位如何,需有更充分的文献才可能说明。

(二)周代礼制之兴与阴阳和合观

周代奠定了古代华夏族性别文化的基本规范。殷周鼎革之际,周人在关注政权合法性的同时,在国家政制中构建关于人事的礼制,以呼应其天命观,其中包括提出"牝鸡无晨"的女性角色观。这种观念当然与周人从氏族时代带入早期国家阶段的基于生理差异所形成的男耕女织的性别分工意识有关,同时也与殷周之际社会政局剧烈变动有联系。周武王在孟津誓师伐纣所作的《太誓》说:"今殷王纣乃用其妇人之言,自绝于天,毁坏其三正,离逷其王父母弟,乃断弃其先祖之乐,乃为淫声,用变乱正声,怡悦妇人。故今予发维共行天罚。"⑦将讨伐商朝的缘由归于纣王时期女性参政带来的负面后果。其后,在牧野之战前,周武王再次以相同的理由动员兵士与盟国:"牝鸡无晨。牝鸡之晨,惟家之索。"进而控诉"今商王受惟妇言是用",⑧口吻与《太誓》如出一辙。武王去世后,经过周公"制礼作乐",将起源于氏族社会内部和相互间关系准则的礼俗加以突出父权意识的改造,形成了迄今用文字保留下来的最早的典章制度与行为规范。周公鉴于殷商败亡与女子参政有关的考虑,强调男女之别,在政权机构上实行贵族妇女与贵族男子内外分治的模式。史载周制:"天子及诸侯合民事于外朝,合神事于内朝;自卿以下,合官职于外朝,合家事于内朝;寝门之内,妇人治其业焉。上下同之。"⑨根据这种礼制,女子仅为服侍男子的家庭角色,无论家政还是国政,妇女均不可参与。

---

① 中国社会科学院历史所编:《甲骨文合集》,6480,北京:中华书局,1978—1983年。

② 中国社会科学院历史所编:《甲骨文合集》,6412,北京:中华书局,1978—1983年。

③ 中国社会科学院历史所编:《甲骨文合集》,9530,北京:中华书局,1978—1983年。

④ 中国社会科学院历史所编:《甲骨文合集》,9970,北京:中华书局,1978—1983年。

⑤ 中国社会科学院历史所编:《甲骨文合集》,9968,北京:中华书局,1978—1983年。

⑥ 中国社会科学院历史所编:《甲骨文合集》,9848,北京:中华书局,1978—1983年。

⑦ (汉)司马迁:《史记》卷四《周本纪第四》,北京:中华书局,第121—122页。

⑧ (唐)孔颖达:《尚书正义》卷十一《牧誓》,北京:中华书局,1980年,影印阮元校刻《十三经注疏》本,第183页。

⑨ 徐元诰:《国语集解》之《鲁语下》,北京:中华书局,2002年,第193页。

周礼的核心内容是等级制,将社会成员按照等级、年龄、血统和性别划分为从属支配的各种关系,性别为其中的尺度之一。首先,妇女从属于父权家族和男人。未嫁从父,既嫁从夫,"归"为嫁女之义,表明妇女的归宿是出嫁为人妻。出嫁后的妇女身份也随丈夫的等级定义——王之配偶称后,诸侯之配偶称夫人,大夫之配偶称孺人,士之配偶称妻,随嫁的媵妾则随主妻地位依次降等。其次,在同一等级的贵族内部,男女分主内外。在政治生活中,周礼严格限制妇女直接介入,"妇言勿用",政治成了女性的禁地。在经济活动中,周礼用天子、诸侯籍田劝农,王后、夫人亲蚕劝桑的仪式固定与强化男耕女织的角色分工。籍田是借民众之力耕作祈丰的仪式,与之对应的是后、夫人主持的劝蚕仪式。这种自上而下的农耕、蚕织分工模式从周代礼仪化之后,一直绵延于整个中国古代经济社会生活中。在宗教祭典中,根据性别、等级的分工也十分明确。周代各等级的男性贵族是主祭者,他们的嫡配妻妇充任配角与助手——若天子、诸侯筹备贡献用的牺牲,王后、夫人就亲自舂粢盛,亲自缲丝做祭服,以示对神祖的恭敬齐肃。周王与王朝政务官祭祀天地,熟识天时地性,以便民事,而王后与"九嫔"等女官,则力行"洁奉禘、郊之粢盛"和做祭服等女职,身为典范以倡妇教。周代还一改商代的独祭儿王之母的惯例,实行祖妣同祭,但无论是天子的七庙,还是诸侯的五庙,都是以祭祖为主,不再独祭女祖先妣(姜嫄除外),体现了女性从属于男性的父权制特点。最后,周礼中同一贵族的妻妇等级也判然有分。"子以母贵"、"母以子贵"。生育子女的女子本人的嫡庶名分直接关系到其所生子嗣的地位、前途,嫡妻嫡母身份高于众妾庶母,妾妇中又分成若干等级。由嫡庶制度派生的宗法制、庙祭丧服制也同样讲究父子、母子与夫妻间的差异,也体现了周礼中的性别等级。

基于贵族男女在政治、经济、宗教生活中的等级差别,男尊女卑的价值认同趋于强化。男性是家族、祖庙的未来承继者,一出生就受到重视;女子则是出嫁主内的他人之妇,故一出生就受到轻视。《诗经》说:"乃生男子,载寝之床,载衣之裳,载弄之璋。其泣喤喤,朱芾斯皇,室家君王。乃生女子,载寝之地,载衣之裼,载弄之瓦。无非无仪,唯酒食是议,无父母诒罹。"[1]周人重男轻女的观念可见一斑。又《孟子》载:"女子之嫁也,母命之,往送之门,戒之曰:'往之女家,必敬必戒,无违夫子。'以顺为正者,妾妇之道也。"[2]妇女不仅要兢兢业业地完成社会分工界定的妇功,还要注意自己的德、言、容。《礼记》称:"古者妇人先嫁三月……教以妇德、妇言、妇容、妇功……所以成妇顺也。"[3]相关内容正是以概括的语句体现周代社会对女子的角色期待。随着女子地位的衰落,"女正位乎

---

① 高亨:《诗经今注》之《小雅·斯干》,上海:上海古籍出版社,1980年,第265页。

② 杨伯峻:《孟子译注》卷六《滕文公章句下》,北京:中华书局,1960年,第140页。

③ (汉)郑玄注,(唐)孔颖达疏:《礼记正义》卷六十一《昏义》,北京:中华书局,1980年,影印阮元校刻《十三经注疏》本,第1681页。

内,男正位乎外"①成为天经地义的事情。

周代成书的《周易》阴阳学说对中国古代的性别观念影响最为深远。在《周易》之前,夏商时代的易书名为《连山》、《归藏》。《归藏》又名《坤乾》,其卦象位序是先坤后乾,这种重坤倾向是殷商时期较多母系制残余的体现。《周易》则以乾阳坤阴与君臣、男女、父子、夫妻等相对应,通过先乾后坤的卦序,突出阴阳二元和合的世界观,体现在性别哲学上,则又形成乾坤定位与阴阳定性的性别话语。乾道代表君、父、男、夫,支配坤道臣、子、女、妻。天尊地卑,引申出男尊女卑。《尚书》中的《洪范》篇与《周易》将阳(乾)、阴(坤)赋予阳动阴静的特性,引申出乾阳刚强而坤阴柔弱的属性,从而将男女性别和价值属性相连属,高下、尊卑、贵贱、动静、刚柔、健顺的品格差异就被赋予所有的男女,连带而及的还有主从、外内、强弱等一系列男女不同标准,进而推论出妇女柔顺之坤德需受男子刚强之乾德的管束、守恒专一的道德。到了春秋战国时期,以承继周代礼制文化传统为职志的儒家对前述性别角色观又进行了理论升华,如以阐扬《周易》大义为旨归的《易传》中的《系辞上》曰:"天尊地卑,乾坤定矣。卑高以陈,贵贱位矣。动静有常,刚柔断矣……乾道成男,坤道成女。"《系辞下》又谓:"乾,阳物也;坤,阴物也……阴阳合德,而刚柔有体。以体天地之撰,以通神明之德。"

值得注意的是,乾坤定位和阴阳定性并非绝对的两性对立,两性品格角色有别,但阴阳乾坤互相依存,和合而成万事万物,所以在夫妻关系中,要夫唱妇随,夫妻一体,和合互补。这种与天地自然秩序相类比得出并纳入古代社会政治等级秩序观念中的两性关系论,与中国古代社会制度水乳交融,规制了男女两性的基本角色。

三、公共社会历史中的女性

秦汉以后的史学著作对男女两性在社会历史中承担的角色和作用均给予了肯定。如《史记》、《汉书》等正史中,都有女性的身影。西汉刘向曾撰写《列女传》,《后汉书》承其先例,在主流史书中首开《列女传》之目,后来的史书也都记载重要的妇女活动。但是,与入史书传记的男性相比,对女性的记载篇幅短小,其形象亦多经男性道德话语的润色。其原因在于,中国古代性别秩序虽有讲求阴阳平衡、和谐的特质,但是阴阳和合互补的前提是父权制形态下阳尊阴卑、男外女内的两性角色定位。这种两性社会角色分工使得妇女被塑造为家庭内部的角色,隔离于公共事务之外。但是,由于中国古代各个历史时期的特殊条件、阶级差异及民族文化风貌的制约,走出家庭参与社会事务的女性也不少见。

(一)先秦两汉时期

① (唐)孔颖达:《周易正义》卷四《家人》,北京:中华书局,1980 年,影印阮元校刻《十三经注疏》本,第 50 页。

夏商时期周礼未兴,妇女可以像男子一样参与绝大多数社会事务,这在甲骨文中已有充分记载。西周时期虽为华夏族性别秩序的创始期,由于去古未远,贵族女性在社会政治中还有商代贵族妇女的参与遗风。金文中常见周王后妃和其他贵妇参与战争与祭祀等国家大事的记载。如西周康王之后王姜就是其中的典型,"作册矢令簋"、"作册䰄卣"和"作册䰄尊"等青铜彝铭都记载了周王征伐南方荆楚,王姜随行并负责有关军事事务的事迹,"叔卣"则记录了王姜参与国家祭典的事迹。西周春秋之交,晋文侯夫人姜氏地位显赫。据"晋姜鼎"说,晋姜效仿其已故婆母主持晋国事务,不敢逸乐,遵循明德,发扬宏图,以辅佐夫君晋文侯,宣扬其业绩,不敢掉以轻心,以使晋国繁荣,治理万民。嘉赏她的贤能,派她出征,赐她军用物资。她没有辜负文侯的命令,开道征伐繇、湯等地,取得了铜材,作鼎康乐君子,怀柔远人,祭祀祖先等等。晋姜采用"某某曰"这一金文中只有周王才用的口吻,彰显其可以作为军事统帅征伐、主持祭祀、治理国家的权威。

春秋时期周礼逐渐崩坏,到了战国时期,周礼从崩坏发展到废亡。人们力图摆脱礼和道德的束缚,建立以利欲得失为尺度的社会与人生价值。这一社会精神对性别关系的影响,直接导致男性权势者放纵欲望而实行性别功利主义。在此背景下,女性对社会政治发生影响是被动的,多是被男性作为女色或者政治婚姻工具参与政治行为。对于上层妇女来说,由于新兴的官僚体制结束了君主大批任命家族成员管理政治的情况,贵族妇女作为统治者之妻参与国家事务管理的身份合法性降低。这时"女祸"思想进一步强化。《管子》曰:"国无常法,则大臣敢侵其势。大臣假于女之能,以规主情,妇人嬖宠假于男之知,以援外权,于是乎外夫人而危太子,兵乱内作,以召外寇,此危君之征也。"[1]管子认为妇人干政,与权臣勾结,不可避免地会危害君主的地位。韩非子更指出,女子干预政事会直接导致国家灭亡,"女子用国,刑余用事者,可亡也"。[2] 由此,君主对待后妃的态度应该"明君之于内也,娱其色而不行其谒,不使私请",[3]即把后妃作为满足性欲的工具,而不允许她们对政事进行干预。这些思想对抑制妇女的政治参与权产生了深远的影响。不过,女性占社会人口的一半,在竞争需要的时候,统治者仍会要求女性参军打仗。《商君书》中明确提到:"三军:壮男为一军,壮女为一军,男女之老弱者为一军,此之谓三军也。"[4]

汉初距离春秋战国时代不远,束缚女子的制度也还没有十分严格,出现一些女主执政和女子参与政治的事例。如西汉高祖皇后吕雉,先是佐助刘邦获得政权,后又消除异姓王叛乱,临朝称制达八年之久,《史记》《汉书》均为之立"本纪"。西汉中期,与政治大一统稳定相适应,董仲舒改造先秦儒家思想,建立官方意识形态,其中蕴含的性别意识也成为官方着力倡导的观念。东汉初年,朝廷召开白虎观会议,董仲舒提出的三纲五常论被发展为三纲六纪之说。"三纲者何谓也?谓君臣、父子、夫妇也。六纪者,谓诸父、兄

① 黎翔凤:《管子校注》卷十《君臣上》,北京:中华书局,2004年,第558页。
② 陈奇猷:《韩非子集释》卷五《亡徵》,上海:上海人民出版社,1974年,第269页。
③ 陈奇猷:《韩非子集释》卷二《八奸》,上海:上海人民出版社,1974年,第153页。
④ 蒋礼鸿:《商君书锥指》卷三《兵守》,北京:中华书局,1986年,第74页。

弟、族人、诸舅、师长、朋友也。"①在这种"纲纪"说中,所有社会身份之间都有严格的关系定位,女性的从属性、边缘性进一步凸显。即使如此,汉代女性在国家政治和社会生活中仍然时有表现。东汉后期的朝廷时常由外戚把持,而外戚政治大多基于后妃与其家族的联合专制。汉朝为改善与周边少数民族政权之间的关系,曾多次派遣宗室女子或者宫女与少数民族上层人物通婚,王昭君就是其中之一。汉武帝时,宫内女官冯嫽奉诏以正使身份送宗室女解忧公主与乌孙和亲,持汉节行赏于西域诸国,深得各国敬佩,号曰"冯夫人",是中国历史上的第一位女外交家。

(二)魏晋南北朝隋唐五代时期

魏晋南北朝是中华文明史上的一个民族大融合时期。当时各民族经济形态和发展水平差异很大,各民族妇女的生活与社会地位也不尽相同。汉民族社会中,男尊女卑的观念和相关社会制度已经形成,而有些少数民族则保留着母权制的残余,多有妇女参政,鲜卑拓跋氏主导的北魏王朝就曾频繁发生"太后临朝"之事。如桓帝妻祁氏作为太后临朝,"遣使与石勒通和,时人谓之女国使";②文明皇后冯氏"临朝专政。高祖雅性孝谨,不欲参决,事无巨细,一禀于太后。太后多智略,猜忍,能行大事,生杀赏罚,决之俄顷,多有不关高祖者。是以威福兼作,震动内外"。③ 从阶层上来说,一般社会地位越高,参政的影响力也越大。这一时期,战乱频繁,妇女常随夫于行伍,成为女兵。妇女在军事上的作用,比秦汉时期显得更为重要。当时沿袭三国时的制度,实行世兵制,北朝后期又实行了府兵制,兵户中的妇女,到军情吃紧之时,也可能拿起武器,投入战斗。北朝民歌中的花木兰女扮男装,代父从军十二年,"万里赴戎机,关山度若飞。朔气传金柝,寒光照铁衣。将军百战死,壮士十年归"。④ 这个故事虽然出于文学创作,但折射出当时女子参军的社会现实。

隋唐两代是在游牧民族主导的北朝基础上建立的统一王朝,其统治者本身发迹于北朝少数民族统治阶层,在文化习俗上开放豁达,礼教观念较为淡薄,不十分拘泥于男女之防,"闺门不肃"。《资治通鉴》记载,盛唐时期北方少数民族出身的安禄山见唐天子不拜,而先拜贵妃,自称"胡人先母而后父"。⑤ 当时的女性也常有阳刚气质过于男子者,如武则天为唐太宗的才人时,有西域贡马一匹,性刚烈,无人敢驯,武则天说:"妾能制之,然须三物,一铁鞭、二铁挝、三匕首。铁鞭击之不服,则以挝挝其首,又不服,则以匕首断其

① (清)陈立撰,吴则虞点校:《白虎通疏证》卷八《三纲六纪》,北京:中华书局,1994年,第373页。

② (北齐)魏收:《魏书》卷一《帝纪》,北京:中华书局,1974年,第10页。

③ (北齐)魏收:《魏书》卷十三《皇后列传》,北京:中华书局,1974年,第329页。

④ (宋)郭茂倩:《乐府诗集》卷三《木兰诗》,北京:中华书局,1979年,第374页。

⑤ (宋)司马光:《资治通鉴》卷二百一十五《唐纪三十一·唐玄宗天宝六载》,北京:中华书局,1956年,第6877页。

喉。"①传统的女主政治只是女性以母、妻身份代替男性掌权,武则天则以独立的身份做了女皇帝。隋唐两朝还有其他一些皇后权势显赫:武则天之前有隋文帝独孤皇后、炀帝萧后、唐太宗长孙皇后;武则天之后,有中宗韦皇后、肃宗张皇后。还有一些公主、女官等也积极参与了国家政治事务。

在社会参与与社会交往方面,隋唐时期妇女所受约束也较少。唐代上层社会有夫人社交风气,长官夫人常设宴招待僚属夫人。民间妇女交往比上层更为随便,居住地相邻的妇女可以结成"女人社",人数一般二三十人,订立规约,进行各种交往活动。两性之间接触也没有太多禁忌。白居易《琵琶行》描述一位丈夫外出的商人妇,夜半在船上与一群陌生男客交谈并演奏琵琶。宋人洪迈就此感叹说:"瓜田李下之疑,唐人不讥也。"②

(三)辽宋金元明清时期

宋代仍有太后临朝称制之事。北宋有真宗刘后、仁宗曹后、英宗高后、神宗向后、哲宗孟后,南宋有宁宗杨后、理宗谢后,只是她们执政的方式与唐朝有差别。宋朝皇室立有"祖宗家法",禁止宫廷内外交结和后妃家族预政。因此,宋代女主政治只是皇权的补充,没有发展成女皇政治,受到更多礼法限制。宋人吕大防就此曾对宋哲宗盛赞说:"前代宫闱多不肃,宫人或与廷臣相见……本朝宫禁严密,内外整肃,此治内之法也。前代外戚多预政事,常致败乱,本朝母后之族皆不预,此待外戚之法也。"③在社会参与、社会交往方面,宋代商品经济发达,从事商业活动的妇女走出家庭面向社会,市民阶层的妇女成为十分活跃的社会参与力量。

与受礼教影响较深的中原王朝相比,北方游牧民族的生产生活方式使得男女并没有严格的性别分工,妇女可以担当男子的一切角色,她们更多地参与征战,拥有较高的社会地位,非汉族妇女可以比拟。而且,由于游牧民族特殊的居住方式,皇帝在没有固定都城之前,政务大多在其宠爱的妻子营帐里处理,这是辽金元三代皇后多有干政的原因之一。辽代皇后干政最为凸显。耶律阿保机之妻述律后(又称应天后)追随其夫南征北讨,并以所俘有技艺者,"置之帐下,名属珊",后来用属珊军奋击室韦,在辽朝历史上功勋卓著。阿保机死后,她又临朝称制20多年。杨家将故事中的萧太后,则是指辽景宗皇后萧绰(又称承天后)。《契丹国志》记载,景宗身体不好,萧绰"以女主临朝,国事一决于其手,大诛罚,大征讨,番汉诸臣集众共议,皇后裁决,报之于帝而已。"④景宗死后,萧绰又以太后身份临朝称制,前后控制辽朝最高权力达40年之久。有辽一代,一直是皇族与后族共任国事,皇帝年弱或多病不能理政时,皇后或太后是当然的执政者,皇后也可委任其亲属

---

① (宋)司马光:《资治通鉴》卷二十《唐纪二十二·则天后久视元年》,北京:中华书局,1956年,第6544页。

② (宋)洪迈:《容斋三笔》卷六《白公夜闻歌者》,收入氏著《容斋随笔》,上海:上海古籍出版社,1978年,第487页。

③ (元)脱脱等:《宋史》卷三百四十《吕大防传》,北京:中华书局,1977年,第10843页。

④ (宋)叶隆礼:《契丹国志》卷六《景宗纪》,上海:上海古籍出版社,1985年,第60页。

操持政务。

元朝皇后干政普遍,包括大蒙古国时期在内,元朝皇帝共有 13 位,而严重干政的皇后就达 11 人。① 按照蒙古风俗,新大汗的人选要由全体诸王贵族参加的忽里勒台大会确定。前任皇帝去世到新皇帝被选任之前,由皇后摄国称制。元朝建立后,忽必烈接受汉制实行预立太子制度,忽里勒台大会丧失推选皇帝的职能,帝位空缺的机会减少,但皇后干政的现象仍然存在。这里要注意的是,辽金元政权毕竟都是在父权制条件下发展起来的,皇权以男子世系为中心相传,皇后执政是特殊情况下对皇帝执政的补充。

明清时代,社会结构发生转变。一方面由于推崇程朱理学,倡导"三从四德",②使得妇女在思想和行为上受到的束缚比过去严紧得多,对妇女贞节的强调也到了极致,妇女更多地面向家庭;另一方面,明代中期以后商品经济引发的社会变迁,加以文化思想界反传统的风气,使得由法律与礼制构成的国家控制力削弱,进而使妇女有很大的自由活动空间。从阶层上来看,上层妇女所受束缚更严一些,劳动妇女出于生计问题,需要经常抛头露面,社会交往并不少。即使是中上层妇女,也常在岁时节日,单独或组织起来参与进香和迎神赛会之类活动。从地域来看,岭南地区民间女性社交比中原地区相对较多。从民族群体来看,少数民族女性活动自由大于汉族女性,如西南地区有许多女性的土司执掌地方行政,清朝的满族妇女并不缠足,可以自由进出戏园、茶馆等等。不过,就全国而言,女性的上述活动、角色,并不能改变她们在公共历史舞台上依附于男性、从属于男性的一般社会地位。

总之,周秦汉唐以降,虽然贵族妇女参政的现象仍不断出现,有时女性贵族甚至拥有较大的政治权力,但在男性君主专制体制与"女祸论"的支配下,她们在政治领域中不再具有常规性合法权威。吕后虽权倾一时,但在她死后诸吕很快被平定;武则天虽称制改元,但晚年亦经不住朝臣压力,不得不改变立其侄武承嗣为皇位继承人的初衷,而复立其子庐陵王李显为皇太子。可见女性的参政大多属于特殊历史条件下的特殊现象。随着帝制中国以男性贵族为中心的专制模式及其意识形态的强化,男主外女主内的性别分工成为压倒性的模式,女子在公共权力领域的活动日渐稀少。

四、社会生产中的女性

古代中国虽然在法权和伦理意义上是男尊女卑的社会,但社会生产实际上是由男子

① 胡务:《蒙元皇后与元朝政治》,载《求索》1990 年第 3 期。

② "三从"即在家从父、出嫁从夫、夫亡从子,语出(唐)贾公彦:《仪礼注疏》卷三十《丧服传》,北京:中华书局,1980 年,影印阮元校刻《十三经注疏》本,第 1106 页;"四德"为妇德、妇言、妇容、妇功,语出(汉)郑玄注,(唐)陆德明音义,(唐)贾公彦疏:《周礼注疏》卷七《九嫔》,北京:中华书局,1980 年,影印阮元校刻《十三经注疏》本,第 687 页。

与女子共同承担的,女子在生产活动中绝不是无足轻重的依附者。耕织结合的小农生产方式本身就决定了妇女"半边天"的角色。农业本身从采集经济发展而来,因而很可能主要是妇女发明的。史载:上古逢春,"王后帅六宫之人而生穜稑之种,而献之于王",①王后率领宫廷妇女培育谷种,当是远古时代妇女发明农业的佐证。山东滕县黄家岭汉代画像石上有描绘汉代农家劳动的场景。画上一男操犁,三女锄地,另有一女背负小孩送饭而至,形象地勾画出古代农家妇女协助农耕的劳动生活。遇到男人从军、服役的情况,家中女子自然就承担起农业劳动主力的角色。汉代有民歌:"小麦青青大麦枯,谁当获者妇与姑。丈人何在西击胡……"②

夏商周国家形态发达后,万民受职于国家。《周礼》在规制社会分工时,提到妇女要"化治丝枲",③"治丝麻以成之,谓之妇功",④将妇女纺织事务与男子从事的五种职事共同看做"国有六职"。故有文献称:"所以务耕织者,以为本教也……后妃率九嫔,蚕于郊,桑于公田。是以春秋冬夏,皆有麻枲丝茧之功,以力妇教也。是故丈夫不织而衣,妇人不耕而食,男女贸功以长生,此圣人之制也。"⑤这个传统在后世一直延续了下来。《管子》载:"上农挟五,中农挟四,下农挟三。上女衣五,中女衣四,下女衣三。农有常业,女有常事。一农不耕,民有为之饥者,一女不织,民有为之寒者。"⑥《韩非子》曰:"丈夫尽于耕农,妇人力于织纴,则入多。"⑦总之,先秦时代妇女已经成了一支劳动大军,她们的纺织劳作是社会经济延续的基础,也是战国时期各国富国强兵的重要支撑。

汉代乐府民歌、壁画和画像石中有很多描写妇女蚕桑纺织的主题。《焦仲卿妻》描写女主人公刘兰芝"鸡鸣入机织,夜夜不得息"的场景,当为汉代妇女蚕织劳动的生动写照。当时齐郡和襄邑妇女的刺绣和织锦最为有名。《论衡》称:"齐郡世刺绣,恒女无不能;襄邑俗织锦,钝妇无不巧。"⑧蜀地的丝织业也是闻名天下,有该地"女工之业,覆衣天下"⑨之说。魏晋南北朝时期,黄河以北地区的妇女纺织和刺绣最为有名。《颜氏家训》有:"河

---

① (汉)郑玄注,(唐)陆德明音义,(唐)贾公彦疏:《周礼注疏》卷七《内宰》,北京:中华书局,1980年,影印阮元校刻《十三经注疏》本,第686页。

② (南朝宋)范晔:《后汉书》志第十三《五行》,北京:中华书局,1965年,第3281页。按,该志为司马彪所撰。

③ (汉)郑玄注,(唐)陆德明音义,(唐)贾公彦疏:《周礼注疏》卷一《太宰》,北京:中华书局,1980年,影印阮元校刻《十三经注疏》本,第647页。

④ (汉)郑玄注,(唐)陆德明音义,(唐)贾公彦疏:《周礼注疏》卷三十九《考工记》,北京:中华书局,1980年,影印阮元校刻《十三经注疏》本,第905页。

⑤ 王利器:《吕氏春秋注疏》卷二十六《上农》,成都:巴蜀书社,2002年,第3052—3054页。

⑥ 黎翔凤:《管子校注》卷二十三《揆度》,北京:中华书局,2004年,第1387—1388页。

⑦ 陈奇猷:《韩非子集释》卷十五《难二》,上海:上海人民出版社,1974年,第835页。

⑧ 黄晖:《论衡校释》卷十二《程材篇》,北京:中华书局,1990年,第359页。

⑨ (南朝宋)范晔:《后汉书》卷十三《公孙述传》,北京:中华书局,1965年,第535页。

北妇人,织纴组紃之事,黼黻锦绣罗绮之工,大优于江东也。"①豫章一带妇女常半夜浣纱,鸡鸣成布,时人称为"鸡鸣布"。②

唐宋时期,纺织业空前繁荣,妇女纺织技术日趋精细。统治阶层对纺织品的需求量很大,唐天宝年间,朝廷一年征收的纺织品达绢 740 万匹、丝 185 万屯、麻布 1605 万端。各地进贡的堆积如山的绢帛麻布和巧夺天工的纺织精品,都是桑女织妇一梭一杼织成的。为了交纳赋税,唐代寒门妇女夜不停梭,司马扎《蚕女》描述说:"妾家非豪门,官赋日相逼。鸣梭日达晓,犹恐不及时。"③而那些专门供奉朝廷的"织锦户"、"贡绫户"的专业织女由于身怀绝技,被迫终身为官府纺织,荆州许多女子因此不能出嫁,元稹《织妇词》感叹说:"东家头白双女儿,为解挑纹嫁不得。"④宋代东南江浙地区丝织业最为兴盛,织女们都很勤苦。《宋史·食货志》:"蚕妇治茧、绩麻、纺纬,缕缕而积之,寸寸而成之,其勤极矣。而又水旱、霜雹、蝗蚊为之灾,幸而收成,则公私之债,交争互夺……帛未下机,已非己有。"⑤元代女性黄道婆从崖州(今海南岛)将黎族人的棉纺工具及技术带回家乡松江乌泥泾(今上海华泾镇),教人织棉,推广了轧棉机、弹棉弓、纺车、织机等工具。松江地区的妇女纷纷向她学习,使得该地区成为棉纺织业中心,松江布也成为驰名的佳品。

明清时期,纺织业生产规模空前,并且日益专业化,不仅农家妇女兼营纺织,而且专业织女越来越多。当时苏松地区是纺织业的中心,那里的妇女专以纺织为生。这一地区上交的赋税也主要是纺织品。徐光启说:"所由供百万之赋……全赖此一机一杼而已。"⑥江南纺织业发达,妇女在生产劳动中的地位就不亚于男子,她们成了家庭主要劳动力,不仅能自食其力,甚至可能支撑整个家庭经济。

中国古代国家在赋税征收中把妇女列为征收对象,说明女子在农业劳动中占有重要地位。秦朝建立以后,向妇女征收算赋。秦亡以后,汉仍然征收算赋,其征收对象是所有成年男女。曹魏时期按土地征税,同时又推行户调制,户出绢二匹,绵二斤。晋代除户调数量比曹魏增加以外,还规定了女丁占田的限量和课亩的数量,这是历史上有明确记载的专门对妇女征收田赋的开始。北魏孝文帝太和九年(485 年)推行均田制,规定妇女受田 20 亩,麻田 5 亩。北魏的赋税主要以户为单位征收,一夫一妇交帛一匹,粟三石。到隋文帝仁寿四年(604 年),女子不再纳课、受田,原来每户按男丁女丁各作分配的田地都划归男丁名下,女子所承担的租调也以男丁的名义上交,女子只在男丁的统领下向国家交纳租调。即使在这种情况下,妇女还是与其家庭中的男子共同分担着国家赋税的重担。

采拾劳动更是专门由妇女承担的。《史记·田敬仲完世家》记载春秋时期的齐国歌

---

① 王利器:《颜氏家训集解》卷一《治家第五》,北京:中华书局,1993 年,第 51 页。

② (唐)魏徵等:《隋书》卷三十一《地理志》,北京:中华书局,1973 年,第 887 页。

③ (清)彭定求等编:《全唐诗》卷五百九十六,北京:中华书局,1960 年,第 6901 页。

④ (清)彭定求等编:《全唐诗》卷四百一十八,北京:中华书局,1960 年,第 4607 页。

⑤ (元)脱脱等:《宋史》卷一百七十三,北京:中华书局,1977 年,第 4168 页。

⑥ (明)徐光启:《农政全书》卷三十五,北京:中华书局,1956 年,第 969 页。

谣唱道:"妪乎采芑,归乎田成子。"可见当时老年妇女常采拾芑菜。唐白居易名诗《观刈麦》描写割麦后的妇女拾穗的场景:"复有贫妇人,抱子在其旁。右手秉遗穗,左臂悬敝筐。……家田输税尽,拾此充饥肠。"江南水乡妇女多从事采菱、采莲、采藕和采茶等劳动,山区的妇女则多从事砍柴、卖柴等劳动,唐妇女还多有从事淘金事务的,如刘禹锡《浪淘沙》记载:"日照澄州江雾开,淘金女伴满江隈。"江浙、福建和两广地区长久以来就有"男逸女劳"的风气,女子承担了更多的体力劳动。隋代益州(今成都)"女勤作业,士多自闲",①清代嘉应州(今广东梅县一带)亦有类似风俗,"村庄男子多逸,妇女则井臼、耕织、樵采、畜牧、灌种、纫缝、炊爨,无所不为。天下妇女之勤者莫此若也。"②

此外,古代妇女还参与商业。《周礼·地官·司市》就有先秦"贩夫贩妇"的记载。秦代巴寡妇清、汉代卓文君都是介入商业的妇女。宋代以后,由于都市和商业的繁荣,妇女经营商业的更多。明清时期女商贩、女店主遍及城乡。

总之,妇女在中国古代不仅以织助耕和亲自参与农业劳动,而且参与到商品交换活动中,是经济生活的"半边天"。

五、婚姻形态变迁与家庭中的女性

婚姻是在两性差别基础上缔结的社会关系,它使男女结合得到法律和公共规范的认可,组成新的社会生存延续的基本单位,同时界定当事人在这种社会基本单位中的角色。人类最初的家庭形式是血缘家庭,它在两性婚姻关系中排除了祖先和子孙、双亲和子女互为夫妻的合法性。从旧石器时代后期到新石器时代农业发明以后,常见的婚姻形态是族外婚下的群婚制,这种形态进一步排除了同一氏族内兄弟姐妹互为婚姻的合法性。这时分属不同氏族的男女在不同的氏族内生产、生活,所以财产和子女世系都是按照母系继承的,两性虽有自然分工,女性在家庭中也受到高度的尊敬,但两性地位没有尊卑之别。到了新石器时代末期,生产力发展,社会分工细化,社会财富和剩余产品逐渐增多,婚姻家庭形态由不同氏族的成年男女在或长或短的时间内组成配偶的相对固定的对偶婚姻发展起来。进而开始出现从夫居住与财产、子女世系按照父系继承的现象。父系氏族社会逐渐取代母系氏族社会,婚姻家庭形态也逐渐由对偶制家庭过渡到以男子为中心的专偶制家庭。在这种形态下,家庭中的男子主要负责谋取生活资料,妇女则主要从事家务劳动并在生育子女中承担主要责任,两性地位关系也向女子服从男子转化。

夏商周统治者将父权的专偶制家庭成员关系以及氏族社会关系伦理化、礼制化,建

---

① (唐)魏徵等:《隋书》卷二十九《地理志》,北京:中华书局,1973 年,第 830 页。

② (清)吴宗焯修,(清)温仲和纂:《光绪嘉应州志》卷八《礼俗》,台北:成文出版社,1958 年,第 151 页。

构起社会基层的生活秩序。《尚书》中有："无胥戕,无胥虐,至于敬寡,至于属妇。"①"属妇"就是归属于丈夫,丈夫有保护妻妇的义务。妻妇被保护的代价是接受管束防闲,同时以女主内的形式勉力家务。《礼记》:"礼始于谨夫妇……男不言内,女不言外……内言不出,外言不入。"②妇女既按照女主内的原则被赋予家务管理职责,同时被赋予相关的道德属性。《郭店楚简》:"夫死有主,终身不变,谓之妇,以信从人多也。信也者,妇德也。"③贞信是妇德之首,而妇信也就是妇顺,强调女子对父权专偶制家庭伦理的服从。《礼记》:"妇顺者,顺于舅姑,和于室人,而后当于夫,以成丝麻布帛之事,以审守委积盖藏。是故妇顺备,而后内和理,内和理而后家可长久也,故圣王重之。"④它要求妇女和顺于舅姑及家人,做到使丈夫合意,并承担起自己应负的家庭生活管理职责,促使家庭和睦兴旺。柔顺服从就是妇女应终身奉行的道德实践信条。

秦始皇在泰山刻石中说:"男女礼顺,慎尊职事,昭隔内外,靡不清净。"⑤汉董仲舒提出"三纲五常"说,作为调整两性关系的基本原则,妇女的女德和贞节更被看重。刘向更编撰《列女传》以倡女德。在此基础上,对妇女进行家庭角色规范教育的"女教"流行起来。北齐颜之推的《颜氏家训》、宋司马光的《家范》、袁采的《世范》等,无不强调礼制下妇女应恪尽妇职。汉代"女圣人"班昭的《女诫》、唐代宋若莘、宋若昭的《女论语》、明永乐朝徐皇后的《内训》以及明代王相母亲刘氏的《女范捷录》被合称为"闺阁四书",在社会上流传极广,体现出女性自身在长期传统的塑造下对父权家庭伦理规范的认同已经达到一定的自觉程度。宋代理学家程颐更主张,孀妇不可再嫁,"饿死事极小,失节事极大",⑥将妇女守节看做社会伦理的根本。

中国古代婚姻以父系家族传宗接代为主要目的,故由父系家长主持,如果祖父母、父母健在,则婚姻当事人本人没有婚姻自主权,需由具有家长身份的尊长决断。从唐律到清律,为此专门制定有法律条文,厘清嫁娶违律中主婚者与男女本人的责任。在离婚权上,除了由国家强制解除婚姻关系的"义绝"和夫妻自愿离婚外,宋代以前还多有女方或女方家庭主动离异的现象,这与当时女性地位较高而礼法观念较后世淡薄有关。宋代以后则少有女方主动提出离婚者。总体上看,离婚主导权在于夫家,夫的父母等尊长也可决定离婚。由男方单方面决定离婚称为对妻子的"休弃",其法定理由为"七出",《唐律

---

① (唐)孔颖达:《尚书正义》卷十四《梓材》,北京:中华书局,1980 年,影印阮元校刻《十三经注疏》本,第 208 页。

② (汉)郑玄注,(唐)孔颖达疏:《礼记正义》卷二十七《内则》,北京:中华书局,1980 年,影印阮元校刻《十三经注疏》本,第 1462 页。

③ 荆门市博物馆:《郭店楚墓竹简》之《六德》,北京:文物出版社,1998 年,第 188 页。

④ (汉)郑玄注,(唐)孔颖达疏:《礼记正义》卷六十一《昏义》,北京:中华书局,1980 年,影印阮元校刻《十三经注疏》本,第 1681 页。

⑤ (西汉)司马迁:《史记》卷六《秦始皇本纪第六》,北京:中华书局,1959 年,第 243 页。

⑥ (宋)程颢、程颐撰:《二程集》卷二十二,北京:中华书局,1981 年,第 301 页。

·户婚》规定:"诸弃妻须有七出之状,一无子,二淫佚,三不事舅姑,四口舌,五盗窃,六妒忌,七恶疾。""七出"也有一定限制,称为"三不去","谓一经持舅姑之丧,二娶时贱后贵,三有所受无所归",在这三种情况下,官方和社会舆论不支持男方离婚的要求或做法。宋、元、明、清各律,均沿袭此制,只是在"三不去"的例外规定上略有不同。

在改嫁权上,自先秦《法经》开始,历代法律均有禁止"有夫再嫁"的内容,对未经合法离婚而嫁人者予以惩处。从唐律到清律,有夫再嫁的刑事责任由徒3年增至绞刑。至于夫死再嫁,唐宋以前法律规定比较宽松,社会上妇女改嫁风气较为普遍,如隋朝法律只是规定特定阶层妇女不许改嫁,隋开皇十六年(596年)诏:"官员九品以上夫亡妻不许改嫁,五品以上亡夫妾不许改嫁。"[1]唐宋无再嫁之禁。元明清时期,法律严禁朝廷命妇在夫亡之后再嫁。对于下层妇女,元明清时期夫亡改嫁也受到了更多的限制,如《元典章》规定,夫亡再嫁需3年丧服期满,否则予以惩处,明代规定:"夫逃亡三年不还者,并听经官,告给执照,别行改嫁。"[2]

在家庭中,一般男性执掌家政权力,在户内没有男人时才由女性尊长担当家长。尽管各代法典常将祖父与祖母、父与母并提,要求子女对他们同样孝顺,但是祖父、父的权威大于祖母、母。家庭财产名义上属于家属共有,但财产的管理权和使用权归于父家长,在男性尊长缺失的情况下,女性尊长才代理家庭管理职责。夫亡后,妻并无家产的直接继承权,而由夫的子嗣继承,子嗣未成年时妻在抚育子嗣的前提下有家产管理权。寡妻寡妾在有男性子嗣或者选择辈分相当的同宗之人立为嗣子后,方可承继丈夫的遗产,但该遗产归嗣子所有。不立子嗣者,不得变卖,改嫁时也不能带走。夫妻离异时妻子原来的嫁妆资财归属,元代以前一直沿袭汉律的"弃妻畀所赍"[3]的规定,允许妻子带走自己的陪嫁物。《元典章》则规定其随嫁妆奁原财产等物,一听前夫之家为主,并不许似前搬取随身。明代沿袭元制,至清《刑部现行则例》有所改变,夫妻不和离异者,休妻的嫁妆给还女家。若妻子死亡,历代法律规定嫁妆资财为夫家承受。唐律、宋律规定,母家户绝时一般由在室女继承,无在室女才由出嫁女继承部分财产。明律、清律虽然没有在室女和出嫁女区别的规定,但在司法实践中仍按唐、宋律执行。

按照"未嫁从父,既嫁从夫,夫死从子"的三从之道,妇女自幼至老,在人生各个阶段都处于从属和服从地位,但在社会实践中,当性别尺度与贵贱、辈分、贫富尺度交错时,情况就复杂一些。比如在贵妇与男仆之间,不会以性别区分尊卑;在长幼伦序中,女性长辈与男性子孙之间的尊卑也并不以性别而论。在存在既有等级差别的时候,性别等级是从属的。此外,由于男性一般处于强势社会地位,当涉及一般民事责任的时候,整个社会倾向于对女性采取比较温和的态度。重男轻女的观念在下层民众中,尤其是靠体力劳动吃

---

① 魏徵等:《隋书》卷二《高祖纪(下)》,北京:中华书局,1973年,第41页。

② (清)薛允升著,怀效锋、李鸣点校:《唐明律合编》,北京:法律出版社,1999年,第133页。

③ (汉)郑玄注,(唐)孔颖达疏:《礼记正义》卷四十三《杂记下》郑注引,北京:中华书局,1980年,影印阮元校刻《十三经注疏》本,第1569页。

饭的农户中，非常盛行。汉代就有"盗不过五女之门"①的说法。自古溺女婴的风俗也多在下层民众中流行，因为女婴对于他们来说，某种意义上意味着带来贫穷。在中上层家庭中，重男轻女更多的是出于男儿可以继承宗嗣和支撑门户的考虑。

在父母与子女之间，伦常次序而不是性别差别是主导的，所以"父母之命"对女儿有效，对儿子也同样有效。故女性在未嫁阶段的性别劣势，主要不是体现在其受父权支配上，而在其地位低于同一伦序的男性。不过，女儿的弱势地位常有骨肉亲情作为补偿，古来女儿家常有"千金"之称、"掌上明珠"之喻。汉代丞相张禹有四子一女，他"爱女甚于男"，唐代白居易在《小岁日喜谈氏外孙女孩满月》中有"怀中有可抱，何必是男儿"之叹。

中国古代以"夫为妻纲"为"三纲"之首，但礼教并非一味崇尚夫权，也主张夫妇和睦。具体而言，一是主张敬妻，《大戴礼记》："昔三代明主之政，必敬其妻子也有道。妻也者，亲之主也，敢不敬与？"②妻子是亲族之主，承担着主持家政、奉养公婆、养育后嗣的职责，故而应该尊敬；二是主张夫妻齐体，《白虎通》："妻者，齐也，与夫齐体。"③"齐"即对等、匹敌，相对于妾媵之辈而言，正妻地位与丈夫对等，同样处于尊位；三是主张妻应规劝丈夫的不当行为，《白虎通》："妻得谏夫者，夫妇一体，荣耻共之。"④故正妻在家庭中是受到尊重的，丈夫不尊重或轻侮正妻不合礼法，会受到舆论谴责。古代婚姻常为家族间结交的手段，夫妻在家庭中的地位不能不受各自家庭背景影响。魏晋南北朝时期贵族女子的悍妒，隋唐时期的夫柔妻刚和丈夫"畏妻"等，都为一时风气。可见，女子从夫是受到多方面制约的。

"夫死从子"是"三从"中最没有意义的一项。在家庭伦理关系中，贵贱、嫡庶等级为要，长幼、辈分等级次之，最后才是性别等级。也就是说，长幼人伦之序要高于男女两性之别。故而，母亲在人伦之序中地位高于儿子。《晋书》明确论及这一点："天尊地卑，名位定矣；母贵子贱，人伦序矣。"⑤另一方面，中国古代极为重视父母养育之恩，最重孝道，而孝亲是不分父母的。在中国古代流传的二十四孝中，除了6人为孝双亲外，孝父者只有4人，而孝母（包括婆母）者则多达14人，可见一斑。可以说，"从子"作为"三从"之一，只是规范女性总体地位的一般原则，而尊母则是实际贯彻的观念与风气。⑥

总之，古代女性的家庭地位总体上呈现出男尊女卑、男主女从的特点。但是，女性并非始终处于卑下、服从地位，随着女儿——妻子——母亲的角色变换，其地位与权利呈上升趋势。

---

① （南朝宋）范晔：《后汉书》卷六十六《陈蕃传》，北京：中华书局，1965年，第2159页。

② （清）王聘珍：《大戴礼记解诂》卷一《哀公问于孔子》，北京：中华书局，1983年，第12页。

③ （清）陈立撰，吴则虞点校：《白虎通疏证》卷十《嫁娶》，北京：中华书局，1994年，第451页。

④ （清）陈立撰，吴则虞点校：《白虎通疏证》卷五《谏诤》，北京：中华书局，1994年，第233页。

⑤ （唐）房玄龄等撰：《晋书》卷十九《礼志》，北京：中华书局，1974年，第579页。

⑥ 参见高世瑜：《中国古代妇女家庭地位刍议——从考察"三从"之道切入》，载《妇女研究论丛》1996年第3期。

六、现代女性的角色定位与自我意识

鸦片战争以后,中国社会制度发生了多方面的变革。太平天国照其男官制度创立女官制度,在公共权力体系中为女性参与开辟了道路。戊戌变法时期,维新派开始将西方"天赋人权"的理论和进化论学说引入中国,并以"强国保种"相号召,把妇女解放纳入了社会改造的范畴。1895年前后,国人受甲午战争战败的刺激,谋求从根本上富强独立的道路,大批知识分子接受西方思想,他们认为中国危亡的原因之一在于女性的屈从地位,因此积极鼓吹宣传,希望通过重塑女性角色来塑造现代中国的公民。也是在这个时期,民族危机的加剧使民族主义逐渐在社会话语中占据主导地位。民族主义强调女子在尽传统家庭责任的同时,还需分担挽救民族危亡的公民责任,"天下兴亡,女子亦有责",[①]号召妇女投入到社会中去,尽保卫国家的责任。于是女性由被动的存在转化为一定程度上掌握自己命运的积极主体,女性在婚姻家庭领域的地位上升,并且开始进入公共权力领域。

1898年,中国近代第一份妇女报刊《女学报》创刊,觉醒的女性以"天赋人权"和自然法则为武器,提出了妇女参政的要求。20世纪初,资产阶级民主革命掀起高潮,中国思想界空前活跃,鼓吹女权、号召女性投身革命的思想迅速发展。1902年至1907年之间,不仅集中涌现出大量倡导女权、女学的书报,还发生了许多妇女史上具有里程碑意义的事件。1902年,上海首次出现革命党人主持的爱国女学。1903年,中国近代女权主义思想的先驱——金天翮以西方女权理论为基础写成的《女界钟》在上海问世,提倡男女同等,男女公开社交,鼓励女子游学欧美。觉醒的女性在争取自身权利的同时勇于承担爱国与救世的使命,当时有"荷戟从戎以与男子争一日之长短"[②]之类的豪言壮语。女权兴起与革命、共和运动相关联,是近代中国社会变化中极有特色的一面。

20世纪前期的新文化运动中,大批倡导女性主义的著作被介绍到中国,吸引了众多学者参与妇女问题讨论,而且出现了多种不同的思想派别,如经济独立派、女子教育派、儿童公育派、女子参政派、社交公开派、女子心理解放派、独身主义派、女子工读互助派等等。新文化运动后期,马克思主义女性观传入中国,认为中国的女性解放应与阶级解放同时并进,方能根本解决,强调阶级斗争对于女性解放的重要性。此后,以社会革命的方式重塑中国自由、平等的女性地位,日益成为众多女性投身社会变革的重要方式。

新中国成立后,国家以立法形式确立和保障妇女权益。1954年《中华人民共和国宪法》及以后修订颁布的3部宪法,均以根本大法的形式明确规定,妇女在政治、经济、文

---

① 刘纫兰、淑蕙:《劝兴女学启》,载《女学报》1898年第4期。
② 沈佩贞:《创办女子尚武会绪言》,载《申报》1911年11月29日。

化、社会、家庭生活等方面,享有同男子平等的权利。同时,国家陆续颁布了《婚姻法》、《选举法》、《继承法》、《民法》、《刑法》、《妇女权益保障法》等法规,基本实现了近代尤其是辛亥革命以来中国"新女性"的角色定位诉求。在经济领域,妇女获得了与男子平等的财产权及劳动权,可以通过参加社会生产劳动,取得经济独立地位;在文化教育领域,女性具有与男性平等的接受教育权;在婚姻家庭领域,确立了婚姻自主、一夫一妻、男女平等、保护妇女和儿童的基本原则,结婚、离婚、再婚的自由得到了保障。传统的父权制家庭被新型的家庭取代。

但是也应该看到,现代中国女性虽然在法权意义上取得了与男子平等的地位,在社会现实中情况仍然复杂。大规模革命运动之后,在相当长的一段时间内,女性与男性的平等地位建立在两性无差别的角色定位基础上,诸多文学艺术作品塑造的女性失去性别内涵,成为无性斗士。改革开放以来,市场经济体制取代计划经济,原先依赖政治原则达到男女老少地位绝对平等的局面也发生了变化。在经济领域,新产业的兴起和乡镇企业的飞速发展,为城乡妇女广泛就业和经济独立提供了机遇,更多女性为了实现自我价值走出家庭担任企业、公司、公共事务的管理者,女性家庭、社会地位和教育水平提高。同时,市场经济鼓励竞争,这冲击了新中国建立以后几十年靠计划经济的"平均"政策所提供的妇女就业保障,城乡企事业单位的招生、招工、用人等方面,常常重男轻女,或者将女性推到简单操作性或者较多依赖体貌、容颜的行业中去。在一般生产企业中,两性员工的薪资也存在同工不同酬的现象,女性退休时间普遍早于男性。在中西部不发达地区,农村女童失学比男童失学现象严重。在社会转型的浪潮中,职业女性面临的社会职业角色与家庭角色选择难题并没有真正解决。

【小结与思考】

中华文明与所有文明一样,都是男女两性共同创造的。农业产生后不久,就形成了男耕女织的自然分工,两性在社会生产、生活中分工协作,构成伙伴型关系。随着母系氏族社会过渡为父系氏族社会,父权专偶制家庭形成,男子对女子的支配关系也建立起来。周代"制礼作乐",强调男女分工,男主外,女主内,并使之升华为乾坤定位、阴阳和合的性别哲学。秦汉以降,经大一统国家的倡扬,男尊女卑、男外女内的两性关系基本格局进一步发展成为意识形态化的传统。但是,受各个历史时期和各民族文化风貌差异的影响,两性关系实际上以阴阳变奏的形式演进。近代以来的社会政治变迁和思想解放运动,尤其是新中国的建立,使女性逐渐走出家庭,投入社会,基本实现了与男性平等的权利地位。然而,现代中国文化受欧风美雨的鼓荡,女性地位主要是以其在社会生活领域的参与程度来界定的,女性意识也多以男性意识作为榜样、参照,其性别独立性和独特性并未得到彻底尊重。新中国由国家解放妇女的一个直接后果,就是把妇女对男人与家庭的依赖认同转变为对社会与国家的依赖认同,国家通过使妇女普遍就业完成了对旧式家庭两性成员关系的改造,两性都以走进公共领域为荣,家庭角色则被忽视。在此意义上,当下中国的两性仍然没有实现承认性别差异基础上的完全平等,两性在社会与家庭之间的角色仍存在紧张。现代中国是由传统中国发展变迁而来的,摒弃传统中男尊女卑的不合理内容,弘扬阴阳和合观念基础上的社会与家庭职责分工,进而构建融会中西的两性新型伙伴关系,是当代社会建设中一个有待努力的目标。

【思考题】

1. 传统两性关系格局有哪些基本特征?
2. 中国古代女性在公共事务中有何突出表现?
3. 试描述中国传统社会中一个普通女性的人生道路。
4. 男女平等的真正含义是什么? 如何看待男女自然差别与其平等权利之间的关系?

第十讲

儒学的流变

由孔子开创的儒学在战国百家争鸣中得到系统的阐述和发扬,成为影响最大的学派之一。秦统一六国后,采取文化专制政策,焚书坑儒,儒学遭到严重打击。汉初汲取秦朝过度专制的教训,实施清静无为的黄老政治,儒学渐有恢复。到汉武帝时期,采纳董仲舒意见,"罢黜百家,独尊儒术",儒学成为官方倡导的主导性学术,进而深入且广泛地渗透到国家制度、政策实践和伦理价值观念中,奠定了中国文化的传统基调。在此后2000余年的历史演进中,儒学绵延流变,展现出更为丰富的思想内容。

一、"独尊儒术"与"经学"兴起

公元前213年,秦丞相李斯向秦始皇建议:"臣请史官非秦记皆烧之。非博士官所职,天下敢有藏《诗》、《书》、百家语者,悉诣守尉杂烧之。有敢偶语《诗》、《书》者,弃市;以古非今者,族。吏见知不举者与同罪。令下三十日不烧,黥为城旦。所不去者,医药卜筮种树之书。"①秦始皇采纳李斯建议,遂下令燔烧《诗》、《书》,儒家的典籍除秦的博士官外,其他人都不能收藏和学习,儒学大受挫折。然而秦朝不久灭亡,到了汉朝初年,政府行"无为而治"的治国策略,儒学传授又恢复了合法性。儒者陆贾受汉高祖刘邦之命研究历代兴亡得失,著《新语》20篇,以儒学为基本立场,吸收各家思想,提出以德、仁、义为本,尚贤、教化的治国主张,开启汉代儒学抨击秦政、顺应时势、容纳百家的先河,使儒家倡导的礼乐政治以及孔子的学说日益受到尊崇。这时民间隐藏的先秦典籍纷纷出世,口授的儒学典籍亦书于竹帛,政府设置收集、整理图书的专门机构,经孔子整理的文化典籍《诗》、《书》、《礼》、《易》、《春秋》等在社会知识体系中的地位大为提高。由于当时汉政府整理典籍的写本使用汉代通行的隶书,隶书较先秦普遍使用的篆书晚出,故称以隶书书写的儒家经典为今文经。在政府的提倡下,今文经学逐渐成为专门的学问。

到了汉武帝(前156—前87年)时期,大臣董仲舒(前179—前104年)建议:凡不属于六经、孔子之术的各家学说,都应从博士官学中排除出去;兴太学,置明师,养天下之士,量才授以官职;任德教而不任刑罚,进行必要的社会改革。汉武帝采纳董仲舒的建议,确立了"罢黜百家,独尊儒术"的文化政策。董仲舒本人精通春秋公羊学,他在《春秋公羊传》"大一统"思想的基础上,把儒学与阴阳五行学说相结合,把儒家仁义学说与黄老刑名之学相结合,完成了对先秦儒学的改造。这个思想体系以"大一统"和"君权神授"为中心,贯穿仁义学说和礼乐和合思想,适应了政治大一统条件下调节各阶层关系的需要,受到统治者的尊崇。元光元年(前134年),汉武帝将不治儒家"五经"的太常博士官一律罢黜,提拔布衣出身的儒生公孙弘为丞相,招揽儒生数百人入朝,还批准为儒学博士官置弟子五十人,根据成绩高下补郎中、文学、掌故等博士官。官吏若有通晓儒家一部经

---

① (汉)司马迁:《史记》卷六《秦始皇本纪第六》,北京:中华书局,1959年,第255页。

典者即被选拔担任重要职务。此后,官吏主要出自儒生,儒家思想成为国家倡导的正统思想。史称"自武帝立五经博士,开弟子员,设科射策,劝以官禄,迄于元始,百有余年,传世者寖盛,支叶蕃滋,一经说至百余万言,大师众至千余人,盖禄利之路然也",①儒家今文经学大兴于世。

今文经学用阴阳五行、天人感应、符命灾异等思想解释儒家经典,为帝制大一统政治戴上神秘的光环,但其流品之下者,则接近谶纬之学。"谶"为预判吉凶的言说和图画,"纬"是托言于"经"的著作。最古的谶书是《河图》《洛书》。当时的《论语谶》、《河图》、《洛书》与托言《易》、《书》、《诗》、《礼》、《乐》、《春秋》六经和《孝经》的纬书,合称为"谶纬之书",共81篇。此类著作中,阴阳五行之说已经掩盖了儒家经书的本义,对社会问题与国家政治穿凿附会。至东汉光武帝时,将此学定为官学,称之为"内学",而原本的儒家经典被称为"外学",从而导致儒家学术向神学倾斜,君权天授的符命论、五行与五德相生的历史观大为流行。

在今文经学趋于神化的情况下,兴起了古文经学。汉代学问家刘向(约前77—前6年)、刘歆(约前50—23年)父子在先后奉命整理、校雠秘府图书时注意到一部分先秦文献,其中包括西汉历代广开献书之路、多方搜求所得古籍,后来又有河间献王刘德和孔子后裔孔安国先后献上的据说从孔子故宅墙壁中发现的先秦典籍。这些文献用先秦文字书写,异于汉代通行的隶书,所以被称为古文经。刘歆通过对比今、古文经典,发现古文经接近于经典的原初形态,于是特别重视并学习这些古文经典。他于汉哀帝时上书,要求将古文经《左氏春秋》、《毛诗》、《逸礼》、《古文尚书》皆立为博士官,并作为教授弟子学习的内容,但遭到今文经学者的反对。到汉平帝时,王莽持政,喜好古文经学,于是古文经得到政府认可,并设立博士官加以传授。东汉初期,刘秀政权批判王莽新朝,古文经学又被废黜。汉章帝建初四年(79年),针对经学今、古文两派的争论,章帝诏令两派儒者在白虎观进行辩论。这次会议讨论的结果,由班固整理,形成《白虎通义》一书。辩论中今文经学的主张占据上风,但在今文经学、古文经学、谶纬学之间也有所妥协。

从学术上讲,古文经典在文句篇目上更近于孔子时代的经典本身,古文经学家在解释经典时,详于对经书文字的训诂,注释简明易懂,今文经学家则偏重解释经书中的微言大义,动辄数万言,不利于其学术的传播。因而,东汉儒者中研究古文经的逐渐增多,到东汉中叶以后,古文经学压倒了今文经学。《后汉书》所载今文经学家著名的寥寥可数,而古文经学家则有杜林、卫宏、郑兴、郑众、贾逵、许慎、马融等,其中有的兼通今文经和古文经。东汉经学集大成者郑玄(127—200年),早年治今文经学,后研习古文经学,遍注群经,打破西汉以来的师法与家法的传统,融通今文经学、古文经学,自成一家之说,其学在东汉末成为显学。

魏晋时期官方正统学说依然是儒学,但曹魏与西晋时期儒家的经学主流不同。曹魏

---

① (汉)班固:《汉书》卷八十八《儒林传》,北京:中华书局,1962年,第3620页。

时期更倾向于郑玄的经解,而西晋时期主要以王肃(195—256年)的经解为主。曹魏的统治者为在大动乱之后恢复统治秩序,重视郑玄所注"三礼",郑玄学派在郑玄注经传的基础上继续融合古文经学和今文经学,充实、发展诸经义疏。王肃是三国魏的经学家,古文学派大师马融的后学,不好郑学,曾注解《诗》《书》《论语》、"三礼"《左传》。他是司马昭的岳父,由魏入晋,成为皇亲国戚,遂凭借外戚权势,将其学列入官学,压倒郑学,成为新的经学权威。

二、佛教对儒学的影响及唐代儒学的复兴

大约东汉明帝时期,佛教传入中国,此时它在域外已经流传近500年。当时的中国人将佛教教义理解为清虚无为、省欲去奢,与黄老道术相似,因此往往将浮屠与老子并祭。东汉的皇帝、贵族虽然尊奉儒家思想,但并祀佛老,儒士出身的官僚中也有人倡导传播佛教。东汉末年,地方官笮融在徐州为官时,建造了一座规模可以容纳3000人的佛寺,铸造的铜佛像以金为饰,并以信佛免役为号召,招徕信徒听讲佛经,还在大路上施舍饭食,就食者每达万人。①

汉末政治、社会混乱,儒家仁义孝悌的纲常名教被边缘化。曹操实行"唯才是举"的用人政策,改变了以往选拔官吏的标准,实际上否定了儒家思想,使儒学进一步陷入困境。一些儒者在玄虚淡泊中求得精神寄托,吸收道家思想而倡导玄学。魏晋时期的玄学家,发挥《老子》的宇宙观,突出《周易》《庄子》《论语》的地位,用玄理解释儒家经典,从而形成了新的人生观、价值观。玄学家在解释儒家经典的时候,有意吸取佛教思想,如王弼的《周易注》、何晏的《论语集解》、皇侃的《论语义疏》等都是如此。这样,一些经玄学家吸收的佛教思想渗透到对儒家经典的注解中。

东晋时期,玄学与佛学相互影响,出现了一些深谙儒学要旨的僧侣和深谙佛理的儒士。这类僧人或出入宫廷,或来往于世家大族,研习儒家经典、谈禅说儒,其学问修养、言谈举止、风度情趣等与儒家名士十分接近。一些儒学名士则延高僧为上宾,浸润于佛学以磨砺玄谈的机锋。儒学与佛学形成深度交融。

到了南北朝时期,儒释兼弘,三教并容,儒学、佛教、道教继续相互融通。进入中原的北方少数民族,受到中原文化影响,倡导儒学,注重儒家经学、经术,参照经典记述来制定国家制度,偏重对经典的训诂考释,较多地继承了汉代章句训诂的传统。南朝经学深受魏晋玄风的影响,善谈玄理,又受佛学的影响,用义疏的形式疏解儒家经典。南朝重要经学家有皇侃、梁武帝等。皇侃(488—545年),一作皇偏,精通经学,撰有《论语义疏》10卷,多以玄学之法解经而略于章句训诂、名物制度,其说与汉儒相去甚远。《论语义疏》至

---

① 参见(南朝宋)范晔:《后汉书》卷七十三《陶谦列传》,北京:中华书局,1965年,第2368页。

南宋时亡佚，清乾隆年间从日本引回，收进当时所编的《四库全书》中，是南朝经疏中仅存的一部。皇侃另撰有《礼记义疏》、《礼记讲疏》、《孝经义疏》等，均亡佚，片段可见于清人马国翰所编《玉函山房辑佚书》中。梁武帝曾撰《周易讲疏》、《春秋答问》、《孔子正言》等200余卷，可惜大都没有流传下来。天监十一年（512年），又制成吉、凶、军、宾、嘉五礼，共1000余卷，颁布施行。

隋唐时期处于中国历史上政治大一统的时代，儒学也得到复兴。儒学复兴的主要表现是经学的发展和统一。隋唐时期的经学借鉴了佛经的解经方式，多依据一家之说，对经文逐字、逐句、逐章串讲，类似讲义。这种方式被运用于唐朝官方修撰的《五经正义》中。当时由唐朝官方组织，国子祭酒孔颖达（574—648年）负责，对西汉以来流传的各种经传传本进行比较、整理和研究，编纂出"五经"标准本通行天下，其事具体涉及三项主要内容：首先是比较儒学经典各家传本，每部经典选择一种最优秀的传本为底本，由颜师古参照各种传本和古籍进行考证校勘，撰成《五经定本》。其次是统一五经文字音训，由陆德明（约550—630年）综合汉魏六朝文字音训研究成果，撰成《经典释文》30卷，使五经文字都有音切和训义，作为阅读五经时读音的标准本。最后是统一五经义疏，由孔颖达领导一批学者分工，将颜师古的《五经定本》和陆德明的《经典释文》合编在一起，于贞观十六年（642年）撰成《五经正义》，后又经马嘉运校定，长孙无忌、于志宁等再加增损，于唐高宗永徽四年（653年）颁行天下。

唐官方颁行的五经正解本包括：《毛诗正义》，由汉毛亨传、郑玄笺，唐孔颖达等疏解；《尚书正义》，孔安国传，[1]孔颖达等疏；《礼记正义》，兼采东汉郑玄《礼记注》和唐孔颖达等人的疏解；《周易正义》，采用西晋王弼、韩康伯《周易注》、唐孔颖达等人的疏解；《春秋左传正义》，采用西晋杜预撰《春秋经传集解》、唐孔颖达等人的疏解。《五经正义》引用大量史料诠释典章制度、名器物色，详于文字训诂，为后人研读经书提供了方便。其编著过程中，汇集了汉魏、两晋南北朝时期学者的研究成果，可谓"融贯群言，包罗古义"。[2] 此经学标准本的颁行，使得儒家经典从文字到义疏都趋于统一，西汉以来经学各派异文、各人异说的情况大为改观。现在通行的《五经正义》，以阮元校刻《十三经注疏》本为佳。

隋唐时期承继魏晋南北朝时期的学术传统，佛教昌盛，与道、儒俨然鼎足而三。在儒学复兴的背景下，佛教发展引发了儒学与佛教的直接冲突。反佛的儒者中，最著名的是韩愈。他强调儒家的"道"要见乎治国、平天下的实践，而非如佛教、道教之"道"所言治心而外天下。为了与佛教的祖统相对抗，韩愈提出"道统说"，认为"道"是古圣贤一脉相传的，由尧、舜、禹、汤、周文王、周武王、周公、孔子、孟轲一直传承下来，后虽曾有中断，但

---

① 此处所谓孔安国《书传》，经清代学者阎若璩所著《尚书古文疏证》考证，是托名孔安国的伪书，唐人尚不能辨识。目前学术界一般认为托名汉代孔安国的《书传》注解方式为集释，明显属于魏晋时代学术风格。

② （清）永瑢等：《四库全书总目》卷十五《经部·诗类一·毛诗正义》，北京：中华书局，1965年，第120页。

到了他本人再度兴复。韩愈对佛教的激烈批判,凸显出儒家思想与佛教的确存在深层的冲突,但其学说中也还是明显地吸收了佛教的祖统观念来构建儒家的道统观,并且吸收了佛教的心性学说,来丰富儒家思孟学派的修心学说。唐代另一位儒学家李翱继承思孟学派心性之学,追随韩愈的学术路径,主张反佛、"复性",主张"性善情恶说",认为成为圣人的根本途径是复性,复性的方法是个人的视、听、言、行循礼而动,做到忘掉欲望而归于性命之道。他作《复性书》三篇,论述"性命之源",认为人性天生为善,人的情由性而生,故人有善有不善,情若昏暗,性就会隐匿起来,故修养的要义就是"复性"。他的思想为宋代理学的兴起奠定了基础。

三、宋明理学与心学

宋初以来,思想家们追叙韩愈、李翱所主张的儒学道统以及探讨心性之学的治学思路,但不满于汉唐章句之学的繁琐,认为其无助于儒家义理的阐发,于是对唐代所修《五经正义》颇多非难,对于传注表示怀疑。他们从自己对经文的理解出发,探究儒家经典的大义,形成儒学研究的新途径。其中,重要的代表人物有周敦颐、张载、程颢、程颐、朱熹等人。

(一)周敦颐的濂学

周敦颐(1017—1073年),字茂叔,因晚年在庐山莲花峰下建有濂溪书堂讲学,世称濂溪先生,其学称为濂学,著有《太极图说》。他继承《周易·系辞传上》"易有太极,是生两仪"的思想,汲取道家"无极"、"无欲"思想,提出一个简单而有系统的宇宙构成论,称"无极而太极","太极"一动一静,产生阴阳万物,圣人又模仿"太极"建立"人极"。他又将《中庸》中的"诚"融入其中,说"人极"即"诚","诚"是"纯粹至善"的"五常之本,百行之源也"。① 他还吸取禅宗的修心论,认为人只有通过静、无欲,才能达到精神修养的至高境界。周敦颐的学说主要发展了先秦儒学中思孟学派的心性学说,以佛教中禅宗的修心论补充《中庸》中的"正心"、"诚意"方法不足的问题。周敦颐对其后700多年的学术产生了广泛的影响,他所提出的哲学范畴,如无极、太极、阴阳、五行、动静、性命、善恶等,成为后世理学研究的命题。

(二)张载的关学

张载(1020—1078年),字子厚,陕西凤翔人,因讲学于关中,其学被称为关学,其著作被后人编为《张子全书》。张载批评佛道思想,继承发展了古代"气一元论",认为宇宙的

---

① (宋)周敦颐:《周敦颐集》卷二《通书》,北京:中华书局,2009年,第15页。

本原是气,称"太虚无形,气之本体",①"太虚"指宇宙,"气"是其本体。② 气聚合在一起,表现出一定的形状,形成世间万物;气散则没有具体的形状可以展现,就化为太虚。他认为宇宙无始无终,其中充满气的浮与沉、升与降、动与静等对立运动。气之所以会运动,是因为气分阴阳两端,两端的矛盾形成宇宙间万事万物的运动。在认知途径方面,他提出"见闻之知"与"德性之知"的区别。见闻之知由感觉经验得来,德性之知由修养获得。在伦理方面,他提出"天地之性"与"气质之性"的区别,"气质之性"是人的不良欲望的根源,主张通过道德修养和认识能力的扩充去"尽性",恢复"天地之性"的至善状态。张载的学说将人性作了区分,发展了先秦思孟学派的性善说,同时分析了不良欲望出现的原因。他还进一步阐发了孟子等先儒对气的论述,将气的范围扩大到宇宙万物的生成、演变。他发展了孔子等关于德与知、行关系的学说。张载严格地区分了天、道、性、心等概念,表达了理学的基本宗旨和精神,为后来的二程、朱熹理学所继承和发展。

(三)二程的洛学

二程即程颢(1032—1085 年)、程颐(1033—1107 年)兄弟,洛阳人,一同受业于周敦颐,他们的著作被后人编为《二程全书》,其学称为洛学。二程之学虽有差异,但都把理视为最高范畴,认为理是万物之本,是永恒存在的实在。他们以此阐释伦理道德,把"三纲五常"视为"天下之定理"。在认知方式上,他们继承张载"德性之知"的观念,认为只要诚敬内省,就可以达到天理自明。他们发挥孟子的性善说,提出"性即理"的命题,认为人性本是善良的,在成长过程中受浊气而致愚、恶,为了恢复人性之本善,要"存天理,去人欲",以此实现伦理自觉。

(四)朱熹的理学

朱熹(1130—1200 年),徽州婺源人,字元晦,号晦庵,晚年称考亭先生、沧州病叟。他是程颢、程颐的三传弟子李侗的学生,于建阳云谷(今福建省建阳市莒口镇东山村)结"晦庵"草堂讲学,主要著作有《四书章句集注》、《诗集传》及门人所辑成《朱子大全》、《朱子语类》等。朱熹在周敦颐、张载、二程理学思想的基础上,建立起庞大的理学体系。朱熹认为,理是世界的本质,万事万物的变化都是理的不停运动引起的;理在先,气在后,气是由理派生出来的;任何事物的内部都分为对立的两个方面,各自向自己的对立面转化,有渐变与顿变之别,渐变超出了一定限度就会引起顿变;穷理离不开格物,万物之内皆有天理。在知行关系方面,他主张知先行后。与人性论相关的是他提出的"道心"与"人心"。朱熹认为,"道心"出于天理,是天理的表象,本来便禀受仁义礼智之心,发展而为恻隐、羞恶、是非、辞让等善。"人心"出于形气之私,指饥食、渴饮之类。即便是圣人也不能无"人心",不过圣人不以"人心"为主,而以"道心"为主。"人心"有私欲,所以危殆;"道心"是

---

① (宋)张载:《张载集》,北京:中华书局,1978 年,第 7 页。
② "气之本体"中的"之"乃语词,是也。详见(清)王引之《经传释词》卷九,长沙:岳麓书社,1985年,第 197 页。

天理,所以精微。他认为人有物质生活欲望是正常的,反对笼统地倡导无欲,但过度的欲望就应该遏制,在此意义上主张"遏人欲而存天理"。朱熹将天理与人欲之辨用来解释社会历史,认为夏商周三代帝王心中"天理流行",社会一片光明,是"王道"盛世;后世帝王心中充满利欲等私念,故社会一片黑暗,是"霸道"衰世。"王道"与"霸道"的根本区别在于行仁义还是讲功利。朱熹一生大部分时间从事讲学和著述,几乎对所有儒家经典都进行过整理和义理训释,对周敦颐以来儒家学者的思想资料也进行过研究整理。他在世时,其学术思想已经有了相当大的影响,但未被官方重视。南宋理宗时,朝廷褒扬朱熹及其理学,追封他为信国公,从此确立了理学作为官方思想的地位。

(五)陆九渊、王守仁的心学

在朱熹理学体系形成的同时,理学的另一门派心学也已形成。陆九渊(1139—1193年),字子静,金溪(今江西金溪)人。曾在贵溪龙虎山建茅舍聚徒讲学,因其山形如象,自号象山翁,世称象山先生、陆象山,著有《象山全集》。陆九渊融合思孟学派学说和禅宗思想,继承程颢"天即理、天即心"的观点,提出了"心即理"的命题,建立了被称之为心学的理学体系。他认为,万物皆由心而生发,"宇宙内事乃己分内事,己分内事乃宇宙内事","宇宙便是吾心,吾心便是宇宙",①理的普遍性必须通过人心来证明,人心之理是宇宙之理最完满的体现。在道德修养方法上,陆九渊从"心即理"出发,认为伦理道德是人心固有的,所以不必外求,只要发明本心,就可以达到伦理完善。人难免受物欲的蒙蔽,受了蒙蔽,心就不灵,理就不明,必须通过师友讲学,切磋琢磨,鞭策自己,以恢复心的本然状态。

元仁宗皇庆二年(1313年),元政府决定将朱熹所作《四书章句集注》作为科举用书,确立了朱熹理学在科举体系中的核心地位。到了明朝中期以后,政治日趋腐败,各种社会问题严重,士大夫不断尝试各种意义上的变革,王守仁在这样的背景下将儒家心学发扬到一个新的境界。王守仁(1472—1529年),字伯安,浙江余姚人,世称阳明先生。他在青少年时期曾多处游历,问学于名家,仰慕朱熹格物致知之学,读书沉思而不能有所得,郁悒致病。失望之余,遂转学佛家、道家典籍。后中进士,正德元年(1506年),因事触怒宦官刘瑾,被廷杖,谪为贵州龙场驿丞。身处穷荒之境,无书可读,他每日思虑以往所学,忽悟格物致知当自求于心,不当求之于外物,于是豁然贯通。这就是著名的"龙场悟道"。王守仁继承了思孟学派的"尽心"、"良知"和陆九渊的"心即理"等学说,批判地吸收了朱熹的理为本体说,他所阐释的学说,仍在理学范围,但主要继承陆九渊的心学而发扬光大,世人称之为王学或阳明学。王学的突出特征是强调"知行合一"和"致良知"。在王守仁看来,心无所不包。物、事、理、义、善、学等都不在"吾心"之外,"心即理"。"良知"是心之本体,是人人与生俱来的,与天地万物同体。"致良知"就是变本然的"知"为主体意识自觉把握的"知"的过程,良知沛然,所思所行自然合于天理,故能"知行合一"。王

---

① (宋)陆九渊:《陆九渊集》卷三十六,北京:中华书局,1980年,第483页。

守仁系统化的心学,是儒学流变的一个重要阶段。但是一般的追随者达不到王守仁那样博学通达的境界,流于轻视经典的研习而崇尚空谈心性,这对明中期以后的学风、政治风气、社会风气都产生了重要影响。

四、清初学术反思及清代汉学与今文经学

晚明时期,王学末流日渐走向空疏,不能维系社会之信仰,更不能在政治、社会危机加剧的情况下有实际的作为,于是有主张经世致用的一派儒者,起而讲求拯救时艰,解决具体实际的社会问题。然而当时明朝党派倾轧激烈,皇权极度腐败,明朝不久灭亡,主张学术经世的学者并未能够真正用世济民。清朝初年,明遗民黄宗羲、顾炎武、王夫之在反思明朝灭亡教训的心境中,沿着晚明经世之学特别关注世道民生的路径,猛烈抨击宋明理学末流的弊病,提出了诸多振聋发聩的学术思想主张。

黄宗羲(1610—1695年),字太冲,号南雷,尊称为南雷先生,晚年自称梨洲老人,学者称梨洲先生,浙江余姚人。黄宗羲一生著述大致分为史学、经学、地理、律历、数学、诗文杂著等类,多至50余种,其中《明夷待访录》、《明儒学案》、《宋元学案》等为代表作。黄宗羲对宋明理学进行了深刻的反思,批评了理学的空疏学风,针对理学和心学皆有脱离社会实际的缺陷,指出学术研究必须立足于社会现实,具有求实创新精神。他认为程朱理学"理生气说"的失误在于将理气一分为二,割裂了理气的内在关系,"理气之名,由人而造。自其浮沉升降者而言,则谓之气;自其沉浮升降不失其则者而言,则谓之理。盖一物而两名,非两物而一体也。"[1]黄宗羲的学术渊源与陆王心学密切相关,又发展了陆王心学,"盈天地皆心也,变化莫测,不能不万殊。心无本体,工夫所至,即其本体,故穷理者,穷此心之万殊,非穷万物之万殊也。"[2]黄宗羲强调了心在认识世界、认识真理过程中的重要作用,而不是把心视为先天固定不变的本体,心充满活力与创造性,能够对具体的认识对象做出能动的反映。穷理的过程就是认识主体进行独立思考的过程,提出各自独立的见解。他针对程朱理学末流所坚守的封建礼教,提出了"天下为主,君为客,凡君所毕世而经营者,为天下也"[3]的主张,人类产生君主,是要君主负担起抑私利、兴公利的责任。对于君主,他的义务是首要的,权力是从属于义务之后为履行其义务服务的,君主只是天下的公仆而已。

王夫之(1619—1692年),字而农,号薑斋,晚年居南岳衡山下的石船山,著书立说,故世称其为船山先生。他一生著述甚丰,其中以《读通鉴论》、《宋论》、《张子正蒙注》为其

① (清)黄宗羲:《明儒学案》卷四十四《诸儒学案上二》,北京:中华书局,1985年,第1064页。

② (清)黄宗羲:《明儒学案·黄梨洲先生原序》,北京:中华书局,1985年,第9页。

③ (清)黄宗羲:《黄宗羲全集》(增订版)第1册,杭州:浙江古籍出版社,2005年,第2页。

代表之作。其治学涵盖六经，出入释老，对佛教和老庄之学深有研究。与理学家"辟佛老"不同，王夫之采取的是一种扬弃的理性态度，通过分析推演老庄思想，并深入到佛教思想内部，分析批判，吸收其中的有益成分。王夫之通过《张子正蒙注》，批判佛老思想，分析批判宋明理学，继承和发展张载的"气化论"。他认为宇宙本身是一个无固定形态的"气"物质实体。气处于不停的运动之中，气的运动只能引起物体形态的改变，而不是宇宙的任何变化。客观世界由阴阳二气构成，天地之间都弥漫着气。他认为善、恶、治、乱等都包括在气中，神是气的精华部分，气包括自然现象和精神现象。仁、义、礼、智、信等道德观念是"精微茂美之气所成"。气的不停息的运动有其自身的规律，这就是理。王夫之指出太极只是阴阳未分的气的状态，它包括了气和神，其中神就是气变化的理，理存在于气中，在气之外没有孤立存在的理。在人性论问题上，王夫之把伦理道德与人的社会实践和学习结合起来，摒弃了理学家人性是纯然受于天的说法。人性的实现必须依靠人的主观努力，没有人的后天努力，人的天性就无法实现。

　　顾炎武(1613—1682年)，原名绛，明亡后改名炎武，因故居有座园林名"亭林"，故学者称其为亭林先生，江苏昆山人。其著述宏富，涉及经学、史学、方志舆地、音韵文字、金石考古等诸多学术领域，取得了卓越的成就，《日知录》32卷为其重要代表作。顾炎武吸收了张载的气论，认为世界的本质是气，"盈天地之间者，气也。"[1]他把自己为学的要旨归纳为"博学于文，行己有耻"，"君子博学于文，自身而至于家、国、天下，制之为度数，发之为音容，莫非文也。"[2]博学于文，即要广泛地探求一切关于国计民生、天下兴亡的有用之学，又鉴于晚明士大夫道德的失落与人格的低下，他将人生修养准则"行己有耻"与"博学于文"并提，一起当做圣人之道加以倡导。顾炎武思想的大旨在于经世致用。他批评理学末流空言心性，对孔子"论政论学之大端"不闻不问，与原始儒家思想大相径庭。顾炎武认为孔子倡导实学具有救世之心，故倡导经学实际上就是倡导经世致用之学。六经代表着正统的儒学，其中贯穿着"救民于水火"的济世思想。他呼吁"鄙俗学而求六经"，治学著书，一定要与六经之旨、当世之务相一致，称之为"务本原之学"。

　　清朝初年，政府一方面大兴文字狱，文网严密；一方面又推崇理学，命朱子配享孔庙，组织编纂《古今图书集成》。于时学者承袭明末清初经世致用的学术风尚，以博知、古雅为尚，疏离偏重推求义理的宋明理学，反求于古经之本意，故有汉代学术传统的复兴。

　　康熙年间，阎若璩(1636—1704年)著成《古文尚书疏证》，针对东晋梅赜所献的《古文尚书》举出128条证据，证明其为伪书，唤起了学术界求真、求实的热情。胡渭(1633—1714年)作《易图明辨》，旁征博引，判定宋代以来以图解说《周易》的说法为虚构之妄说，将《易》与所谓的《河图》、《洛书》区别开来，力图厘清《周易》的古义。阎若璩、胡渭二人的著述为后来的经史考据提供了示范。乾隆、嘉庆时期，训诂考订以求其实的治学方法

　　① (清)顾炎武著，(清)黄汝成集释：《日知录集释》，上海：上海古籍出版社，2006年，第40页。
　　② (清)顾炎武著，(清)黄汝成集释：《日知录集释》，上海：上海古籍出版社，2006年，第403页。

在学术界占据主导地位，学者大多看重小学、训诂与名物考辨，讲求"无征不信"，广泛搜求文献证据来解释古代经典本义，其风气朴实无华，故又称之为朴学。其研究范围以经学为中心，衍及小学、音韵、史学、天文、历算、地理、典制、金石、校勘、辑佚等等。

清代汉学发展到全盛时期，主要有皖派与吴派。皖派开创者戴震（1724—1777年），字东原，安徽休宁人，为学广博而专精，主要著述有《诗经补注》、《毛郑诗考证》、《声韵考》、《声类表》、《方言疏证》、《孟子字义疏证》等，今人将其著述整理为《戴震全书》。戴震弟子段玉裁（1735—1815年）精通文字训诂音韵之学，著有《说文解字注》、《古文尚书撰异》等。戴震另一弟子王念孙（1744—1832年）治经由文字声训以通义理，不囿于汉学，著有《读书杂志》，对《逸周书》、《战国策》、《史记》、《汉书》、《管子》、《墨子》、《荀子》、《淮南子》、《晏子春秋》、《汉隶拾遗》等书籍的文字谬讹、句读错乱、音训异同等加以考辨，将校勘学推进到前所未有的水平。王念孙之子王引之（1766—1834年）承其父训，深于文字音韵之学，批评学界盲目崇信汉儒的弊端，著《经义述闻》，训释经传本义，于古今聚讼之说，因声求义，多由假借之字以正其解，驳正汉唐旧注达1761条。吴派开创者惠栋（1697—1758年），字定宇，江苏吴县人，博通经史子集及释道经典，以汉儒为宗，重视音韵训诂，著有《九经古义》、《易汉学》、《周易述》等。惠栋弟子钱大昕（1728—1804年）精研古经义、音韵、训诂之学，不专治一经而无经不通，不专攻一艺而无艺不精，生平著述传于世者有《潜研堂文集》50卷、《诗集》20卷、《廿二史考异》100卷、《潜研堂金石文跋尾》25卷、《十驾斋养新录》20卷、《十驾斋养新余录》3卷等。惠栋另一弟子江藩（1761—1830年）著有《隶经文》、《国朝汉学师承记》、《国朝宋学渊源记》。《国朝汉学师承记》阐述清代学者的学术思想、师承关系，列为传记，是了解清代儒学师承、门派、学术成就的主要著作。

乾嘉时期诸多学者各有建树，稍后有学者对之进行总结。阮元（1764—1849年）主持编纂了《经籍籑诂》，是汇辑古书中的文字训释而成的大型训诂词典，所录文字训释，采用古书100多种，收13349字，可以借之比较各家得失，看出古词义演变的线索。他主持校刻的《十三经注疏》，汇集通行的各家注疏以及清儒校勘成果，广参众本，以校正宋版"十三经"。他主持刊刻的《皇清经解》则为清代学者解释经典、考订典章制度著作的汇编。这些书籍的编纂与刊刻，基本完成了清代学者对乾嘉学术的总结。

清代汉学鼎盛时期就有一些学者，如庄存与、宋翔凤、刘逢禄等常州学者，看重西汉的今文经学。今文经学关注社会现实问题，通过阐释古代经典，阐发对于现实的思考。抵于晚清，汉学日益流于繁琐考证，与日益紧迫的社会危机相脱离。学者忧心国事，对注重义理的今文经学的热情再度兴起。他们的研究不久由纯学术而延展到关注现实，成为批判现实社会政治弊端、倡导维新变法的学术思想资源。龚自珍、魏源都曾钻研公羊学，进而从论学转向议政。晚清时代的康有为，称东汉晚出的古文经传皆为刘歆等人所伪造，借助阐发《春秋公羊传》的思想，倡言先秦诸子无不"托古改制"，借此鼓吹变法。虽然康有为所主导的维新变法的政治运动没有成功，但他的努力，显示出儒学与时俱进的内在特色。

五、儒学的现代命运

　　19 世纪中叶以来突然逼近中国的殖民地化危机引发了长久的文化阵痛,学习西方先进技术,借鉴西方社会制度,学习西方文化、思想成为一时的社会观念,这些极大地推进了中国社会的变革与进步,但同时造成了对于中国自身传统的否定性思潮,许多人将中国近代在国际竞争关系中的劣势地位归因于中国传统本身的弊端,尤其是作为文化主导学说儒家思想的弊端。1911 年辛亥革命推翻帝制后,儒学在过去约 2000 年间与之周旋、纠结的政治基础被废除,进一步凸显出儒学与现代社会的疏离。随后,窃取辛亥革命果实的袁世凯军阀势力为了复辟帝制,大搞尊孔读经,使得儒学被搅拌到腐朽帝制挣扎的历史事件中,从而更加强化了一般文化意识中关于儒学落后性的看法。袁世凯复辟帝制梦想破灭之后,中国陷入军阀政府统治状态,危机不解。在这种情况下,知识分子更多地汲取西方和俄国社会思想,继承晚清已经兴起的对传统文化的批判性思考,探讨更彻底的社会文化变革的道路,掀起了新文化运动。新文化运动借助西方文化中民主与科学的思想,对以儒学为核心的传统文化进行猛烈的攻击。新文化运动的主要推动者之一吴虞就曾在四川倡导批判儒家思想,声称"反对孔丘,实获我心。四川反对孔子,殆自余倡之也",①并说:"儒教不革命、儒学不转轮,吾国遂无新思想、新学说,何以造新国民? 悠悠万事,惟此为大已吁!"②陈独秀也说:"请看近数十年的历史,每逢民主运动失败一次,反动潮流便高涨一次;同时孔子便被人高抬一次,这是何等自然的逻辑!"③鲁迅在谈到袁世凯、孙传芳、张邦昌的时候也说:"一看最近的例子,就更加明白。从二十世纪的开始以来,孔夫子的运气是很坏的……这三个人,都把孔夫子当作砖头用,但是时代不同了,所以都明明白白的失败了。岂但自己失败而已呢,还带累孔子也更加陷入了悲境。"④李大钊也指出:"我们可以晓得孔子主义(就是中国人所谓纲常名教)并不是永久不变的真理。孔子或其他古人,只是一代哲人,决不是'万世师表'。他的学说所以能在中国行了两千余年,全是因为中国的农业经济没有大的变动,他的学说适宜于那样经济状况的缘故。现在经济上生了变动,他的学说就根本动摇,因为它不能适应中国现代的生活,现代的社会。"⑤1921 年,梁漱溟在《东西文化及其哲学》一书的《自序》中写道:"今天的中国,西学

　　① 中国革命博物馆整理,荣孟源审校:《吴虞日记》上册,成都:四川人民出版社,1984 年,第 36 页。

　　② 吴虞:《儒家主张阶级制度之害》,载《新青年》1917 年第 3 卷第 4 号,后收入吴虞:《吴虞文录》,上海:亚东图书馆,1929 年,第 79 页。

　　③ 陈独秀:《孔子与中国》,见《陈独秀著作选》第 3 卷,上海:上海人民出版社,1993 年,第 386 页。

　　④ 鲁迅:《在现代中国的孔夫子》,见《鲁迅全集》第 6 卷,北京:人民文学出版社,1981 年,第 328 页。

　　⑤ 李大钊:《李大钊选集》,北京:人民出版社,1978 年,第 301—302 页。

有人提倡，佛学有人提倡，只有谈到孔子羞涩不能出口。"①

就当时而言，对儒学的批评为势所必然，然而批判儒学一旦成为一种社会思潮，就会导致一般思想意识中的简单化和偏激。儒学本来是在与现代社会有巨大差异的古代农业社会中形成的，而且也的确与后来形成的帝制传统发生了复杂的联系，这使得要在很短时间内尽快对整个社会实施改造的五四新文化运动推动者，必须指出儒学本身之局限、弊端及其历史上与旧制度的纠缠。然而就中华文化长久的存立而言，儒学的局限与弊端可以扬弃，儒学所蕴含的中国传统文化价值内涵却不可尽废，因为如果那样，中华民族就失去了文化自我，从而丧失文化的自主创造力，那些早已渗入中国人日常生活的传统文化倾向也将无从理解，儒学所蕴含的大量经过重新阐释就会生发出现代社会建设价值甚至恒久意义的内涵也就会被永久地埋没。虽然一般的"文化"概念是不加入时间维度的，但是实际发生的所有的文化现象都有具体的、历史的内涵，时过境迁，文化就有流变。现代西方的文化表现也会在历史的演进中显示出缺陷，所以人类文化必须保持多元性，如果归于单一文化，就会因为丧失新综合的条件而走向没落。事实上，新文化运动方兴未艾的时候，人们已经在慎重思考儒学的价值。

郭沫若倡导新文化的时候，就主张不把孔子本人和后期的儒家混为一谈。他说："自汉武帝之后，名虽尊儒，然以帝王之利便为本位以解释儒书，以官家解释为楷模而禁人自由思索。后人所研读的儒家经典不是经典本身，只是经典的注疏。后人眼中的儒家，眼中的孔子，也只是不识太阳的盲人意识中的铜盘了。儒家的精神，孔子的精神，透过后代的注疏的凸凹镜后是已经歪变了的。"②在中国的现代化转变过程中，还出现了试图援引西方学术思想概念重新诠释儒学，探寻儒学与现代社会可契合之处的新儒家思潮，其代表者有梁漱溟、熊十力、唐君毅、徐复观、牟宗三、冯友兰等。

梁漱溟是现代新儒家早期代表人物之一。他认为法国哲学家柏格森的生命哲学与儒家哲学有相通之处，"生活的根本在意欲"，"意欲"通过人来体现，所以人是宇宙的核心，人就是"我"，每个人都是独立的主体，都有一个自我的宇宙，如此就接上了陆九渊、王守仁等心学一脉"宇宙便是吾心，吾心便是宇宙"的学说。他认为世界大战的爆发足以说明西方文化走到了尽头，将随着人类生存问题的解决而告过时，断言："世界未来文化就是中国文化的复兴，有似希腊文化在近世的复兴那样。"③依据对于儒家经义的理解，梁漱溟对理想人格重新加以界定，认为孔子为人处世的特点是"尚情无我"，"尚情"讲如何培养、发展基于"生命本性"的道德责任感，"无我"讲如何根除由理智产生的非道德意识。继梁漱溟之后，熊十力认为，清末以来中国传统价值失落，是中国社会建设的根本问题。他沿着思考生命的进路，提出体用不二、心物不二、能质不二、天人不二等观点。他所谓

① 梁漱溟：《东西文化及其哲学·自序》，北京：商务印书馆，2005年，第221页。
② 郭沫若：《王阳明礼赞》，《郭沫若全集·历史编》第3卷，北京：人民出版社，1984年，第293—294页。
③ 梁漱溟：《东西文化及其哲学》，北京：商务印书馆，2005年，第202页。

的"体"是"心体"、"性体",即人的生命存在的本体、宇宙万物之根本及宇宙生生不息的源头活水,在一定意义上也是道德的本体和道德的主体。所谓体用不二,也就是肯定生命的意义和人生的价值,是为了在物欲横流的世界重新寻找"人生本质"和"宇宙本体"。他认为,人与天地万物所同具的仁心本体蕴含着极大的力量,可以创造出、生化出整个人文世界。他高扬仁心本体刚健、创生的特质,实际上是以积极的人生态度、生命意识和人本精神去面对世界,创造世界。同时又主张保持人之所以为人的根基,不被人们创造出来的物质世界和人文建制所异化、所遮蔽,以致忘却、沦丧了人之所以为人的根基。他从体用不二的思路出发,提出通过外王即经世致用的途径来体现本心的问题,也就是由内圣开出外王的思路。在熊十力看来,内圣与外王并重、道德与事功并重是儒家入世哲学的基本精神,后儒忽略事功是违背儒家基本精神的,也是导致中华传统文化式微的原因。

1949年以后,新儒学研究的中心转到港台地区,熊十力的弟子唐君毅、徐复观、牟宗三为其代表。他们的思想各有特色,但都试图解决"本体如何建立"和"外王如何开出"的基本问题。唐君毅是一位道德决定论者,倾向于以道德理性论统摄其他学问。他认为无论民主政治、贵族政治还是君主政治,如果没有道德理性作为基础,都不会结出好的"果实"。最根本的政治就是道德理性,法律以及民权等只是手段,如果能实现儒家内圣之学的重建,民主政治等外王方面的事情就不难办了。徐复观更多关注外王如何从内圣开出的问题。他提出的方案是"转仁成智",对儒家的仁与智作出了新的界定,仁是指价值的自我意识,智是指认知理性。他认为仁无法直接开出科学和民主,因此必须"转仁成智"才能实现儒学的现代转化。他指出,传统儒家总是从统治者的地位出发来思考解决政治问题的途径,很少从被统治者的地位思考如何去规定统治者的行动,应该改变传统儒学的这种倾向,倡导科学与民主,重塑现代儒学。牟宗三将"本体如何建立"与"外王如何开出"两个问题综合起来思考。他认为儒家所谓的仁、本心,并非仅指道德意义上的主体,而且是宇宙万有的主体。他断言人具有"智的直觉",即孟子所说的"恻隐之心"、"羞恶之心",正是此心证成"道德的形上学",而道德有实践的可能性。他使用道统、学统、政统的概念分析传统儒学,认为传统儒学中有道统而无学统和政统,因而并未开出新外王的途径。在理论上,儒家的内圣之学可以开出新外王的实践,具体的途径是良知的自我否定,即从德性主体转出知性主体,从而为科学、民主的发展提供依据。至于如何从道德主体转化出知性主体,他并没有作出令人信服的说明。到了牟宗三的后继者,难以再推进他的理论,在学理上就很少有新的突破了。

与接续陆九渊、王守仁心学一脉的上述新儒家不同,冯友兰则宣称接续宋明理学中的程朱一派,建立起新理学的思想体系。从1939年起,冯友兰先后出版了《新理学》、《新事论》(1940年)、《新事训》(1940年)、《新原人》(1943年)、《新原道》(1944年)、《新知言》(1946年)六部书,构成了一个完整的新理学的思想体系。他的为学进路主要在以"六经注我"的精神,运用西方新实在论哲学重新诠释、阐发儒家思想,以作为复兴中华民族之理论基础。他宣称接续宋明理学中的程朱一派,对朱熹的理进行论证,"一切底理,

本来即有,本来如此⋯⋯无某理即不能有某种实际底事物。"①理是事物的依据,也是事物的方向,事物依据理才能成为事物,事物的变化发展即是依理尽性,万物皆如此,人亦如此。人之所以为人者即是人之理、人之性,人之理即是人之善,即是人生之理想。人的尽性表现在其社会行为上,人在社会生活中最主要的是道德行为。道德是人应该选择的价值,也是人之理,是人达到至善的方式。冯友兰对新理学的建构,可视为他促使传统儒学向现代转化所作的努力。

20世纪后期,还有一些并不明确标榜接续儒家道统,但着力探讨儒学作为一种现实的可实践思想之存续问题的儒学研究者,其中代表者之一是杜维明。他长期生活在美国,往来于大陆、台湾、欧美,自20世纪80年代以来,致力于从现代性的角度凸显儒家思想的人文价值。他认为儒家应该从超越层面吸收基督教"外在超越"的思路,以与儒家"内在超越"的思路互补。此类学者摒弃了全盘否定儒家的倾向,也放弃了新儒家继承儒家道统的意旨,重点寻求儒家思想与"现代社会"的契合方式,将儒家思想看做是构筑现代文化的资源,不再将之视为根本原则。

新中国成立后,儒学作为一种历史文化遗产,仍然影响着中国内地人们的思维方式和价值观,但不复据有主导意识形态的地位。20世纪六七十年代,对儒学的研究受到现实政策思想观念分歧的影响。"文化大革命"期间,激烈的反传统主义思潮泛滥,大量儒学典籍被焚烧,并发生了比附现实,"批儒评法"和"批林批孔"运动,孔子与儒学再次遭到全盘否定。到了80年代,传统文化逐渐复兴,儒学在学术研究中恢复了作为中华思想文化核心内容的地位。90年代以后,随着中国经济复兴和文化建设的展开,阅读儒家经典成为普遍社会风气,儒学再度成为影响中国人的思维方式与价值观的主要文化渊源。甚至有大批"孔子学院"在海外建立起来,儒学遂有在世界文化中形成更大影响的趋势。不过,在如何解说儒学作为中华文明精神传统核心思想与现代中国的精神文化建设实践的关系,如何看待儒学在其生成、演进历程中社会环境带来的时代局限,以及这种时代局限与儒学蕴含的恒久、普世价值内涵的关系等方面,显然还需要做大量深入的探讨。简单意义上的儒学复兴,很容易走上复古的道路。

【小结与思考】

儒学经过战国时期与其他各家学派的争鸣,至秦汉时期成为官方主导意识形态的基础。此后,先秦儒家典籍成为所有读书人必读的经书。儒学由是而大兴,同时,经学自身发展中出现今文经学与古文经学之间的争论。经学在东汉末年政治昏暗的年代,不能发挥拯救时弊、匡正社会风气的作用,一些饱读儒家经典的士大夫接受道家思想和佛学思想影响,蜕变而形成玄学。南北朝时期佛、道之说盛行,对儒学形成很大影响和冲击。唐代经学复兴,官修《五经正义》并颁行天下,儒学在抨击佛学的论争中,表达出建立儒学道

---

① 冯友兰:《贞元六书》(上),上海:华东师范大学出版社,1996年,第41页。

统的诉求。宋儒接续韩愈的努力,创立理学,经周敦颐、张载、程颢、程颐等人的探索,至南宋朱熹而集大成,并有陆九渊的儒学心学派与之争鸣并荣。理学与心学皆为儒者在经历佛学传入中国并引发思想、信仰领域变动之后重新阐释儒学以确立其国家意识形态正统地位的表现,它们在认知途径和修养路线等方面有诸多不同主张,但就宗本先秦儒家学说而言,并无二致。元代虽包容各种学术、信仰,但官方还是确定以理学为思想学术之正宗。明代中叶,王守仁吸收儒家各派学说,将陆九渊首倡的心学发扬光大,颇有资于士大夫主体意识和个人自由意识的觉醒。然而王学末流空谈性理,针对他们的批评者开始倡导实学,主张经世致用。然而明朝不久灭亡,实学家并未得到"经世"机会就被边缘化,遂倾力于对明代制度、学术的全面反思,形成清初顾炎武、黄宗羲、王夫之等人具有强烈反思特色的儒学总结、自省思潮。清代官方明确推崇理学,同时进行大规模图书文献编辑整理活动,经历明清易代过程而对理学与心学弊端有所认识的诸多学者,转而将学术探讨的目光投向汉代学术,累积而至于乾隆、嘉庆时期,尊崇汉代学术风格的考据学成为主流,皆以经学为中心,衍及小学、音韵、史学、天算、地理、典制、金石、校勘、辑佚等等,展现出浓厚的实证特色,成就斐然。晚清学者忧心国事,注重义理的今文经学再度兴起,成为倡导维新变法的学术思想资源。辛亥革命推翻帝制,儒学丧失了直接的体制依托和时代文化基础,遭到激烈抨击,然而作为数千年文化传统之渊薮,儒学对国民思想方式与价值观念的深层影响无法消除,其与现代社会、文化的可融通性吸引诸多学者不断探讨,参照现代思想、制度、科学理性精神对之加以重新阐释,以建构新时代文化的基本精神,尤其是价值体系,成为 20 世纪末以来中国思想学术界探讨的重大课题之一。

【思考题】

1. 谈谈汉代今古文经学的区别及争论的原因。
2. 宋明理学的主要代表人物有哪些,他们各自有何基本主张?
3. 尝试勾勒清代儒学的演变脉络。
4. 构建现代中国人的伦理价值观可以从传统文化中汲取哪些积极因素?
5. 儒学中有哪些因素应该扬弃,哪些因素应该持守?

第十一讲

宗教与民间信仰

文明是在人类对自然环境、宇宙和人类自身的认知中展开的,在这种认知活动中形成基于并超越物质存在的种种信仰与观念,其中有的信仰发展为制度化的宗教,有的展现为民间生活中的信仰活动。中华先民的宗教性信仰自上古时代就已经形成,逐步演变,渗透到国家体制、政治哲学、伦理、世界观、生活方式之中。进入帝制时代以后,大一统国家的主导意识形态渐趋明显,形成国家意识形态与民间宗教信仰之间错综复杂的关系。随着与外部世界日益频繁的交往,佛教传入中国,与本土宗教性信仰相互影响、融合,形成了中国复杂而多元的宗教信仰面貌。中华文明史上,制度化的宗教包括起源于本土的道教,也包括外来的佛教、天主教、伊斯兰教,皆与国家体制结成一定的并存关系。此外,在民间还存在不被官方认可的秘密宗教。民间生活中具有宗教性质的信仰活动以泛神论为基调,萨满信仰和堪舆、卦相等各种术数普遍存在,同时表现出一些地域性差异特色。无论制度化的宗教还是宽泛的民间宗教性信仰,都对中国人的思维与行为方式产生了巨大影响,从一个特定的侧面折射出中华文明的精神和生活风貌。

一、泛神崇拜与鬼神信仰

上古时代,随着农业文明的出现以及人类心智的发展,生活在中国大地上的先民在生产和生活中逐渐发展出独具特色的原始宗教观念。后世中国宗教的泛神论特征,中国哲学的自然主义特征,中国人思维的喻指和整体观照特征,中国国家和社会组织的宗法化特征等等,都与中国原始宗教的初始倾向有内在的关联。要深入了解中国宗教及民间信仰的历史和现状,须从探寻上古时代先民的原始宗教观念入手。

中国人的原始宗教观念酝酿于旧石器时代晚期。到了大约1万年以前的新石器时代,原始农业、养畜业初步发展,提高了先民的生产能力和生活水平,人们的精神也得到丰富和升华,关于自然、群体、自我的理解逐渐积淀成为一些以泛神崇拜和鬼神信仰为核心的基本观念。

自然崇拜包括对自然物和自然现象的崇拜。对于上古先民来说,大自然既为人类提供了生存资源,也是威力无穷的主宰。人们世代依赖大自然的赐予并接受大自然的摆布,积淀起对大自然的敬畏、感激和崇拜意识。这种崇拜一般是象征性的,即选取一些自然物和自然现象作为崇拜对象,因而各个人群可能各有其崇拜的具体对象,而其背后的本质,大多就是自然本身。当对自然的崇拜指向进一步地抽象化、本质化的时候,就出现了对天的崇拜。

上古时期的天,首先是被作为自然天空之神来加以崇拜的。由于天的神秘和遥不可及,人们感觉在所有神秘的事物中,天是最有威力、控制力最强的存在,其在信仰中的地位也高于其他自然神。随着人间权威、秩序的发展,人们赋予天万有之间最高主宰的地位,并用仪式化的祭祀活动使之强化,对天及其主宰的诸神的崇拜就成为解说宇宙与人

世间秩序的基础。大约公元前 2000 年前后，夏朝建立，天与人间的王遥相呼应，被看做宇宙万物间的主宰，掌管着自然和人间事务。在殷商的甲骨卜辞中，可以看到所卜问的对象中，天——当时也称为帝，是权威性最为崇高的神。

西周时期留下来的文献中，天有"上帝"、"皇天上帝"等称谓。此时的天已经是抽象化了的崇拜对象，其背后蕴含着复杂的关于宇宙和社会的思想。周王称自己为天子，是能与天直接沟通的人，以此凸显出王的权威。同时，周代的天不仅有威力而且有品德，周人提出了"以德配天"的理论。这一理论认为，天只对有德之君给予扶助，失德者则受到惩罚，天与"应然"和"德性"的糅合，成为后来中国帝王政治观的重要内容。与天相对，上古先民中还产生了对于土地的信仰。土地给先民带来赖以生存的粮食，因此对土地的崇拜很大程度上显示的是生存的诉求。国家形成以后，对土地的信仰逐渐演变为社稷的观念，即对于庇佑共同体生存的土谷之神的崇敬。土谷为民生之根基，所以社稷又具有国家和领土的意蕴。对天、地的祭祀在西周时期被进一步仪式化和制度化，从而极大地推进了信仰的神圣性及其内涵的文化继承性。发生在殷商与西周时代的这种变异在《礼记》中有所反映："殷人尊神，率民以事神，先鬼而后礼……周人尊礼尚施，事鬼敬神而远之。"①

天地崇拜在演变中复杂化，成为古人宇宙观和社会观共同的轴心。天地分别具有阴、阳的属性，阴阳相互依存、补充、转化，一切自然现象和事物都可以以阴阳为核心概念加以解说。由此伸展辐射，形成了复杂的思维和信仰系统。

在这种信仰系统中，天、地之间，是一个庞大的自然神群，包括日月星辰、风云雷雨、山川江河，以及各种动植物、精灵等等。《礼记·祭法》中记载："燔柴于泰坛，祭天也。瘗埋于泰折，祭地也……埋少牢于泰昭，祭时也。相近于坎坛，祭寒暑也。王宫，祭日也。夜明，祭月也。幽宗，祭星也。雩宗，祭水旱也。四坎坛，祭四方也。山林川谷丘陵能出云，为风雨，见怪物，皆曰神。有天下者祭百神。诸侯在其地则祭之，亡其地则不祭。"②

在部落形态盛行的情况下，一个特定的部落可能选择某种动物或植物作为自己特殊的崇拜对象和象征，今人称之为图腾（totem）。摩尔根（Morgan）认为，图腾是"一个氏族的标志或图徽"。③ 其含义是，由于一个人群共同崇拜某一对象从而使该对象成为崇拜者自身的象征。早期中华文明史上的图腾大多是动物，这在已经出土的新石器时代彩陶纹饰中有明确的反映。在所有的图腾中，最具有中国特色的崇拜对象是龙。龙并不是现实中真实存在的事物，其最初的形象类似蛇，其实是根据多种实在动物的形象综合而形成的。被崇拜的龙被描绘成具有强大的神力，能呼风唤雨，本身象征着活力与神威。与图腾崇拜相联系的是禁忌与祭祀。对于特定图腾的崇拜需要用祭祀来表现，同时需要针对

① （汉）郑玄注，（唐）孔颖达疏：《礼记正义》卷五十四《表记第三十二》，北京：中华书局，1980 年，影印阮元校刻《十三经注疏》本，第 1642 页。

② （汉）郑玄注，（唐）孔颖达疏：《礼记正义》卷四十六《祭法第二十三》，北京：中华书局，1980 年，影印阮元校刻《十三经注疏》本，第 1588 页。

③ ［美］摩尔根：《古代社会》，北京：商务印书馆，1981 年，第 162 页。

该图腾的品格,规定与其品格相冲突的事物的禁忌,以免冒犯。所以,图腾崇拜总是带有一些神秘性和巫术的特点。

新石器时代,原始信仰,尤其是对于人死后如何存在的猜测,开始体现在墓葬方式中。礼仪化的埋葬方式寄托着古人对于死者继续存在的想象。"事死如事生"的观念使古人将对死者的思念与崇敬表现在墓葬方式中,这类方式在世代聚居的农业人群中培育起祖先崇拜。随着父权制的产生,祖先崇拜成为维系父系家族、氏族血缘关系的纽带,并在以后几千年中一直存续下来,影响至今。

总体来看,中华上古先民的宗教性信仰表现出泛神崇拜的特点,与世界上其他地区先民的信仰有共通点,也具有独特之处。夏商周三代以后,原始宗教性信仰渗入国家礼仪和意识形态,形成制度化的仪式和规范。与此同时,原始宗教性信仰在民间继续以"原生态"的或者变异的方式作为构成社会生活方式的组成部分。

二、佛　　教

佛教起源于公元前600多年的古印度,由当时印度次大陆上的小国迦毗罗卫国的王子乔达摩·悉达多(又称释迦牟尼,意为释迦族的圣人)创立。两汉之际,佛教开始传入中国。相传汉明帝梦佛像金人,遂派遣使臣前往天竺问佛道法,并于中国图画其形象。[①]佛教在东汉受到上层统治者的支持,史载:"后桓帝好神,数祀浮图、老子,百姓稍有奉者,后遂转盛。"[②]东汉末年,政府控制力的削弱和社会动荡的加剧为佛教在民间传播创造了条件,同时也影响到本土宗教道教的形成。

魏晋南北朝时期,政治分裂,社会变动频仍,儒学不盛,佛教既填充了豪门贵族的精神世界,也吸引了一批崇尚清谈的士大夫钻研修行,而生活困苦的社会下层百姓也可以从中获取安慰,佛教大为流行。当时的诸多皇帝对佛教鼎力支持。南朝梁武帝崇佛尤甚,将佛教置于儒、道之上,他本人甚至多次舍身佛寺,并亲自撰述佛书、提倡译经、建造寺塔、举行讲经法会。诗云:"南朝四百八十寺,多少楼台烟雨中",[③]正是当时佛教寺院繁盛的写照。北朝虽有北魏太武帝和北周武帝的两次短暂毁佛,但大部分皇帝支持佛教。据《洛阳伽蓝记》记载,北魏统治时期,仅首都洛阳就有寺院1367所之多。[④] 同时,佛教艺术得到了充分发展,著名的敦煌、云冈、龙门三大石窟就是此时开凿完成的。

佛教是一种制度化宗教,它与民间宗教的一个明显差别是具有寺院组织机构、有经典、有戒律,彻底信奉修行者要脱离常态家庭生活,剃度为僧尼,到寺院体系中去修行。

---

① (南朝宋)范晔:《后汉书》卷八十八《西域传》,北京:中华书局,1965年,第2922页。
② (南朝宋)范晔:《后汉书》卷八十八《西域传》,北京:中华书局,1965年,第2922页。
③ (唐)杜牧:《江南春绝句》,见《樊川文集》卷三,上海:上海古籍出版社,1978年,第44页。
④ 参见范祥雍校注:《洛阳伽蓝记校注》,上海:上海古籍出版社,1978年,第11页。

大批僧尼进入寺院，衣食仰给于寺院，这就使寺院成为社会经济结构中一个重要的成分，从而出现了寺院经济。僧人一般不事生产，寺院靠政府赏赐、社会捐赠以及其他方式获得土地，然后将这些土地租给农民耕种，收取地租，同时又享受政府的免租免役特权，在供给僧众的同时，积累其财富。出现这种局面之后，寺院与世俗社会之间其实就形成了一种复杂的张力——寺院是出世修行的地方，同时又是不劳而获的所在；寺院收养许多生活无着落的人，又寄生在更大社会范围民众的供养之中。这是唐以前历史上几次出现政策性毁佛现象的根本原因。宋代以后，佛教深度中国化，成为社会生活中无法剥离的成分，从此再不曾出现政策性毁佛现象。

隋朝文、炀二帝均支持佛教，大量建造佛寺、佛塔，推动斋醮、度僧、写经之举。到了唐代，佛教各个宗派开始产生，开始了全面中国化和世俗化的转变。在此过程中，佛教也与儒家思想和本土的道教发生了更为直击的碰撞。从统治阶层来看，唐朝历代皇帝大都崇信佛教。唐太宗时期，高僧玄奘西行天竺，求取佛法，翻译了大量佛经；还遣文成公主入藏，带去大量佛经和佛像，推动了藏传佛教的产生。武则天时期，积极修造寺院、佛像，其中华严宗的发展尤其迅速。当然，佛教在唐朝也曾受到短暂排挤和打击。唐初曾有士大夫攻击佛教，详细阐述佛教不可崇信。唐中叶，士大夫代表韩愈曾激烈反佛。唐武宗时期，则曾推行大规模毁佛政策，使一度昌盛的佛教在唐末大遭摧折。

宋朝除了宋徽宗时期因个人崇信道教而短暂排佛外，大多数皇帝都推崇佛教，因此僧尼人数、寺院规模都相当庞大，翻译、刻写了大量佛教经典。宋代佛教发展的特点是其与儒学的相互吸收。这推动了佛教各宗的中国化进程，也深度影响到宋代形成的儒家理学的话语体系。元朝的佛教政策展现出少数民族政权的特色。蒙古族在入关前已经普遍信仰佛教，统一中原后，元朝帝王都特别尊奉佛教，尤其是将藏传佛教提升到国家宗教的高度，大加推崇，经常举行各种类型的法会和祈祷活动。元朝廷特设总制院，后改为宣政院，管辖全国佛教和西藏地区佛教的全部事务，并以西藏喇嘛为帝师，俨然全国佛教领袖。明朝以儒治国，对佛教主要是从统治策略的角度出发加以利用。在管理上，明朝继承唐宋以来的僧道度牒制度，对僧尼数量进一步控制，中央设立僧录司专管佛教事务，但所有限制的措施后来都渐渐废弛，寺院、僧尼遍布全国。最后一个少数民族王朝——清朝在入关前也与蒙古族一样，较多受到藏传佛教的影响，但是入关后亦深谙利用汉地佛教以巩固统治秩序之道，对佛教大加利用和掌控。清朝前期，僧尼数量激增，刻藏、译经活跃。为了控制快速增加的僧尼人数，《大清律》对建立寺院、私度出家等行为进行了严格限制。民国以后，佛教失去了统治阶层的特别支持和保护，成为公众自主对待的诸多宗教信仰之一，并且由于科学昌明，无神论普及，一般信奉者已经远不及帝制时代多，认真出家修行者更为凤毛麟角。当代中国内地的佛教，渐渐淡出文化生活的主流和思想学术的前沿，成为一种依然留存的往时遗迹，主要在基层社会生活层面发挥慰藉民心、寄托希冀、提供观瞻的作用。在西藏、青海等地区，则仍有大量信众，宗教上层依然是社会精英的一个重要组成部分。

佛教进入中国之后,逐渐与本土文化、社会融合,发生中国化过程。其表现之一,是出现了诸多本土特色鲜明的宗派。隋唐时期,主要宗派包括天台宗、三论宗、①唯识宗、华严宗、禅宗、律宗、净土宗、密宗等。其中,禅宗中国化程度最深,流行也最为广泛。其教义是强调通过坐禅和冥想达到顿悟,简单易行,被民众广泛接受。唐朝会昌年间毁佛之后,禅宗迅速恢复,并派生出主要的五个派别,即临济、曹洞、沩仰、云门、法眼五宗,影响最大的是临济、曹洞二宗。到宋代,禅宗成为信众最普遍的佛教派别,并且进一步与佛教的其他宗派和儒家思想融合起来。元代,虽然统治者推崇藏传佛教,但禅宗仍然是汉地佛教的主流。明朝时,随着佛教理论的进一步世俗化,禅宗与其他教派的理论差异逐渐缩小,明中期以后,随着与净土宗的逐渐结合,以及儒释道三教合一思想的流行,禅宗的独特性逐渐降低。但直到清朝,汉地佛教仍然以禅宗影响最广。

净土宗不像禅宗那样发源于中国本土,而是发源于古印度,在佛教传入早期就已进入中国。其主旨是强调只要信众虔心诵经,普通人也可以得到超度,最终到达阿弥陀佛西方极乐世界。其信仰者无须遵行严格戒律,念佛即可往生的简易方式,以及到达西方极乐的美好图景,都对民众产生了巨大吸引力,因而在中国流行广泛。宋代以后,净土宗在民间社会层面具有较大影响力。此外,天台宗在讲究顿悟的同时,强调研习经籍以及思辨冥想,在宋代较为活跃。辽朝则以华严宗和密宗最为昌盛。

除汉地佛教以外,藏传佛教主要流行于西藏地区,也称为喇嘛教。在教义上,藏传佛教兼学大、小乘,显宗、密宗双修,并吸收了西藏本土宗教苯教②的某些因素。公元7世纪,吐蕃统治者松赞干布迎娶了尼泊尔尺尊公主和唐朝的文成公主,两人入藏,都带去了大量佛经和佛像,推动了佛教在西藏地区的传播。11世纪以后,西藏僧侣与地方权势阶层结合,形成政教合一的组织形态,并先后形成了宁玛、噶当、噶举、萨迦和格鲁五大派系。其中格鲁派产生最晚,因该派僧人带黄色僧帽,又被称为黄教,是后来藏传佛教的主流。元朝统治时期,忽必烈还将萨迦派高僧八思巴封为国师,通管蒙藏地区宗教事务,甚至统领全国佛教。明朝对藏传佛教各派都给予支持。到14世纪,高僧宗喀巴实行改革,格鲁派正式形成,势力逐渐壮大,成为西藏占统治地位的教派。该派实行活佛转世制度,由达赖和班禅两个首领共同掌教,形成两大转世活佛系统,影响扩展到青海和蒙古草原。清代朝廷与藏传佛教上层关系密切,达赖、班禅封号需经朝廷册封,朝廷派出的驻藏大臣与达赖、班禅一起对西藏实行管理。最后,还有一支流行于西南少数民族地区的上座部佛教。该派于12世纪前后从泰国、缅甸等地传入,成为西南地方少数民族所信仰的不同于汉地佛教和藏传佛教的又一派别。

---

① 三论宗,因依据印度大乘空宗学者龙树著《中论》、《十二门论》和提婆著《百论》创宗而得名,宣扬"一切皆空"、"诸法性空",又名空宗或法性宗。

② 苯教(或称"本教")是一种流行于西藏地区的原始宗教,崇拜日月星辰、神山、圣湖等自然物,是一种多神崇拜的宗教形式。参见才让太:《苯教在吐蕃的初传及其与佛教的关系》,载《中国藏学》,2006年第2期。

佛教在中国的广泛传播与其逐步中国化密切相关。传入中国境内的佛教主要是古印度佛教派别中分化出来的大乘佛教。大乘佛教之所以能在中国力压小乘佛教,[①]并衍化出诸多宗派,原因在于其教义的包容性。对于信众来说,大乘佛教不仅讲求自度,也讲求度他,不仅救度善者,更要救度恶者,甚至对异宗外道也能加以包容。从其教义本身来看,大乘佛教中很多宗派的教义相对简单,修行方式容易操作,不受信众文化水平与接受能力的限制。此外,大乘佛教充分吸收中国本土思想和文化,如在其教义中强调孝悌观念,讲究人死后要进行超度的关于来世的观念,都与中国人对祖先的尊敬和追念相契合。

唐代以后,中国化的佛教在基层社会与本土民间信仰融合,佛教崇拜对象身上被染上了浓重的中国民间神祇色彩。其中,最为普遍的崇拜对象是观世音、阿弥陀佛和弥勒佛。观世音(唐太宗李世民时为避讳又改称“观音”)有诸多法相,最初为男身,被认为具有巨大神力,大慈大悲,可以普救人间疾苦。南北朝时期,开始出现女身观音菩萨像。唐朝以后,观音的形象被普遍描绘为温柔慈爱的女性形象,其广大法力中,体察女性特殊需求的方面被凸显出来,成为民间祈求家庭幸福的主要神灵。阿弥陀佛是接引信众往生西方极乐世界的接引佛,因此成为渴望摆脱世间苦难的劳苦大众的崇拜对象。弥勒佛被看做未来主宰之佛,南北朝时即在民间流行,与净土宗相关联,为普度众生前往理想净土世界之主佛。在后来的演变中,弥勒佛形象进一步与世俗欲求融通,出现了肥头垂耳、大肚盘坐、喜笑颜开的弥勒佛形象,其在此界满足信众喜怒哀乐需求的功能与其作为未来佛之普度众生的能力同样为人关注。这类形象是佛教在中国世俗化的情态表现。

佛教在中国不仅成为信仰层面的重要体系,还对传统的哲学、文化、艺术产生了重大影响。魏晋玄学、宋明理学与心学等,都曾深受佛教影响。围绕佛教所建立的寺院、壁画、雕塑、经卷是中国古代艺术宝库中的瑰宝。各类文学作品因展现佛教人物、思想或背景而变得更加丰富多样。总之,在中华文明演进的历程中,佛教深深融入中国传统文化中,并不断衍变辐射开去。

三、道　　教

道教是起源于中国本土的宗教信仰。首先,它与中国古代原始宗教的泛神崇拜以及鬼神、巫术信仰密切相关,延续了多神崇拜和利用巫祝祭祀鬼神的传统。其次,它的理论思想受到先秦时期以老庄哲学为核心的道家思想及汉代黄老思想的影响。以老子为代表的道家认为,道是天地万物的本源,是宇宙发展的原初动力与运行法则,宇宙与人间的所有真理最终都归结于道。道家还崇尚自然,讲究万物和谐,主张为政无为。两汉时期,

---

① 小乘佛教又称上座部佛教或南传佛教,与大乘佛教一起成为佛教的两大派别,其教义更接近古印度的原始佛教,与大乘佛教一起传入中国,但最终没有在中国得到广泛传播。

兼及医术与无为思想的黄老思想与谶纬思想、阴阳五行学说并行,为后来的道教提供了更丰富的思想话语。第三,战国和秦汉时期的神仙方术为道教提供了大量基础信息。许多先前流传的神仙人物及其故事被后来的道教所继承,成为道教信仰的重要内容。秦汉时期,帝王为求取不死之药进行各种修炼活动,重用方士,在很大程度上推动了本土宗教的形成。第四,道教在后期发展中吸收了大量儒家思想和佛教思想。儒家重视宗法等级、讲究忠孝、重视祭祀礼仪等做法都为道教所提倡;佛教强调因果报应和寺庙祈祷方式为道教所借鉴,后期道教的气功与佛教的禅宗修行方式也十分相似。

　　道教作为一种有组织的宗教,形成于东汉时期。秦始皇时,为求得长生不死的丹药,优容神仙方术,汉武帝时也重用术士,甚至带领他们到泰山进行封禅,但那时尚未形成有组织的道教。到东汉时期,两个重要的民间组织——太平道和五斗米道对道教的形成发挥了巨大推进作用。太平道为东汉灵帝时张角兄弟创立,五斗米道为东汉顺帝时张道陵创建,二者均利用宗教信仰活动组织发起民间反叛,抗击当朝统治者,结果均被朝廷击退或招安。其后,太平道和五斗米道残部仍有活动。与此同时,有长期组织性的道教团体逐步发展,并在上层社会形成很大影响力,不仅出现了许多经典著作,还被官方认可和利用。到北魏时期,道教已经被一些统治者推崇为官方宗教。在理论方面,两晋时期葛洪的《抱朴子》一书是道教的重要理论著作,不仅总结和确立了道教的神仙体系,还整理了当时流传的炼丹方术,发展出外丹理论,对后世的道教派别及理论产生了重大影响。

　　两晋南北朝时期,儒学不兴,宗教盛行,道教获得了重大发展,同时与佛教发生相互影响和争斗。二教都从对方思想中汲取了有利于本教发展的养分。佛教为尽快适应中国文化传统,常常借用道教玄学的某些名词和理论,道教也借用佛教经典中的某些思想。南北朝时期,一些上层统治者借用宗教问题打击异己,出现了多次借佛排道或用道毁佛的事件。

　　隋唐时期,统一的社会环境加上统治者的提倡,使道教进入全面繁荣。唐朝开国皇帝认为,道教始祖老子姓李名耳,是李唐的同姓始祖,于是十分推崇道教,借以提高李氏皇族的地位。唐太宗、唐高宗时期,都大力宣扬道家文化,推动了道教理论的发展。唐高宗甚至尊老子为"太上玄元皇帝",并在全国各地修建玄元皇帝庙,加以祭拜。在上层统治者中,甚至有妃嫔和朝臣等入道为女冠或道士。唐武宗对道教的崇信更为狂热,为了追求长生不老而醉心于符箓炼丹,甚至于会昌五年(845年)发起毁佛运动,独尊道教。

　　唐代道教分炼丹派与符箓派两大派别。符箓派注重通过符咒、祈禳以求消灾祛病祈福,其基础是鬼神巫觋信仰。炼丹派主张通过修炼金丹,达到长生不死的目的。其中的外丹派主张用炉鼎将某些自然物炼制为金丹,服用以求长生不死。此派在唐代最为兴盛,许多帝王因误食金丹而死。炼丹派中与外丹派对应的是内丹派,主张通过调理气息心神及进行某些特定的活动达到长寿,甚至长生不死。唐末,炼丹派中的外丹派衰落,内丹派发展,宋朝时内丹派成为炼丹派的主流。符箓派其实更接近巫术,因其实用性和修炼的简易性,自汉末以来一直受到统治者的支持并在民间有大量信众。

　　宋朝道教的发展主要表现在道教理论趋于成熟,并分化繁衍出新的教派:北方为全真道,南方为正一道。全真道注重内丹,正一道注重符箓。宋真宗和宋徽宗时期,统治者在全国范围内大修宫观。徽宗还屡次册封道教宫观和道士封号,自称是昊天上帝的长子神霄帝君降世,自称"教主道君皇帝"。在统治者的推动下,宋朝组织修成了道藏①最早刊印的版本——《政和万寿道藏》,为道教文献一大渊薮。南宋以后,正一道成为南方诸派的首领。北方因被金朝管辖,旧有道教派别在修炼方法和教规上发生了一些变革,形成了一批新的教派,主要包括太一教、真大道教和全真教,其中全真教最为著名。全真教在其创始人王重阳及其弟子的发扬下,受到北方民众的普遍信仰,势力逐渐壮大,并受到金朝政府的扶持,后来甚至发展成为蒙古、金朝以及南宋三个政权争相拉拢的一支重要的民间力量。成吉思汗为了在政治上得到全真教的支持,曾亲自召见其掌教邱处机,命其掌管天下道教,并在各地大建宫观,免除其赋税差役。这些举措使得全真教在全国,尤其是在北方地区快速兴盛起来。全真教的快速发展还与其教义本身讲求自律,以严格戒律要求教内人员有关,这赢得了身处战乱中的民众的较多信任。与此同时,江南一带的正一道和净明道也有所发展,但势力远远不及全真道。

　　明朝统治者比较推崇以符箓斋醮为主要特色的正一道。明初,朝廷授正一道天师张正常为"正一嗣教真人",并令其掌管天下道教,还专设道录司掌管道教事务,给天下僧道发放度牒,清理整饬道教人士,南方正一教逐渐发展为统掌全国道教的首领。永乐帝时,加封道教神真武大帝为"北极镇天真武玄天大帝",并在北京建造规模宏伟的真武庙,成为京师九庙之一,列入官方祀典。对道教信奉最为虔诚的明世宗,喜好各种方术,迷恋符箓斋醮,将龙虎山上清宫正一道士邵元节、陶仲文加授高职,甚至为自己的父母上道号,自己也号为"灵霄上清统雷元阳妙一飞玄真君",俨然一名真道士。明朝皇帝虽然也优容佛教,但没有一个真正沉迷于佛教之中,而沉迷于道教的却很多。道士混迹宫廷,干扰朝政的事例也屡见不鲜。②

　　清代诸帝不像明朝皇帝那样热衷于斋醮祈祷,道教作为宗教组织,发展趋于衰落。正一道天师虽仍由朝廷给予敕封,但影响力已远不如明朝。相比之下,清廷对全真教增强了注意力,其中的龙门派发展最快,成为全真道的主体。由于道教总体上的衰落,正一、全真两派的差别在清代已经越来越小,教义上也趋于融合。民国以后,新文化兴起,由于道教与民间鬼神、巫术信仰融合切近,"五四运动"时期,被冠以迷信旧俗而受到抨击。尽管如此,道教在后来的社会变迁中,仍然保持了自己的存在。

　　道教的最大特点是其与本土民间信仰的同体性——它是本土民间泛神论信仰的制

---

　　① 道藏涵盖有关道教的各类文献书籍,魏晋以来,随着道教书籍的日益增多,将之聚集起来进行统一编写已开始受到关注。唐朝开元年间,唐玄宗曾组织人力编写《开元道藏》,这是朝廷组织进行大规模道藏编写的开始,但《开元道藏》在唐末五代时期毁于兵火。宋代曾修《大宋天宫宝藏》、《政和万寿道藏》等。明朝则组织修成《正统道藏》和《万历续道藏》,是现存道藏的重要版本。

　　② 参见赵轶峰:《明代国家宗教管理制度与政策研究》,北京:中国社会科学出版社,2008 年,第 145 页。

度化体现。其信仰的神祇最为繁杂,不仅不断将自己体系内的神祇广播到民间,还不断造神、吸收民间信仰神加入其中。因此,清朝以后,虽然正式入教者很少,但受到道教影响的人实际上却很多。民间信仰活动与道教信仰内容水乳交融,难以区分,如太上老君在道教中是最高神三清神之一的道德天尊,[1]在民间则是得道的众神之一,道教神玉皇大帝也被民间普遍作为天上的主宰加以崇拜。而某些民间信仰对象如关帝,原本为三国时期的蜀汉名将关羽,死后被人们神化,成为民间广泛祭祀的对象,历代帝王为提倡其代表的忠义品德,多次加封,后来被吸收进道教神系统当中,成为道教诸神之一。还有碧霞元君,又称泰山娘娘,民间传说其神通广大,尤其是能够使妇女生子,后来也成为道教女神。老百姓所信奉的很多自然神和行业神等等,在其信仰普及以后,也都可能成为道教神。至于城隍信仰,则很难准确判定其道教成分与民间神祇成分哪个更多一些。

四、巫术与萨满

中华文明史早期已经形成的泛神论信仰倾向,为巫术信仰提供了土壤。巫在中国上古时期是天地鬼神与人间的沟通者,是一种职业身份,在统治上层活动中扮演很重要的角色。《周礼·春官》记载,"司巫掌群巫之政令,若国大旱,则帅巫而舞雩",[2]女巫"凡邦之大灾,歌哭而请。"[3]由于巫承担一些重要的职责,对其能力也有一定要求,《国语》载:"民之精爽不携贰者,而又能齐肃衷正,其智能上下比义,其圣能光远宣朗,其明能光照之,其聪能听彻之,如是则明神降之,在男曰觋,在女曰巫。"[4]周代以后,巫从朝廷官员逐渐下移到民间,成为百姓中的一类人群。在帝制时代,虽然其祛病祈福等法术对上层统治者有一定吸引力,但民间多有人利用巫术诈骗钱财甚至煽动变乱,所以历代统治者多对之加以禁止,有明文列入法律条款。即便如此,与民间习俗紧密相连的巫术在中国南北方仍然普遍存在。明朝小说家凌濛初曾在小说《拍案惊奇》中说,男巫女觋,自古有之,汉代谓之"下神",唐代呼为"见鬼人",上至公卿大夫,下到普通百姓,信众颇多,只是真正有术之巫觋早已失传,民间所存之太保、师娘等,不过是降神召鬼,哄骗钱财罢了,已经成为民间痼疾。[5]

---

① 道教最高神三清神分别为:住在玉清境的元始天尊,住在上清境的灵宝天尊,以及住在太清境的道德天尊。

② (汉)郑玄注,(唐)陆德明音义,(唐)贾公彦疏:《周礼注疏》卷二十六,北京:中华书局,1980年,影印阮元校刻《十三经注疏》本,第816页。

③ (汉)郑玄注,(唐)陆德明音义,(唐)贾公彦疏:《周礼注疏》卷二十六,北京:中华书局,1980年,影印阮元校刻《十三经注疏》本,第817页。

④ 徐元诰:《国语集解》之《楚语下》,北京:中华书局,2002年,第512—513页。

⑤ (明)凌濛初:《拍案惊奇》卷三十九,上海:上海古籍出版社,1982年,第685—686页。

现代西南地区仍然保存的傩礼也是巫术性的信仰活动,在殷周时代就已经出现。其内容也是驱鬼逐疫、除灾呈祥、祈福求雨。周代盛行的傩舞,也称为"驱傩"或"打傩",主要功能是驱除疫病。在后来的演变中,这种活动的信仰色彩趋于淡化,逐渐发展成为岁首迎神的喜庆活动,甚至是表演艺术活动,至今在云贵地区的苗族、瑶族等少数民族中广泛存在。贵州部分少数民族以十月初一日为岁首,每到此重要节日,必杀牛祭鬼,在这一过程中,巫师扮演重要角色。其表演往往采取象征性的歌舞形式,娱人、娱神的功用都很明显,在民间颇为流行。

萨满是一种起源于原始宗教并流行于民间的巫术性信仰现象,以通过群集的跳神舞蹈沟通人神、驱逐魔鬼为主要形式,在世界各地,尤其是欧亚大陆和北美大陆的北部地区广泛流行。中国的萨满信仰以流行于东北、华北人群中者最为典型,其他地区存在的此类现象的表现形态有所差异,但也多具有前述基本特征。这种信仰活动以鬼魂观念为基础,相信万物有灵,崇拜对象十分广泛,包括各种神灵、动植物和自然现象等等。在自然科学和医学不发达的社会环境下,萨满被用来满足与神灵沟通、祈求福祉、治病、预言吉凶、祛除鬼祟的心理需要。它与佛教、道教、基督教、伊斯兰教等制度性宗教不同,没有精密完备的宗教理论、经典和制度,也没有固定的宗教组织和特定的宗教场所,活动具有很大的随机性,巫术色彩更浓,并与各地的民间习俗联系更为紧密。所以,一般不将萨满直接称为宗教,而将之看做宗教信仰性的社会行为和现象。

古代北方少数民族,如肃慎、鞑靼、匈奴、乌桓、鲜卑、契丹、突厥、女真、蒙古等族,皆盛行巫术,信奉萨满。匈奴人就经常通过巫者来预测吉凶,并借之制定战争和政治决策。《史记》、《汉书》中都有关于匈奴"胡巫"的记载。辽、金、元、清等少数民族统治的王朝中,萨满仪式都曾进入宫廷,与其他宗教和非宗教礼仪活动并存。在有关辽朝、金朝历史的文献中,"撒抹"、"撒卯"等指的就是萨满巫师。蒙古族的萨满信仰也十分普遍,其族人经常利用巫术呼风唤雨、治病驱邪。在元朝上层统治阶层,萨满还受到朝廷的重用,常常为统治者治病,或为重大军事决策提供参考。元宪宗蒙哥汗就在宫中蓄养萨满,"凡行事,必谨叩之,殆无虚日,终不自厌也"。① 女真族中的萨满信仰更为盛行。女真族崇拜自然、灵魂、天神和祖先,认为通过萨满可以探知神意,能够祛病,有时甚至招致族神与人沟通,消除灾异,带来福祉。史载:"珊蛮者,女真语巫妪也,以其通变如神。"② 这里的珊蛮,就是萨满。女真人崇拜天神,凡遇重大事情都要进行祭祀。到明朝末年,处于由部落联盟向严密国家形态演变中的女真社会发展起了堂子祭祀,遇到出征打仗等重大事宜,都要在堂子中进行祭拜,祈求神灵保佑。皇太极时,受内地祭祀礼仪的影响,将王族爱新觉罗氏特定的堂子祭祀地位提高,成为整个满族的堂子祭祀。入清以后,清朝继承了前代统治者崇尚儒学,对各个宗教限制利用,压制巫术活动的传统,萨满祭祀遂再度转变为民

① (明)宋濂等:《元史》卷三《宪宗本纪》,北京:中华书局,1976年,第54页。
② (宋)徐梦莘:《三朝北盟会编》卷三,光绪四年岁次戊寅越东集印本,第10页。

间社会、家庭的信仰活动。

萨满信仰活动中处于核心地位的能够沟通人神的巫师也被称作萨满，是人神之间的中介者，通过念唱神歌、邀神附体、跳舞、祭拜等方式，向神灵传达人的祈愿，并向人们转达神灵的旨意，甚至调动神灵为人消灾致福、医病、驱鬼、预言。北方的萨满作法即跳神的时候，一般头戴尖帽，身穿彩色长裙，腰系铜铃，持鼓击打舞动，口中或唱或念。在此过程中，向神灵献祭，称为请神；然后用鼓语呼唤神灵，叫做降神；降神之后，神灵附体，向围观者传达神意，或者祛除鬼魅；最后送神而去。从事这种萨满活动的人，并非职业巫师，相互也无统领组织关系，平时就是所在社区中的普通成员，但须有一定的跳神经验。

萨满活动有较强巫术成分，无其他制度化宗教不同程度具有的普世情怀、思辨方式、修养途径、伦理取向，主要是下层民众自发从事的信仰活动，各代统治者大多没有提倡，有时对"巫"、"迎神赛会"之类活动还进行禁止。在现代社会，萨满信仰已经成为一种历史遗存，是文化人类学研究的对象。以巫术为特征的萨满信仰和萨满文化在中国各地，尤其是少数民族中仍然存在，但是随着科学的普及，其流布程度已大为降低，只是作为习俗或文化遗存被保留或研究。

五、基督教与伊斯兰教

基督教与伊斯兰教传入中国的时间较晚，与佛教相比，都具有更强的排他性和较为严格的教规。基督教是一个统称，其中包括天主教（旧教）、东正教和新教三大分支，各分支内部又有诸多教派，狭义上的基督教则专指欧洲宗教改革以后兴起的基督教新教。

唐朝贞观年间，公元5世纪末形成于波斯的被当时在西欧处于主导地位的天主教视为异端的聂斯脱利派（Nestorian）传到中国，当时称为景教。初入中国的景教尚未及流传，就随着武宗会昌年间的毁佛事件而遭受毁灭性打击，仅在中国边远地区小部分留存。到元朝，基督教第二次传入中国，主要是天主教中的方济各会。13世纪晚期，意大利天主教徒马可·波罗（Marco Polo）口述的《马可·波罗游记》向西方人展示了当时中国的繁盛，引发了基督教世界对中国的极大兴趣和猜想。13世纪末到14世纪初，罗马教廷不断派遣天主教传教士到中国传教，当时被元人统称为"十字教"，蒙语为"也里可温"，在元朝上层蒙古人和色目人中流行。元末社会动荡，天主教的来华传教活动再次中断。

16世纪欧洲宗教改革以后，东西海上航路已经开辟，欧洲殖民者来到东方，传教士也随之大批东来。1601年，意大利耶稣会士利玛窦（Matteo Ricci）进入北京传教。他改变原来基督教把听众看做蒙昧者的死板宣教方式，尝试通过与中国原有的儒家思想融通，来推进基督教教义的传播。他把基督教中的"神"翻译成中国思想中原来就有的"上帝"，将之与儒家思想中的"天"等同类比，甚至要把孔子的某些言语重加解释，为其所用。他身穿儒者服装，与明廷官员保持良好关系，和他们在科学、思想方面进行沟通和具体合

作。在利玛窦以及同时期的罗明坚(Michele Ruggleri)、龙华民(Nicolas Longobardi)、庞迪我(Pantoja)等众多传教士的影响下,天主教在中国获得了快速传播。明朝的很多士大夫对天主教表现出接纳态度,有的甚至受洗成为基督徒,如徐光启、李之藻、杨廷筠等人。同时,也有许多士大夫及下层民众强烈反对天主教,甚至在万历四十四年(1616年)发生了驱逐天主教士的南京教案。即使如此,明末清初还是天主教在华传播的一个非常活跃的时期。当时的汤若望(原名约翰·亚当·沙尔,Johann Adam Schall von Bell)等传教士还曾协助徐光启编修《崇祯历书》,大受明朝政府的器重。传教士携带进中国的一些稀奇之物,如自鸣钟、天文望远镜等,也都引起当时很多士大夫的好奇和注意,并进一步促进了传教士与统治阶层的交往。

清初,天主教传教士汤若望、南怀仁(Ferdinand Verbiest)等人受到清廷礼遇重用,更多外国传教士来华兴建教堂。这时中国信奉天主教者人数激增,据保守估计,到1650年,发展到约15万人,1664年接近25万,到1700年又增加到大约30万人。[①] 但是到了康熙年间,发生了著名的"礼仪之争",拉开了中西文化冲突的大幕。当时罗马教廷不满意利玛窦等人的传教方式,认为传教士在传教过程中向中国传统妥协过多,于是,一次次发布禁令,要求在华基督教徒不能兼行儒家礼仪,不许祭孔、祭祖,申明对儒家所崇尚的"天"不能与基督教的上帝等同对待等等。所有这些,不仅凸显了天主教与几千年来的中国本土文化思想的冲突,而且触及中国政府对于本国人民的治权。双方协商无果,康熙帝开始实施对天主教的禁教措施。礼仪之争在中国持续近百年,直到鸦片战争以前,清政府一直保持着对天主教的宗教禁令政策,外国传教士在华传教活动受到打击,只在民间保持了低调存在。

基督教另外两大分支东正教和新教(即狭义基督教)也在清代相继传入中国。东正教在康熙初年传入,主要活动于北京等北方地区,传教人士多为沙皇俄国派遣,因信众较少,在中国的发展也很有限。基督新教形成较晚,在19世纪初才正式传入中国内地,先后来到中国的传教会中有英国的伦敦会,美国的美浸会、圣公会等等。最早来到中国的新教传教士是英国伦敦会的马礼逊(Robert Morrison),他在广州、澳门进行传教活动,并首次将《圣经》翻译成汉语,力图通过推动中西文化的互通与交流传播基督新教。但是直到鸦片战争以前,基督新教在华人数极少。近代以来,基督新教慢慢发展起来,并从沿海城市向内陆地区扩展。到当代,基督新教的发展已经超过天主教,在中国拥有众多信众。

自16世纪以来传入中国的天主教,以及稍后的基督新教的在华活动,经常与西方国家在中国境内的渗透乃至侵略活动相牵连,也常常引发与其他信仰的民众之间的冲突。另一方面,基督教传教士也曾经把一些西方科学技术、社会观念、社会机制介绍到中国,在文化、教育、医疗、社会救助等领域发挥了一些积极作用。

伊斯兰教大约在唐朝高宗年间传入中国。公元651年,唐高宗永徽二年,伊斯兰帝国

---

① 参见牟钟鉴、张践:《中国宗教通史》,北京:社会科学文献出版社,2000年,第710页。

（当时中国人称之为大食国）派遣使节来到长安朝贡，[1]建立了相互关系。之后，伊斯兰帝国和波斯的穆斯林商人经由陆路和海路不断来华，在进行贸易的同时也带来了伊斯兰教信仰。到两宋时期，大批阿拉伯商人在华定居，沿海的广州、扬州和泉州等地成为穆斯林集中居住的地区。这些地方还建立了许多清真寺，大批穆斯林与当地人通婚，繁衍后代，形成了中国常住民伊斯兰信众。穆斯林在中国的居住地较为集中，其对外传教的意识也并不像基督教那样强烈，所以伊斯兰教并未形成与中国已有的儒释道信仰的明显冲突。

蒙古成吉思汗及其继承者多次发动西征，征服了中亚和西亚的一些穆斯林国家，并将大批中亚、波斯、阿拉伯的穆斯林作为战俘征调到中国，这种大规模的政府性调动带来的穆斯林，比通过经济交往而自愿来华的穆斯林数量更为庞大。同时，蒙古大大疏通了中国与穆斯林国家的交往之路，穆斯林商人来华顺畅无阻，人数众多。通过不同方式来到中国的穆斯林与当地汉族、维吾尔族和蒙古族等居民通婚，通婚后的家庭及其子女大多皈依伊斯兰教信仰，对中国的认同感也强于纯粹的外来商人或旅行者。伊斯兰信徒在元代被称为"回回"，《明史》中记载："元时回回遍天下"。[2] 马可·波罗在他的游记中也提到了当时中国各地都有穆斯林。元朝时，还以阿拉伯人、波斯人为主，与中国内地的汉族、蒙古等民族融合，形成了一个新的民族——回族。元朝很开放，对伊斯兰教实行保护政策，穆斯林社会地位很高，在经济、文化等各个领域为元朝繁荣做出了贡献。

明朝初年，由于采取了恢复汉族文化传统的政策，并对内地"胡人"尽量进行同化，因此，伊斯兰教在明初并不兴盛，部分穆斯林还迁居到了边疆地区或境外。明朝初年还曾经规定，色目人需与汉人通婚，不得自相嫁娶。但是，穆斯林生活方式的特殊性使得绝大部分汉族人在与穆斯林通婚后都转而信奉伊斯兰教。稍后，明朝对伊斯兰教采取了优容政策。明成祖曾在福州、泉州等地的清真寺建立敕谕碑，表示对伊斯兰教的保护。曾率领船队七次下西洋的明朝太监郑和及其随行部下，也多是穆斯林。由于穆斯林集中居住，并与其他民族和人群有着明显的分界，因此伊斯兰教对于穆斯林来说，除了是宗教信仰以外，更是一种生活方式，明朝也主要是将信仰伊斯兰教的穆斯林作为民族群体，而非宗教组织成员来进行管理，鲜有对伊斯兰教的直接政策。同时，穆斯林在天文、历法、医学等方面也做出了很大贡献。

在信仰伊斯兰教的少数民族中，新疆的维吾尔族是一个全民族信仰该教的群体，除此以外，哈萨克族、柯尔克孜族、塔吉克族等许多新疆地区的少数民族也大都信仰伊斯兰教。维吾尔族早期的宗教信仰比较庞杂，包括萨满教、摩尼教、景教、佛教等多种宗教信仰，宋代以后，伊斯兰教开始传入新疆各地，被维吾尔族接受，直到明中叶，新疆维吾尔族绝大部分都已改信伊斯兰教，在生活方式、风俗习惯上形成了特色鲜明的民族群体。大型清真寺称为"艾提尕"，是穆斯林大型年节聚会的场所，开斋节、古尔邦节都是他们最隆

---

① （后晋）刘昫:《旧唐书》卷一百九十八《西戎传》，北京:中华书局，1981年，第5315页。
② （清）张廷玉等:《明史》卷三百三十二《西域传》，北京:中华书局，1974年，第8598页。

重的宗教节日。在语言文字上,受伊斯兰教的影响,形成了以阿拉伯字母为基础的维吾尔语。新疆也成为伊斯兰教信仰最为集中的地区。

清前期,由于清政府实行联合蒙藏,压制汉族和其他少数民族的政策,伊斯兰教的发展受到限制。云南、新疆、西北等地信仰伊斯兰教的少数民族曾发起多次反抗清朝的运动。不过,就整个清代来看,伊斯兰教在民间还是实现了一定程度的宗教传播和普及。北方的穆斯林在清真寺内招收学生,学习阿拉伯文、《古兰经》等,南方的一些精通汉文和儒学的穆斯林学者则进行了大量翻译工作,形成了对伊斯兰教研究的高潮。

新中国成立以后,宗教信仰自由政策为伊斯兰教的发展提供了更大空间,为充分尊重其宗教信仰与民族习俗,还在新疆、宁夏、甘肃、青海、云南等穆斯林聚居地设立了地方自治机构。

六、民间秘密宗教、堪舆、卦相

除了被历代统治者所承认的制度性宗教以外,还有一些有组织的宗教信仰,未被统治者认可,秘密流行于民间,统称为民间秘密宗教。

摩尼教产生于古波斯萨珊王朝,隋唐之际从中亚传入中国,以追求光明与善吸引信众,在教义上综合了基督教、佛教、道教等思想,并吸收了其他一些中国民间信仰。在经过唐前期的短暂发展后,摩尼教也在唐武宗年间遭到严重打击,转为秘密宗教。宋以后,摩尼教在南方获得发展,进一步中国化,并因其追求光明,又称为明教。两宋时期,不断有民间势力以摩尼教为旗号,发起反叛朝廷的战事,如北宋著名的方腊起义。鉴于此,元代统治者限制其传播。元朝末年,明教成为红巾军大起义的旗帜,在推翻元朝建立明朝的战争中发挥了组织作用。明朝建立以后,朱元璋深知明教等秘密宗教的发展可能对统治秩序造成威胁,对之明令禁止。[1] 其后,明教逐渐衰落,其原有教义、思想融入白莲教、弥勒教等其他民间宗教信仰中。

白莲教是中国历史上影响最大的民间秘密宗教,起源于宋元之际,是从佛教净土宗中发展而来的,主要在江南一带传播。早期白莲教崇奉弥勒佛,宣扬弥勒下生,要求信众念佛持戒、不杀生、不偷盗、不邪淫、不妄语、不饮酒,被许多下层民众所接受。元明以后,白莲教吸收了摩尼教、道教以及其他民间信仰的诸多因素,逐步发展,建立起信众规模庞大的教会组织。当时白莲教对信众要求较宽,男女老少,不论年龄、贫富,只要信教,皆可加入,夜聚晓散,方便念佛,因此发展迅速,派别众多。明中期以后,以"真空家乡、无生父母"为核心思想的罗教发展起来,真空家乡意思是说,世界产生于虚空,人返本还源,最后也要回到虚空中去,而作为罗教最高女神的无生老母则可以将凡间的儿女带到真空家乡

---

① 参见怀效锋点校:《大明律》卷十一《礼律一》,北京:法律出版社,1999年,第89页。

中去,"家乡"、"老母"等词语利用了百姓对故乡和母亲的情感,借以打动人心,赢得民众的信奉。此后,各类秘密教派林立,大都与白莲教有所牵连。明朝政府明令白莲教为邪教,禁止传习,但屡禁不止,尤其在明中期以后,发展出众多秘密组织。清朝对白莲教各派仍然加以限制,但在清朝嘉庆年间,还是发生了规模很大的一次白莲教起义,参加者多达数十万人,战事波及全国,起义军一度攻入紫禁城,给清政府带来了沉重打击。

民间秘密宗教与制度性宗教有密切关联。如白莲教、弥勒教、大乘教①等,都借助佛教的教义,糅入其他信仰元素衍生而来,经过改造,建立起秘密组织。明清时期的民间秘密宗教最为发达,尤其是明中叶以后,有圆顿教、无为教、一炷香教、弘阳教、罗教、黄天教、八卦教、三一教等等,多达数十种。这些民间秘密宗教的流行以民众有限的知识水平为土壤,多与社会问题和社会矛盾的累积有关,故反映出下层民众的某些诉求。但是,这类活动的迷信色彩使之缺乏社会和文化进步内涵,也常加剧社会的不稳定。

中国文化传统中还存在许多其他与信仰有关的现象,如堪舆、卦相及其他术数类现象,构成了中国人信仰世界的另一个组成部分。术数在上古时期,主要在上层社会流行,由具有专门技能的官员掌管其事,其中涉及天文、历法等早期科学内容,又与巫术纠缠不清。秦汉以后,各类术数在统治阶层中仍然流行,同时传播到民间。各类术数逐渐渗透到普通百姓的日常生活之中,举凡婚丧嫁娶、出行、祭祀、祝寿、生育、搬家、入学、交易、会友等领域都会有所涉及。

术数中一个很重要的内容是堪舆。许慎《说文解字》称:"堪,天道也;舆,地道也。"故堪舆原指天地之根本,引申为观察天文地理以判定凶吉的技能。汉代堪舆之术大为流行,堪舆家不仅占卜星相,选择宅地,也预测行事吉凶。因其玄虚,东汉王充就指堪舆之术"殆无其实"。② 唐宋以后,堪舆十分盛行,被用来在建都、修陵前选择地点。明清各代皇帝极为重视陵墓修建和皇宫营造,笃信风水,在选址时,除了大臣以外,必须有通晓地理风水的堪舆之士随行,建议陵寝位置。在民间,百姓在日常生活的搬迁、建造、安葬等活动中,希求诸事吉利,也常借堪舆者协助判断,使之普遍流行。

卦相则与《周易》的理论和阴阳五行等传统学说相关。算卦是通过《周易》所记载的卦象内容,结合甲骨、蓍草等工具进行推算,进而预测祸福吉凶的一种术数。早在商代,人们就将龟甲和牛骨制成薄片放在火上烤灼,根据上面的裂纹来卜问吉凶,周人则在龟甲占卜的基础上发展出了筮卜方法,用蓍草数目的变化和《周易》卦象来占卜、推测吉凶,也叫占筮。《周易》中说:"易有太极,是生两仪,两仪生四象,四象生八卦。"八卦中最基本的单位是爻,"—"为阳爻," – – "为阴爻,每卦由三爻组合而成,形成乾、坤、震、巽、坎、离、艮、兑八卦,分别代表天、地、雷、风、水、火、山、泽八种元素及相关的八类事物。既

---

① 此处所说大乘教指的是明朝中期后创立的民间秘密宗教,因以北京西郊皇姑寺为活动中心,也称为西大乘教,并非指佛教派别中的大乘佛教。

② (汉)王充:《论衡》卷二十四《讥日篇》,上海:上海人民出版社,1974年,第368页。

然宇宙万物都离不开八卦所代表的事物,因此就能通过解释八卦与爻辞的关联来预测事物的吉凶。后来,算卦也泛指各种占卜之术,如看相。相术专指通过对人的面相、骨骼、气色等情况,来推断人的命运祸福,以便趋利避害。

　　广义上说,堪舆、算卦、相面等都属于术数的范畴。除此以外,还有命理、占梦、求签、测字等各种占卜手段。命理术就是批八字,即依据出生年月日时的干支八字来推算命运吉凶。这些占卜活动在某种程度上依托于《周易》的有关理论,但更深程度地世俗化,具有极强的迷信色彩,影响着普通老百姓的思维和日常行事方式。近代以来,在倡导科学,反对迷信旧俗的社会大背景下,此类活动逐渐减少。

【小结与思考】

　　中华文明历史上的宗教与民间信仰起源于上古时［　　］泛神崇拜观念、祖先崇拜和鬼神信仰。进入帝制时代以后,佛、道两种制度性宗教逐渐发展,占据宗教信仰的主流地位,与世俗权力和世俗社会生活紧密相连。然而中华文明早就形成了人本主义的传统,国家政治始终保持人本和世俗的文化精神,不曾被宗教势力左右。在国家意识形态层面,占据主流地位的仍是儒家思想,所有宗教现象都在与儒家传统及国家政权的关系中界定自己在中国社会中的角色。帝制时代后期,各个制度化宗教都处于国家权力的监管之下,并未过度影响国家政治生活。儒家思想与各个宗教既相互竞争,又彼此渗透,从而各有变通,丰富了整个社会的文化内容。较早从外部输入的佛教,在中华文明史上深度本土化,到了晚近时代,已经成为中华文明凸显的内在成分。发源于中国本土的道教,在吸收儒、佛思想的同时,与民间信仰深度融合。天主教改造他者的倾向较强,在中国的传播曾经过数次较大挫折,但仍为中华文明所包容。伊斯兰教并非由传教渠道,而是伴随商贸往来以及人口迁徙进入中国,逐步获得广大信众和认同情感,成为中国社会文化的一个重要组成部分。这些情况,体现出中华文明的宗教包容性和民间信仰的多元性。中国的民间信仰以泛神崇拜为基调,形成了多种多样的形态。以巫术为核心的萨满信仰在民间各地,尤其是少数民族地区广泛存在,并与各地民俗紧密相连,是更为原始的信仰观念的遗存。以佛教等制度化宗教的教义为基础,融合其他民间信仰元素构成的有组织性的民间秘密宗教,常常反映一定的社会问题和民间诉求,但是因其迷信色彩浓重而缺乏社会与文化的进步性,经常成为社会动荡的因素。以堪舆、卦相等为代表的各类术数,与古代阴阳八卦等学说有密切联系,也与巫术及泛神信仰相关,既有民俗的意义,也有迷信的色彩。

【思考题】

　　1. 原始泛神论信仰在中华民族的信仰观念中有哪些表现?
　　2. 怎样理解中华文明的信仰包容性?
　　3. 尝试说明宗教信仰与社会生活的关系。

第十二讲

科学发明和创造

人类在自然界生存,逐步积累起对于包括人类肌体在内的自然现象的了解,也探索出认识自然世界的方法,掌握日益增多的探索自然的工具,从而逐步形成依据观察、实验、分析、归纳来认识事物本质的科学。科学是所有文明的基本要素,也体现每一个文明的最高成就与特色。中华文明在天文学、算学、医学、物理和化学以及综合多种科学加以实践的诸多领域完成了诸多伟大的发现、发明和创造,曾经在世界范围内处于多领域领先的地位。现代自然科学集中从欧洲文明传统中演进而来,但是中华文明古代科学的许多成就,实际影响到了现代科学一些领域的历史发展。还有一些中国古代科学成就,至今指引人类探索的方向,是全人类共同的宝贵遗产。

一、天文学与历法

(一)天文观念

古人年复一年地观察天文现象,累积起相关的经验和知识,形成古代的天文学。这种学问与人们的生产生活密切联系,因而在古人的知识体系中是形成早、延续性强且体系完整的领域之一。其中,中华先民关于宇宙的基本认识主要有三种说法,即盖天说、宣夜说和浑天说。

盖天说形成于殷末周初,最早见于成书于约公元前1世纪的《周髀》,后世称为《周髀算经》。《周髀算经》把天地描述为"天象盖笠,地法覆盘",①认为天是半圆形的,地像倒扣的盘子,中间隆起,日月星辰附在天上,绕北极旋转,但不能转至地下。这比更早时候的天体观念已经有了进步,但随着天文观测手段的进步,盖天说与观测数据间的矛盾日益增大,不能自圆其说,在东汉以后走向衰微。

宣夜说的代表人物是东汉时期的郗萌。后来成书的《晋书·天文志》对宣夜说作了这样的描述:"天了无质,仰而瞻之,高远无极,眼瞀精绝,故苍苍然也。譬之旁望远道之黄山而皆青,俯察千仞之深谷而窈黑,夫青非真色,而黑非有体也。日月众星,自然浮生虚空之中,其行其止皆须气焉。是以七曜或逝或往,或顺或逆,伏见无常,进退不同,由乎无所根系,故各异也。"②宣夜说认为宇宙是无限的,在无限的空间中漂浮着若干稀疏的天体,是一种接近科学的宇宙结构认识,但是,此说停留在思辨的层面,没有回答诸如日月星辰的运动各有不同的规律等问题,还不可能说明宇宙的结构。在郗萌死后数十年,宣夜说归于消寂。

浑天说可以追溯到先秦思想家慎到、惠施等人关于天、地的描述。西汉的落下闳、鲜于妄人、耿寿昌、扬雄等人都持浑天说,至东汉张衡而集大成。张衡在他的《浑天仪图注》

---

① (汉)赵君卿注:《周髀算经》卷下之一,上海:商务印书馆,1937年,第54页。
② (唐)房玄龄等:《晋书》卷十一《志第一·天文上》,北京:中华书局,1974年,第279页。

中说:"浑天如鸡子。天体圆如弹丸;地如鸡子中黄,孤居于内。天大而地小;天表里有水;天之包地,犹壳之裹黄。天地各乘气而立,载水而浮。周天三百六十五度又四分之一;又中分之,则一百八十二度八分之五覆地上,一百八十二度八分之五绕地下。故二十八宿,半见半隐。其两端谓之南、北极。北极,乃天之中也,在正北出地上三十六度。然则北极上规,经七十二度,常见不隐。南极,天之中也,在正南入地三十六度。南极下规七十二度,常伏不见。两极相去一百八十二度半强。天转如车毂之运也。周旋无端;其形浑浑,故曰浑天也。"①这就勾勒了比以前更清晰的宇宙结构,尽管其中存在着诸如认为天地各载水而浮的误解,但并未影响其成为中国传统天文学的指导思想,后世中国天文学中用于演示天象的浑象、用于观测天体的浑仪,都是沿着浑天说理论确定的方向设计制造出来的。

(二)天文观测

夏朝已经设置了专门的天文官,负责天象观测,以便制定历法。商周时期的天文观测,由巫、史、祝、卜等官员主持,与关系国家命运的占卜活动密切结合在一起。所以,在殷墟出土的甲骨上,有许多涉及天象的记录。

除了太阳和月亮,金、木、水、火、土五大行星在星空中的位置经常变化,又都比其他星明亮,因此最早受到人们注意。木星是最早被人们认识的行星,有的研究者认为甲骨文中的"岁"指的就是木星。木星绕行一周天约需12年,可以用于纪年,于是创十二次之法(沿黄赤道带自西向东把一周天划分为十二部分,并依次命名为星纪、玄枵、娵訾、降娄、大梁、实沈、鹑首、鹑火、鹑尾、寿星、大火、析木)。金星,《诗经》中有"东有启明,西有长庚"之句,启明、长庚都指金星,其光色银白耀眼,在所有星星中最亮,所以又称太白。火星,因其亮度变化最大,运行轨迹又复杂多变,令人迷惑,故称荧惑。水星距太阳最近,古人计量为1"辰"即30°,所以称辰星。土星绕行一周天约需28年,每年的位置大略与28宿的位置相对应,所以称镇星。战国时期的石申、甘德把五星的亮度差别划分为喜、怒、芒、角四个等级,测定了火星(1.9年)、木星(12年)的运行周期。汉代以后,关于五星运行周期、运行速度、位置的研究,成为编制历法的重要依据。

《诗经·小雅》:"十月之交,朔日辛卯,日有食之。"这是古代文献中最早的日食确切记录,发生的时间是周幽王六年(公元前776年)十月初一日。此后,文献中关于日食、月食的记录越来越多,也越来越准确。如《春秋》一书中记录日食37次,现在已经证明其中的33次是可靠的。通过长期的观测,天文学家已经对月食和月食发生的时刻有了定性认识,如判定日食一定发生在朔日,月食多发生在满月时。春秋以前见于记录的月食主要是全食和环食,《春秋》中对偏食也开始有记录。《汉书·五行志》中对日食的记载相当详细,包括日期、食分、方位、亏起方向,以及初亏、复圆时刻等。三国以后,对于日食和月食的推算和预报也趋于精确。三国魏杨伟的《景初历》,提出了计算交食亏起方位角和

---

① 孙文青:《张衡年谱》,上海:商务印书馆,1935年,第72—73页。

食分的方法。

《春秋》载鲁文公十四年(公元前 613 年)"秋七月,有星孛入于北斗",①这是世界天文学史上有关哈雷彗星的最早记录。自公元前 240 年至公元 1910 年,哈雷彗星共在中国上空出现 29 次,都有完整详细的记录。西方天文学对哈雷彗星的记录始于公元 66 年,1682 年,英国天文学家哈雷根据万有引力定律,推算出了这颗彗星的运行轨道,所以将该彗星命名为哈雷彗星。

《春秋》载鲁庄公七年(公元前 687 年)"夏四月辛卯,夜,恒星不见。夜中,星陨如雨",②这是天琴座流星雨的最早记录。《汉书》载(成帝)河平元年(公元前 28 年)三月己未"日出黄,有黑气大如钱,居日中央"。③ 这是对太阳黑子发生的形象、方位和大小的明确记录。在"二十四史"中,关于太阳黑子的记录有 100 余次,对黑子的发生(圆、环、桃、李、栗形)、发展(椭圆、鸡蛋、鸭蛋、鹅蛋形)、消失(飞鹊、飞燕、人、鸟形)都有生动形象的描述。

唐朝天文学家张遂(僧一行),在开元年间奉旨修订历法。他为了取得新的天文数据,用新研制的黄道游仪对日、月、星辰进行观测,发现恒星的位置较汉代时有了很大的变化,于是,完全放弃原有的二十八宿数据,而采用了重新实测的数据。他在全国设天文观测点 13 处,南至今越南中部,北至今内蒙古高原一带,观测各处的北极高度、二分二至的日影长度、昼夜的长度等。其中设在河南地区的四个观测点位于南北向一条大致的直线上,测得从滑州到上蔡距离为 351 里 80 步(折算成现代单位是 129.22 公里),北极高度则相差 1 度。这实际上是世界天文学史上通过实测得到的第一个地球子午线长度,纠正了自汉代以来沿用的南北地隔千里影长差 1 度的错误。

北宋时期,中国天文学家为了提高天文数据的精确度,曾先后五次进行大规模恒星测量,其中第三次观测的结果在南宋绍兴十七年(1147 年)被刻成天文图,这就是著名的苏州石刻天文图,共刻恒星 1430 颗。由姚舜辅主持的第五次观测获得的数据最精确,许多天文数据取代了唐朝一行的观测数据,并给出了度以下的数值,如"少"为 1/4 度,"半"为 1/2 度,"太"为 3/4 度,二十八宿距度的绝对误差被控制在 0.15 度以下,这些观测数据被吸收进《纪元历》。1276 年,元朝郭守敬主持的恒星测量,精确度达到了 1/10 度,比北宋时提高了 1 倍以上,观测到的恒星有 2500 颗。相比之下,欧洲文艺复兴时期能够观测到的恒星也只有 1022 颗。为制定《授时历》,郭守敬还奉命主持了大规模的天文大地测量,从南海(北纬 15 度)到北海(北纬 65 度)设观测点 27 个,观测内容包括夏至日日影长度、冬至日时刻、冬至日太阳位置、二十八宿距星度数、北京二十四节气日出日入时刻等。

① 杨伯峻:《春秋左传注》之《文公十四年》,北京:中华书局,1981 年,第 600 页。
② 杨伯峻:《春秋左传注》之《庄公七年》,北京:中华书局,1981 年,第 170 页。
③ (汉)班固:《汉书》卷二十七下之下《五行志第七下之下》,北京:中华书局,1962 年,第 1507 页。

古代天文学家为获得准确的天文数据,把天区划分为若干单位,如二十八宿和三垣,成为自春秋以后天文学中划分天区的主要标准,许多重要的天象观测资料和数据都是在此基础上获得的。二十八宿的词义是二十八星。古人为了观测日、月、五星的运行情况,把沿赤道带绕天一周的28组星宿平均分成4组,每组7宿,按东西南北四个方位分别与苍龙、白虎、朱雀、玄武相匹配,称为四象。以北斗星斗柄所指的角宿为起点依次排列,东方苍龙:角、亢、氐、房、心、尾、箕;西方白虎:奎、娄、胃、昴、毕、觜、参;南方朱雀:井、鬼、柳、星、张、翼、轸;北方玄武:斗、牛、女、虚、危、室、壁。在每一宿中取一颗星作为观测的量度标志,称为该宿的距星。

三垣天区包括环绕北极星附近及靠近天顶的区域,有紫微垣、太微垣、天市垣。紫微垣是三垣的中心,位于北天的中央,比拟世间的皇宫,以北极星为中心,墙垣由15颗星组成;太微垣位于紫微垣的东北角,比拟世间的朝廷,墙垣由10颗星组成;天市垣位于紫微垣的东南角,比拟天子率诸侯游幸都市。三垣天区的划分主要是为历代统治者的星占活动服务的,但人们经过长期观测和记录,对这一天区星辰活动的了解日益加深,也是古代天文资料的重要组成部分。

(三)历法

历法是农业社会生产生活必需的公共知识,也是王权和皇权时代合法统治的象征和运作手段之一。远古时代,人们以植物的荣枯和动物习性的变化所反映的气候冷暖周期性变化来识别季节、确定时间,用以指导生产,安排生活,这样的历法被称为物候历或自然历。最早记载物候历的著作是《夏小正》,按12个月的顺序依次记录每个月的物候、气象和相应的农事、狩猎活动等。后来逐渐形成以观测天象为基础的历法知识。《尚书》中已经出现春分、夏至、秋分、冬至四节气的定性描述。[①] 后来,人们又发明了用圭表观测日影长度的办法以确定二分二至。

关于历日的安排,夏朝时已经出现了"旬",即用十天干记日,这从夏王的名字中的天干字样可以得到证实。至商朝,在十天干外又出现了十二地支,两者相配为六十干支,形成干支纪日法,商王武乙时的一块牛胛骨上刻有完整的六十干支。月的安排,甲骨卜辞中有一年12月、13月和2个月59日的记载,表明当时已经开始设置闰月来调整朔望月和回归年长度的矛盾。此时闰月安排在岁末,所以称13月。当时还设置了大、小月来调整朔望时刻。

二十四节气是中国传统历法的基本内容之一。其名称大部分在《吕氏春秋》中已经出现,最早完整出现在西汉时成书的《淮南子》中。由于一年中的季节寒暑变化取决于太

---

①《尚书·尧典》载"日中星鸟,以殷仲春",即黄昏时鸟星升至中天,标志该日昼夜长度相等,仲春即春分;"日永星火,以正仲夏",即黄昏时大火星升至正南天空,标志该日白昼最长,仲夏即夏至;"宵中星虚,以殷仲秋",即黄昏时虚宿位于中天,标志该日昼夜长度相等,仲秋即秋分;"日短星昴,以正仲冬",即黄昏时昴星团位于中天,标志该日白昼最短,仲冬即冬至。见曾运乾:《尚书正读》,北京:中华书局,1964年,第5页、第9页。

阳位置的变化,所以,二十四节气是以节气变化为基础,完全反映太阳周年视运动的历法内容。其实质是把回归年平均分成24等份,平均每15天多一点就设置一个节气,表现出太阳一年内在黄道上运行的24个特定的位置。自然界中生物的荣枯变迁和气候的寒暑变化都可以用节气为标准来预测,因此,二十四节气实际上是一种特殊的太阳历。

最早的完整历法是春秋后期形成的《古四分历》,因其岁余为1/4日(回归年长度为365.25日),故名。采用19年7闰的闰周。《古四分历》在春秋时得到广泛运用,各诸侯国使用的《颛顼历》等各种历法都属于《古四分历》的范畴,只是各国历元(历法起始的年份)和岁首(历法起始的月份)不同而已。

西汉仍然沿用秦统一后重新颁行的《颛顼历》。至汉武帝时,发现误差越来越大,年终置闰也很难适应指导农时的需要。在若干新修订的历法方案中,落下闳和邓平的方案被选中,命名为《太初历》。《太初历》采用夏正,即以寅月(正月)为岁首,改年终置闰为无中气(二十四节气中立春、惊蛰、清明、立夏、芒种、小暑、立秋、白露、寒露、立冬、大雪、小寒为节气,其余为中气)月份置闰,使季节、物候的变化与所在月份调整得更加合理。这种做法一直沿用至今,不仅奠定了后世历法的框架,而且包容了二十四节气、朔晦、闰法、五星、交食周期等历法知识。《太初历》是中国古代第一部通过实际天象观测的检验得到肯定的历法。西汉末年刘歆对《太初历》的天文数据进行了重新测算和修正,并改称《三统历》,将之收入《汉书·律历志》,由此,《太初历》成为流传至今的最早、最完整的历法。

东晋天文学家虞喜发现了岁差,即由于日、月、行星对地球赤道突出部分的摄引,使地球自转轴方向发生微小的变化导致冬至点在恒星间的位置逐年西移的现象。祖冲之于南朝宋大明六年(462年)编成的《大明历》将岁差值确定为45年11个月差1度,从此确立了修订历法必须考虑岁差因素影响的原则。祖冲之还创立了391年144闰的新闰周,并由此推算出1回归年长度为365.2428148日,这是南宋《统天历》问世之前最精确的回归年长度数据。唐朝一行主编成的《大衍历》精确程度有很大提高,奠定了后世历法结构的基础。

元朝郭守敬编成的《授时历》,沿用了南宋杨忠辅《统天历》1回归年长度365.2425日的数据,并按照杨忠辅回归年长度古大今小的概念,每上推100年增加1/10000日,每下推100年消去1/10000日。《授时历》是中国古代最优秀的历法。明朝建立后,对《授时历》的篇目顺序等进行调整后,改名《大统历》颁行,一直行用到明朝末年。所以,《授时历》又是中国古代使用最久的历法。

(四)天文仪器

圭、表、日晷。圭,又称土圭,原为量地的工具;表,是用于测量日影长度的仪器,最初用木、石等制成,后世多用铜制造。圭与表相配合量度日影长度的天文仪器,合称圭表。圭面刻有刻度,沿正南正北方向放在表的北侧,并与表保持垂直。当正午时分太阳光把表的影子投在圭的表面,就可以读出表影的尺寸。日晷是用于测日影定时刻的仪器,由晷盘和晷针组成,晷盘是一面刻有刻度的圆盘,一般由石料雕琢而成,晷针安装在晷盘的中央,与晷盘的面相垂直。日晷分为赤道日晷和地平日晷两种,中国的日晷属于前者。赤道日晷的安装与赤道相平行,晷针指向南方,当太阳升起时,把晷针的影子照射在晷盘上,并随着阳光的移动而移动,通过晷针所在的刻度而知道某时某刻。

浑仪和浑象。浑仪和浑象是以浑天说理论为根据设计制造的天文仪器,是人们模拟能够看到的天体运行而制造的,前者用于观测天体位置,后者用于演示天体运行。浑仪最早出现于两汉之际,第一个设计浑仪的人是与司马迁同时代的落下闳,而目前能够了解到最早的详细结构的浑仪是十六国时期前赵的天文学家孔挺在光初六年(323年)设计制造的,由地平环(固定在地平方向)、子午环(固定在天体的极轴方向)、赤道环(测量天体的赤经和去极度)、四游环(一个双重的圆环,把窥管(又称望筒)夹在中间,窥管可以在这个双环里滑动,就可以指向天球上任何一个方向)等部件构成。后世使用的浑仪都是在这个基础上发展演变而来的。著名的有北魏永兴四年(412年)太史令晁崇和鲜卑天文学家斛兰设计的以铁为材料制造的浑仪,称太史候部铁仪。在这台浑仪上,星辰度数标志用银错成,在支撑仪器的4根柱子的底座上,铸有检验仪器水平精度的十字水槽。直至唐朝一行时,这台铁仪仍然是天文机构中的主要仪器,沿用达300余年。开元十三年(725年),唐朝天文学家李淳风、一行先后设计制造了浑天黄道仪和黄道游仪,把传统的两重环组改为三重环组,在六合仪和四游仪之间加一重三辰仪。六合仪是固定的,包括地平、子午、赤道三个环,在这些环上刻有28宿、10天干、12辰、经纬365度等;三辰仪直径8尺,由黄道、白道等环组成,可以绕极轴旋转,测量太阳和月亮的位置;四游仪上装有供观测用的窥管,可以在三辰仪中旋转,观测日、月、星辰在各自轨道上的视运动。

东汉的著名天文学家张衡是设计制造浑象的第一人,称水运浑象,为直径4尺6寸的空心铜球,称天球。在天球表面上画有28宿、星官、24节气、黄道、赤道等,在天球之外有地平圈和子午圈,天球一半在地平圈之上,一半在地平圈之下,天轴支撑在子午圈上,使天球可以绕天轴旋转。天球以漏壶的流水为动力均匀旋转,并与昼夜交替、星辰出没的天象相吻合。后世的浑象,都是在此基础上设计制造出来的。

至北宋,天文仪器的制造达到了新的高峰,具有代表性的是元祐三年(1088年)由韩公廉设计、苏颂主持建造的水运仪象台,全部为木结构,底座呈四方形,边长2丈1尺,通高3丈5尺6寸5分,下宽上窄略有收分。分三层,第一层是记时报时系统,第二层是封闭的密室,其中放置浑象,第三层是露天平台,安置浑仪。上方有可以随时开闭的活动木板房顶。记时报时系统和浑象的运转由传动轴天柱带动,如浑象每一昼夜旋转一周,与天象的实际运动相吻合。仪象台全部机械系统的运转以水为动力,由一套车水机械、漏壶和装在枢轮上的36只水斗等构成,每25秒钟注满一斗,注满36只水斗需15分钟,即15分钟36只水斗循环一周,一昼夜循环96周。

漏刻,又称刻漏、漏壶。漏,指漏壶,刻,指刻箭,最早的漏壶上都有提梁,所以又称挈壶。远古时的人们从破损的陶器漏水与时间流逝的关系中得到启示,开始专门制造带孔

的陶器与刻箭配合使用来计量时间。把刻有等份刻度的箭杆插在漏壶中,待水下降到某一刻度,就知道到了某一时刻,这是淹箭法。用木片或竹片做成箭舟,浮在水面上,把刻箭从壶盖口插入,立在箭舟上,随着壶中水的流失而下沉,由盖口显示的刻箭刻度了解时刻,这是沉箭法。后来又发明了复壶,即由多个贮水壶叠置连接而成,能够缩小因水量多少导致的压力变化所造成的计时误差,唐朝时已经使用四级复壶。漏刻是中国古代使用时间最长的计时器,直至明朝西方机械钟表传入,漏刻才逐渐废弃不用。

二、算　　学

在原始社会,由于生产力水平低下和社会生活简单,人们的数量概念十分简单。在仰韶文化、马家窑文化的陶器上的刻画符号,如"丨"、"丨丨"、"丨丨丨"、"丨丨丨丨"、"乂"、"十"等,可能就是数字符号。出土的商代陶器和甲骨片上的记数符号则已经比较完备。春秋时期,算筹成为计算工具,并形成了筹算的记数和运算法则。如记数,个位用纵式,十位用横式,百位用纵式,千位用横式……遇零则空位,可以摆出任意大小的自然数。负数使用后,分算筹为红、黑两色,正数用红色,负数用黑色。"九九口诀"、初步的四则运算规则和"十进位制"都是在筹算的基础上形成的。

战国时期数学的发展成就以墨家学说中关于几何学的定义为代表,如"平,同高也","直,参也","同长,以正相尽也","圆,一中同长也"。

20世纪80年代,考古学者在湖北省江陵县张家山汉墓中出土了一批西汉初年的竹简,经整理发现其中包括一部数学著作,定名《算术书》。目前学术界将此书看做中华文明史上现存最古老的数学著作。最迟成书于东汉前期的《九章算术》是中国另一部古老的数学著作,体现对先秦算学成就的总结,也是以算筹为工具的算学体系形成的标志。"九章"即当时算学的9个细目或9种算法,《九章算术》就是246道应用题的演算方法。第一章"方田"38题,关于各种形状的田亩面积计算和分数的叙述等;第二章"粟米"46题,关于比例,特别是关于按比例交换谷物的计算;第三章"衰分"20题,关于按比例等级分配物资或按等级分摊税收的计算;第四章"少广"24题,关于已知面积、体积,反求一边之长即开平方、开立方的计算;第五章"商功"28题,关于各类土方工程体积的计算以及按季节、土质、劳动力等不同情况计算工程土方、人工等问题;第六章"均输"28题,关于按人口多少(正比例)、物价高低和距离远近(反比例)摊派税收和征发劳动力的计算,还包括复比例、连比例等问题的计算;第七章"盈不足"20题,关于通过两次假设求解二元问题的计算,如若干人买东西,已知每人出几钱多几钱、少几钱,求人数和物价各是多少的计算;第八章"方程"18题,均为一次连立方程(2—6个未知数)的计算;第九章"勾股"24题,运用勾股定理测量计算"高、深、广、远"问题。

《九章算术》包括现代小学全部和初中部分数学教学的内容,即初等数学中算术、代数、几何的大部分内容,在分数的四则运算、比例计算、开方、解方程、正负数运算等方面都处于当时世界领先水平,尤其以解决生产生活中遇到的数学问题为特色,奠定了中国古典数学发展中重视应用计算的传统。

《九章算术》成书后,有许多数学家对其进行整理、研究,形成了一批高水平的数学研究成果。曹魏末年刘徽的《九章算术注》不仅从理论上论证了《九章算术》的大部分计算方法,而且提出割圆术等新的计算方法。以往关于圆的计算,使用"周三径一"的数值即 $\pi = 3$,刘徽发现这实际是圆内接正六边形周长与径的比,计算出的面积是正十二边形的面积,而非圆的面积。他认为,当圆内接正边形的边数越多时,其周长越接近圆周长。于是他从圆内接正六边形算起,直至圆内接正 192 边形的面积,获得 $\pi \approx 3.14(157/50)$ 的数值,这是当时世界上 π 的最精确的数值。祖冲之继刘徽之后进一步推算,得到了 π 的更加精确的数值:$3.1415926 < \pi < 3.1415927$,并给出了 π 的两个分数近似值,即"约率"22/7、"密率"355/113。

隋唐两代在国子监中设立算学馆,置博士、助教等教授算学,唐朝的科举考试科目中有算学科。这些都在客观上起到了推动算学发展的作用。

为满足算学教学的需要,太史令李淳风、算学博士梁述、算学助教王真儒等奉唐高宗之命,对当时算学馆中使用的 10 部教材进行整理和注释,纠正了原书中的一些错误,提供了这些算学著作流传至今的条件。这 10 部教材是:《九章算术》、《海岛算经》、《孙子算经》、《五曹算经》、《张丘建算经》、《夏侯阳算经》、《周髀算经》、《五经算经》、《缀术》、《缉古算经》。

宋元时期,中国古典算学迎来了发展的高峰,涌现出一批高水平的算学家和有巨大影响的算学著作,其中最著名的是宋元四大家。南宋秦九韶著《数书九章》18 卷,分大衍、天时、田域、测望、赋役、钱谷、营建、军旅、市易 9 类,每类又列 9 题演示算法,其突出成就是高次方程的数值解法。金元之际人李冶著《测圆海镜》12 卷,凡 170 题,均为已知直角三角形各线段而求内切圆和旁切圆的直径等问题。南宋人杨辉著《详解九章算法》、《日用算法》和《杨辉算法》等,使许多已经失传的算题和算法流传下来。元朝人朱世杰著《四元玉鉴》3 卷、《算学启蒙》3 卷等,前者是关于高次方程组解法,后者是算学启蒙教材。

明朝以后,商品经济得到长足发展,商业数学亦随之发展起来。景泰元年(1450年),吴敬著《九章算法比类大全》10 卷,卷 1 至 9 分别为方田、粟米、衰分、少广、商功、均输、盈朒、方程、勾股九类,列 1329 题;卷 10 论开方,涵盖开平方、开立方、高次幂、带从平方、带从立方等算法,涉及商业中的利息计算、合股经营和就物抽分等问题。

珠算至迟在元朝末年已经使用了,以其较筹算更加便利的优势,在明朝以后的社会生活中应用更加广泛。程大位著《算法统宗》,列 595 题全部使用算盘演算。

明朝后期,耶稣会传教士把西方的科学文化知识带来中国,给中国传统的科学技术体系造成前所未有的冲击。中国的士大夫在接受和消化西方科学文化知识的同时,继续

沿着中国传统科学技术的发展道路进行研究和整理,历算是其中取得较高成就的领域。

梅文鼎致力于天文历算的研究,平生著述达 80 余种,后人将其部分著述汇集为《梅氏历算全书》和《梅氏丛书辑要》,其中,《古今历法通考》和《历学骈枝》除了概述中国传统历学成就外,还对当时传入的西方历学作了介绍。他的算学研究涉及算术、代数学、几何学、平面三角学、球面三角学等诸多领域。他运用中国传统算学形式介绍笔算,推动了笔算在中国的使用;运用中国算学中的勾股定理证明了《几何原本》中的许多命题;探讨了四面体、八面体、十二面体、二十面体的内切球半径、体积等几何性质。

蒙古族算学家明安图长期任职于钦天监,官至监正,曾参与多部历法著作的修撰,其代表性的算学著作是《割圆密律捷法》,运用中国传统算学中已知弧背求通弦方法,证明了西方传教士带来的求圆周率、求正弦、求正矢的所谓"割圆三法"的三个级数展开式,并进一步给出六个新的展开式及其证明,称"割圆九法",在当时世界三角函数和圆周率计算的研究领域处于领先的地位。

在乾嘉学者阮元的主持下,于嘉庆四年(1799 年)编写完成《畴人传》46 卷,其中前42 卷记中国历代天算家 243 人传记,后 4 卷记明末以来来华的西方天算家 37 人传记。该书对于古代文献中与天算相关的五行符瑞、星象占卜等内容一概不收,因此是一部单纯记述古代天算家天算成就的著作。道光年间罗士琳编写了《续畴人传》,光绪年间诸可宝编写了《畴人传三编》,可以视为对《畴人传》的补充。

三、医 药 学

远古时代的人们无法了解致病的原因,不能采取有针对性的办法治疗疾病,于是寄希望于巫术。甲骨卜辞所记录的致病原因中就有上天、祖宗所降,鬼神作祟,妖邪蛊惑和气候变化等。所以,历史上的医疗是长期与巫、卜的活动结合在一起的。而巫在祈祷作法的同时,对于已知致病原因的则实行药物治疗。西周开始,把巫、卜等列入春官系统,把医师列入天官系统,标志着巫、医的分途,而且医师有了食医、疾医、疡医、兽医的划分,建立起医师的考核制度,有十全为上,失一、二、三为次,失四为下的考核标准。

春秋以来,在医学界鬼神致病论被抛弃,人们致力于探讨真正的致病原因,在治疗上采取与巫术完全不同的方法。如晋国大臣子产认为病起于饮食哀乐,秦国名医医和提出阴、阳、风、雨、晦、明六气失去平衡就会使人得病。战国时赵国名医秦越人(扁鹊)是一位医术高超而全面的医生,他的望、闻、问、切四诊法是后世中国传统医学中诊断的基本方法,他能够熟练运用砭石、针灸、按摩、汤液、熨帖、手术、吹耳、导引等治疗手段。

中国传统中医药学体系形成的标志,是西汉时期《黄帝内经》的成书。《黄帝内经》又称《内经》,18 卷162 篇,分《素问》、《灵枢》两部分,集战国以前医学理论、实践之大成,对中国传统医学的发展产生了决定性的影响,被尊为医学经典之首。就基本内容而言,

《黄帝内经》在以下方面呈现出高超的医学水平和医疗观念。第一,它把人体作为一个有机的整体,认为人体器官各有不同的功能,互相联系,某一器官发生病变,可以影响其他器官乃至整个身体,而全身状况又可能影响局部的病理变化。第二,它把人体放在一定的外界环境中进行考察,在论及所有的医学问题时,都结合季节、水土、社会生活、思想情绪等方面的变化,运用阴阳对立统一和消长变化的观点把握人体的生理、病理问题,构成传统医学临床诊断、辨证施治的理论和方法。第三,它对脏腑、经络等基本理论作了系统的论述,认为脏腑的病变会通过经络传递到腧穴上来,如果针灸相关的腧穴就可以治愈和缓解疾病。第四,它强调以防病为主和患病后早期治疗的思想,即"不治已病治未病","上工救其萌芽","下工救其已成"。此外,该书对人体骨骼,血脉长度,内脏器官大小、容量等都有基本符合实际的记载,展现出初步的解剖学知识。

东汉末年医学家张仲景的《伤寒杂病论》,是东汉以前医疗理论及经验的总结。后经宋人林亿整理成《伤寒论》10卷、《金匮要略方论》6卷,前者专论传染病,后者兼论内外科、妇科疾病,这些著作把传染病的病程及治疗有效无效的表现,划分为太阳、阳明、少阳、太阴、少阴、厥阴六类,各类均有突出的症状、体征、脉象,以此为根据辨识其病理变化,已经具备了传统医学诊断中"八纲"——阴、阳、表、里、虚、实、寒、热的雏形,对于系统认识复杂病症具有指导作用。在治疗方法上,这些著作中已经提出了后人总结的"八法":邪在肌表用汗法,邪壅于上用吐法,邪实于里用下法,邪在半表半里用和法,寒症用温法,热症用清法,虚症用补法,积滞、肿块用消法。书中还记载针刺、灸、烙、温熨、药摩、坐药、沐浴、润导、浸足、灌耳、吹耳、舌下含药、人工呼吸等多种治疗方法。

隋朝名医巢元方著《诸病源候论》50卷,分67门、1720论,论及内、外、儿、妇、五官诸科疾病的病因、病理、症状等,是当时医学中探讨病因、病理水平最高的著作。前人认为疥疮是皮肤感染风寒所致,巢元方通过临床观察,发现疮中有小虫,确定该病为疥虫所致,并指出疥疮的传染性和发病部位。巢元方还对糖尿病、过敏、结石、血吸虫病等疾病的临床表现有所论述。

金元时代医学家对传统医学理论和临床治疗经验积累做出了突出贡献。金代刘完素著《素问玄机原病式》,把疾病分为六类,重视病因中的火、热因素,提出了以"降心火、益肾水"为主的治疗热性病的方法,对于寒凉药的运用也有独到之处,被称为"寒凉派"。金代张从正著《儒门事亲》,把病因分为风、寒、暑、湿、燥、热,治疗主张攻邪为主,邪去元气自复,用药亦主寒凉,尤其善用汗、吐、下(泻)法,被称为"攻下派"。金蒙之际李杲著《内外伤辨惑论》,认为"人以胃气为本",脾胃之伤是百病之由,提倡补脾胃以壮元气,被称为"补土派"。元人朱震亨著《格致余论》,总结上述三家的理论和治疗经验,认为人所以患病是由于"阳常有余,阴常不足",提倡泻火养阴,调节人体的阴阳平衡,被称为"养阴派"。

脉诊是中华医学独特的诊断方法,在《黄帝内经》和《难经》①中都有详细论述,从《伤寒杂病论》中可知,脉诊最迟在东汉时已经广泛应用于临床。三国曹魏初年的著名医生王叔和著《脉经》10卷97篇,是最早的脉学专著,列举了24种临床脉象,对每种脉象特征都有描述。进而分析病人的脉象与身体状况、病症的关系,为治疗提供依据。该书对脉象的描述,基本符合现代医学对人体血液循环系统特征的认识。

针灸具有适应广泛、疗效显著、简便易行、经济安全的优点,很早就成为中华医学的基本治疗方法,在《黄帝内经》等经典著作中都有记载。曹魏时人皇甫谧著《黄帝三部针灸甲乙经》12卷118篇,又称《针灸甲乙经》、《甲乙经》,纠正了以往经穴纷乱的弊端,统一了穴位,记单穴49个、双穴300个,凡349个穴位,并具体记述各穴位的针刺深度、留针时间、艾灸时间等,还对针灸治疗的适应症和禁忌症作出了明确的说明。隋唐以后,针灸成为国家医学教育的课程之一,在太医署设针博士、针助教、针师等教授针灸。北宋医学家王惟一还监制了刻有经脉腧穴的铜人模型,用于针灸教学和考试,并编写了《铜人腧穴针灸图经》,记载了穴名354个,单穴、双穴657个穴位。

用手术治疗疾病也是传统医学的重要内容之一。三国时人华佗以成功运用外科手术临床治疗而蜚声当时,《后汉书》记载:"若疾发结于内,针药所不能及者,乃令先以酒服麻沸散,既醉无所觉,因刳破腹背,抽割积聚。若在肠胃,则断截湔洗,除去疾秽,既而缝合,傅以神膏,四五日创愈,一月之间皆平复。"②可见当时已经可以运用综合麻醉术、解剖术、止血术的复杂手术。隋朝巢元方、元朝危亦林都做过肠吻合手术,并获得成功。唐朝方干进行过唇补裂术。明朝王肯堂、陈实功做过落耳再植和断喉吻合术。其他如脱臼整复术、骨移植手术、白内障手术、鼻息肉摘除术、导尿术、穿刺术、镶牙术都有成功实施的记录。

《洗冤集录》5卷,是世界上第一部法医学著作。作者南宋人宋慈,曾任主持地方路一级刑狱的提刑,他在总结前代法医学知识的基础上,结合自己的任职实践经验写成该书,已经涵盖了现代法医学包含的大部分内容,如人体解剖、尸体检验、现场勘察、死伤原因鉴别,自杀、谋杀的鉴别,各类中毒的解救等,涉及生理、病理、药理、诊断、治疗以及传统医学各科的广泛知识。该书在后世被翻译成多国文字,成为世界法医学的经典著作。

免疫医学起源于传统医学中的以毒攻毒疗法,葛洪的《肘后方》就记载了用狗脑涂于狂犬咬伤处治疗狂犬病的病例。防治天花是传统免疫医学的最重要贡献。天花,又称豆、登豆、天行斑疮,在汉代与匈奴作战时传入,故又称虏疮,在明代以前没有有效的防治办法。随着交通日益发达和地区交往趋于密切,天花经常爆发,造成人口大量死亡。16世纪以后,发明了人痘接种法,清人俞茂鲲的《痘科全镜赋集解》记载,明代隆庆年间开始

---

① 约成书于东汉时,托名扁鹊著,针对《黄帝内经》提出脉诊、经络、脏腑、疾病、腧穴、针法6个方面81个问题,在医学理论和临床治疗上有许多创见。

② (南朝宋)范晔:《后汉书》卷八十二下《方术列传第七十二下》,北京:中华书局,1965年,第2736页。

使用痘衣法(穿出过天花病人的衣服,通过发病获得免疫力)、痘浆法、旱苗法、水苗法(均为收集天花病人的脓浆、结痂,加工后吸入,亦通过发病获得免疫力)防治天花。人们发现经多次接种的疫苗,毒性低,安全可靠,防治效果好。这种人痘接种法最先传入俄国,经俄国传入土耳其,1717 年由英国驻土耳其大使的夫人蒙塔古传入英国。1796 年,英国人琴纳发明牛痘接种法,即把经减毒处理的天花病毒接种在牛犊身上,取得含有病毒的疱疮,制成活疫苗,接种在人的皮肤之下,获得免疫力。1805 年,牛痘接种法经葡萄牙传入中国。

药学即本草学是传统医学中的重要组成部分,许多优秀的医学家又是著名的药学家。最古老的药学经典是《神农本草经》,集战国至秦汉药学之大成,收植物药 252 种、动物药 67 种、矿物药 46 种,凡 365 种。按照药物的性质、功能分为上(120 种,无毒或微毒,多为补药)、中(120 种,有毒或无毒,治疗或补养兼而有之)下(125 种,多有毒)三品,详细记载各种药物的产地、性味、采集方法、入药部分、异名、配伍、主治疾病、炮制方法等。后来长期临床应用及现代医学医药学研究都表明,该书所载药效绝大部分是正确的。

东汉张仲景《伤寒杂病论》收药方 300 余个,具有配伍精练、疗效明确、用药灵活的特点,而且对配伍、剂型、服法、炮制工艺都有详细的介绍。被医家尊为“众方之祖”。东晋葛洪著《肘后备急方》,针对以往药书所载药物或繁多或贵重的问题而编成,所选药物有简、便、廉、验的特点。在此基础上,南朝陶弘景进一步整理为《肘后百一方》,金代杨用道增补为《附广肘后方》。陶弘景还著有《神农本草经集注》,对《神农本草经》所载的 365 种药物进行整理考订,增加汉、晋以来的新药 365 种,合计 730 种,以红色书写原来的药物,以黑色书写新药,改变原来的三品分类方法,按药物的自然属性分为玉石、草木、米食、果菜、虫鱼、禽兽、有名未用 7 类,以病症为纲,把药物分别归于其下,凡 80 余类。该书还规定了丸、散、膏、丹、汤、酒的制作规程,统一了药物的单位标准。南朝雷敩著《雷公炮灸论》3 卷,是对南朝以前药物炮制技术的总结,现据辑佚所见,有炮、灸、煨、炒、锻、水飞等 17 种方法。唐朝孙思邈著《备急千金要方》30 卷、《千金翼方》30 卷,合称《千金方》,广泛涉及传统医学的理论、各科临床诊断、治疗、防病、卫生等领域。《要方》232 门,按人体脏腑进行分类,收方论 5300 个,包括历代医家和民间的验方以及来自各少数民族、外国的单方、验方。《翼方》收当时常用药物 800 余种,对其中 200 余种药物的采集、炮制方法作了详细介绍。唐朝官修《新修本草》54 卷,分药图、药经、本草 3 部分,收药物 844 种,详细记载药物的性味、产地、功效及主治疾病。此书为国家颁布的药典,对推动医疗统一用药发挥了巨大作用,又因其图文并茂,同时也是一部动植物形态学著作。北宋唐慎微著《经史证类备急本草》31 卷,又称《证类本草》,收药物 1746 种,集录了历代药学的源流及配伍、禁忌等,集古今单方及经史百家著作中论及的药物之大成,是李时珍《本草纲目》之前药学著作的范本。明朝李时珍著《本草纲目》52 卷,分 16 部 62 类,收药物 1892 种,附药方 11096 个,插图 1160 幅,记载药物的名称、产地、形态、采集和炮制方法等。在药物的分类上反映了当时自然科学知识、技术所达到的水平,如对动物药的分类,依次为虫、

鳞、介、禽、兽、人;用蒸馏、蒸发、升华、重结晶等方法炮制药物,如使用这些方法从马齿苋中提取汞,从五倍子中提取没食子酸。

四、建筑及水利工程技术

远古时人构木为巢,或居住在天然洞穴里。新石器时期开始修建住房,具有代表性的是半坡遗址的半地下圆形屋,河姆渡遗址的干栏式房屋。史前时期建造房屋,经历了一个由地下(或半地下)到地面,再到高台(夯土台基)的发展过程,其主要技术是用木骨泥墙,这是中国传统建筑技术的基础,也是中国后来房屋或宫殿建筑的源头。

中国古代建筑大致可以分为宫殿建筑、城市建筑、防御建筑、坛庙建筑、陵墓建筑、园林建筑、水利建筑等。

夏代国王桀已修建"琼宫"和"瑶台"。商纣王在朝歌(河南安阳)建有鹿台。秦朝在公元前212年建阿房宫。汉代有长乐宫、未央宫、建章宫、洛阳北宫和南宫。唐代有太极宫、大明宫和兴庆宫。明清时期在北京建筑皇宫,清代还在沈阳建有宫殿。为了体现王、皇地位的至高无上,中国古代宫殿建筑采取严格的中轴对称布局方式,中轴线上的建筑高大华丽,轴线两侧的建筑相对低小简单。由于中国的礼制思想里包含着崇敬祖先、提倡孝道和重五谷、祭土地神的内容,中国宫殿的左前方通常设祖庙(也称太庙),供帝王祭拜祖先,右前方则设社稷坛,供帝王祭祀土谷之神,称为"左祖右社"。古代宫殿建筑物自身也被分为两部分,即前朝后寝:前朝是帝王上朝治政、举行大典之处,后寝是皇帝与后妃们生活的所在。

上述建筑理念在现存北京故宫的布局中表现得很清楚。从总体布局上说,故宫分为前后两部分,即前朝后寝,俗称外朝和内廷。前朝建筑的中轴线是建在8米高基台上的太和、中和、保和三大殿,两翼分别是文华殿和武英殿。太和殿是故宫里规模最大的木结构建筑,高35.05米,进深37.20米,面阔63.96米,是皇帝发号施令和举行大典的场所。在三大殿之后入乾清门是内廷,中轴线是皇帝的寝宫乾清宫、皇后的寝宫坤宁宫,两翼是妃子居住的东西六宫等建筑。故宫建筑的屋顶铺琉璃瓦,主要宫殿铺黄色,皇太子居住区铺绿色,花园等建筑铺蓝、紫、黑、翠等颜色。

城市是文明的重要标志,见于文献记载的夏朝诸王的居邑应当就是古代城市的雏形,后来历代王朝的都城是不同时代城市建筑的代表。其中,隋唐的长安城是一次设计、一次施工建设完成的都城,最能反映我国古代城市建设的理念、技术。隋朝建立后,著名的建筑设计家宇文恺奉隋文帝之命,在西汉长安城的东南20里处规划、设计、督造新的都城。从开皇二年(582年)六月开工兴建,迄次年三月竣工,命名大兴城,唐朝建立后,改称长安城。长安城总面积83平方公里,北端为宫城,分成三部分,中间隋时称大兴宫,唐时称太极宫,是皇帝起居、问政、接见大臣的所在,正殿为太极殿,又称西内或大内。东为东宫,是皇太子居住和从政的场所;西为掖庭宫,是宫女学习伎艺的地方。唐太宗即位后,在长安城东北的龙首原上为太上皇李渊建永安宫,后改称大明宫,又称东内,正殿称含元殿,高宗以后诸帝多在此听政。唐玄宗即位后,将其位于兴庆坊的旧居置为宫,称兴庆宫,又称南内。合称大内、东内、南内为三内。过宫城南门承天门是皇城,又称子城,是朝廷的官署区,面积比宫城大。城内有南北向的大街5条,东西向的大街7条,最北靠近宫城的大街宽300步,称横街,是举行大规模活动的广场。皇城向南过朱雀门是外郭城,有南北向大街14条,东西大街11条,把外郭城分为109坊,大坊开四门,小坊开二门,筑有坊墙。坊内除了民居,还有手工作坊、商业店铺、佛寺、道观等。通城门的大街宽度都在100米以上,沿城墙的顺城街也在25米以上。南北向居中的大街称朱雀之街,又称天街,宽约150米,把外郭城分为东(属万年县)、西(属长安县)两大部分。商业区有东市、西市。沿各大街的两侧都设有排水沟,沿街栽种榆、槐等树木。城东南地势较低,形成近3平方公里的水面,以其水岸弯曲称曲江池,是当时长安城的游览胜地。为解决城市的供水、排水、水上运输问题,在城南开凿永安渠和清明渠,在城东开凿龙首渠,在城西开凿漕渠,引水入城,沿渠形成了许多皇家、贵族、官僚、富商所有的水榭园林,薪炭、木材等也通过漕渠运到城中。

中国古代的防御建筑,最著名的莫过于长城,其历史渊源与功用,已经在前面讨论过。从其设计、材料、施工技术角度说,现在能够清晰看到的明代长城,西起嘉峪关,东至辽东虎山,总长达14000余里。山西以东的长城沿辽西、冀北的崇山峻岭曲折延伸,城墙的内部是夯土,外表用砖砌筑,个别地段用石条砌筑。城墙沿外部一侧砌垛口,墙上设有排水沟和出水口,内侧则每隔200米左右筑有石阶蹬道,以方便人员上下。每隔70米左右筑敌台一座,或实心体,或可以容纳将兵驻扎。山西以西的长城,为夯土筑成,外表不包砖,烽火台或独立建在长城两侧的高山之巅,或与长城城墙相连。这是世界古代历史上跨度最长的土石建筑。

祭坛和祠庙都是祭祀神灵的场所。台而不屋为坛,设屋而祭为庙。坛庙建筑的起源很早,是一种介于宗教建筑与非宗教建筑之间的具有一定宣教职能的礼制建筑,主要用于祭祀天地、日月、社稷山川、帝王先贤、名人祖宗。我国代表性的坛庙建筑有天坛、地坛、社稷坛、太庙、孔庙、武侯祠、关林、岳飞庙等。佛教建筑主要有寺庙、佛塔、石窟等。代表性的寺庙建筑有洛阳白马寺、五台山佛教建筑、恒山悬空寺等。代表性的佛塔建筑为西安大雁塔、登封嵩岳寺塔、北京妙应寺白塔、北京真觉寺金刚宝座塔等。中国四大石窟为龙门石窟、云冈石窟、敦煌莫高窟和麦积山石窟。道教建筑主要为道观,如白云观、青城山常道观、龙虎山上清宫、承德魁星楼等。伊斯兰教建筑主要为清真寺,主要的有广东怀圣寺、泉州清净寺、杭州真教寺、扬州礼拜寺、北京牛街礼拜寺、西安化觉巷清真寺、定州礼拜寺、松江清真寺等。

中国古人基于人死而灵魂不灭的观念,普遍重视丧葬。漫长的历史留下了数量众多的与绘画、书法、雕刻等诸艺术融为一体的古代陵墓建筑,其中最能体现建筑技术和艺术

水平的自然是帝王陵墓。帝王陵墓建筑一般分为地上与地下两部分。地下部分称"地宫",主要安置棺椁;地上部分称"享殿",是环绕陵体而建的供后人祭祀用的建筑。

中国园林建筑历史悠久,其主要构造特征是在自然山水基础上,辅以人工的宫、廊、楼、阁等建筑,效仿自然,又折射出不同时期的人文思想境界。按所有者身份划分,分为皇家园林、私家园林和寺观园林。按地域划分,分为北方园林、江南园林、岭南园林等。

宋代以后,中国木结构建筑技术向纤巧、华丽的方向转变,其重要标志是喻皓的《木经》和李诫的《营造法式》的成书。喻皓是北宋初年的著名建筑家,他在主持设计建造开宝寺木塔时,为了抵消西北风对塔身的影响,特意使塔身向西北方向倾斜。他在《木经》中对木结构建筑中各部分构件的规格及相互之间的比例关系作出规定,成为当时木结构建筑的准则。李诫官至将作监,主持过许多重要的土木工程,于元符三年(1100年)奉敕写成《营造法式》34卷,看详、附录各1卷,其中的"各作制度"最重要,涉及工程结构学、测量学、材料力学等广泛领域,基于对材料受力性能的认识,提出了木结构各部件的比例关系,总结出严格完备的模数制度,对于加强木结构建筑的纵向、侧向及整体的稳定方面都提出了切实可行的措施,说明对建筑力学相关问题的认识已经达到了很高的水平。清工部编《工程做法》,雍正十二年(1734年)刊行。全书包括各种房屋营造范例和应用工料估算两部分,自土木匠石,搭材起重,油画裱糊,以至铜铁件安装等作,共计17个专业,20多个工种,分门别类,各有条款详细的规程,是明清两代工程官式做法的汇集。

古代大型水利工程按照用途可大致分为灌溉、运输、堤防三类,其中以灌溉类水利工程的成就最大。春秋战国时期的灌溉工程有芍陂、漳水十二渠、都江堰、郑国渠四大工程。芍陂是大型蓄水灌溉工程,位于今安徽省寿县安丰,又称安丰塘。公元前6世纪,由楚国令尹孙叔敖主持修建,利用当地东、西、南地势高而北面低的地形条件修筑而成,引淠水至白芍亭积而成湖,陂设五门以吐纳河水,调节蓄水量,可以灌田万顷,使这一地区成为著名的水稻产区。芍陂在宋元以后逐渐淤塞,仅余部分在发挥效益。春秋时魏国的漳水流域经常洪水泛滥,给当地人民的生命财产和农业生产造成巨大危害。魏文侯时,邺令西门豹率领当地民众开凿十二渠,在渠上设置水门,控制流量。从此,变漳水水害为水利,使当地富庶起来。战国时秦蜀郡境内的岷江沿途多为高山深谷,水流湍急,夏秋汛期水量激增,威胁成都平原百姓的生命财产安全和农业生产。秦昭王时,蜀郡守李冰率领当地民众在今灌县以西的岷江中开凿离堆,在离堆上筑坝,称都江鱼嘴,把岷江水分为内江、外江,内江水通过宝瓶口进入成都平原,又修筑120个渠堰,灌溉面积可达300多万亩。在宝瓶口上方修筑飞沙堰(溢洪道),调节内江进入宝瓶口的水量;在内江引水口树立3个类似水尺作用的石人(水竭不至足,盛不没肩),作为全部工程水量控制的根据。从此,成都平原"水旱从人",沃野千里,被称为天府之国,都江堰至今仍然在发挥作用。郑国渠是公元前246年秦国水工郑国主持开凿的水利工程,引泾水入渭水,干渠主要分布在渭北平原台地上,利用西北略高、东南稍低的自然地势,使整个水利工程形成自流灌溉系统,把关中平原变成水旱无虞的沃野。

两汉的水利工程建设集中在关中地区。西汉元光六年（前 129 年），水工徐伯奉命主持开凿漕渠，引渭水向东直通黄河，长 300 里，同时兼有运输和灌溉的功能，比较由渭水漕运粮食至长安，时间可减半，又可灌溉沿岸农田万余顷。引洛河灌溉重泉民田万余顷的龙首渠，为防止临山开渠发生塌方，工匠发明了"井渠法"，沿渠道路线开凿竖井，"井下相通行水"，通过 7 里宽的商颜山，与后来新疆、甘肃地区的坎儿井相类似。白渠开凿于西汉太始二年（前 95 年），引泾水向东南进入渭水，大致与郑国渠平行，长约 200 里，可灌田 4500 余顷。

水上运输是一种成本低廉、效率显著且方便快捷的运输方式，中国古人善于开凿运河，突破利用现成江河水道的局限，使水上运输更为发达。公元前 486 年，吴国为北上中原争霸，于邗地（今江苏扬州附近）筑城，由此向北开凿运河，经射阳湖至末口（今江苏灌南县北），沟通长江与淮河两大水系，此即邗沟，也是后来隋朝开凿大运河江淮段的基础。魏惠王时（前 369—前 318 年），魏国为加强与宋、郑、陈、蔡诸国的联系，从荥阳引黄河水南下与淮河上游水系相接，形成鸿沟。秦始皇统一六国后，派史禄主持设计、开凿了灵渠。在湘江上游海洋河中修建分水铧嘴和大小天平，把湘水一分为二，北渠仍通湘水，南渠即灵渠，宽约 5 米，随山势蜿蜒约 30 里，通漓水。灵渠把湘水（长江水系）和漓水（珠江水系）连接起来，密切了中原与岭南地区的联系。隋朝在前代运河的基础上，开凿了大运河。疏浚漕渠，改称广通渠；以春秋时的邗沟为基础，北起山阳（今江苏淮安），向南至仪征与长江相接，这一段运河称山阳渎；从洛阳向东南自板渚引黄河水沿汴水故道经开封入淮水，接山阳渎入长江，这一段运河称通济渠；从洛阳向东北引沁水接清水、淇水，大致沿今卫河一线至今天津附近，再以沽水接桑乾水至涿郡，这一段运河称永济渠；自京口（今江苏镇江）向南，疏浚旧渠至余杭（今浙江杭州），这一段运河称江南河。大运河全长 1794 公里，连接海河、黄河、淮河、长江、钱塘江五大水系，成为联系南北的水上交通干线。元朝定都大都以后，为了进一步改善大运河的运输，除了江南河和山阳渎段沿用隋朝旧河，还为避免绕道洛阳，先后开凿了济州河、会通河、通惠河，将大运河南北取直，运输距离比隋朝大运河缩短了许多。位于今山东临清、东平间的会通河引汶水水源在技术上仍未解决，造成航行困难。在郭守敬的主持下，把宋代的复式船闸技术发展为梯级船闸，解决了会通河与通惠河的水位落差大不便航行的问题。直至明代永乐年间，白英设法将汶水水源引上会通河的制高点，令其南北分流，又沿河修建水柜、水闸，保证了漕船航行所需要的水位。

黄河在经过黄土高原时，裹挟了大量泥沙，至今河南孟津以下后，河床变得平缓，河水流速缓慢，泥沙淤积下来，使河床逐渐升高。当汛期到来时，经常造成决堤或改道，威胁沿岸人民生命财产的安全。西汉元光三年（前 132 年），黄河在瓠子决口，南下与淮、泗诸水合流，水灾波及 16 个郡。直至元封二年（前 109 年），才堵塞决口，加固黄河大坝，确保黄河百余年安澜无虞。西汉末年，黄河、汴渠先后溃决，民间水利专家王景等奉命主持修筑荥阳至千乘千余里大堤，号称金堤千里，使黄、汴二水分流。自此，黄河在 800 余年

间(迄北宋庆历八年,即 1048 年)未发生溃堤改道的情形。北宋以后,黄河屡屡决口,河床南北迁徙不定,给今河南、山东、安徽、江苏广大地区的人民生命财产造成巨大危害。元朝至正十一年(1351 年),在都水监贾鲁的主持下,历时近 7 个月,用工 3800 万,采用疏塞并举的方法,疏浚河道 280 余里,堵塞大小决口 107 处,修筑堤防 770 里,终于使北流河水回归故道。在堵塞决口的施工中贾鲁发明了石船堤障水法,用 27 艘大船组成三道船堤,每道 9 艘,又 3 艘连接为一组,船上装满石子,在预定合龙位置同时沉入水下,形成堤坝。历代的治水专家和劳动群众在治水实践中不断总结经验,创造了许多防御洪水的辅助工程,提出了卓有成效的治水理论。前者如排水坝、顺水坝和埽,后者如明代治水专家潘季驯和清代治水专家陈潢先后运用并不断完善的“束水攻沙”的理论和方法,至今仍然是疏浚黄河河床的有效措施。

威胁江河堤坝安全的除了洪水,还有白蚁。魏国的筑堤专家白圭能够及时发现蚁穴,“塞其穴”,以保证大堤的安全。《管子·度地》中有关于江河堤防的设计、施工、维护等一系列技术的记述,例如:河堤的横断面要呈现“大其下,小其上”的梯形;堤防的施工要在三月即雨季到来之前进行,以确保堤防的工程质量,在枯水季节可以取河滩土筑堤,同时又疏浚了河床;堤上要种植荆棘一类的灌木,其根系能够起到固定堤坝的作用,种植柏、杨等树种,可以为堤防的抢险维修准备材料。

五、四 大 发 明

(一)造纸术

造纸术发明以前,用于书写的材料有竹木简、丝织品和金属等。考古学家已经在多处发现了西汉时期制造的麻纸。东汉时期,宦官蔡伦凭借皇宫中的人力、物力资源,改进造纸工艺,使用破布、网片、绳头、树皮等材料,造出了品质更高的纸张,史称“蔡侯纸”。大约至公元三四世纪,纸已经取代简、帛等,成为主要的书写材料。魏晋时期,造纸的材料进一步扩大,除了麻、楮之外,还增加了桑、藤等树皮,使用活动的抄纸器,提高了生产效率,也创造许多新的造纸工艺。在各类纸张中,中国古人制作的宣纸最具特色。宣纸的原料是中国独有的檀树皮,这种树皮的纤维细长均匀,有较强的拉力。宣纸的生产工序繁复,生产周期长,仅对树皮的漂白就要 4 个月。为了保证纤维少受损伤和保持柔软、洁白、拉力强的特性,不用强碱和高温蒸煮,任凭日晒雨淋,利用微生物、紫外线和空气中的臭氧除去杂质。檀树皮的纤维具有细胞壁薄的特点,所以生宣在着墨时,墨汁很快进入纤维的细胞壁、腔,且分布均匀。用生宣写字作画,能够随意表现画面的远近、明暗,富有立体感。至清朝乾隆年间,宣纸的生产工艺达到顶峰,有近百个品种。至今,宣纸仍然被用于印制外交文件和高级档案等。唐朝时人们开始使用麦草造纸,宋朝时开始用稻草造纸,称草纸。麦草、稻草的纤维含量少,而且纤维短,造出的纸张质量不高,但是,麦草、稻草是农业种植的余料,来源充足且价格便宜。宋代以后,陆续形成了记载造纸技术的专著。宋人苏易简著《文房四宝谱》中的《纸谱》是历史上第一部专论造纸技术起源、演变、历代纸张品种的著作,该书即指出造纸术起于西汉初年。此外,还有元人费著的《纸笺谱》、明人王宗沐的《楮书》等。宋应星著《天工开物》则是记述造纸技术最详备的著作。

(二)印刷术

印刷术的发展经历了雕版印刷和活字印刷两个阶段。雕版印刷成本低廉、印刷方便,隋朝时已经开始使用。唐朝时,雕版印刷术主要用于印制佛经佛像,1966 年在韩国发现的《无垢净光大陀罗尼经》,约 8 世纪初至中叶刻于长安,是目前所知最早的木刻印刷品。1907 年出土于敦煌千佛洞、被斯坦因带走的《金刚经》卷子,长 488 厘米,宽 30.5 厘米,年款为咸通九年(868 年),是现存确知年代最早的木刻印刷品。雕版印刷还用于刻印书籍、历法、纳税凭据等,到唐末五代,已经成为重要的手工业部门之一。后唐时,由冯道主持完成了"九经"的校勘、刻印。北宋时期的雕版印刷业以河南、四川、福建、浙江最发达。开宝四年(971 年)张徒信在成都开雕《大藏经》,历时 12 年,刻佛经 1076 部 5048 卷,雕书版 13 万块。宋代的大规模书坊可集中百余名刻工同时工作,刻字技术已经相当成熟。传世的宋版书无不以校勘缜密、纸墨精良、字体美观、装帧考究而著称。

据宋人沈括著《梦溪笔谈》记载,在北宋庆历年间,刻工毕昇发明了活字印刷术。该法是把黏土塑成单字,入火烧硬;在铁板上铺松脂、蜡、纸灰等,按照书版大小设铁范,把单字依次排列;排毕后加热铁板,将字面压平;冷却后即可着墨覆纸刷印;刷印完毕,再次加热铁板,取下活字,以备再用。为提高印刷效率,可预备多副铁板、铁范以及多个常用字,生僻字可以随制随用。活字印刷术发明后并未在印刷业中广泛运用,原因是当时造字和排版的技术仍未完全成熟,至今尚未发现北宋用活字印刷的书。1991 年,在宁夏贺兰县废塔中出土的佛经,经鉴定是西夏时用木活字印刷的,是迄今发现最早的木活字印刷品。至南宋,学者姚枢及弟子用泥活字印刷了朱熹著《小学》、《近思录》和吕祖谦著《东莱经史论说》等。

毕昇还曾经试制过木活字,但因木质关系,着墨后膨胀不一,使版面高低不平,印刷不便,未获成功。元朝人王祯将这种技术加以改进。他还发明了转轮排字架,制造两个可以自由转动的大转盘,盘中分设多个小格,将活字按韵部排列格中,每一活字有一编号。排版时,一人照文稿唱出字的编号,一人依号检字,置于版中,字行间夹以竹片,使之牢固。既提高了检字排版的效率,又减轻了工匠的劳动强度。王祯曾经用自己制造的木活字印刷《大德旌德县志》100 部,用时不到 1 个月。与王祯同时,曾经有人用锡铸活字,但由于锡不容易着墨,印刷效果不好,未能推广。14 世纪,活字印刷术传入高丽,高丽人发明了铜活字,15 世纪传回中国。约略与此同时,中国人发明了铅活字。

(三)指南针

中国人很早就了解了磁石与铁互相吸引的道理,并利用磁石制成指极性的仪器——

司南。《韩非子》中已经提到"先王立司南以端朝夕"。[1] 宋代以后，北方少数民族阻断丝绸之路，中国与西方的陆上交通基本断绝，海上交通日益发达，为指极性仪器的发展和应用提供了客观条件。宋代兵书《武经总要》前集卷十五记载了指南鱼的制造方法，将剪成5寸长、2寸宽的薄铁鱼置于炭火中烧红，夹鱼尾取出，以鱼尾对子位（N）没水中数分而止。现代科学研究表明，这是利用地球磁场对铁鱼进行人工磁化的过程，铁鱼被烧红后，铁内部的磁畴活跃起来，并按地球磁场的方向排列，入水后，这种排列就固定下来。把经过磁化的铁鱼放在水中转动，待其静止下来，鱼头就指向南方。但这种技术仍然不能使磁畴完全依序排列，磁畴处于不饱和状态，磁性较弱，实用价值较小。沈括《梦溪笔谈》卷二十四记载"方家以磁石摩针锋，则能指南"。即以磁石的磁场作用使钢针内部的磁畴排列顺序化，使其具有磁性。这是一种简便有效的磁化技术，经实验，也具有较强的实用价值，后世的磁性指向仪器的最重要部分就是这种磁针。

在宋代，磁针已经与方位盘相结合，与唐代时的方形、有 8 个方向的方位盘不同，宋代的方位盘为圆形，称罗经盘或罗盘，有 24 个方向：12 地支加 10 天干中的甲、乙、丙、丁、庚、辛、壬、癸和八卦中的乾、坤、巽、艮。在北宋末年，指南针已经用于航海。朱彧著《萍洲可谈》中记述于重和二年（1119 年）在广州见到的中国商船，晴朗日白天靠太阳、夜晚靠星辰辨别航向，而在阴晦日则靠指南针辨别航向。宣和五年（1123 年）北宋使臣许兢出使高丽，在其所著《宣和奉使高丽图经》中记述船头、船尾各有一指南针（水罗盘）。至元代，在海上航行的中国船，不论昼夜晴晦，已经完全靠指南针导航。

沈括最早记录了地磁偏角现象。至南宋，这一现象即被运用到罗盘上，即除了子午正针，还有子午、丙壬缝针，使指南针导航更加准确。

（四）火药

火药的发明可能受古代方士、道士炼丹活动的启发。炼丹者用金属或矿物制作"长生药"，如原生硫黄入药前要加入硝石、蜜加热处理，即炼丹术火法炼丹的"伏"，蜜在加热后分解出炭。在此过程中，火候控制不易，容易引起火灾。唐代孙思邈的"丹经内伏硫黄法"中，记录了最初的火药配方：硝石、硫黄、皂角（在燃烧后变成炭）。

北宋初年对南唐的战争中，第一次使用了火药武器——火箭。最初的火药武器主要是燃烧性的，比之前的油脂、松香、棉麻等易燃物燃烧更快，火力更猛，不容易被扑灭。《武经总要》记载了当时的三种火药武器：毒药烟球、蒺藜火球、火炮，其主要成分硝、硫黄、炭中硝所占比例最大，达 3/4，与后世的黑色火药成分接近。

北宋末年的宋金战争中开始使用爆炸性的火器"霹雳炮"、"震天雷"。抗战派官员李纲曾指挥部下用"霹雳炮"打退进攻汴梁的金军。南宋初年，出现了管形火器火枪和突火枪，前者以粗毛竹制成外壳，管腔内装火药，点燃以烧伤敌军，后者在火药前装有"子窠"，火药燃烧后产生的反作用力将子窠射出，子窠即原始的子弹，这实际是后世枪、炮的

---

① 陈奇猷：《韩非子集释》卷二《有度》，上海：上海人民出版社，1974 年，第 88 页。

始祖。

至元代,枪管的材料由铁、铜取代竹、木,制成火铳,使其外壳能够承受更大的压力,装填更多的火药,使子窠射得更远。明代发明了利用火药同时发射 10 箭、32 箭、49 箭、100 箭的火器装置,还有地雷、定时炸弹、两级火箭等。

公元 10 世纪以后,中国境内各民族、各政权间的战争大大加快了火药武器的发展。火药武器的发明和使用带来了战争方式的巨大变化。蒙古西征,把火药带到阿拉伯地区,随后,由阿拉伯地区传入欧洲。

六、物理和化学[①]

中国古代虽然没有形成系统的物理学和化学的知识体系,但是有关物理、化学的知识还是相当丰富的,并分散存在于各相关领域之中。

《墨经》在论述衡器的杠杆平衡问题时表达了力矩的概念,把杠杆支点的一端称为本,另一端称为标,"衡,加重于其一旁,必垂权重相若也,相衡则本短标长。两加焉,重相若,则标必下;标得权也……长重者下,短轻者上"。[②] 在衡器的一端加重物,这一端必然下降,这是由于原来衡器的权、重两端是相等的;如果衡器的两端是相等的,则一定是本的这一端短,而标的这一端长;如果在衡器的两端加上相同重量的物体,标的一端必然下降……长、重的一端下降,短、轻的一端上升。可见,《墨经》在论述杠杆平衡问题时,不仅考虑了重量,而且考虑了距离即力臂或重臂的因素。

《墨经》中有关于浮力的论述:"沈(沉)荆(形)之具(衡)也,则沈(沉)浅非荆(形)浅也。若易五之一。"[③]形体大的物体沉在水中的部分很浅,这是平衡的原因;物体沉在水中的部分与物体本身是平衡的,即使物体沉入水中很浅,并不是物体本身矮浅,就如同一件物品交换五件物品一样。这种说法表明言者已经了解了物体沉在水中的部分所排开的水与整个物体的关系,但还没有看到物体沉在水中的部分与所排开的水的重量相等。

运用大气压力的原理制成的虹吸管,古代称注子、渴乌、过山龙等,只要出水口的平面低于进水口的平面,就可以把被障碍物阻隔的水引至指定的地方。东汉末年出现了灌溉用的渴乌。西南地区的井盐开采,就是用这一原理制成唧筒,战争中,守城的军队用唧筒扑灭敌方的纵火。古代曾经有很多人做过大气压力的实验,如《关尹子》中记载说,有两个口的瓶子,装满水后可以倒出水来,但堵住一个口,水就不会倒出来。传统医学中拔罐子,也是同样的道理。

---

① 本部分参照了自然科学史研究所主编:《中国古代科技成就》,北京:中国青年出版社,1978 年。

② 梁启超:《墨经校释》,上海:商务印书馆,1922 年,第 117—118 页。

③ 梁启超:《墨经校释》,上海:商务印书馆,1922 年,第 143 页。

对于物体发声的高低、远近、共振等现象的观察,《考工记》中说:"钟大而短,则其声疾而短闻;钟小而长,则其声舒而远闻。"[1]为了保证磬一类的乐器发音准确,古人掌握了磬的厚薄与发声高低的关系,《考工记》中说:"磬氏为磬……已上,则摩其旁;已下,则摩其端。"[2]即发声太高就磨磬的表面,使其变薄一点,相反,就磨磬的两端,使其变得短一点,即厚一点。共振是某一物体震动之时,另一物体也随之震动的现象。古人在调瑟时发现,弹宫弦时,别的宫弦也随之动起来,弹角弦时,别的角弦也随之动起来,如果弹与五音都不相当的弦,瑟上的 25 根弦都会动起来。这是关于基音的共振以及基音与泛音共振现象的描述。唐代洛阳有一个和尚,房间里挂着的一面磬经常自鸣,和尚为此恐慌成疾。他的一个曹姓朋友用钢锉在磬的几个部位锉了几下,其自鸣现象就消失了。北宋的著名科学家沈括曾经做过共振实验,把剪成的纸人固定在琴弦上,弹与纸人所在琴弦有共振关系的琴弦,纸人就跳跃颤动,而弹别的琴弦,纸人则不动。古代还把共振现象产生的共鸣作为战争中的侦察手段。《墨经》中记载,守城方在城墙内侧墙根下每隔一段距离埋下一口七八十升容量的大瓮,在大瓮口上蒙上牛皮,让士兵伏在牛皮表面上,侦听城墙外敌方的动静。这样的大瓮实际上是一个共鸣箱。这样的侦察手段在宋代被称为"听瓮",在宋代军队中还令士兵在宿营时头枕牛皮制成的箭囊,能够听到一定距离内马蹄踏地的声音,也是运用了共鸣的原理。

把声学原理运用到建筑领域中,是中国古代的一大创造。明代时修建的天坛中的回音壁,高约 6 米,半径 32.5 米,墙壁光滑平整,非常有利于声音的反射,在墙壁内侧站在不同位置的两个人可以面对墙壁对话。其原理是只要一个人面向墙壁说话的入射角小于或等于 22 度(这个角度能够防止声音反射到回音壁北侧的皇穹宇),声音就可以被回音壁连续不断地反射,从而被另一个人听到。皇穹宇台阶下的第三块石板正处于回音壁的中心,站在这块石板上拍一下手,可以听到三次响声,所以被称为三音石。其原理是拍第一次手后,响声传到回音壁墙面后,被反射回来,人们听到了第一次回音,这一回音又回传到回音壁墙面,又被反射回来,如此循环往复,直至声音被墙面和空气完全吸收为止。所以,人们听到的不仅是三响,而是若干响。天坛的圜丘,高约 5 米,半径约 11.5 米,中心稍鼓,除东南西北四个方向留有出入口外,四周立有青石栏杆。人站在圜丘的中心喊一声,他所听到的声音要比平时更响,这是因为声音被周边的青石栏杆反射到稍微倾斜的圜丘表面,又从圜丘表面反射到人的耳朵中,声音似乎是从脚下传来的。

古人经过长期观察,了解到光的直线传播原理。墨翟和他的学生通过小孔成倒像的实验,科学说明光线直线穿过小孔时,站在小孔前面的人的头部挡住了上面的光,成影在下,足部挡住了下面的光,成影在上。墨家还以光、飞鸟和影子的关系,指出地上的鸟影是直线传播的光线照在鸟的身上被遮住而形成的,鸟在飞行中,前一瞬间是鸟影的地方,

① (清)戴震:《考工记图》,上海:商务印书馆,1955 年,第 49—50 页。
② (清)戴震:《考工记图》,上海:商务印书馆,1955 年,第 78 页。

后一瞬间就被光所照射,影子消失了。新出现的影子是后一瞬间的光被鸟遮住而形成的,已经不是前一瞬间的影子。于是,墨家得出在某一瞬间影子不动的结论,而所以呈现影子移动的现象,是由于鸟在飞行的时候,瞬间的影子在连续不断地更新着。

　　古代人们利用平面镜反射的原理,制成类似后世的潜望镜类的窥镜,西汉初年的《淮南万毕术》中记载:"取大镜高悬,置水盆于下,则见四邻矣。"对于球面镜成像的观察是非常具体入微的。球面镜分为凹面镜和凸面镜。凹面镜具有聚焦的特性,可以利用太阳光取火,所以被称为阳燧。墨家通过实验了解到,当物体在凹面镜的球心之内时,显示的是正立的像,距离近球心的像大,反之则小;当物体在凹面镜的球心之外时,显示的是倒立的像,距离球心近的像大,反之则小。而物体在凸面镜前的任何位置,显示的都是正立的像,如果像在镜面的一侧,则是虚像,并总是比原物小。晋代的张华所著《博物志》记载了凸透镜聚焦的原理,"削木(冰)命圆,举以向日,以艾于后承其影,则得火。"①

　　中国古代的化学知识散见于漆器制造、造纸术、陶瓷制造、火药和火器制造、炼丹术等领域之中,其中,炼丹术中的化学成就引人注目。

　　炼丹术是古代方士为炼制"长生药"而进行的活动,大约开始于战国时期,在历代的帝王将相、贵族豪门等社会上层中长期盛行。古人想通过服用丹药以达到长生不死的目的,当然是不可能的。不过,在炼丹的过程中,人们反复探索,特别是通过对许多天然原料的采集、加工、提炼,加深了对物质性质及其变化的认识,制造了许多化学合成物,最可称道的就是火药。此外,一些药物还在传统医学的医疗中发挥了作用。

　　炼丹术方法主要分为火法炼丹和水法炼丹。火法炼丹即对材料进行无水加热,带有冶金的性质,其具体方法包括煅、炼、炙、熔、抽、飞、伏等。炼丹术最早使用的材料可能是丹砂即红色硫化汞,经加热会分解出汞即水银,水银和硫黄化合成黑色硫化汞,再加热又恢复到红色硫化汞。水银是一种液态金属,呈水珠状到处流动,且容易挥发。水银的这种特性引起了炼丹家的好奇,因此,他们想方设法对其加以控制,制成各种含有水银的化合物。如水银霜(氯化亚汞),即把水银和锡分别加热,制成锡汞剂,然后捣碎加盐,加太阴玄精(氯化镁)、敦煌矾石(粗石膏),用朴硝末(硫酸钠)覆于其上,加热七昼夜而成。另有如制作铜镜的抛光剂铅汞剂,制作金粉的金汞剂等。炼丹家认为金银等矿物具有不朽的特性,所以,人服用了能够实现长生不死的目标,所以,用人工方法炼制药用的黄金、白银等是炼丹活动的重要内容,常用不同比例的铜、铅、汞等金属炼成人工合金。水法炼丹,就是把已经炼成固体的金石药溶解为液体,具体方法包括化、淋、封、煮、熬、养、酿、点、溃、过滤、再结晶等。水法炼丹最常用的溶解金石药的溶液是加入硝石的醋酸,能够溶解许多金属和矿物。在水法炼丹的实践中,人们发现了金属在溶液中发生的置换反应现象,在硫酸铜溶液中加入铁,铁的表面变成了铜,这就是后来胆铜法的起源。

　　古代的炼丹术与传统医药学有着密切的关系,许多炼丹家是卓有成就的医药学家,

---

　　① (晋)张华撰,范宁校证:《博物志校证》卷四,北京:中华书局,1980 年,第 50 页。

有的医药学家也从事炼丹活动,如葛洪、陶弘景、孙思邈等。东汉时期的《神农本草经》、葛洪的《肘后备急方》、陶弘景的《名医别录》、孙思邈的《千金翼方》都是著名的医药学著作,其中也显然包含了许多炼丹术的内容。

【小结与思考】

中国古人在生产生活以及公共社会治理经历中,不断探索自然,积累了丰富的科学知识,实现了诸多伟大的发明创造。古代天文学与农业社会有特别密切的关联,中华文明曾长期以农业为基础,其天文知识有独具特色的概念体系和强烈的实践指导意义,同时又展现出中国古人探索悠远宇宙与人类生存关系的不懈努力。数学是一切自然科学和社会生活共同的知识基础,中国古人的数学知识很早就达到精密深邃的程度,《九章算术》、对圆周率的认识、珠算的发明和运用等等都是具体的例证。中华医药理论和临床实践是人类文明史上最具有魅力的篇章之一,不仅在漫长的古代发挥了养生、治病的积极作用,而且至今因其基础概念和整体思维以及独特的药学体系,具有立足于解剖分析之上的现代医学无法替代的医疗功效与发展前景。建筑是科学、技术、艺术综合的物化体现,是所有文明基本面貌生动的投影。中国古人在宫殿建筑、城市建筑、防御建筑、坛庙建筑、陵墓建筑、园林建筑、水利工程、桥梁建筑等几乎所有建筑领域都达到了高超的水平。举世闻名的"四大发明"是中国古人在科技探索中引领世界的标志,不仅推动了中华文明自身的进步,而且对其他文明的进步产生了巨大的推动作用。古代中国人在声学和化学知识的探索中,也有可观的成就。

值得思考的是,英国科学史家李约瑟(Joseph Needham,1900—1995)在他撰写的巨著《中国科学技术史》中提出了一个著名的"李约瑟难题"。他提出:"我们所面对的是一系列惊人的科学创始精神、突出的技术成就和善于思考的洞察力。既然如此,那么,为什么近代科学,亦即经得起全世界的考验、并得到合理的普遍赞扬的伽利略、哈维(Harvey)、维萨留斯、格斯纳(Gesner)、牛顿(Newton)的传统——这种传统注定成为统一的世界大家庭的理论基础——是在地中海和大西洋沿岸,而不是在中国或亚洲其他任何地方发展起来呢?"①他花费了大量的时间和精力试图解答这一难题,但最终的结论并不使他满意。世界各地的历史学家对这个问题也曾进行探讨,大致提出了中西社会体制、经济结构、历史传统、思维方式、科学研究基本取向、科学家品质等相关因素与李约瑟提出的问题有关,但又都带有思辨和推测的色彩,未能具备彻底澄明的说服力。这一现象本身是耐人寻味的。

【思考题】

1. 谈谈中国古代天文学与民生的关系。

---

① [英]李约瑟著,袁翰青等译:《中国科学技术史》第1卷"导论",北京:科学出版社,上海:上海古籍出版社,1990年,第2页。

2. 仔细阅读本讲中关于中医药学的介绍,尝试对中医药学的思维方式做出一些归纳。

3. "四大发明"对人类文明后来的演进各产生了哪些影响?

4. 讨论"李约瑟难题",尝试提出自己的看法。

第十三讲

手工业技艺的独特成就

手工业是社会生产力发展到一定阶段的产物,在近代工业产生以前,人们生产、生活所需要的工具、日用品、衣食用品以及战争中使用的兵器等都需要人工打造,在这一过程中,形成了各专门领域的生产技术。由于某些传统手工业的独有性和手工业生产活动的长期连续性、稳定性特点,中国手工业生产技术形成了特色鲜明和水平高超等特点,长期在世界上保持领先地位。中国传统手工业生产技术在现今的生产生活中的作用和地位仍然不可忽视。

一、青铜文化与冶金工艺

(一)青铜文化的发展历程

青铜是铜与少量锡或铅的合金。青铜器的发明是人类文明史上的一大奇迹,与红铜相比,青铜具有许多优越性能,它克服了红铜器具的固有弱点,质地变得坚硬,耐磨性好,韧性高,并有持久的金属光泽。用青铜制造的刀,要比用红铜制成的刀锋利得多,青铜溶液的流动性能比红铜溶液好,利于灌入各种模子,不像红铜溶液那样黏稠,有利于铸造器型复杂、纹饰繁缛的器物。青铜铸造业的出现,在科技史上具有里程碑的意义。

中国的青铜文化起源于黄河流域,始于公元前21世纪,止于公元前5世纪,经历了约1600年的历史,大体上与文献记载的夏、商、西周至春秋时期的时间相当。中国青铜文化分布广泛,东到山东,西至甘肃、青海,南及两广,北至东北、内蒙古地区,都有青铜器出土。河南安阳、郑州,江西新干,四川三星堆,陕西汉中等地商代青铜器出土较多,陕西周原、丰镐,河南三门峡、洛阳等地西周青铜器集中。到春秋战国时,山西的晋文化,山东的齐鲁文化,湖北、湖南的楚文化,江苏、浙江的吴越文化,陕西的秦文化中,都有大量的青铜器物,它们异彩纷呈,各具特色。

中国古代青铜的冶炼铸造始于何时,目前尚难以断定。从考古发掘的实物资料来看,最早的青铜器是1957年甘肃马家窑和马厂文化遗址出土的铜刀。它的发现说明了在公元前3000年至公元前2300年,我国就有了青铜制品。在较晚一些的山东龙山文化和河北、辽宁、内蒙古的夏家店下层文化遗址中,考古工作者也普遍发现了青铜制造的工具、兵器、装饰品等。

夏代时,青铜制品数量不断增多,尤其是出现了较多形制复杂的青铜容器,逐渐形成了比较完整的青铜礼器组合,反映出夏王朝的国家制度已经成熟。商代早期,青铜文化全面繁荣,青铜铸造工艺相当成熟,种类增多,制作精巧,造型精致,器身上还出现了粗疏的动物纹或几何纹。到了商代晚期,青铜文化进入鼎盛阶段,出现了精美的青铜礼器、兵器和日用器具等。西周时期,青铜铸造工艺日益精湛,比较显著的特点是器物上铭文较长,有的多达三四百字,铭文字体优美奔放,铭文内容丰富,既有祭祀祖先,又有征伐、纪功、册命和赏赐等的记载。丰富的铭文恰好补充了西周传世文献记载的不足,为研究西

周历史提供了重要的史料依据。

春秋时期,各诸侯国经济繁荣发展,青铜文化有了全新的发展,形成了各具风格的地方性青铜文化。到了春秋晚期和战国初期,中国古代青铜文化的发展出现了第二次高峰,青铜制造工艺进一步提高。分铸法有了新的发展,失蜡法也达到了一定的水平,镶嵌金银和红铜等工艺也有了很大的发展。到战国时期,中国青铜文化进入尾声。战国中晚期虽然也有一些精美的青铜礼器被发现,但大多朴素无纹,铭文不多且多为刻铭,青铜冶铸生产转向了日常用品领域。大约到了战国晚期至秦汉初期,伴随着冶铁工艺和技术的突飞猛进,青铜文化逐渐淡出。然而,青铜器并没有从人们的视野中消失,某些特定器物,如铜镜、铜币等,仍然在时人的日常生活中发挥着不可替代的作用。

(二)青铜器的分类

青铜器可分成生产工具、兵器和生活用具三大类。

生产工具包括农业生产工具和手工业生产工具两类。农业工具主要有耒、铲、锄、镰、渔钩等,主要用于起土、除草、收割、修渠等,种类相当齐全;手工业生产工具主要有斧、斤、锛、凿等,使用广泛,应用于建筑、车辆、船舶、牙雕、骨雕、木雕、髹漆、制革、纺织等各行各业。

青铜兵器常见的有戈、矛、戟、刀、剑、钺、镞、甲胄等。这些兵器都是车战所必需的。车战是上古战争的主要形式,车是作战的基本单位,车上有车兵,车下有步卒,戈、矛、戟、弓、矢都是车战的主要兵器。戈,用于钩杀戮击,是杀伤力很强的武器,也是衡量当时军事技术发展水平的重要标尺。商代的戈分为直内戈、曲内戈和有銎戈三种。商代的矛形体较大,以后逐渐向细长发展。戟是戈、矛的合体,更为先进,既能刺杀,又能钩砍。剑是短兵相接的兵器,可手持和佩带,最早出现于周初,战国、秦汉时普遍盛行。钺,既是兵器,又是刑具。钺形体很大,有两个穿孔,供扎结用,安长柄后可手持砸击。钺上纹饰为若干夔纹组成的饕餮纹,纹饰精美,惟妙惟肖。商代中期已出现铁刃铜钺,据科学分析,此铁刃系陨铁锻制而成,说明商代已经能够把陨铁用于制作兵器了。

至于青铜生活用具就更多了,到西周演变成体现当时社会等级的"礼器"。周公"制礼作乐"以后,规定了一整套等级森严的礼仪制度,这种制度渗透到当时社会的各个方面,日常生活中的青铜食器、水器、乐器等,因用于祭祀天地先祖,因而具有了神圣、尊贵的内涵。青铜礼器主要有炊器、水器、酒器和乐器,器型有鼎、簋、鬲、簠、甗、敦、豆、匕、爵、角、觚、觥、尊、卣、盉、勺、罍、壶、盘、匜、鉴、缶、盂等。许多青铜器都模仿动物造型,栩栩如生。

青铜乐器有铙、钟、镈、铎、句鑃、錞于、铃、鼓等。天子可用钟四组,诸侯三组,卿大夫两组,士一组。钟是由铙发展而来的,有编钟、甬钟、钮钟、特钟之分,其大小依次递减,具有不同的音律。青铜花纹多在器盖、颈、腹、圈足等部位,一般可分几何纹、动物纹和人事活动纹三大类。几何纹主要有弦纹、乳钉纹、云雷纹、重环纹、三角纹等;动物纹有饕餮纹、夔纹、龙纹、蟠螭纹、凤鸟纹、象纹、鱼纹、龟纹、蝉纹、蚕纹等;人事活动纹主要有宴乐纹、狩猎纹、武射和战争场面的图案等。

(三)青铜器纹饰与铭文的演变

随着时代的推移,青铜纹饰的艺术风格逐渐演变。商代早期的铜器除素面外,已装饰有饕餮纹、夔纹等。到商代中期,饕餮纹、夔纹、鸟纹、龙纹、圆滑纹、联珠纹、乳钉纹等,成了流行纹饰。同时新出现了用云雷纹衬地的复杂花纹,其风格圆浑、凝重,富有神秘感。商代晚期的青铜纹饰更为繁缛细腻,饕餮纹变化多端,形状各异,往往配以浮雕的龙、虎、羊首、蛇首、牛首等动物形象,构思奇特,精美绝伦。另外,夔纹、蝉纹、蚕纹、涡纹、鸟纹、瓦棱纹和乳钉纹等,一般都用云雷纹衬地,层次多,线条细,典雅富丽。

西周青铜器纹饰按照时间段可以划分为三期。早期(从武王到昭王)饕餮纹仍占主要地位,但花纹种类增加。新出现了成条的长鸟纹和单个大鸟纹,有的器物上全身施花纹,构图复杂,纹理细腻。中期(从穆王到夷王)出现了窃曲纹、瓦纹、重环纹、环带纹和双头兽纹等,早期常见的蝉纹、蚕纹、象纹绝迹,饕餮纹成了附饰,鸟纹的身子与尾巴逐渐分离。晚期(从厉王到幽王),以环带纹、重环纹和瓦纹为主,配以弦纹、蟠龙纹、双头兽纹和窃曲纹等,花纹风格流畅、浑朴。

春秋早期青铜器纹饰粗疏简陋,战国则精巧细腻、繁缛纤细。神秘的宗教色彩逐渐淡去,增加了动态的美感和灵巧的动物形象,并出现了宴乐、射箭、狩猎、战斗等图案。如四川博物馆藏的水陆攻战壶,陕西凤翔博物馆藏的宴乐狩猎纹壶等,画面内容丰满,人物形象生动,富有浓郁的生活气息。

青铜器上各种各样的纹饰,对研究当时的政治、经济、社会生活等都有极高的价值。如陕西周原博物馆珍藏的刖刑奴隶守门鼎,口下饰窃曲纹,四棱各铸一条顾首卷尾的爬龙,方座后面和两侧均有方格窗,座前有双扇门,可以启闭,门闩为一腿被砍掉的刖刑奴隶,四座足外伸呈曲尺状,上铸钩喙怪兽。它是西周房屋建筑科技和当时刑法的再现。

青铜器具上铸刻的文字称钟鼎文或金文。这种文字的价值主要体现在史料价值、文字学价值和书法艺术价值上。金文是研究商周历史文化的第一手资料,皆是真实事件的实录。郭沫若说:"这些古物正是目前研究中国古代史的绝好资料,特别是那铭文所记录的是当时社会的史实。这儿没有经过后人的篡改,也还没有什么牵强附会的疏注的麻烦。我们可以短刀直入地便看定一个社会的真实相,而且还可藉以判明以前的旧史料一多半都是虚伪。我们让这些青铜器说出它们所创生的时代。"[①]郭沫若是利用金文,对商周的生产方式、阶级关系、社会制度等问题进行研究的第一人,并取得了可观的成果。

西周时的金文急剧增多,内容更为丰富。武王灭商时的利簋,铭文共4行32字,记载了武王伐纣即牧野之战的具体日期,因此有"武王征商簋"之称。西周初期的大丰簋铭文有8行78字,铭文记武王克商,西归宗周,于辟雍祭天,颂扬先王功烈,及作器人天亡辅助武王举行祭祀,受到赏赐等内容。成王时期的何尊铭文达122字,记载了成王营建东都

---

① 郭沫若:《中国古代社会研究》,北京:人民出版社,1954年,第226页。

洛邑的事。恭王时期的曶鼎有铭文 410 字,记载了五个奴隶相当于一匹马加一束丝,或等于百锊的价格;同时期的墙盘铭文 284 字,前段记载了文、武、成、康、昭、穆、恭等 7 位周天子的功绩,后段记载了微史家族七代世系经历。同时期的卫盉、𤼈匜等岐山董家出土的 37 件重器,其中 30 件有铭文。卫盉铭文 132 字,记载了交换土地、刑罚和诉讼。𤼈匜腹底和盖里有铭文 157 字,记载曶的下属牧牛违背誓言,被判鞭打 1000 下,经过宽赦,改为 500 下,罚铜 300 锾(合汉代 125 斤)。这是我国最早的法律文书。宣王时期的毛公鼎铭文长达 497 字,其内容讲的是周宣王为中兴周室,革除积弊,策命重臣毛公,要他忠心辅佐周王,以免遭丧国之祸,并赐给他大量物品,毛公为感谢周王,特铸鼎记其事。2003年在陕西宝鸡眉县杨家村出土的 27 件青铜器,每件都有长篇铭文,总字数 3000 多字,是历年来出土西周窖藏青铜器铭文最多的一次。其中逨盘铭文有 372 字,仅次于毛公鼎。宣王四十二年逨鼎铭文 280 字,四十三年逨鼎铭文 310 字,这些长篇铭文记载了文王、武王、成王、康王、昭王、穆王、孝王、厉王等 12 王的事迹,而盘铭中把孝王写作考王,把厉王称为剌王,这当是在西周时期的真实称谓。同时四十二年和四十三年逨鼎铭文,证实《史记·周本纪》宣王在位年数 46 年是正确的。

铭文的书体,在商代与殷墟甲骨文相似。西周晚期,特别是孝王、夷王以后的铭文,字体变得长方,笔画均匀,结构和谐、精到,章法布局严谨规整。到春秋战国时期,则向多样化发展,并将铭文安排在器物的显著部位。文体多用韵文,惯用瘦长体,笔画纤细。在吴越还出现了鸟虫书,书写自由,可以随意增减笔画。秦国文字沿袭了西周的金文书体,经过改造,逐步发展为小篆。

(四)青铜器的制作工艺

中国古代青铜器的制造主要分为采冶与铸造两大工艺过程。

第一步是采冶,即首先分别采掘铜矿石和锡矿石,冶炼出红铜和锡。第二步是合金铸造。这一过程又分为合金、铸范、浇铸三个步骤。

合金就是根据拟制作器物的需要将铜与锡按一定比例配合在一起,放在熔炉中加热熔化,从而得到所需要的青铜溶液。关于青铜合金的比例配备,战国时期的《周礼·冬官考工记》有载,"六分其金(铜)而锡居一,谓之钟鼎之齐(剂)(即铜占 85.7%,锡占 14.3%);五分其金而锡居一,谓之斧斤之齐(即铜占 83.4%,锡占 16.6%);四分其金而锡居一,谓之戈戟之齐(即铜占 80%,锡占 20%);叁分其金而锡居一,谓之大刃之齐(即铜占 75%,锡占 25%);五分其金而锡居二,谓之削杀矢之齐(即铜占 71.4%,锡占 28.6%);金锡半,谓之鉴燧之齐(即铜占 66.7%,锡占 33.3%)。"[1]

铸范就是制作铸造青铜器用的陶范。中国古代铸造青铜器主要用陶范,此法称为范铸法,这是中国古代青铜器铸造工艺的特点。具体来讲,第一步是制模,即用泥土制作一

---

① (汉)郑玄注,(唐)陆德明音义,(唐)贾公彦疏:《周礼注疏》卷四十,北京:中华书局,1980 年,影印阮元校刻《十三经注疏》本,第 915 页。

件与欲铸造的青铜器同样大小的模型,将花纹和铭文都在上面刻好。之后将泥模阴干,再用火烘烤使其坚硬。第二步是翻制外范。即把用水和好的夹有细砂及细碎的植物茎杆的泥片捺印在泥模上,待半干后,按器物的特点,用刀分割成几块取下,阴干后烘硬,制成外范。第三步是制作内范。即用泥土照泥模形状减去欲铸青铜器之器壁厚度制成内范,并阴干烘硬。第四步是合范。即将上述已制好的内范与外范组装好,外面用绳索捆好固定,再用厚泥包裹,并在上面留出浇铸青铜溶液的孔道及排出范内空气的孔道。

浇铸是最后步骤,就是将已熔化好的青铜合金溶液注入合范之内,待铜液冷却凝固后,拆下外范及内范,并进行打磨修整。至此,一件青铜器的冶铸过程就完成了。

从制作工艺上来说,中国古代的青铜器制作取得了极其辉煌的成就。

青铜器制作方法有合范法和失蜡法。用陶质的复合范浇铸制作青铜器的合范法,在中国古代就得到了充分的发展。陶范的选料、塑模翻范、花纹刻制均极为考究,浑铸、分铸、铸接、叠铸技术非常成熟。之后发展出不需分铸的失蜡法工艺,更是显示出我国青铜工匠的高超技艺。所谓失蜡法又称熔模法,是一种青铜等金属器物的精密铸造方法。这种铸造技术原理起源于焚失法,见于商代中晚期,在无范线失蜡法出现之后逐渐消亡。失蜡法的具体工艺过程是,首先用蜂蜡做成铸件的模型,然后再用耐火材料填充泥芯和敷成外范。加热烘烤后,蜡模全部熔化流失,使整个铸件模型变成空壳。之后往内浇灌溶液,便铸成器物。以失蜡法铸造的器物玲珑剔透,有镂空的效果。我国目前发现最早的失蜡铸件是河南淅川出土的春秋晚期的铜禁和铜盏(约公元前 6 世纪)。湖北随州曾侯乙墓出土的尊和盘上的透空附饰经鉴定也属失蜡铸造,年代稍晚(约公元前 5 世纪),工艺十分精湛。

在很早的时候,我国青铜器上还出现了为增加美观度而镶嵌的装饰。镶嵌的材料有以下五种:第一种是绿松石,这种宝石至今仍应用在首饰上;第二种是玉,有玉援戈、玉叶的矛、玉刃的斧钺等;第三种是陨铁,如铁刃铜钺、铁援铜刃等;第四种是红铜,即用红铜来组成兽形花纹;第五是用金、银来做镶嵌,出现于春秋战国时期。

(五)冶金工艺

第一,我国古代的冶金技术主要包括钢铁冶炼技术、冶银技术、炼锌术和炼铜术。在世界冶金技术发展史上,中国炼铁、炼钢技术的发明都不是最早的。1991 年三门峡市虢国墓地发掘中发现铁剑,经专家鉴定,确认为人工铁制器,这把中国冶铁开始年代推至西周晚期之前。从炼铁技术来看,主要有块炼铁技术、生铁冶铸技术和铸铁柔化技术。

块炼铁技术。将铁矿石和木炭在炉内共同加热,熔化得铁,因炉温不高(约 1000℃),铁的结构松散,孔隙中夹杂氧化铁、硅酸盐杂质。

生铁冶铸技术。几乎在块炼铁出现的同一历史时期,也形成了生铁冶铸技术。含碳在 2% 以上为生铁,在 1100—1200℃ 条件下冶炼而成,其技术关键是提高炉温,加快碳的吸收速度。生铁冶铸技术比块炼铁提高了效率,降低了成本,对推动铁器的普及作用巨大。欧洲一些国家在公元前 1000 年左右已能生产块炼铁,但直到公元 14 世纪才使用铸

铁,中华先民则用很短时间就实现了这一技术的突破。

铸铁柔化技术。生铁因其独有的化学成分和结构(渗碳体),质脆而硬,韧性差。至战国中期,出现铸铁柔化技术。所谓柔化,就是将生铁铸件进行"淬火"处理,即将铸件加热到高温,保持较长的时间缓缓冷却,减低其硬度和脆性,增加其可塑性和冲击韧性,使之变为可锻铸铁,更适于制成工具、兵器,加快了取代青铜的步伐。

第二,冶银技术。自然界中白银蕴藏量较少,纯银尤少,多与铅等共生。所以,古代的银多是从铅矿中提炼的。其法称为吹灰法,即利用银铅共熔特性,在冶炼辉银矿石时加入铅,将矿石中的银携出,成铅银合金。再利用铅比重大的特性,在继续冶炼中,往熔融金属的表面吹入空气流,使其中的铅氧化,由于银不会被氧化,因此可去除铅渣层析出银。吹灰法提银工艺的历史非常悠久。约公元前第三千纪,古埃及和两河流域的早期文明已采用吹灰法提银,西亚的阿苏尔曾出土一块公元前2000年的楔形文字石板,上面描述了将铅银分离成银和铅的方法。这是有关吹灰工艺的最早的文字记载。中国迄今发现的最早的银器出自甘肃玉门火烧沟遗址,年代与夏代相当。

第三,炼锌术。中国是最早炼锌的国家。锌古称"倭铅"或"白铅",难于冶炼,因而是较晚才被认识的金属之一。中国古代炼锌技术属于火法炼锌,取炉甘石每10斤装一罐,封泥置于煤火中烧红,罐内炉甘石熔化成锌,然后毁罐取出。火法炼锌仍然是目前使用的炼锌工艺之一。欧洲直到16世纪才知道锌是一种金属,18世纪中国的炼锌法传入欧洲之后,欧洲人才懂得如何冶炼锌。

第四,炼铜术。炼铜术主要是胆水浸铜法,这是中国古代冶金工艺的重大成就之一。其法是利用铁可置换溶液中的铜离子的化学原理,以铁从胆水(即硫酸铜溶液)中回收金属铜的方法。这是源自中国古代炼丹术的一项水法炼铜技术,是世界水法冶金的始祖。中国在公元前3世纪以前已能识别天然硫酸铜溶液或其他可溶性铜矿物。宋代对铜的需求大增,自王安石变法起,胆铜法广泛运用,用该法炼出的铜占全部铜产量的20%。

中国古代社会在冶金工艺史上的成就是辉煌的,为世界冶金技术发展和人类文明做出过巨大的贡献。

二、丝绸与纺织

(一)中国是丝绸的故乡

关于丝绸的渊源,后世多奉黄帝的妻子嫘祖为"先蚕娘娘"。最初的丝绸是利用野蚕丝织成的,后来改用家蚕丝。河南荥阳青台村仰韶文化遗址出土的丝织物残片和浙江湖州钱山漾良渚文化遗址出土的丝线、丝带及丝织物表明,约在四五千年前,黄河流域和长江流域已出现了丝绸的生产。

商代手工业发达,蚕桑生产也有了较大的发展。当时的甲骨文中已经有关于蚕、桑、丝、帛等的文字记载，而且在青铜器纹饰中有栩栩如生的蚕纹，在玉饰中有雕琢得惟妙惟肖的玉蚕，这都表明当时的蚕桑丝织业生产已经很普遍。在卜辞中有"蚕示"的记载，表明统治者对植桑、养蚕的重视。西周时期，蚕、桑、丝绸在当时社会经济生活中占有重要地位，《诗经》中有不少反映蚕桑生产和丝绸纺织的篇章。

春秋战国时，丝织业进入繁荣发展时期。1982 年，湖北荆州地区马山一号楚墓出土了大量丝织物，品种丰富，色彩艳丽，图案精美，许多品类属于首次发现。春秋战国时期的丝织物种类已有绢、绨、纱、绮、锦、绦、刺绣等，汉代以后的主要丝织物品类此时已基本完备。

秦汉时期，丝织业在此前的基础上持续发展。西汉的都城长安和齐郡临淄（今山东临淄市）是全国丝织业的中心。长安设有东、西织室，临淄和陈留襄邑（今河南睢县）等地设有大规模的官营手工业作坊，生产比较贵重的锦、绣、纱、縠。1972 年，长沙马王堆汉墓出土的文物中，除了保存完好的绢、纱、绮、锦、刺绣、麻布等丝麻织品，还有一件素纱禅衣，总重量仅 49 克，薄如蝉翼，轻若烟雾，精妙绝伦。据《西京杂记》所载，巨鹿人陈宝光的妻子善织花纹鲜丽的蒲桃锦和散花绫，每匹皆值万钱。

随着秦汉时期对外联系的加强，丝绸之路随之出现。它以古长安为起点，经甘肃、新疆一直向西，经过中亚、西亚，最终抵达欧洲。大量中国丝绸通过"丝绸之路"向西运输。丝绸之路沿线，已有许多汉唐丝织品出土。东晋南朝时期，养蚕技术发达，文献中已有蚕一年四熟、五熟甚至八熟的记载。政府鼓励纺织业发展，并把丝、锦、绢、布等作为政府调税的对象。荆、扬二州的纺织业尤为发达，"丝锦绢布之饶，覆衣天下"。[①] 受经济中心南移的影响，唐代丝织业发展重心南移，南方丝织业发展迅速，出现了缂丝技术。缂丝，又作刻丝，与一般丝织品"通经通纬"织法不同，采用"通经断纬"技术，先在织机上装好生丝经线，用彩色熟丝为纬线，按照预先描绘的图案，用多把小梭子分别挖织，使织物上花纹与素地、色块与色块之间显现出断痕，"承空视之，若雕镂之象"。[②]

北宋时期，纺织业进入一个新的大发展时期。设于开封府的锦院，有织机 400 多张。润州（江苏南京）织罗务每年能产万匹之多的丝织品；梓州（今四川三台）机户林立；婺州（今浙江金华）已成为一个新的丝织业中心，号称"衣被天下"；太湖流域丝织业繁荣，为其成为中国传统社会后期丝织业中心奠定了基础。宋代之后，蚕丝业中心从黄河中下游转移到长江下游的太湖地区。宋元时期丝绸的花色品种增加，宋锦、丝和饰金织物成为丝织品的代表。明清时期，丝织业的发展进入鼎盛时期。江浙地区蚕丝业兴盛，盛泽成为重要的丝绸集散地，有"天上云锦盛泽绸"的美誉。明清时期，江南成为最为重要的丝织业中心，设有官局，专门生产供宫廷消费的丝织品。清代在江宁（南京）、苏州、杭州三地设立织造衙门，各从内务府司员中简派监督一员，简称"织造"，合称江南三织造，负责

---

① （南朝梁）沈约：《宋书》卷五十四《羊玄保传》，北京：中华书局，1974 年，第 1540 页。
② （宋）庄绰著，萧鲁阳校点：《鸡肋编》卷上，北京：中华书局，1983 年，第 33 页。

上用(皇帝所用)、官用(官员所用)、赏赐以及祭祀礼仪等所需丝绸的督织解送。此外,这一时期的民营丝织业也十分兴盛发达,丝织品工艺精湛。

(二)纺织技术

中华文明史上的纺织技术起源于渔猎时代的编织技术,编织的原料是葛、麻之类的纤维织物,当时主要使用"手经指挂"的编织方法。新石器时代的文化遗存中,普遍出土陶石纺轮、刀杼(骨匕)、骨梭等纺织工具。当时的人们采集野麻纤维,掌握了纺轮捻制麻纱并用简单的织布机织成麻布制衣的技术。先民还掌握了缝纫工艺。经过漫长的历史演变,最后学会了利用简单的工具纺缚纺纱和利用踞织机编制织物。

中国古代的纺织技术主要包括丝织技术、麻织技术和棉织技术。丝织工艺比较复杂,最重要的是缫丝、练丝、穿筘、穿综、装造和结花本。丝织工艺的发展集中表现在丝织品纹样的演变,由平纹组织发展到斜纹组织,由平素织物发展到小花纹织物,进一步发展到大提花织物,以及由单组经纬织物发展到多组经纬丝的重经重纬织物和起绒织物,各个时期的工艺技术水平,从纱、绫、罗、绮、锦等几种代表织品中表现出来,其中锦最华丽。

葛藤和大麻、苎麻的韧皮纤维是古代的重要纺织原料。葛、麻都属于韧皮植物,它们的韧皮由植物胶质和纤维组成。要利用纤维进行纺织,必须先把胶质去掉一部分,使纤维分离出来才行。这一加工过程叫做"脱胶"。从位于今苏州唯亭镇陵南村阳澄湖南岸的草鞋山新石器时代遗址出土的葛布残片可以看出,在四五千年前,我国的葛麻纺织技术已经有相当的水平了。

随着棉花种植的普及,宋代以后人民的衣物由麻布为主转为以棉布为主。棉纺织业技术的重点主要不在织,而在纺,因此棉织技术主要集中在轧棉、弹棉和纺车方面。元代元贞年间(1295—1297年)民间妇女黄道婆在松江乌泥泾教人制"捍、弹、纺、织之具",即制作去籽的搅车(亦称轧车)、弹松棉花的推弓、纺织的纺车和织布的织机。黄道婆还总结提高了织布中的"错纱、配色、综线、挈花"等织造技术,使当时的松江地区成为棉纺织业中心之一,"乌泥泾被"名扬天下。纺纱是棉纺织的一道关键工序,最简单的纺纱工具是手摇一锭纺车。元朝之后,出现了多锭纺车,如三锭、五锭纺车等,且由最初的手摇变为脚踏。

(三)纺织工具的发明与革新

中国古代纺织工艺的发展与纺织工具的发明和持续革新息息相关。

纺坠是中国历史上最早用于纺纱的工具。纺坠由一根横木、一根圆形纺轮和一根捻杆组成,是夏代以前唯一使用过的纺丝及加捻工具。它的加捻原理是利用纺轮本身的自重和连续旋转而达到目的。使用方法有吊锭法和转锭法两种。其出现至少可追溯到新石器时代。考古资料表明,在中国30多个省市发掘的早期民居遗址中,几乎都有纺坠的主要部件纺轮出土。纺坠的出现改进了原始社会的纺织生产方式,对后世纺纱工具的发展影响深远。它作为一种简便的纺纱工具,一直被沿用了几千年,即使是在20世纪,一些游牧人群仍用它来纺纱。

纺车是一种采用纤维材料如毛、棉、麻、丝等生产线或纱的设备,它的演变经历了手摇纺车、脚踏纺车、大纺车等阶段,按照锭的数量多少,又可分为单锭纺车、三锭纺车、五锭纺车、多锭纺车等。手摇纺车出现较早,它的形象在出土的汉代文物中多次被发现,可见手摇纺车在汉代是普遍的纺纱工具。在植棉和棉纺织中我国少数民族做出了杰出贡献。云南和海南岛的少数民族很早就积累了一套棉花纺织加工技术。东晋时手摇纺车发展为脚踏纺车,宋元之际的黄道婆改进脚踏纺车为三锭棉纺车。元代,出现了用水力推动的32锭水转大纺车,一昼夜可纺麻百余斤。欧洲到18世纪才有同类设计。自出现以来,纺车一直是最普及的纺织机具,即使在近代,一些偏远的地区仍然将其作为主要的纺织工具。

最初的织机是纺专。1975年,浙江余姚河姆渡新石器时代遗址中出土了纺专、管状骨针、打纬木刀和骨刀、绕线棒等纺织工具。这是距今6000多年前已有原始织机的佐证,也是到目前为止发现的世界上最早的原始织布工具。原始织机又被称为踞织机或腰机,是在原始编织"手经指挂"的基础上产生的,它通过经纬纱纵横交织而成布帛,从而使人类进入服用纺织品的时代。

在原始织机的基础上,又出现了脚踏提综的斜织机。江苏泗洪曹庄出土的汉画像石上刻着"慈母投杼图",图上有斜织机的形制。斜织机的生产效率一般比原始织机高10倍以上,可以大幅度提高布帛产量。秦汉之际,斜织机在黄河流域和长江流域的广大地区已经比较普遍。后来,织机种类增多。金末元初山西万泉县木匠薛景石撰写的《梓人遗制》,记载了立织机、提花织机、罗织机、布卧织机的具体形制,并且标明了装配尺寸,阐明了结构间的相互关系和作用原理。这是中国第一部关于纺织机械的专著。

除了纺车和织机,我国古代织造技术成就的另一代表是东汉时出现的花本式提花机,又称花楼,是织造提花织物的机械。它用线制花本代替竹制花本,贮存提花程序,织花纹开口不用综片,而是每组经线用线综牵吊,每梭所需提起的经线上的线综另用衢线牵引经丝开口。上机时,脚子线与提升经线的纤线相连,此时,拉动耳子线一侧的脚子线就可以起到提升相关经线的作用。织造时上下两人配合,一人为挽花工,坐在三尺高的花楼上挽花提综,一人踏杆引纬织造。这样,花纹的纬线循环可以大大增加,花样也可扩至很大,且更为丰富多彩。提花机约在11至12世纪传到欧洲。

(四)印染技术

与纺织技术同步发展的是印染技术。中国古代的印染工艺源远流长,早在新石器时代,中国已发明丝绸织造以及朱砂染色技术,此后随着织机的不断改进,印染技术不断提高,逐渐形成了一个完整的染织工艺体系。

古代印染工艺的发展,大致经历了三次转变:染色的染料由天然矿物转变为植物染料;印染颜色由染原色转变为套色;印染方法由在织物上画花、缀花、绣花,转变为提花到手工印花。其中,最著名的染色技艺有三种:采用结扎缝引而染成图案花样的"绞缬法",镂板印染的"夹缬法"以及涂蜡印染的"蜡缬法"。这三种印染方法早已有之,但技术的

提高和盛行则是在唐代。唐代的印染业相当发达,除缬(染花地丝织品或织物上的印染花纹)的数量、质量有所提高外,还出现了一些新的印染工艺。到了宋代,印染技术已经发展得比较全面和完备。元代的印染名目主要有夹缬、檀缬、蜀缬、浆水缬、三套缬、绿丝斑缬等等。印染技术的名目虽然繁多,但大多不出以上范围。

明清时期的染色技术和染料调配都已经达到相当高的水平。仅用于染色的植物种类就多达几十种,这使得配色、拼色所用色彩都有了更大的选择余地,织物色彩色谱的衍生也更为广泛。此外,染坊也有了很大的发展。乾隆时期,上海的染坊有蓝坊、红坊和杂色坊之分,其中蓝坊染天青、淡青、月下白等颜色,红坊染大红、露桃红等颜色,杂色坊染黄、绿、黑、紫、虾青、佛面金等颜色。至1834年法国的佩罗印花机发明以前,中国一直拥有世界上最发达的手工印染技术。

三、陶　　瓷

陶瓷是陶器和瓷器的统称。陶器见于世界各地上古人类生活遗址,而瓷器则是中华先民的一项伟大发明。关于陶器的起源有着诸多的神话传说,比如,"神农耕而制陶","舜陶于河滨","宁封子为皇帝陶正"等等。在旧石器时代,随着农牧业的发展,人类逐渐走向定居生活。在这一过程中黏土的延展性、可塑性被发现,并使之与火结合产生了最初的制陶工艺。

(一)制陶技术及其代表

人类发明的陶器,以红陶为主,灰陶、黑陶等次之。新石器时代,制陶技术已经相当成熟。当时的陶器按照色泽可分为灰陶、红陶、黑陶、白陶、彩陶;按照质地可分为夹砂陶和泥质陶;按照烧制温度可分为高温陶和低温陶;按照用途可分为汲水器、炊器、饮器、食器、盛贮器、杂器等。这一时期,不同文化类型的陶器制作均有其代表作。其中,裴李岗文化、仰韶文化、马家浜文化等都以红陶为主;大汶口文化、龙山文化、屈家岭文化和良渚文化遗址以黑陶为主。其中龙山文化细泥薄壁黑陶制作水平最高,这种黑陶的陶土经过淘洗,用快轮成型,加工时用刃口锋利的刮刀刮修坯泥,胎壁为0.5—1毫米时,经打磨最终完成。龙山文化黑陶有"黑如漆、薄如纸"的美称,亦称"蛋壳陶"。灰陶产生于旧石器时代晚期,新石器时代早期的裴李岗文化、仰韶文化,晚期的龙山文化、屈家岭文化后期等都以灰陶为主,商周直到秦汉都在烧制。白陶最早出现于大溪文化中,后大汶口文化和龙山文化也有烧制。

关于夏代制陶手工业的发展情况,古代文献记载很少。相当于夏代时期的二里头文化早期遗存中出土有胎质坚硬而细腻的白陶器。商代白陶烧制水平很高,因多为印花,故又称印纹白陶。商代后期,灰陶器、白陶器、印纹硬陶器和原始青釉瓷器的生产都较商代中期有了新的发展。至西周时期,出现了专司制陶的官职——陶正,掌管制造陶器之事。同时,建筑用材的陶瓦开始出现,从而开创了建筑史上房顶盖瓦的历史。

战国时期,灰陶、印纹硬陶的制作技术相比前代都有所提高,建筑用陶也有了相应的发展。中国古代建筑中使用的砖瓦的基本类型,如筒瓦、板瓦、瓦当、大小方砖和长方砖等,这时大都已经具备,而且出现了空心砖。

秦汉是我国陶瓷发展史上的一个重要时期。各地发现的秦汉时期的陶俑充分表明了中国古代制陶技术和雕塑艺术的高超,其中最具盛名的无疑是秦始皇陵兵马俑。此外,低温铅釉陶的发明是汉代陶瓷工艺的一项重大成就。

秦汉以后,制陶工艺继续发展,代表性的陶器有唐三彩、紫砂器、琉璃等。彩陶是指在打磨光滑的橙红色陶坯上,以天然的矿物颜料进行描绘,用赭石和氧化锰做呈色元素,然后入窑后用氧化焰熔烧而成。最早将图案与器物结合的原始艺术作品体现了人类早期淳朴的童稚之美。彩陶是新石器时代文化遗存中类型最多、分布最广的陶器类型。风格迥异、种类有别的陶器创造了新石器时代绚丽多姿的陶器文化。

黑陶诞生于新石器时代晚期,距今已有4000多年的历史,是黄河中下游原始文化的杰作。在新石器时期晚期的大汶口文化、龙山文化、屈家岭文化和良渚文化等遗址中,都出现过黑陶。其中以龙山文化为代表,因此龙山文化又被称为"黑陶文化"。黑陶有细泥、泥质和夹砂三种,其中以细泥薄壁的黑陶制作水平最为高超。黑陶最杰出的代表作是蛋壳黑陶高柄杯,它是大汶口文化晚期和山东龙山文化的代表性器物之一,其壁最厚不过1毫米,重仅22克,制作工艺堪称精绝。

唐代三彩陶以黄、白、绿三色为基本釉色,今人称之为"唐三彩"。这是一种低温铅釉陶器,在色釉中加入不同的金属氧化物,经过焙烧,便往往呈现出深绿、浅绿、翠绿、蓝、黄、白、赭、褐等多种色彩,因此它其实是一种多彩陶器。唐三彩产地主要分布在长安和洛阳两地,在长安的称为西窑,在洛阳的则称为东窑。这种三彩陶器形制种类繁多,有建筑物、牲畜、人俑等。后世的各种低温色釉和釉上彩瓷器大多是在唐三彩陶工艺基础上发展起来的。

紫砂器是一种无釉细陶器,多呈现赤褐、淡黄或紫黑等色。其烧制的原料来自江苏宜兴丁蜀地区的紫砂泥。宋元时期为宜兴紫砂器的初创时期,经过500多年的发展,逐步走向成熟。明代中期,紫砂器开始盛行。明清两代紫砂器繁荣时期制作名家辈出,最著名的有明代的供春、董翰、赵梁、元畅、时朋、时大彬、李仲芳、徐友泉、项圣恩,清代的陈鸣远、杨彭年、邵大亨等。作为中国独特的传统工艺陶瓷,紫砂器以造型形象丰富、敦朴雅致、实用性强、制作技艺精湛著称于世。

(二)陶器的制作工序

完善的陶器制作工序为:练土(黏土)—成型(制坯)—阴干—素烧—装饰—施釉—烧成。其中,练土的原料大多为陶土,原料配制采用水洗沉淀的方法去掉土中的杂质,以增强胚泥的可塑性。制作炊器时还加入一定量的沙砾、草木灰、稻壳、蚌壳末等"羼和料",以增强陶器的耐热性。

制坯主要分手工制作和轮制。轮制工艺在大汶口文化中开始使用,分快轮和慢轮两种。慢轮多用于口沿的修整,快轮则用于成型。快轮的出现,标志着中国古代制陶技术走向成熟。

在装饰手段上,新石器时代陶器的装饰主要有磨光、花纹装饰两种。磨光是在陶坯还未干透时,用工具压抹器表,使之光滑。花纹装饰常见的有压印、刻画、彩绘、附加堆纹、镂孔等手段。

陶器的烧制温度在600—1200℃,早期为露天平地堆烧,温度不高,受热不均,器物各色相参。后出现陶窑,有竖穴窑和横穴窑两种,都由火口、火膛、火道、窑室和窑箄组成。横穴窑在焙烧陶器窑室的前方有较长的穹形火膛,燃烧时火焰由火膛进入窑室;竖穴窑的窑室直接位于火膛之上。新石器晚期,中华先民已经掌握高温时封窑的技术,由窑顶注水,使窑内氧气不足,令陶坯在还原焰中烧制,其中的铁质转化为氧化亚铁,使陶器呈黑灰色,对于后来瓷器釉色变化有重要意义。

(三)原始瓷——陶器与瓷器的过渡阶段

商代出现的刻纹白陶和薄壳白陶,虽然胎与釉结合不牢,但已奠定了瓷器制作工艺的基础,被称为原始瓷。原始瓷又称原始青瓷。作为陶器到瓷器的过渡,原始瓷经历了商周、春秋战国、秦汉等发展时期。东汉晚期,瓷器的烧制技术日益进步,完成了由原始瓷器向真正瓷器的过渡。东汉的瓷器为青瓷,胎质细腻坚硬。魏晋南北朝时期,黑瓷和白瓷已经出现,但青瓷仍旧流行。隋代制瓷业相当发达,青瓷和白瓷在数量和质量上都有很大提高,瓷器在社会生活中已部分取代了金、银、铜、陶、漆器等用品。

从唐朝起,瓷器制作与陶器制作完全分离,形成各自独立的手工业部门。唐代制瓷业在规模、技术、艺术上都超越了前代,瓷窑遍及大江南北。由于产区日广,各地区出现不同制作风格,故开始在窑上冠以地名,如越窑、邢窑、岳州窑、洪州窑、寿州窑等。这时青瓷、白瓷都发展到完善的地步,出现了以青、白两大瓷系为主流的局面,以北方的邢窑和南方的越窑最为著名,"南青北白",遥相辉映。其中,青瓷中的"秘色瓷"是越窑的精品。唐代使用龙窑和馒头窑,其中南方青瓷由龙窑烧制而成,北方白瓷由馒头窑烧制而成。

(四)瓷器发展史上的两个高峰

制瓷工艺在制陶工艺基础上产生,但二者在原料选择、烧制温度、施釉方面有很大不同。瓷器以瓷土(高岭土)作胎,表面施一层玻璃质釉,用1200℃以上高温烧成。

宋代是瓷器发展史上的第一个高峰,当时的瓷器无论是胎质、釉料还是工艺方面,都有新的提高,利用火焰性质和温度高低不同,所成的釉呈现出各种不同的颜色,光彩夺目,名窑迭出,品类繁多。除青、白两大瓷系外,黑釉、青白釉和彩绘瓷纷纷兴起。

宋代是我国陶瓷发展的繁荣昌盛时期,产品多样,技艺娴熟,工艺精细。由于北宋皇宫的特殊需要,选定工艺精湛、技艺超群的"汝、钧、官、哥、定"五大名窑,由宫廷直接垄断或派职官进行监烧,专为宫廷烧制御用品,并将这五大名窑的产品作为官窑产品。五大名窑中钧窑的窑变、哥窑的开片、定窑的覆烧工艺颇具特色,是宋代精湛的瓷器制作工艺的代表。

根据生产工艺、釉色、造型与装饰技法的不同,除了上述"汝、钧、官、哥、定"五大名窑,还形成了八大窑系:定窑系、磁州窑系、耀州窑、钧窑系、龙泉窑系、景德镇青白瓷窑系、越窑系、建阳黑釉瓷窑系。定窑系以薄胎白釉产品为主流;耀州窑则以青釉刻、划花品种为特点;钧窑系以钧红、天蓝釉为特点;磁州窑系以白地黑花为主;龙泉窑系以翠青釉取胜;景德镇窑系以青白瓷为特点。

辽代瓷器中的鸡冠壶具有典型的契丹民族风格,仿契丹民族皮囊壶造型而烧造,因壶体上部装饰酷似鸡冠而称为鸡冠壶。辽代瓷器常表现出适合契丹游牧民族生活方式的特征,便于携带。

元代瓷器业的发展在我国陶瓷史上具有相当重要的地位。元世祖至元十五年(1278年),在景德镇设立"浮梁瓷局"。这是我国封建统治阶层首次在地方建立的瓷业管理机构,为明清景德镇瓷政开了先河,同时也为景德镇日后成为中国最大陶瓷产地奠定了根基。元代景德镇著名瓷窑有:湖田、珠山、落马桥、观音阁、曾家弄等,主要生产青白瓷、铜红釉瓷、卵白釉瓷和钴蓝釉瓷。元代最负盛名的瓷器产品是元青花。元代中后期,景德镇的青花、釉里红等高温釉下彩器和枢府釉、铜红釉、钴蓝釉等高温颜色釉瓷的成功烧制,开创了中国瓷业发展的新局面。在制瓷技术方面,元代发明了瓷石加高岭土二元配方制胎法,为大件器物的烧制创造了条件。

明代制瓷业进一步发展,其中景德镇的制瓷工艺代表着当时的最高水平。明代景德镇所产瓷器,数量大、品种多、质量高、销路广。景德镇青花器是全国瓷器生产的主流,以成化斗彩为代表的彩瓷是我国制瓷史上的空前杰作;永乐、宣德时期铜红釉和其他单色釉的成功烧制,则表明了当时制瓷工艺的高水准。

清代是我国古代制瓷业发展的另一个高峰,全国瓷业的中心仍在景德镇。清代前期的康熙、雍正、乾隆三朝,景德镇瓷业达到历史上新的高峰。这一时期,几乎所有的制瓷工艺和瓷器品种都有所提高和创新。青花和釉里红更进一层,色釉品种繁多,以郎窑红、豇豆红、霁红、仿钧、胭脂水、洒蓝、霁蓝、油绿最为著名;釉上彩更是丰富,创制了粉彩、珐琅彩、釉下彩和墨彩等。造型和装饰方面较明代有很大的提升。

景德镇陶瓷制作始于汉代,到五代时期,以其制作精美、品种齐全而名扬天下。宋之前,景德镇曾有过新平镇、昌南镇、陶阳镇等名字。昌南之名,被西方音译为"China",后来逐渐成为瓷器乃至中国的代称。景德镇瓷素以"青如天,白如玉,明如镜,薄如纸,声如磬"享誉中外。宋应星的《天工开物》、蓝浦的《景德镇陶录》以及唐英的《陶冶图说》等书,都对景德镇瓷器的烧造做过详尽的记载。宋应星描述其制瓷分工精细:"共计一杯工力,过手七十二,方克成器。"①《景德镇陶录》描绘景德镇瓷器的制作工艺依次为:取土、

---

① (明)宋应星:《天工开物·陶埏》,上海:商务印书馆,1933 年,第 140 页。

练泥、镀匣、修模、洗料、拉坯、印坯、镟坯、画坯、施釉、满窑、彩器、烧炉,展现了清代瓷器生产的全过程。唐英的《陶冶图说》图文并茂,真实反映了清雍正、乾隆年间景德镇瓷器的制作水平。

四、制　茶

茶的历史源远流长,先民早在3000多年前就已经开始栽培和利用茶树。中国的西南地区是茶树的原产地。

(一)制茶工艺的发展

中国制茶历史悠久,自发现野生茶树开始,制茶工艺大致经历了生煮羹饮、晒干收藏、蒸青做饼、炒青散茶几个阶段。

茶之为用,最早从咀嚼茶树的鲜叶开始,后来发展为生煮羹饮。生煮即将鲜茶叶按类似煮菜汤的方式煮熟食用。云南基诺族至今仍有吃"凉拌茶"习俗——鲜叶揉碎放碗中,加入少许黄果叶、大蒜、辣椒和盐等,再加入泉水拌匀食用。后来,茶又被作为羹饮食用,晋代吴越等地,时人煮茶用作茗粥,唐代仍有吃茗粥的习俗。这两种方式都是对鲜茶叶的直接利用,不存在茶叶加工的问题。

三国魏太和年间,荆、巴地区的人们已懂得将采来的叶子先做成饼,饮用前晒干或烘干,以葱姜等为佐料,用热水冲泡饮用,产生了制茶工艺的萌芽。

唐代,饼茶制作工艺有所发展,出现了蒸青制茶,即洗涤鲜茶叶,蒸青压榨,去汁制饼,贯穿晾干,使茶叶苦涩味大大降低。陆羽在《茶经》"三之造"中对当时饼茶制作工序进行了详细的描述,即"蒸之、捣之、拍之、焙之、穿之、封之,茶之干矣"①六道工序。其中的"蒸之"即蒸汽杀青。蒸青法的发明,是制茶技术的一大进步。蒸青工艺到元代已日趋成熟,王祯在《农书》中,对当时制蒸青散茶工序有详细记载"采讫,以甑微蒸,生熟得所……蒸已,用筐箔薄摊,乘湿略揉之,入焙,匀布,火焙令干,勿使焦"。②

自唐至宋,贡茶兴起,成立了贡茶院,即制茶厂,组织官员研究制茶技术,贡茶主要用来呈献给皇帝,不过,在为帝王提供服务的同时,也促使茶叶加工技术不断改进。北宋年间,做成团片状的龙凤团茶盛行。其制作工艺有六道工序:蒸茶、榨茶、研茶、造茶、过黄、烘茶。茶芽采回后,先浸泡在水中,挑选匀整芽叶进行蒸青,蒸后冷水清洗,然后小榨去水,大榨去茶汁,去汁后置瓦盆内兑水研细,再入龙凤模压饼、烘干。龙凤团茶的制作工序中,冷水快冲可保持绿色,提高茶叶质量。

由宋至元,饼茶、龙凤团茶和散茶同时并存。到了明代,由于明太祖朱元璋于1391

---

① (唐)陆羽等著,宋一明译注:《茶经译注(外三种)》,上海:上海古籍出版社,2009年,第15页。
② (元)王祯著,缪启愉、缪桂龙译注:《农书》,济南:齐鲁书社,2009年,第366页。

年下诏,废龙团,兴散茶,使得蒸青散茶大为盛行。与饼茶和团茶相比,茶叶的香味在蒸青散茶中得到更好的保留。然而,使用蒸青方法制出的茶,存在香味不够浓郁的缺点。利用干热发挥茶叶优良香气的炒青技术则能克服这种缺点。炒青绿茶自唐代已有之。唐刘禹锡《西山兰若试茶歌》中说:"山僧后檐茶数丛……斯须炒成满室香。"又有"自摘至煎俄顷余"①之句,说明嫩叶经过短暂的炒制便可以满室生香,这是至今发现的关于炒青绿茶最早的文字记载。

经唐、宋、元代的进一步发展,炒青茶逐渐增多。到了明代,炒青制法日趋完善,在《茶录》《茶疏》《茶解》中,均有详细记载。其制法大体为:高温杀青、揉捻、复炒、烘焙至干。随着炒青技艺的完善,炒青代替蒸青成为主流茶类。

(二)制茶工艺、品类及传播

保持到现在的中国六大茶类分别为:绿茶、黄茶、黑茶、白茶、红茶、青茶。六大茶类的色、香、味、形品质特征各不相同。

绿茶是中国制茶史上出现最早的茶类。古人采集野生茶树芽叶晒干收藏,可以看做是广义上的绿茶加工的开始,距今至少有 3000 多年的历史。但真正意义上的绿茶加工,是从公元 8 世纪发明蒸青制法开始的,到 12 世纪发明炒青制法,绿茶加工技术基本成熟。绿茶的制作工序为:采集鲜叶、杀青、揉捻、干燥。其中,杀青是绿茶制作工序中的关键环节。

黄茶制法始于明代,是由炒青绿茶制法不当而产生的。人们在绿茶炒青的过程中发现,由于杀青、揉捻后干燥不足或不及时,叶色即变黄,黄茶由此产生。黄茶的制作与绿茶有相似之处,不同点是多了一道闷堆工序。这个闷堆过程是黄茶制法的主要特点,也是它同绿茶的基本区别。在这一过程中会产生一些有色物质,变色程度较轻的是黄茶,程度重的则会成为黑茶。

黑茶的制作始于明代中叶。绿茶杀青时叶量过多,火温较低,使叶色变为近似黑色的深褐绿色,或以绿毛茶堆积后发酵,渥成黑色,这是黑茶的产生过程。其基本工艺流程是杀青、初揉、渥堆、复揉、烘焙。黑茶的原料一般较粗老,加之制作过程中往往堆积发酵时间较长,因而叶色油黑或黑褐,故称黑茶。

唐、宋时所谓的白茶,是指从偶然发现的白叶茶树上采摘的茶,加工方法与蒸青绿茶相同。到了明代,出现了类似现在的白茶。白茶是福建的特产,主要产区在福鼎、政和、松溪、建阳等地。其基本工艺包括萎凋、烘焙(或阴干)、拣剔、复火等工序。萎凋是形成白茶品质的关键工序。白茶具有外形芽毫完整,满身披毫,毫香清鲜,汤色黄绿清澈,滋味清淡回甘的品质特点。

红茶起源于 16 世纪。在茶叶制作发展过程中,发现用日晒代替杀青,揉捻后叶色变

---

① (唐)刘禹锡:《西山兰若试茶歌》,见《全唐诗》卷三百五十六《刘禹锡三》,北京:中华书局,1960年,第 4000 页。

红而产生了红茶。最早的红茶生产从福建崇安的小种红茶开始。随着制茶工艺的发展，小种红茶逐渐演变，产生了功夫红茶。除了功夫红茶、小种红茶外，还有红碎茶。红茶的制法大同小异，都有萎凋、揉捻、发酵、干燥四个工序。

青茶介于绿茶、红茶之间。先用绿茶制法，再用红茶制法，从而制出青茶。青茶的起源，学术界尚有争议，有的推定出现在北宋，有的推定出现于清咸丰年间，但都认为最早在福建创制。建武夷岩茶的制法仍保留了这种传统工艺的特点。

此外，中国还有一种独特的茶叶品类——花茶。花茶主要以绿茶、红茶或者乌龙茶作为茶坯、配以能够吐香的鲜花作为原料，采用以窨制工艺制作而成。窨花是制造花茶的主要工艺。其方法是将茶坯和鲜花均匀拌和（简称窨花拼和），并堆放在一起。在堆放过程中鲜花吐出的香气，立即被周围的茶坯所吸收，茶坯便成为具有浓烈花香的花茶。花茶是一种再加工茶。宋代蔡襄《茶录》提到，加香料茶"茶有真香。而入贡者微以龙脑和膏，欲助其香"①。南宋时已有茉莉花茶等。到了明代，窨花制茶技术日益完善，且可用于制茶的花品种繁多，据《茶谱》记载，有桂花、茉莉、玫瑰、蔷薇、兰蕙、桔花、栀子、木香、梅花九种之多。清代花茶大发展，福州、苏州成为全国花茶窨制的中心，当时花茶中的鲜花以茉莉花为主要原料。

在饮茶方法上，唐代尚烹茶，宋代以点茶为主流，明代以后流行泡茶。清代名茶有40多种，代表性的有西湖龙井、洞庭碧螺春、庐山云雾、六安瓜片、太平猴魁、蒙顶茶、君山银针、武夷岩茶、安溪铁观音、祁门红茶、普洱茶、白毫银针等。传统名茶以绿茶为主，西湖龙井、洞庭碧螺春、庐山云雾、六安瓜片、太平猴魁等都属于绿茶类。饮茶器具颇受士大夫取向影响，宜兴紫砂壶、景德镇白瓷、哥窑青瓷等，都是茶具中的上品。

唐肃宗年间诞生了世界上最早的茶叶专著——陆羽的《茶经》。陆羽名疾，字鸿渐、季疵，号桑宁翁、竟陵子，唐代复州竟陵人（今湖北天门）。他详细收集历代茶叶史料，记述亲身调查和实践的经验，对唐代及唐代以前的茶叶历史、产地、茶的功效、栽培、采制、煎煮、饮用的知识技术都作了阐述，是中国古代最完备的一部茶书，对茶叶生产的发展起过一定的推动作用。

世界各国的茶树引种、栽培技术、加工工艺、饮茶方法，甚至"茶"字的发音，最初都直接或间接由中国传入。据现有史料推测，茶叶外传始于西汉，最早经由丝绸之路传到西亚。唐代永贞元年（805年）八月，日本留学僧最澄从浙江天台山把茶种带回日本，遂成为日本人种茶及饮茶之始。日本茶道的发祥，与中国文化的熏陶密切相关。明初，茶叶传入葡萄牙，接着陆续传入俄、英、德、法、美等国。

---

① （唐）陆羽等著，宋一明译注：《茶经译注（外三种）》，上海：上海古籍出版社，2009年，第85页。

五、造　船

中国大陆有漫长的海岸线,除了黄河、长江孕育了中华文明之外,内涵丰富的海洋文化也是中华文明的重要组成部分。考古学研究成果表明,以山顶洞人为代表的石器时代的先民就开始与海洋接触。海洋的存在,使沿海先民对未知世界充满了好奇和探索,也促进了造船技术的萌芽。黄河、长江与海洋共同孕育了中国的舟船文化,为中国古代造船技术的发展奠定了基础。

（一）中国最早的船

古籍《世本》记载:"古者观落叶,因以为舟。"[1]又《淮南子》记载:"见窾木浮而知为舟。"[2]这表明远古先民在生活中对某些物体的漂浮现象有所感知,逐渐产生了最初的渡水工具,后来的舟船即由之演变而来。

新石器时期,出现了一种用一根木头制成的独木船,是为后世船舶的直系"先祖"。《周易·系辞》记载:"刳木为舟,剡木为楫。"[3]"刳"指先用火烧,然后用石斧、石锛挖空木头,成为独木舟。最早的简单木板船是"舢板"。舢板又作"三板",即由一块底板和两块舷板组合而成。早期舢板的演进,可以从甲骨文中关于"舟"字的形状窥知大概。甲骨文"舟"字经历了许多变化,表明早期的木板船已有多种形制。早期的木板船结构简单,内河、沿海经常使用。初期的舢板稳定性差,为了增加稳定性和装载量,出现了舫。舫,就是两船并在一起。舫的航行速度较慢,但航行时稳定性好。东晋顾恺之所绘《洛神赋图》中有两条并列的船组成的画舫。可见,当时双体船的制造技术已经成熟。

（二）中国造船史上的第一个高峰

春秋战国时期,冶铁技术有所发展,铁制的斧、凿、锯等木工工具为传统造船技术的发展奠定了技术基础。从考古发掘出的战国木船实物和青铜器船纹来看,这一时期的造船业有了两大改进:一是造船时使用了金属,二是出现了双层船。秦汉时期,造船技术获得了较大发展,出现了中国造船史上第一个高峰。汉代船舶制造技术的大发展表现在两个方面。一方面,行船的设施基本完备。木船已经配有桨、橹、舵、帆、桅、碇、篙等。除上述诸项外,船行驶时还使用了启动用的筝、两船交会时防碰撞的交。另一方面,船舶的制作已经专业化。汉代木船已区分客船、货船、战船,并出现了一定规模的海船。汉武帝时出击东粤、南越,有的军队就是沿海而下的。秦汉造船业的发展,为后世造船技术的进步

---

① （汉）宋衷注,（清）秦嘉谟等辑:《世本八种》,北京:中华书局,2008 年,第 16 页。

② 何宁:《淮南子集释》卷十六《说山训》,北京:中华书局,1998 年,《新编诸子集成》本,第 1133 页。

③ 杨天才、张善文译注:《周易》,北京:中华书局,2011 年,第 610 页。

奠定了坚实的基础。三国时期的吴国,制船业也很发达。

隋唐时期的造船技术有了新的发展。隋文帝杨坚为征讨江南的陈叔宝,吸取前代经验,建造了五牙战舰,以之为主力,包括黄龙舰、平乘舰、舴艋舟等各型战船,组成庞大舰队。隋炀帝曾三次巡游江都(今江苏扬州),"造龙舟、凤艒、黄龙、赤舰、楼船等数万艘"①。这充分反映了隋时造船工艺之高超、能力之强大。唐代内河交通非常发达,《旧唐书》载:"天下诸津,舟航所聚,旁通巴、汉,前指闽、越,七泽十数,三江五湖,控引河洛,兼包淮海。弘舸巨舰,千舳万艘,交贸往还,昧旦永日。"②这既说明了当时内河交通的发达、贸易交往的繁荣,也反映了唐朝造船业的发达。

(三)中国造船史上的第二个高峰

宋代300多年时间内,造船业出现了许多新的发展与成就,主要表现在三个方面。一是新船型的发展与船型的多样化。在内河船只方面,有运载量大且装卸方便的汴河船;在海船方面,有航海客货船,也有大型的方舟和客舟。此外,还有用于军事方面的车轮舟。车轮舟技术到宋代得到较为广泛的普及,车船不仅大型化而且成系列。二是船舶结构得到优化。宋代船舶设有许多道水密隔舱壁,增加了船体构造的强度,从而提高了船体的抗沉性。三是船舶设备有所创新和进步。宋代出现了平衡舵,从而使转舵省力快捷,保证了操纵船舶航向的灵活性。同时,水浮罗盘在船舶上的应用也是宋代对世界航海事业的一大贡献。

元代造船技术承袭宋制,其远洋船的制作使用的就是宋代的水密隔舱技术。元朝时,阿拉伯人的远洋航行逐渐衰落,在南洋、印度洋一带航行的几乎都是中国的四桅远洋海船。此时,中国在航海、船舶制造方面居于世界首位,中国船舶的性能远远优越于阿拉伯船。

元朝造船业的大发展,为明代建造五桅战船、六桅坐船、七桅粮船、八桅马船、九桅宝船创造了十分有利的条件,迎来了中国造船技术发展的一个鼎盛时代。明代中国人在航海领域的壮举是举世闻名的郑和七下西洋(1405—1433年)。郑和的船队是一支以宝船为主体,配合以协助船只组成的规模宏大的混合远洋船队,最大规模达到200多艘海船,27000多人随行。其船队主要有五种类型的船舶。第一种类型的船舶叫"宝船",它是郑和船队的主体。最大的宝船长44丈4尺,宽18丈,(以上尺度为明代尺度)载重量有800吨。这种船可容纳上千人,是当时世界上最大的船只。它的体式巍然,巨无匹敌,其舵就需要两三百人才能举动。第二种叫"马船",长37丈,宽15丈。第三种叫"粮船",长28丈,宽12丈。第四种叫"坐船",长24丈,宽9丈4尺。第五种叫"战船",长18丈,宽6丈8尺。除此以外,还有一些"水船"、"八橹"等辅助船舶。这种大规模的远洋航行一方面说明当时造船技术的高超,另一方面也把我国传统造船技术推进到空前的繁盛时期。

① (唐)魏徵等:《隋书》卷三《帝纪第三·炀帝上》,第63—64页。

② (后晋)刘昫等:《旧唐书》卷九十四《崔融传》,北京:中华书局,1981年,第2998页。

明初沿袭元代经营的海运,从江南向北京一带运送粮食。稍后废弃海运,主要依赖内河航运从江南向北方运输漕粮。为此,明朝维系了庞大的内河运输船队,也继承和发展了唐宋以来的造船工艺和技术。

清代中国内陆疆域广大,除了在收复台湾前后曾努力建设海上武装力量外,未暇关注海外交通,造船业进展缓慢,远洋航海几乎停滞。清朝中后期以后,国势日衰,更无力经营海外远洋事业。在鸦片战争中惨遭列强侵凌后,曾国藩、李鸿章、左宗棠等清朝封疆大吏才开始操办洋务,近代造船业得以发端。1865 年 4 月,由曾国藩创设的安庆军械所设计制造了中国历史上第一艘蒸汽动力轮船。此后,一系列造船工厂陆续创办,设计制造了一批批兵商两用轮船,培养了不少造船技术人才,虽然不足以强兵卫国,但却为中国现代造船业的逐步发展奠定了基础。

(四)传统舰船形制

龙舟是隋炀帝下江南时所乘坐的船只。其中大龙舟高 45 尺,长 200 尺,上层有正殿、内殿,东西朝堂,中间两层有 120 个房间,饰以金玉。此外还有高三层的龙舟九艘。其连接方法是采用榫接结合铁钉钉连。用铁钉比用木钉、竹钉连接坚固牢靠很多。隋代已广泛采用这种先进的方法。

楼船即有楼的船,是古代战船名称。春秋战国时期,楼船已经成为各国水军中的主力船只。战国时的楼船分上、下两层,下层有桨手多人分别在船侧划桨,上层有将士射箭,使枪或擂鼓助威。汉朝的水军,一次就可以出动包括 2000 多艘楼船、20 多万水军的大型舰队。汉朝的楼船中,二层称“庐”,三层称“飞庐”,四层称“爵室”,每一层都设有防御敌军弓矢的女墙,在女墙上留有发射弓箭的射孔。除了用于作战的楼船之外,帝王贵族用于游览的造有楼阁的船也称为楼船。

蒙冲,又作艨艟,最早见于汉朝水军,以出其不意、快速出击而见长,在后世历代水军中沿用不衰,是一种主力战船。蒙冲船型较小而且船体狭长,用生牛皮蒙盖船首,在两舷的矮墙上开有棹孔,船桨从棹孔中伸出,士兵在矮墙的掩护下操桨划水,以防止矢石击中;船的前后左右都设有弩窗和矛穴,使用弓弩和长矛打击敌人。

斗舰最早也见于汉朝水军,也是主力战船之一。斗舰上沿船舷设有女墙,女墙之下的船舷上开设棹孔,桨从棹孔中伸出,士兵在女墙之内操纵划水。在甲板上建有与女墙平齐的棚,棚上周边又有女墙,士兵隐藏在女墙之内与敌人争战,棚的前后左右还设有各类旗帜和金鼓,用于指挥作战。

海鹘形同鹘,也是古代战船之一,最初建造于唐朝。其形制是船首低而船尾高,在船舷两侧装有浮板,如同鹘的双翅,用以增强船在风浪中航行的稳定性。至宋朝,海鹘的浮板增加到 4—6 副,进一步提高了船的抗沉性和稳定性,即使在风涛大作的条件下仍可以航行和作战。宋朝的海鹘用生牛皮和铁板包裹船舷两侧,有效增强了防御矢石和火药武器的性能。1203 年,南宋建造了“铁壁铧嘴平面海鹘船”,长 10 丈,宽 1 丈 8 尺,深 8 尺 5 寸,底板宽 4 尺、厚 1 尺,全船分成 11 个水密隔舱,船的两侧各设橹 5 支,载重量 1000 料

（约 60 吨），可以乘载 150 人。在船首加装铁制冲角，可以冲击敌船。

车船，又作轮船、桨轮船、明轮船，是装有桨轮的船舶，利用人力脚踏车轮的方式推动前进。在近代以蒸汽机为动力的轮船产生以前，轮船确实像车那样有过轮子，只是并不接触地面，而是通过划水推动船只前进。中国最先出现明轮推进的船是在公元 417 年东晋名将王镇恶攻打后秦，沿渭水逆水而进的战役中。后来南朝科学家祖冲之（429—500年）所造的"千里船，于新亭江试之，日行百余里"，①也是车轮船。车船的发明，第一次把船桨的间歇推进改为轮桨的连续推进，奠定了近代船舶制造中螺旋桨推进技术的基础。

沙船最先在崇明岛建造，因崇明岛由海沙淤积而成，又称崇明沙，所以称沙船。沙船的制造历史悠久，殷周、春秋以来的方头船、方艄船、平底船都与沙船有渊源关系。沙船在唐朝时成熟定型，宋朝称为"防沙平底船"，元朝称为"平底船"，到明朝中叶以后才通称沙船，并成为中国木帆船中最主要的船型。沙船除了平底、方头、方艄等特征之外，还具有多桅、尾部有出艄的特点。沙船的优良性能主要表现在：平底吃水浅，行船阻力小，船速快，驾驶灵活省力，多桅多帆，便于借助风力加速航行。而且能够调戗使斗风，在逆风甚至顶风条件下都可以照常行驶，适航性能好，船体宽大，稳定性好，又有披水板、梗水木和太平篮等设备，可以确保船只在风浪中克服横漂，不偏离航线，防止倾覆事故的发生。船尾出艄的结构，便于安装和使用升降舵。沙船的形成及其在唐朝以后常见不衰，是中国古代造船技术高度发展的标志。

福船以宋元时期制造于福建沿海而得名。其形制特征是尖底，船身扁阔，首尾高昂，舷侧吃水线部位加护板，采用水密隔舱结构。福船尖首尖底，吃水可达 4 米，稳定性好，转舵省力，宜于在狭窄多礁的航道上航行，船上还有防火等设备。

客舟是宋代著名船舶类型之一。此类船长 10 余丈，宽 2 丈 5 尺，船体用整株巨大加工的枋叠合而成，坚固耐冲击，有很强的抗沉性，尖底如刀刃，能够破浪航行。船上配备篙师、水手 60 人，有 10 支橹，可以摇橹推动船只前进，又有桅杆 2 根，大桅高 10 丈，头桅高 8 丈，帆有布帆和竹帆两种，除当头风之外，可以调整角度借助逆风、斜风航行，船首有停泊设备正碇和副碇，用绞车下碇和启碇，船尾有正舵和副舵，正舵又分大小两种，可以根据航道深浅和风浪大小轮换使用，船的两侧各悬有一只用巨竹捆成口袋状装满石块的橐，在大风浪时沉入水中，以增强船只的稳定性。宋朝的客舟经常被朝廷雇用为使者出洋的官船，而专门为出使特制的"神舟"规模约为客舟的 3 倍。巨型远洋海船的建造，是宋朝以来造船技术日益发展的结果。

（五）中国造船技术的突出贡献

中国古代船舶的属具主要有篙、桨、纤、橹、舵、艄、桅、帆、碇、铁锚等。篙是一种最简单的推进工具，是一根长竹竿或木棒。船桨上端为圆杆，利于手握，叫握杆；下端为板状，名桨板，用以拨水，通过水波的反作用力，使船前进。桨有长、短桨，单、双桨等。随着船

---

① （南朝梁）萧子显：《南齐书》卷五十二《祖冲之传》，北京：中华书局，1972 年，第 906 页。

舶规模增大,必须在船舷上设置桨座。纤是用来牵引舟船前进的索具,也称纤索,通常用竹篾编成。橹是拨水使船前进的工具,置于船边,比桨长,用于摇动,是船舶推进工具中一件具有突破性的发明。橹至迟在西汉时已经使用。舵主要有升降舵、平衡舵、开孔舵,最初的桨,也有舵的作用。舵的发明早于西方近1000年。艄是一种推进工具,用一根整木料制成,长度约为船长的70%。帆是挂在桅杆上的布篷,利用风力使船前进。早期的帆属于固定装置的方形帆,只能利用从船尾方向吹来的风,顺风前进。随着造船技术的发展,船桅和船帆的数量也相应有所增加,从单桅船发展到双桅、三桅甚至五桅以上的多桅船。李约瑟认为:"最典型的中国帆是平衡撑紧斜桁四角帆。"①碇是一种即使船不靠岸也可以使航行停下来的装置,按材质可分为石碇、木碇、木爪石碇,木爪可以扎入水底泥中。在碇的基础上,古人发明了锚。铁锚隋唐以前已开始使用,明朝以后普及。郑和下西洋宝船上的铁锚需两三百人才能搬动。

中国古代造船技术有三大装置对世界造船技术产生了深远的影响,分别是船舵的使用、水密隔舱结构和龙骨结构。

中国在2000年前就已经使用桨形舵,是最早使用舵的国家。舵的发明和使用改写了世界航海事业的历史。大约到10世纪,舵已传到阿拉伯,而欧洲直到12世纪末、13世纪初才开始使用舵,并为15世纪的欧洲大航海创造了有利条件。另外,宋代的平衡舵,在欧洲直到18世纪末、19世纪初才开始使用。直至今天,平衡舵仍是船舶设计中降低转舵力矩的最有效的设备。

中国人发明的水密隔舱技术在宋元时期就受到外国人的赞赏。欧洲人直到18世纪末才开始采用这种先进的船舶结构。英国人本瑟姆(Samuel Bentham, 1757—1831年)在考察过中国的船舶结构后,将水密隔舱技术引进欧洲,改进了欧洲的造船技术,并于1795年为英国皇家海军设计并改造了6艘新型船,从此水密隔舱技术逐渐在世界各国普及起来。

中国古代船舶的龙骨结构也是造船业中的一项重大发明,对世界船舶结构的发展产生深远的影响。宋代尖底海船甲板平整,船舷下削如刃,船的横断面为"V"字形,尖底船下设置贯通首尾的龙骨,用来支撑船身,使船只更坚固,同时吃水深,抗御风浪的能力十分强。欧洲船只于19世纪初才开始采用这种龙骨结构,比中国晚了数百年。

(六)传世的造船文献

造船技术也通过传世的造船文献传承下来,现存传世的造船文献主要有《释名·释船》、《天工开物》、《南船记》、《龙江船厂志》、《漕船志》、《筹海图编》、《武备志》等。

东汉刘熙所著的《释名》是汉代重要的训诂学著作,其中的《释船》介绍了当时著名的战船,总结了基本完善的船舶属具,阐述了船体结构和稳性理论。

---

① [英]李约瑟著,陆学善等译:《中国科学技术史》第4卷,北京:科学出版社,上海:上海古籍出版社,2003年,第649页。

《天工开物》第九卷为舟车,对漕船、海船等的形制和造法有较详细的描述。南京宝船厂承造的郑和下西洋所乘宝船,则可作为明代造船技术成就的突出代表。

《南船记》作者沈子由,号江村,为明代杰出的水利与战船建造专家。《南船记》共4卷,相当详尽地记述了各类船舶的构件及器具的名称、尺寸、工料定额和修造规定等,是我国造船技术的重要文献。

《龙江船厂志》作者为明代李昭详,是当时龙江船厂的管理专家。《龙江船厂志》共分8卷,分别为:训典志、舟楫志、官司志、建置志、敛财志、孚革志、考衷志、文献志。作者深入实际,调查统计,并参阅《南船记》等史料,辑录了当时的官方文书和档案卷宗。作为一部专志,它开创了我国古代记述造船工业专志的先河。

《漕船志》为明代席书编撰,是记载明代漕船的一部专志,所记载的船只以清江船厂为主。关于明代漕船的修造和管理,《漕船志》保存了丰富翔实的资料。

《筹海图编》是研究明代筹划沿海防务的专著,共13卷,原题"明少保新安胡宗宪辑",实出自胡之幕僚郑若曾之手。全书有地图114幅,约26万字,图文结合。凡沿海地理形势,明代海防部署,海防方略,海战器具,中日历来的交往,倭寇劫掠沿海的历史,倭寇入侵的时间和路径、武器装备、战略战术以及中国平倭之功绩等,均有叙述。

《武备志》为明代茅元仪撰,成书于天启元年(1621年),共240卷。作者博采历代兵书2000余种,经15年辑成,约200万言。湖北省图书馆藏有天启元年版本。其中第116卷及117卷图文对照详述各型各类战船,第240卷为《郑和航海图》。

【小结与思考】

中国古代手工业生产的发展历程中有两个历史时期是应当格外引起关注的。一个是春秋战国时期,由于新技术的广泛运用,促进了手工业行业的增加和生产规模的扩大,而且此前几乎所有手工业行业完全被官府控制的局面已经开始发生新的变化,至战国中晚期,私营的手工业逐渐兴起,成为社会转型的重要标志。一个是唐宋时期,由于自然科学诸领域的进步和社会生产力水平的空前提高,以及社会生活对于手工业产品的需求,手工业生产技术全面提升,创新和生产规模进一步扩大。青铜冶炼铸造作为殷商时期最具代表性的手工业,其生产技术达到了极高的水平,使青铜器在生产、生活、军事乃至国家政治生活中都占据了重要的地位,以至人们把那个时代概括为青铜时代。其后,陆续发明的冶铁、冶银、冶锌技术等都带有中国冶金技术的明显特点,在不同时代满足社会需求和丰富人们生活中发挥了应有的作用,尤其是起源于炼丹术的胆铜法更是为世界冶金技术做出了巨大贡献。中国是丝绸的故乡,丝织技术使用最早、最先进,丝织品品种丰富多彩,数千年来,不仅满足了中国人民的衣饰需求,而且自汉代起,丝绸走出国门,成为对外交往的重要物品。元代以后,随着棉布成为中国人衣物的主要材料,棉纺织技术成为纺织技术发展的最主要内容。瓷器同样最早产生在中国,自东汉瓷器走上独立发展道路以来,迄于明清,制瓷技术屡有创新,堪称中国手工业生产技术中的常青树。从传说中的神农以茶解毒,到如今茶叶成为世界上最流行的饮品,演绎出精彩的茶文化发展史。中国古人对茶叶的研究,以"茶圣"陆羽所著《茶经》最具代表性。唐宋以来,中国的造船技术突飞猛进,船舵、水密隔舱、龙骨、车船等先进技术,打造出世界上性能最可靠、航行最安全的船舶,辅之以宋代以后发明的指南针,使中国成为当时世界上造船和航海水平最高的国家。

【思考题】

1. 试描述中国历史上的青铜时代。
2. 宋代瓷器烧造有哪些主要的窑口,所制瓷器各有什么特色?
3. 谈谈茶的养身功能和文化意蕴。
4. 查找中国古籍,找出一幅传统船舶的图形,讲述其制作工艺和功能特色。

第十四讲

文学艺术的形态、成就与特色

发达的文明意味着具有艺术性的生活,这种生活境界必须在长久持续的文化积淀基础上才可能展现出来。中华先民在很早的时候就运用艺术方式表达感觉、情怀、思想。这种艺术表现与中华文明所特有的语言文字、工具、技术、信仰和价值观、社会经验等等相结合,在世界文明史上展现为一种独一无二的艺术文化。中华文明精神境界的所有内涵,在它的文学、艺术形态中都得到了体现,而其形式与风格的流变也与中华文明本身演进的基本趋势吻合。

中国早期的音乐与祭祀、庆典、礼乐活动相关联,具有强烈的礼乐文化气息。中国绘画的巅峰水平集中体现在文人抒发胸臆的水墨山水人物花鸟作品中。中国的雕塑创作与大众信仰取向互为表里。中国的第一部诗歌总集《诗经》由采编的民间歌谣与庙堂雅乐汇编而成,是上古庙堂礼乐与基层民生咏叹的共鸣回响,后世的诗歌,包括民歌和文人创作的诗词,皆能展现文化和社会生活的意境,而后者尤能展现诗歌作为艺术所达到的高度水准和形态之独特精雅。中国的小说,从一开始就具有面向中下层社会的取向,其巅峰时期的作品,则已经以广大的平民为读者对象。凡此文学、艺术的种种形态与特色,共同体现了中华文明艺术表现多姿多彩的意蕴。

一、音 乐

1987年,考古学家在河南省舞阳县贾湖遗址发现用丹顶鹤尺骨制成的骨笛,距今已有8000多年,这是迄今为止中国考古发现的最古老的吹奏乐器。① 这表明早在史前时代,中华民族就已有了早期的音乐、乐器。传说中的中华远古帝王均有其乐舞,如黄帝之乐称《云门》、帝尧之乐称《咸池》、帝舜之乐称《大韶》,皆与他们需要举行的祭祀活动相关联。夏商时期的音乐逐渐与历史故事结合,如歌颂大禹治水的《大夏》、歌颂商汤伐桀的《大濩》。最迟到了商代,开始出现铙、鼓、磬等打击乐器。铙是原始社会末期象征氏族贵族权力的礼乐器,本来用陶土制成,到了商代则用青铜为器,分为大铙、小铙。多枚铙组成一套的称为编铙,小型编铙为三枚一组。商代也用青铜器铸鼓,用铜框蒙皮,两面可击,并加以各种饰纹。湖北崇阳出土的商代铜鼓,有钮有足可以悬挂或平置于地演奏。② 这些打击乐器组合到一起,能演奏多种庄严雄浑的乐曲,特别适合用于军旅、祭祀、庆典、婚丧等重大活动。

周代建立了完备的礼乐制度,音乐演奏与礼仪演示伴随举行。据《周礼》记载,当时宫廷设有专门管理音乐教育和音乐事务的乐官"大司乐",教王侯公卿大夫的子弟乐舞。

① 参见张居中:《考古新发现——贾湖骨笛》,载《音乐研究》1988年第4期。

② 参见鄂博、崇文:《湖北崇阳出土一件铜鼓》,载《文物》1978年第4期;林邦存:《崇阳商代铜鼓》,载《乐器》1982年第5期。

周代乐器已达到近70种,除了打击乐器之外,还出现了箫、笙、瑟、琴等吹奏乐器和弹奏乐器。乐器按照材质的不同分为八类,即金、石、丝、竹、匏、土、革、木,称为"八音"。比如用金属制作的编钟为金类,用石或玉制作的磬为石类。在八音之中,金石类的打击乐器不仅在宫廷贵族的祭典与宴乐活动中占重要地位,也是主人身份地位和权势的象征。1978年在湖北随县(今随州市)曾侯乙墓出土的战国编钟,共计65枚,分上中下三层,总音域可达五个八度,并标有和乐律相关的铭文,是迄今出土规模最大的编钟,充分显示了周代音乐的发展和成就。① 随着乐器、乐律的发展,音乐的表现力和功用范围也随之扩展,如孔子在齐国欣赏《韶》乐而"三月不知肉味",感慨"不图为乐之至于斯也",②从而将音乐视为完善个人修养的重要内容,即"兴于《诗》,立于礼,成于乐"。③

到了春秋战国时期,礼乐制度崩坏,以郑卫之音为代表的民间乐舞逐渐发展起来。一批民间音乐家开始出现,以精湛的技艺活跃于社会各阶层。如女歌手韩娥在齐都临淄雍门卖唱求食,据称其歌声极其动听,闻者动容,以至于在其离开后,仍觉"余音绕梁栅,三日不绝"。④ 又如善琴者伯牙抚琴,闻者钟子期能知其意在巍峨高山之间抑或蜿蜒流水之际,伯牙将子期视为知音。可见古人的琴艺表达已经达于极其精微生动的境界。后世人以此为题材,创作了琴曲《伯牙吊子期》。这一时期还出现了用文字记录的乐律即五音十二律⑤和中国古代最早的音乐理论专著《乐记》。《乐记》的作者已无从知晓,内容现存11篇,同时保存在《礼记》和《史记》中。此书总结了秦以前的音乐理论,涉及音乐的特征和社会功能以及对人的情感、性格等心理活动的影响等,对后世的音乐理论有较大影响。

秦汉时朝廷设立专门音乐机构"乐府",继承周代采风制度,搜集、整理、改编民间音乐、诗歌,其编排的乐舞多在宴飨、祭祀、朝贺等场合演奏。乐府的乐歌主要有鼓吹曲与相和歌两种。鼓吹曲以不同的管乐和打击乐构成,一般节奏明朗,适用于郊庙祭祀、军乐礼仪、民间娱乐等;相和歌是流行基层的民歌,用丝、竹乐器为歌曲伴奏,往往采用互相唱和的形式,适合娱乐、庆典时演奏。汉代的相和歌,所用乐律主要是"平调"、"清调"、"瑟调"。到魏晋南北朝时期融合吴歌、西曲等南方各地民间音乐,又形成清商乐或清乐。魏晋两代都设置了音乐机构"清商署",推动了清商乐的发展。在此基础上出现了融歌曲、

① 参见黄翔鹏:《古代音乐光辉创造的见证——曾侯乙大墓古乐器见闻》,载《人民音乐》1979年第4期;王湘:《曾侯乙墓编钟音律的探讨》,载《音乐研究》1981年第1期;裘锡圭、李家浩:《曾侯乙墓钟磬铭文释文说明》,载《音乐研究》1981年第1期等。

② 程树德:《论语集释》卷十三《述而上》,北京:中华书局,1990年,第456页。

③ 程树德:《论语集释》卷十五《泰伯上》,北京:中华书局,1990年,第529—530页。

④ (晋)张湛:《列子注》卷五《汤问第五》,北京:中华书局,1959年,《诸子集成》本,第60页。

⑤ 五音又称五声,即宫、商、角、徵、羽,最早见于《周礼·春官》。十二律是古代定音方法,即用三分损益法将一个八度分为十二个不完全相同的半音的一种律制。各律从低到高依次为:黄钟、大吕、太簇、夹钟、姑洗、仲吕、蕤宾、林钟、夷则、南吕、无射、应钟。十二律中,奇数各律称"律",偶数各律称"吕",故十二律有时又称"十二律吕"或"六律"、"六吕"。

舞蹈和器乐为一体的相和大曲和清商大曲。相和大曲的曲式分为"艳歌"和"趋曲",后传入今新疆地区,经当时龟兹、疏勒、高昌等地乐人的改编,形成西域大曲。两晋时期,源于西北游牧民族音乐的击奏乐器与吹奏乐器组合的鼓吹乐也兴盛起来。

魏晋南北朝时期出现了不少文人琴家,并出现了专门的琴谱《琴操》。嵇康,阮瑀及其子阮籍、其孙阮咸、戴逵父子、柳恽等都是有名的文人琴家。特别是嵇康琴艺高超,创作有《长清》、《短清》、《长侧》、《短侧》,合称"嵇氏四弄",与东汉蔡邕的"蔡氏五弄"合称"九弄"。他后来被司马昭所害,在临刑时弹奏《广陵散》,感慨"《广陵散》于今绝矣"。[①]嵇康还作有音乐美学著作《声无哀乐论》,认为音乐是客观存在的,与人的情感并无因果关系,即"音声有自然之和,而无系于人情"。与其同时的阮籍则著《乐论》,肯定音乐对于移风易俗的作用,认为"礼乐正而天下平"。[②]

隋朝初年,宫廷宴乐设七部伎:国伎,即西凉伎,出于河西地区;清商伎,即汉魏以来中原的传统音乐;高丽伎,即古朝鲜音乐;天竺伎,即古印度音乐;安国伎,即今中亚古音乐;龟兹伎,即西域古国龟兹的音乐;文康伎,即南朝乐府音乐。隋炀帝时又加以调整,定为九部,即清商、西凉、龟兹、天竺、康国、疏勒、安国、高丽、礼毕。宫廷音乐的这种分类,体现出当时内地与边疆乃至外国音乐的并荣与融合。唐初沿用隋的九部乐,至唐太宗时增为十部,即燕(宴)乐、清商乐、西凉乐、天竺乐、高丽乐、龟兹乐、安国乐、疏勒乐、康国乐、高昌乐。这十部乐是按乐种、地区或国别分的,其中汉魏以来专门用于称呼宫廷和贵族生活中休闲和娱乐性质的燕乐获得了很大发展,出现了由散序、歌、破三部分组成的大曲。唐朝政府机构"太常寺"管辖太乐署、鼓吹署和教坊。唐玄宗时扩大了教坊的规模,外教坊在长安、洛阳各有两所,内教坊和梨园在宫廷里,由宫廷派内官管理。这些机构专管俗乐,搜集整理民间乐舞,培养了一批才华出众的音乐家。如唐玄宗曾在勤政楼设宴,因观乐者众多人声喧哗,乃令女歌手许永新出楼唱歌,其声一出,"广场寂寂,若无一人;喜者闻之气勇,愁者闻之肠绝"。[③]唐代配合杂曲子即独立小曲的歌词,有歌诗和曲词。歌诗指句式整齐的齐言诗,多为五言或七言的绝句诗,如李白的《早发白帝城》。曲词或称曲子词,绝大部分是长短形式,导致"词"的产生。此外,唐代还出现了专门的音乐理论著作,如段安节的《乐府杂录》对唱歌的发声技巧提出了许多精辟的见解,认为"善歌者必先调其气。氤氲自脐间出,至喉乃噫其词"。[④]而唐人曹柔所创的古琴减字谱,即用若干汉字笔画所组成的一种符号来记谱的方法,一直沿用至近代,对保存和发展古琴音乐起了巨大作用。唐代音乐还传入日本,被称为"唐乐"。日本奈良正仓院等处现存的五弦琵

① (唐)房玄龄等:《晋书》卷四十九《嵇康传》,北京:中华书局,1974年,第1374页。

② (晋)阮籍:《阮籍集》卷四《乐论》,上海:上海古籍出版社,1978年,第42页。

③ (唐)段安节:《乐府杂录·歌》,见中国戏曲研究院编:《中国古典戏曲论著集成》第1集,北京:中国戏剧出版社,1959年,第47页。

④ (唐)段安节:《乐府杂录·歌》,见中国戏曲研究院编:《中国古典戏曲论著集成》第1集,北京:中国戏剧出版社,1959年,第46页。

琶、笙、琴、筝等乐器,皆是唐代的遗物。

宋元时期,民间音乐繁荣,各种民间音乐形式,如词调、说唱、戏曲等,都获得了很大发展。当时的民间艺人组成团体,并有了固定的表演场所,称为"瓦子"或"瓦肆"。宋代的词调音乐,也就是今天所谓宋词,是当时文人根据各种曲谱填写的曲子词。唱赚是民间曲子中发展水平较高的若干曲子连缀而成的套曲,表演时演唱者击鼓,另有两人,一人打板一人吹笛。说唱音乐中还有陶真、鼓子词、诸宫调等形式。陶真是由一人说唱,一人或数人帮腔,用鼓或琵琶伴奏,演唱者多是民间盲艺人。鼓子词原是民间用鼓伴奏而演唱的一种民歌,后发展成说唱音乐,由一人击鼓说唱,另外几人唱和,并用管乐、弦乐伴奏。诸宫调则是一种结构复杂的乐曲组合形式,由不同宫调的若干套曲子相连缀,中间穿插说白的形式。如现存金人董解元的《西厢记诸宫调》由 14 个调 150 多个基本曲子连缀而成。

宋元时期还是中国曲艺趋于成熟的时代。与此相应,出现了三弦、银字笙、马尾胡琴等新乐器。在乐学理论上,宋代流行用十二律名依次标记各音高度的"诗谱",同时还有固定唱名的工尺谱。元代则出现了"方格谱",即在纸上画出许多方格,用十二律名称标出各格相对高度,然后把词按音的高低填入适当的方格内,或用线条画出音的高低位置。此外,宋元时期的音乐理论也取得了较高的成就,如北宋时期的《乐书》约 200 卷,全书包括音乐史、音乐理论、各种乐器介绍等,反映了宋以前的音乐成就,是一部百科全书式的音乐著作。又如南宋王灼所著的《碧鸡漫志》,论述了上古至唐宋的歌曲演变,考证了《霓裳羽衣曲》、《凉州》等 28 首唐代乐曲的沿革及其与宋词的关系,并记述了作者亲眼所见的民间说唱和宋词音乐。

明朝设置音乐机构"神乐观"和"教坊司",前者主管祭祀乐舞,后者主管宫廷宴会乐舞。清朝初年沿用明制,后改"神乐观"为"神乐署",改"教坊司"为"和声署"。清朝宫廷宴乐中除了主要乐舞之外,还有边疆和藩属国的乐舞八种,即瓦尔喀乐、朝鲜乐、蒙古乐、回部乐、番子乐(今藏族乐舞)、廓尔喀乐(今尼泊尔乐舞)、缅甸乐、安南乐(今越南乐舞)。不过,明清时期音乐的主要发展是在民间。从明代中期开始,民歌小调呈现繁荣局面,出现了许多民歌小曲的刊本,收录的大部分是有关男女之情的民歌小调。

这一时期,说唱和戏曲皆有显著发展。说唱包括叙述长篇故事的弹词和鼓词,形式有说有唱,以唱为主,是由宋代的鼓子词与元代的词话发展而来的。弹词流行于南方各地,伴奏乐器有琵琶、三弦等。清代苏州弹词出现了以陈遇乾为代表的陈调,特点是苍凉粗犷;以马如飞为代表的马调,特点是质朴雄健;以俞秀山为代表的俞调,特点是婉转优美。鼓词流行于北方各地,演唱者自己击鼓,所用伴奏乐器有三弦、琵琶、四胡等弦乐器,以及一些击打乐器,其中以山东大鼓、冀中木板大鼓、西河大鼓、京韵大鼓较为重要。现存最早的鼓词传本,是明万历、天启间刊印的《大唐秦王词话》。此外,明清时期还有利用当时民间流行的小调,以一定形式连接起来,成为套曲,用以演唱故事的"牌子曲",这种音乐形式上类似宋元时期的诸宫调,只是所用曲牌不同。

近现代以来,中国传统音乐总体趋于衰微,但民间音乐还是有所发展,尤其是民间器乐的合奏。如广东音乐以广东民间小曲为基础,吸收粤剧、粤曲及其他民间音乐中的伴奏曲调,形成一种独特的器乐演奏形式,所用常规器乐有粤胡、秦琴、琵琶、扬琴、洞箫、喉管等,旋律活泼欢快,像《步步高》、《雨打芭蕉》、《平湖秋月》等作品广为流传。此外还有河北吹打乐《小放驴》、山东唢呐独奏《百鸟朝凤》等民间器乐至今仍在演奏。

中国古代音乐在发展过程中,不断受到各少数民族音乐的影响,逐渐与其相互渗透融合,形成了丰富多彩的中华民族音乐。同汉族一样,各少数民族也有独具特色的乐曲、乐器、说唱艺术和戏曲音乐等,如侗族先民古代百越族善于唱歌,西汉刘向《说苑》中用汉字记音的方式记录了一首《越人歌》,是侗族先民的早期民歌作品。其后,侗族音乐有了进一步发展,到明清时被称为"善音乐"的民族,其"长歌闭目"的大歌、"男弦女歌"的弹唱等都相继载入史册。至今侗族还流传着多声部民歌合唱的大歌,是一领众和,分高低音多声部谐唱,无指挥、无伴奏的自然和声,模拟鸟叫虫鸣、高山流水等自然之音,在中外民间音乐中独具一格,于2009年被联合国教科文组织选为人类非物质文化遗产的代表作。又如蒙古族吟唱的长调,字少腔长、高亢悠远、舒缓自由,其发音技巧,蒙古语称为"诺古拉",能通过口与咽腔的复杂动作,发出颤音。蒙古长调的歌词一般为上下各两句,内容多是讲述蒙古族对于其历史文化、人文习俗以及草原骏马等的感悟。

二、诗词、散文、赋

诗歌是中国文学中最早产生而且发展最为充分的艺术形式之一。其形式从格律的角度可分为古体诗、近体诗、律诗、绝句、词曲,从字数的角度可分为四言诗、五言诗、七言诗、长短句等。就技巧和意境而言,中国古代诗歌用韵讲究,能吟能唱,善用比兴,喜涉典故,抒情言志叙事各有章法;就其社会性而言,中国古代诗歌上用于庙堂,下吟咏于里巷、田间,雅俗各得其所,是覆被社会各个阶层的艺术表现形式。

周代的朝廷经常派官员采集民间歌谣,以了解民风。春秋时期,孔子对这些民歌和庙堂颂歌以及上流社会演唱的雅歌进行删定编辑,形成了中国第一部诗歌总集——《诗经》。《诗经》收录西周初年至春秋中期约500年间305篇诗作,分为风、雅、颂三大类。"风"是采风所集的民歌,"雅"是周王畿之乐,"颂"是宗庙祭祀之歌。这些诗歌以四言为主,根据内容的需要,采用赋、比、兴等手法,反映当时从庙堂到民间的社会实况。可见,中国上古时期的诗歌并非仅仅是文人抒发个人情怀的艺术作品,更重要的是公共礼仪生活乃至民间社会生活的直接表现,是生活本身的展现方式。正因为如此,经孔子删定的《诗经》,在后世会被视为儒家经典,被看做先王政典的内容。战国时期,传授《诗经》的有齐之辕固生,鲁之申培,燕之韩婴,赵之毛亨、毛苌,简称齐诗、鲁诗、韩诗、毛诗。到东汉以后,前三家逐渐衰落,至南宋时完全失传,独毛诗盛行于世,今本《诗经》就是毛诗。

楚辞是《诗经》以后的一种新诗,由战国时期以屈原为代表的楚国诗人所作,又被称为骚体。楚辞中大量引用楚地的风俗,句子长短参差,形式自由,多用"兮"字。屈原创作了《离骚》、《天问》、《九歌》、《九章》等作品,其中《离骚》是代表作,也是中国古代最长的抒情诗。诗中大量运用象征、比喻的手法,表现出诗人追求理想的坚贞和诚挚的爱国主义感情,揭露楚国政治的黑暗和贵族的腐败。屈原之后,楚国有宋玉、唐勒、景差等人继起创作楚辞,"然皆祖屈原之从容辞令,终莫敢直谏"。① 宋玉代表作《九辨》,描写了秋景的种种凄凉寂寞,并将其和自身的惆怅失意、怀才不遇交织起来,开创中国文学史上影响深远的"悲秋"主题,但就思想意境而言,略逊屈原一等。

继《诗经》、楚辞之后,中国诗歌的另一高峰是两汉时期的乐府。乐府本是政府掌管音乐歌舞的机构,其设置当在西汉初年,在汉武帝时达到极盛。其时,以李延年为协律都尉,由文人作诗赋,乐人配曲,编制庙堂雅歌。同时,乐府还广泛搜集各地民间歌谣,加以润色配乐。两汉乐府诗中所采歌谣,"皆感于哀乐,缘事而发",②在内容上多反映当时的社会生活,抒发大众内心情感,在形式上较以四言为主的《诗经》和以七言为主的楚辞更为灵活,有五言、七言和杂言多种,如《十五从军征》:"十五从军征,八十始得归……"即是一首五言诗,表现了战争带给普通人的不幸遭遇。两汉乐府诗不同于《诗经》、楚辞以抒情为主,侧重于叙事,多具有比较完整的情节,如长篇叙事诗《孔雀东南飞》,详述了建安时期庐江府小吏焦仲卿妻刘兰芝为焦母所迫还家,其兄逼嫁权贵,兰芝与仲卿最终相继自杀的故事,情节跌宕起伏,是汉代乐府诗中杰出的作品。在汉乐府民歌的直接影响下,东汉时期还出现了由文人创作发展起来的五言体诗歌,如《文选》所录《古诗十九首》的大部分,都是东汉的五言诗,其内容多是抒发游子的羁旅情怀和思妇闺愁。这些五言诗吸取了乐府的技巧,诗句平易动人,意境隽永,对后世的文学有深远的影响。

魏晋南北朝时期,诗歌在形式上完成了从四言、五言、骚体到七言诗的过渡,在内容上开辟了咏怀、咏史、田园、山水等丰富多彩的题材。五言诗以曹氏父子——曹操、曹丕、曹植和建安七子——孔融、王粲、阮瑀、陈琳、徐幹、应玚、刘桢为代表,创作出大量叙述战乱之苦、感叹身世、寄托忧国之思和济世之愿的作品。西晋时以陆机、潘岳等为代表的诗人"力柔于建安,或析文以为妙,或流靡以自妍",③讲究诗歌的艺术形式。东晋诗歌多是以阐述老庄哲理为主旨的玄言诗,而陶渊明歌咏田园风光,自然平淡,开创了田园诗派。南朝刘宋时期的谢灵运注重山光水色的描绘和字句的雕琢,开创出山水诗派。而南朝齐梁时期,沈约、谢朓等人创造出讲究声律对仗的"永明体",标志着中国古代诗歌从比较自由的"古体"走向格律严整的"近体",对唐代的律诗、绝句的形成有深刻的影响。

除了文人所创作的诗歌外,这一时期源于民间的新乐府诗歌即民歌也发展起来,且

① (汉)司马迁:《史记》卷八十四《屈原贾生列传第二十四》,北京:中华书局,1959年,第2491页。
② (汉)班固:《汉书》卷三十《艺文志》,北京:中华书局,1962年,第1756页。
③ (南朝梁)刘勰:《文心雕龙》卷二《明诗第六》,北京:人民文学出版社,1958年,第67页。

南北方各有特点。南方的民歌分为吴声歌和西曲歌两大类,内容多是描写男女情爱,风格清婉,多为五言四句,在表现手法上多用双关隐语。北朝民歌内容较之南朝要更为丰富,有的描写战乱及其所带来的苦难,有的展现北方游牧民族的生活,有的表达怀土思乡之情。《敕勒歌》和《木兰诗》是北朝民歌的代表作,前者刻画出辽阔苍茫的草原景象,后者赞颂了代父从军的女英雄花木兰。

中国诗歌在唐朝进入全面繁荣时期,流传至今的作品有 5 万多首,其作者阶层广泛,题材丰富,反映了社会生活的各个方面。隋唐之际的诗歌,承袭南朝宫体诗的遗风,追求形式,铺陈辞藻。王勃、杨炯、卢照邻、骆宾王为"初唐四杰",主张轻绮碎,重骨气,强调反映现实生活,创制七言歌行,并发展了五律、五绝,为唐诗的发展开辟了道路。开元天宝年间,名家辈出,诗体多样。以孟浩然、王维为代表的田园山水诗,言约意深,情韵隽永;以高适、岑参为代表的边塞诗,描述边疆风光、戎马生活,悲壮豪迈。"诗仙"李白诗句浪漫高远,雄奇恣意,笔势灵活多变;"诗圣"杜甫的作品风格沉郁,语言精练,叙事严谨,对后世诗歌发展的影响极其深远。到唐贞元、元和之际,白居易、元稹等人倡导新乐府运动,强调诗歌应反映现实,浅白晓畅。同一时期的韩愈、孟郊、李贺和贾岛等,则追求标新立异、奇险冷僻的风格。晚唐诗歌形式趋于精美,以杜牧和李商隐为代表,其作品多有家国之忧,意蕴含蓄,但用典过多,不免晦涩。唐代以后,诗歌虽然代有佳作,但皆无法超越唐代的气象。

宋代诗歌的巅峰成就体现于词。词是一种特殊的诗体,最初被称为曲子词,是用来配合乐曲演唱的诗歌,起于唐代,至宋而盛极。后世将宋代词家分为婉约派与豪放派两派。宋初的词主要继承晚唐五代的婉丽风气,至欧阳修和范仲淹,才逐渐摆脱了男女恋情狭窄题材的束缚,写出或清丽明媚或意境开阔的词作。与欧阳修同时的柳永,大量创制慢词,善于运用通俗化、口语化的语言来表达相思、离别、失意的意境,促使了词的通俗化、口语化,在宋元时流传最广,"凡有井水饮处,即能歌柳词"。[①] 北宋中叶,苏轼革新宋词,一洗绮罗香泽之态,将诗歌中惯用的怀古、抒情、述志等内容引入词中,把词作推向更加广阔的天地。他还突破了音律束缚,将豪放、雄壮的语言运用到词中,改变了晚唐五代词家婉丽的词风,成为豪放派的开创者。宋室南迁后,以辛弃疾为代表的词人将抗金主题纳入词中,扩大了词的题材,并以激昂沉郁的语言,充实了豪放派的风格,从而与婉约派彻底分道扬镳。

元代诗词较之元杂剧和元曲略显逊色,但在中国诗歌史上也有一定的地位。古体宗汉魏两晋,近体宗唐,蔚为潮流。元前期的北方词人效法苏轼、辛弃疾,南方词人则主要取法周邦彦、姜夔。元代后期,词受到曲的影响,以白俗的曲语入词,在表现手法上比较直露,导致意境轻浅的弊病。值得注意的是,元末出现一批出身少数民族的诗人,深受汉文化的熏陶,其汉文诗词作品相当成熟。其中成就最高的是回族词人萨都剌,词风偏于

---

① (宋)叶梦得:《避暑录话》卷下,上海:商务印书馆,1939 年,《丛书集成初编》本,第 49 页。

豪放,有佳作闻名于世。

明代诗词相对沉寂。明初有刘基、高启等人,多以现实生活为题材,为明诗拟古的风气开了先河。永乐以后,出现以杨士奇、杨荣、杨溥为代表的"台阁体"诗派,其诗词多庙堂雍容之气而缺乏深刻的内涵。明中叶以后,以李梦阳、何景明为首的前七子和以李攀龙、王世贞为首的后七子,反对"台阁体",推崇汉魏盛唐,主张唯古人是尚。此时以沈周、唐寅、文徵明等为代表的吴中诗人,反对复古模拟的文风,所作诗词,形式活泼,不求雕琢而自然清逸。万历年间,出现反对前后七子拟古主义的公安派和竟陵派,在诗词创作上主张抒写性灵。公安派多写士大夫的闲适生活和自然景物,有些作品流于浮泛;竟陵派多追求幽深孤峭,有些作品艰涩难懂。明朝末年,社会动乱,一部分文人组成社团,以诗词创作干预时事,抒发忧国忧民的情怀。其中以复社和几社为代表,其诗词多有慷慨激昂之作。

清初诗词的创作比较活跃,由明入清的遗民创作了大量追怀故国的诗歌。到雍正、乾隆时期,以沈德潜为首的诗人主张师法古人的"格调说",以袁枚为首的诗人则主张写个人遭际的"性灵说"。词的创作,在清初出现了以陈维崧为首的阳羡词派,继承苏轼、辛弃疾以诗为词的传统,风格以豪放为主;朱彝尊为首的浙西词派推崇南宋词人,讲求词律工严,用字清新雅致;满族词人纳兰性德则崇尚南唐后主李煜,讲求出语天然,其词情感自然,善用白描,婉丽清新。清中期厉鹗在朱彝尊之后领导浙派词,词作以纪游、写景、咏物为多,讲究音律和文辞的工炼,意境多华美幽冷。张惠言以治经方式说词,主张词"与诗赋之流同类而讽诵",讲求意内言外、比兴寄托,开创常州词派。

晚清时期由于社会危机的深化,龚自珍、魏源等人主张诗歌创作关注现实,而黄遵宪提出"诗界革命",主张"我手写我口"、"不名一格,不专一体",其作品反映了近代中国的重大历史事件,被梁启超誉为"诗史"。到1919年五四运动前后,胡适、陈独秀等人提倡文学革命,诗歌运用白话,打破旧诗格律,不拘字句长短。胡适最早发表了第一部白话诗集《尝试集》。其后,郭沫若、闻一多、徐志摩等人都对白话新诗的发展做出了贡献。郭沫若的《女神》完全突破了旧诗的束缚,运用神话题材、象征手法来反映现实,富有革命浪漫主义色彩。闻一多、徐志摩等人组成文学社团"新月社",创办《新月》、《诗刊》等文学期刊,对新诗的内容和形式都进行了探索,并各自出版了诗歌集。随着社会的发展,白话诗逐渐取代旧体诗成为诗歌创作的主流,其影响也日益扩大。

先秦时期,中国古代文学除了诗歌外还有散文。散文不押韵、不重排偶,主要有历史散文和诸子散文两大类。历史散文重在叙事,诸子散文重在言理。先秦历史散文有《尚书》、《国语》、《左传》、《战国策》,其中成就最高的是《左传》,其叙事生动精练,语言优美,被刘勰称为"圣文之羽翮,记籍之冠冕",成为后世散文的楷模。诸子散文又称哲理散文,以说理、论辩为特征。《论语》是语录体散文,主要记孔子及其门徒的言论,其中有不少富有哲理的名句,如"择其善者而从之,其不善者而改之"、"三人行,必有我师焉"等等。而《孟子》和《庄子》是诸子散文中文学价值较高的作品。《孟子》记述了孟子的言论,也是一部语录体散文,长于论辩,气势宏大且多用比喻,如"五十步笑百步"、"缘木求鱼"等都含义深刻。《庄子》则是庄周及其门徒著作的汇编,长于运用神话、寓言,构思奇特,想象奇幻,如"庄周梦蝶"、"鱼乐之辩"等都富有浪漫主义色彩。

秦汉时期,哲理散文仍有不少,如桓宽的《盐铁论》,扬雄的《法言》,王符的《潜夫论》等,但比起先秦诸子的文章,已逊色不少。不过这一时期的历史散文却相当优秀,主要集中在政论和史传两方面。政论散文多探讨政治得失,行文豪放,语言犀利,富有文采,如秦李斯的《谏逐客书》,围绕秦逐客可能带来的过失逐层展开,层次清晰,结构完整,振聋发聩,又如西汉初年贾谊的《过秦论》,分析总结秦灭亡的原因,为汉提供借鉴,见解深刻,文笔奔放,极具说服力。西汉中期司马迁的《史记》不仅是中国第一部纪传体通史,也代表了古代历史散文的最高成就,被鲁迅称为"史家之绝唱,无韵之离骚"。[①]《史记》在记述历史事实时,善于运用对比、烘托、心理描写、个性化语言等多方位的描绘,既突出了主题,又能引人入胜。

魏晋南北朝时期盛行骈体文,散文开始从哲学和史学中独立出来,纯文学抒情色彩越来越浓。魏晋时期,曹操的散文清俊通脱、慷慨沉雄,如其《让县自明本志令》中说:"设使国家无有孤,不知当几人称帝,几人称王。"豪爽坦率,开一代新风,被鲁迅誉为"改造文章的祖师"。曹丕以书札见长,语言渐趋华美,富有情韵。曹植的散文,华丽恣肆,措辞设意想象丰富。孔融的散文,言辞高妙,笔锋犀利,杂以嘲讽。诸葛亮的《出师表》,言辞诚恳,感人肺腑,被誉为"章表之英"。嵇康的文章气势磅礴,寓意深刻,如《与山巨源绝交书》,非汤武而薄周孔,猛烈抨击当时社会的黑暗。阮籍长于论辩,如《大人先生传》,以传体作论,揭露礼教虚伪,尖锐犀利。李密的《陈情表》,词意婉转恳切,笔调凄恻动人。西晋以后,骈体文成为正式文体,而散文仍有所发展。陶渊明的文章,如《五柳先生传》、《桃花源记》等,文辞简练,朴素自然,清新隽永,一反骈俪雕砌的文风。

唐宋时期散文创作繁荣。唐初陈子昂、萧颖士、李华、元结等人,提倡文学复古。到中唐时期韩愈、柳宗元等人,倡导古文运动,提出"文以载道",反对六朝以来空泛雕琢的文风,主张学习先秦两汉质朴流畅的风格。韩愈的散文,各体皆有,最为人称道的是说理文。如《师说》认为"师者,所以传道受业解惑也",主张"无贵无贱,无长无少"皆可为师,即"道之所存,师之所存",通过对比古今对于"师道"的态度,揭示"耻学于师"的愚昧可笑。柳宗元的散文题材广泛,形式多样,其山水游记如《永州八记》,文笔清新,寓意深沉,在描写自然景物时寄托感慨,曲折表达对社会丑恶的抗议。韩愈、柳宗元之后,古文运动趋于衰微,骈俪之风再兴,直到北宋欧阳修等人掀起第二次古文运动。欧阳修主张文道合一,提倡"文从字顺"、"简而有法",即文字既要有概括力,又要生动形象。他的散文《醉翁亭记》融写景、叙事、议论为一体,文笔平易自然又委婉曲折。其后苏轼继承欧阳修所倡导的古文运动,其散文气势宏伟,叙事、写景、抒情,无不自然畅达。如《石钟山记》在

---

① 鲁迅:《汉文学史纲要》,见《鲁迅全集》第9卷,北京:人民文学出版社,2005年,第435页。

传统记事写景的基础上,加入大量议论和抒情,变"以景动人"为"以意取胜",体现了宋代游记说理的特点。苏轼的父亲苏洵、弟弟苏辙也是有名的散文家,合称"三苏"。三苏连同欧阳修、王安石、曾巩,与唐代的韩愈、柳宗元齐名,被后人合称为"唐宋八大家"。到了南宋时期,散文多以反映社会现实,抒发忧国忧民之情为主。如胡铨的《戊午上高宗封事》反对与金议和,痛斥秦桧等人,请斩其头以示众,一时天下传抄。

元明清时期的散文相对比较沉寂。明初的刘基、宋濂等人,亲历社会动乱,其散文具有深沉苍劲的风格,多能反映社会现实。到明中期,以李梦阳为首的前七子,反对平庸空洞的"台阁体",提倡"文必秦汉",但其创作刻意模仿古人,缺乏创新。以汪慎中、唐顺之、归有光等为代表的"唐宋派",则反对一味复古,推崇唐宋古文,主张"直抒胸臆,信手写来"。其中归有光的文章成就最高,如《项脊轩志》围绕一座旧庭院,将写景、叙事、抒情、议论相结合,朴素简洁,自然亲切。明后期,作为一种散文流派的小品文兴起,其显著特点是趋于生活化、个人化,形式上清新自然,富有个性色彩。最具代表性的是以袁宗道、袁宏道、袁中道兄弟为代表的"公安派",主张文学要抒发性灵、不拘格套,记人着重个性,写景突出感受。清代散文是中国古代散文的总结、结束阶段。清初的散文多以抗清斗争为主题,直到清中叶,出现了以方苞、姚鼐等人为代表的"桐城派",主张文章以"议法"为主,内容多取法儒家经典,成为清代最著名的散文流派。而以恽敬为首的"阳湖派",既取法儒家经典又参以诸子百家,为文较为生动活泼,但影响略小。此外还有全祖望、袁枚、沈复等人,也是清代的著名散文家。沈复的《浮生六记》以质朴流畅的文字记述了作者半生的经历、见闻,文笔生动,典雅动人。

赋是中国特有的一种文学形式,兼有散文和韵文的性质,以"铺采摛文,体物写志"[1]为基本特征,即铺陈写物,不歌而诵,其形成和发展经历了很长的时间。战国末年的荀况第一个以赋名篇,每篇各赋一物,参差用韵,今存《礼》、《知》、《云》、《蚕》、《箴》5篇。其后楚人宋玉把楚辞奇丽的文采引入赋中,代表作有《神女赋》、《登徒子好色赋》等,表现出铺张扬厉的艺术特色。

汉代是赋的繁荣时期,涌现出大量的作品。西汉初年贾谊的《吊屈原赋》、《鹏鸟赋》等,借物抒情,形式上属于追随楚辞体的骚体赋。汉景帝时枚乘的《七发》,采用问答方式,铺陈排比,开汉代体物大赋(又称散体赋)的先河,而《七发》的结构形式多被后世模仿,成为赋中的一个专体,号称"七体"。西汉中期至东汉中叶,赋作盛极一时,名家辈出。司马相如的《子虚赋》和《上林赋》,气势恢弘、辞藻华丽,确定了散体大赋的规模和表现手法,以及"劝百讽一"的讽谏传统。西汉末年扬雄的赋以讽喻为创意,在铺陈中融入说理,表现出文采飘逸、思想丰厚的风格。东汉初年班固的《两都赋》,描写了西都长安、东都洛阳的雄伟气象,开创了京都大赋,直接影响到张衡《二京赋》、西晋左思《三都赋》的创作。这一时期的辞赋家多强调"作赋以讽","或以抒下情而通讽喻,或以宣上德而尽忠

---

① (南朝梁)刘勰:《文心雕龙》卷二《诠赋第八》,北京:人民文学出版社,1958年,第134页。

孝"，视结构、技巧为雕虫小技。东汉中叶以后，大赋渐趋衰落，出现一些抒情咏物、讥刺时事的小赋，去除了大赋堆砌辞藻的弊端，显得清新自然。

汉末到魏晋南北朝时期，赋的题材更为广泛，歌功颂德者少，抒情咏物者多，且由散体变为骈体。这一时期的赋讲究对仗工整，句式以四、六句为主，大量用典，要求音律和谐，又称为骈赋。唐代为了适应科举制度的需要，在骈赋的基础上产生了一种既讲究对偶，又限制音韵的新赋体，即律赋。律赋在内容上不是阐释经义，就是歌功颂德，在形式上限制很多。如韩愈的《明水赋》以"玄化无宰，至精感通"为韵，这就限制了作者的自由发挥。宋代采用古赋和骈赋两种体制，但在骈赋上对限韵的要求比唐代更为严格。不过在唐宋古文运动的推动下，不少文人用散文的笔法改造赋体，出现了一种新的散体赋，亦称文赋。文赋不像骈赋那样强调对仗工整，在用韵上也较为自由，在结构上受古文的影响，气韵生动。晚唐杜牧的《阿房宫赋》、宋苏轼的《前赤壁赋》、《后赤壁赋》，章法营构极具匠心，行文富有变化，前后呼应，浑然一体，是文赋的代表作。唐宋以后，赋代有创作，不乏名篇，但总体上说，趋于衰落。

三、小　　说

先秦时期所谓"小说"，不过是街谈巷语和神话传说，不入大雅之堂，也难得流传长久。两汉时期的小说，多是历史故事与民间传说的结合，而《汉书·艺文志》著录的15家小说，均已亡佚。今存题为汉人所著的小说，主要有班固的《汉武帝内传》、《汉武故事》，郭宪的《洞冥记》。这些作品主要记录逸闻异事，还是故事的形态。抵至魏晋六朝，受佛教影响，志怪故事流行，构成中国小说的开端。当时小说可分为两类：一类是记述神仙方术、鬼魅灵异的传闻，即志怪小说；一类是记述人物的逸闻逸事、言行琐事，即志人小说。

志怪小说按内容可分为地理博物、鬼神怪异、佛法灵异三类，其中颇有动人之处，曲折反映了社会现实。干宝的《搜神记》是这一时期志怪小说的代表作，作者的本意是"发明神道之不诬"，同时供人赏玩娱乐。其中大部分只是简略记录各种神仙、方术、灵异等事迹，但也有不少故事情节比较完整的神话故事和民间传说，如《干将莫邪》、《董永》等，对后世文学有较大的影响。此外，志怪小说还有西晋张华的《博物志》，分类记载异境奇物、古代琐闻杂事及神仙方术等。东晋王嘉的《拾遗记》，多述历代逸闻。南朝刘义庆的《幽明录》，所记都是神鬼怪异故事，并多是普通人的奇闻异事，更有文学性。志人小说按内容可分为笑话、野史、逸闻轶事三类，早期有三国魏邯郸淳的《笑林》、东晋裴启的《语林》，不过皆已亡佚。现存刘义庆的《世说新语》是志人小说的代表作，主要记载汉末至两晋士人的逸闻逸事，分为德行、言语、政事、文学等36门。《世说新语》善于用细节刻画人物形象，表现手法灵活多样，对后世的影响十分深远，仿作者历代不绝。总的说来，魏晋南北朝时期小说篇幅短小、叙事简单，只是初具小说雏形，但在人物刻画、细节描写、语言

运用等方面，为唐传奇奠定了基础。

唐代传奇是由魏晋南北朝时期的志怪小说发展来的，主要角色已由鬼神变为现实生活中的人，但故事情节还带有志怪小说的痕迹。如王度的《古镜记》，记述了古镜降妖伏魔的事迹。张鷟的《游仙窟》自述了作者投宿神仙窟，并与女主人宴饮欢乐之事。自唐德宗建中年间开始，传奇小说进入兴盛时期。许多著名文人投入小说的创作，从而扩大了传奇小说的影响。这一时期传奇小说的题材多取自现实生活，其中讽世小说和爱情小说，特别是爱情小说的成就最为突出。著名的有陈玄佑的《离魂记》、沈既济的《任氏传》、李朝威的《柳毅传》、白行简的《李娃传》、元稹的《莺莺传》、蒋防的《霍小玉传》等。《莺莺传》是第一篇完全不涉及神怪情节、纯粹写人世男女之情的传奇作品。故事讲述了莺莺与张生相见、相悦、相欢的过程，以张生的"始乱终弃"作结，刻画了一个具有鲜明个性特征和争取爱情自由的叛逆女性。这篇传奇小说被后世改编为《西厢记诸宫调》和《西厢记》杂剧，影响深远。

讽世小说以沈既济的《枕中记》和李公佐的《南柯太守传》为代表。《枕中记》写贫困又热衷功名的卢生在邯郸道上遇道士吕翁，并在吕翁授予的青瓷枕上入梦，梦中享尽了人间的荣华富贵，醒来方知是大梦一场，而店主所蒸黄粱犹自未熟。《南柯太守传》写游侠淳于棼醉后被邀入"槐安国"招为驸马，出任南柯太守，后因政绩而居台辅，公主死后遭谗忌，被遣返故里。一梦醒来，发现"槐安国"不过是古槐下一蚁穴。这两篇小说借梦境反映了唐代士人的心理，对功名利禄持否定态度，虽带有某种传奇色彩，但所反映的内容具有现实性，具有较强的讽刺意味，而"黄粱美梦"、"南柯一梦"也成为后世耳熟能详的典故。

晚唐时期，豪侠小说兴起。这些小说主要描写豪侠之士扶危济困、除暴安良、快意恩仇的故事，宣扬"知恩图报"的道德观，曲折表达了民众在动乱生活中的反抗情绪。这类小说又常和爱情故事结合在一起，更增添了浪漫气息。晚唐豪侠小说最具代表性的是传为杜光庭所作的《虬髯客传》，描写隋末天下纷乱之际，红拂慧眼识英雄，私奔李靖，后遇意图称王的虬髯客。虬髯客见李世民后，知天下有主，遂远赴海岛称王。这篇小说塑造了三个具有英雄气概的人物，各有其独特的风采，并于豪迈之气中穿插儿女之情，显得极富生气。后世"风尘三侠"的典故即出于此小说。

唐代除了传奇小说之外，还有与民间说唱结合的变文。当时佛教宣讲经文，分僧讲与俗讲两种形式。僧讲是专门对僧徒宣讲，俗讲则是对普通听众宣讲。为了争取信徒，俗讲往往把经文通俗化、故事化，夹叙夹唱，并配以图画。而俗讲的话本，即变文。随着俗讲的流行，变文内容已不限于佛经，并出现了专门的演出场所"变场"。现存敦煌变文不仅有宗教题材，而且包括历史故事、民间传说与当代人物传记等。变文主要供艺人说唱之用，将叙事与唱诵结合，声情并茂地讲述故事。变文的题材不仅影响到唐人传奇，而且为宋元以后各类话本和戏曲文学的发展开辟了道路。

宋元时期，出现话本小说。话本含有故事文本之义，是一种与说话艺术直接相关的

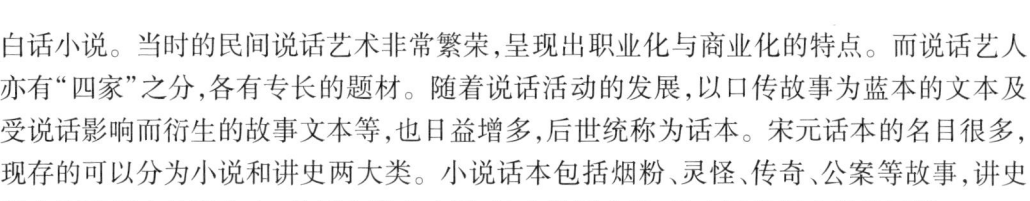

白话小说。当时的民间说话艺术非常繁荣,呈现出职业化与商业化的特点。而说话艺人亦有"四家"之分,各有专长的题材。随着说话活动的发展,以口传故事为蓝本的文本及受说话影响而衍生的故事文本等,也日益增多,后世统称为话本。宋元话本的名目很多,现存的可以分为小说和讲史两大类。小说话本包括烟粉、灵怪、传奇、公案等故事,讲史话本则以历史故事为主,是历史演义小说,较小说话本长,是中国长篇小说的开端。

宋元的话本小说有一定的体例,多由入话(头回)、正话、结尾几个部分构成。入话是话本的开头,有时以一首或若干首诗词起头,说风景、道名胜,多与故事的发生地点或故事的主角相关,有时以一首诗点出故事主旨后再叙述相关的小故事。这种设置,是说话人为稳住听众、等候迟到者的一种安排,也含有引导听众领会故事的动机。正话,是话本的主体,故事情节曲折,人物形象鲜明。正话之后,往往以一首诗总结故事主题,或以"话本说彻,权作散场"之类套话作结。话本小说多描写城市各阶层的生活,其中最受欢迎的是爱情故事和公案故事两类。唐传奇多描写士人与妓女的爱情,宋元话本则多写市井平民的悲欢离合,其中又突出女性对爱情生活的主动追求,如《碾玉观音》中裱糊匠女儿璩秀秀对爱情和自由的追求。公案故事的话本则反映出吏治的腐败和社会的黑暗,如《错斩崔宁》写崔宁和陈二姐的冤狱,揭露官府的草菅人命。

宋元讲史话本又称平话,以口语讲述而不加弹唱。其内容既依傍史实,又杂以民间传说故事,实是传统的史传文学与民间口传故事相结合的产物。现存宋元讲史话本中,宋人编的有《梁公九谏》、《五代史平话》、《宣和遗事》等,元人编的有《武王伐纣平话》、《秦并六国平话》、《三国志平话》等。其中《宣和遗事》记述金人灭亡北宋和南宋建都临安的经过,包含有梁山泊故事,略具《水浒传》的雏形,只是叙事简略,类似提纲。这为明清通俗小说的繁荣准备了条件。

中国小说在明代走向成熟,出现了一批有代表性的作家和作品。从体裁上看,有长篇小说、中篇小说和短篇小说;从题材上分,有历史小说、传奇小说、神怪小说和世情小说等。明前期小说的代表作是《三国演义》、《水浒传》和《西游记》。《三国演义》是罗贯中依据史书《三国志》并吸取民间传说,"七分实事,三分虚构"而作的历史演义小说《三国志通俗演义》的简称。此书结构宏伟,刻画人物超过400个,善于描写战争,崇尚智谋,语言文白相杂,雅俗共赏,生动活泼。受其影响,明代历史演义小说蓬勃发展。余邵鱼撰《列国志传》,以武王伐纣开篇,描写了东周列国之间的政治斗争,其中杂糅了不少民间传说。明末冯梦龙根据史书对之作了订正,改名为《新列国志》,清蔡元放(名界,号七都梦夫、野云主人)又作了修改并加以点评,改名《东周列国志》,成为影响较大的一部历史演义小说。

《水浒传》是完成于明初的英雄传奇小说,一般认为是施耐庵所作。这是由北宋宋江起义的史实,到宋话本《宣和遗事》、元杂剧"水浒戏",最后经文人加工而成的一部小说。该书描写北宋末年108位出身各异的英雄人物,聚义梁山替天行道的故事。作品的基本思想是"忠义",成功塑造了许多家喻户晓的英雄形象,如林冲、武松、李逵等。相比《三国

演义》,《水浒传》的语言是纯粹的白话,明快生动,富有表现力。《水浒传》盛行后,清代又出现了《水浒后传》、《后水浒传》和《荡寇志》等续书,并直接影响到传奇小说的创作。如明人所作《杨家府演义》是根据南宋以来民间广泛流传的杨家将故事加工而成的,塑造了杨门女将佘太君、穆桂英等一批女性英雄群像;熊大木所作《大宋中兴通俗演义》主要叙述岳飞抗金的事迹,开明清有关岳飞题材小说的源头。

《西游记》是明代吴承恩根据唐代僧人玄奘远赴天竺取经的故事,进行了创造性的艺术加工而成的神怪小说。该书具有丰富而奇特的想象,以浪漫主义的手法,刻画了唐僧师徒不同的个性。全书充满了诡异的想象和极度的夸张,在神话世界里寄托着对现实的批判和嘲讽。《西游记》之后,神怪小说纷然而出,有《西游记》的续书、仿作、节本,如方汝浩的《东游记》、吴元泰的《东游记》,余象斗的《南游记》、《北游记》。还有与历史故事相交融的神怪小说,如作于隆庆、万历年间的《封神演义》,描写武王伐纣的故事,博采民间传说,并加以幻想虚构。

明万历年间出现的《金瓶梅词话》是文人独立创作的长篇世情小说。作者兰陵笑笑生的真实身份、姓名至今不明。它描写的是商人兼官吏西门庆一家的日常琐事,通过这个家庭的生活揭露明代中期的社会现实,由一家而写及天下国家,是中国古代小说发展史上的一次飞跃。明代后期,白话短篇小说和文言短篇小说繁荣发展。冯梦龙编纂的《喻世明言》、《警世通言》、《醒世恒言》,总称“三言”,是宋元明三代最重要的一部白话短篇小说集,标志着白话短篇小说整理和创作高潮的到来。“三言”故事“极摹人情世态之歧,备写悲欢离合之致”,①尤其是对下层妇女的描写最为出色,如《杜十娘怒沉百宝箱》、《卖油郎独占花魁》等。其后,凌濛初编著了《初刻拍案惊奇》和《二刻拍案惊奇》,总称“二拍”。“二拍”与“三言”不同,基本是作者个人创作的白话小说。此外,明末短篇白话小说较有影响的还有天然痴叟的《石点头》、周清源的《西湖二集》、陆人龙的《型世言》、西湖渔隐主人的《欢喜冤家》、华阳散人的《鸳鸯针》、东鲁古狂生的《醉醒石》等。

清代是小说创作的极盛期,无论数量和质量还是内容和形式,都超越前代。其中,《聊斋志异》是蒲松龄所作的以志怪传奇为特征的一部文言短篇小说集,继承了六朝志怪和唐人传奇的传统而有所创新,假狐鬼抒情写意,行文洗练而文约事丰,达到了中国文言短篇小说的最高峰。《儒林外史》是吴敬梓所作的长篇讽刺小说,以批判科举制度,描述被科举制度毒害的儒林人物为主要内容,揭露了政治腐败和社会黑暗,将中国讽刺小说提升到前所未有的高度。《红楼梦》是清代最杰出的长篇小说,代表了中国小说的最高成就。作者曹雪芹通过对贾、史、王、薛四大家族盛衰过程的描写,以贾宝玉、林黛玉的爱情悲剧为中心,表达了世事无常、盛极必衰的感慨,其结构浑然天成,人物个性鲜明,叙事细腻、逼真,不仅在中国文学史上有崇高的地位和深远的影响,也是一部世界文学名著。

鸦片战争到甲午战争期间,盛行侠义小说和倡优小说。前者受《水浒传》的影响,但

---

① 抱瓮老人辑,林梓宗点校:《今古奇观》,广州:广东人民出版社,1981年,第4—5页。

以维护官方、宣扬清官为立场,其中较有代表性的有文康的《儿女英雄传》,民间评书基础上加工而成的《三侠五义》等。后者则以文人狎妓生活为题材,手法通常比较陈旧,多是潦倒文人的幻想,如魏秀仁的《花月痕》、俞达《青楼梦》、韩邦庆的《海上花列传》。甲午战争失败后,社会、民族危机加深,抨击时政、揭露官场黑暗的谴责小说应运而生。李宝嘉的《官场现形记》、吴趼人的《二十年目睹之怪现状》、刘鹗的《老残游记》、曾朴的《孽海花》被称为"晚清四大谴责小说"。这些小说反映了清末政治的腐败,也显示了清末知识分子思想变化的情况。民国初年,出现以爱情婚姻为题材的鸳鸯蝴蝶派小说和标榜揭发官场世态丑陋的黑幕小说。新文化运动后,小说开始突破传统章回体形式,出现用白话文写作的现代小说。鲁迅的《狂人日记》是现代小说的奠基作,而沈雁冰、郑振铎等主编的《小说月报》则是中国现代小说早期的重要阵地之一。郁达夫的《沉沦》受西方心理学影响,采用意识流手法进行创作。其后,现代小说的创作进入多元化发展时期,作家众多,风格各异,作品繁盛。

四、戏曲创作与舞台艺术

中国戏曲与古希腊悲喜剧、印度梵剧,被誉为世界古代三大戏剧流派,是人类艺术宝库中的瑰宝。中国戏曲的形成,经历了一个漫长的过程,不同历史时期的许多表演艺术都对戏曲的形成起了促进作用。春秋时期的滑稽戏,由俳优通过调笑来对统治者进行讽谏。隋唐前后的歌舞戏,有歌有舞又有简单情节的表演,具有戏剧性。唐宋时的参军戏,由两名表演者装扮成的人物相互问答,其内容以滑稽调笑、讽刺揶揄为主,也可增添即兴表演。宋金的杂剧和院本,在参军戏的基础上发展而来,角色由两个增加至五个,具备了戏曲的雏形。这些表演艺术都对戏曲的出现、发展产生了直接的影响。

元代是中国戏曲成熟和繁荣发展的时期。元杂剧是在继承宋代杂剧的基础上,以北方流行的曲调说唱形式为主,将北方地方戏和宋金以来的诸宫调结合起来而成,又称为"北曲"、"元曲"。元杂剧是具有独特风格的戏曲艺术,融唱(歌曲)、白(宾白)、科(舞蹈)为一体,而以唱为主,配以白、科。一本戏一般由四折(类似幕或场)构成,四折之外还可以加一个楔子(相当于序幕或过场戏)。在每折戏里,只能用同一宫调的曲牌组成的一套曲子,不能换调,曲文也只能用一个韵脚。每折的唱词在音乐上只采用一种宫调,四折四种,互不重复。元代最通行的宫调有十二种,即所谓"五宫七调",实际应用的只有五宫四调。每个宫调下又有曲牌,杂剧的曲文要按照曲牌的规定来填写。每一折就构成同一宫调下的各种曲牌的组列,数量不等,叫做联套、套数、套曲。元杂剧用北方语音,没有入声,押韵不如诗词格律严格,但也很讲究音乐的动听、声腔的优美。和诗词一样,杂剧唱词也常用对句,但可不计平仄。每折戏的唱词,一韵到底,平仄通押,甚至句句押韵。剧中的角色基本可分为末(男)、旦(女)、净(花脸),末中又分正末、冲末和小末等,旦分正

旦、外旦和搽旦等。正末和正旦可以主唱，其他角色一般没有唱词。正末主唱的剧本叫"末本"，正旦主唱的剧本叫"旦本"。如《汉宫秋》是末本，汉元帝的角色是正末，四折唱词就由汉元帝一人主唱。作为对一个角色主唱的补充，有些剧本也安排正末、正旦以外角色的唱词，通常放在一折中的套曲之前或之后，一般和套曲不同韵，甚至不同宫调，称为"小曲"或"曲尾"。元杂剧剧目丰富，有正剧、悲剧、喜剧、悲喜剧，并且题材广泛，主要有爱情婚姻剧、神仙道化剧、公案剧、社会剧和历史剧等。其中最著名的四大爱情剧是王实甫的《西厢记》、关汉卿的《拜月亭》、白朴的《墙头马上》和郑光祖的《倩女离魂》，其中尤以《西厢记》为出色。而关汉卿、白朴、郑光祖与马致远一起被后世誉为"元曲四大家"。

元杂剧发展到后期，注重辞藻音律而相对忽略了戏剧艺术的特点和人物形象的塑造，再加上一本四折、一人主唱等体制上的束缚，使得元杂剧逐渐被南戏所取代。南戏约在南宋光宗时产生于永嘉即温州，又叫做"永嘉杂剧"、"温州杂剧"。南戏体制相对宽松，不分折，而是分若干出（即场），宜于容纳较曲折、复杂的故事。南戏的"曲"没有杂剧的宫调系统，也不需主角一人一唱到底，各个角色均可唱。南戏所表现的内容多涉及家庭人伦与婚姻变故，缺乏杂剧对社会现实的关注，其代表作是高则诚的《琵琶记》，描写了汉代书生蔡伯喈与妻子赵五娘悲欢离合的故事。

明代在宋元南戏和金元杂剧两种不同戏曲的基础上，发展出传奇戏曲和杂剧。传奇戏曲是当时主要的戏曲形式，其体制比杂剧自由，散场表现曲折复杂的情节。每本戏不限出数，可多可少；每出戏所用曲牌也较自由，可以换调换韵；台上角色皆可演唱。号称"四大传奇"的《荆钗记》、《白兔记》、《拜月记》、《杀狗记》的出现，标志着传奇取代杂剧成为主导的戏曲形式。万历年间，明代的戏曲进入鼎盛时期，最突出的表现是唱腔的变化及昆腔的兴盛。因传奇戏曲的前身南戏流行于江南各省，故唱腔因地域而不同。当时有弋阳腔、余姚腔、海盐腔、昆山腔。昆山腔（即昆曲）经魏良辅等艺人的改造，逐渐成为主导。这一时期在戏曲创作上也出现了不同的流派，主要是以沈璟为代表的"吴江派"和以汤显祖为代表的"临川派"。吴江派主张严格遵守音律，强调戏曲语言本色，维护昆腔的地位；临川派则反对死守格律、拘泥音韵，主张写情提倡自然，接受海盐腔、弋阳腔等的影响。汤显祖被誉为"中国16世纪的莎士比亚"，其代表作《牡丹亭》是中国戏曲史上的浪漫主义杰作。

清代的传奇戏曲以洪昇的《长生殿》和孔尚任的《桃花扇》为代表，风行一时，有"南洪北孔"之称。而戏曲家李渔所著《闲情偶寄》中的"词曲部"和"演习部"，从理论上系统地论述了戏曲文学和表演艺术。清代中叶以后，传奇、杂剧逐渐衰落，各种地方戏曲取而代之，形成五大声腔系统，即高腔、昆腔、弘索、梆子、皮黄。各种声腔经过多年交流，互相影响，产生了中国戏曲的最后样式——京剧。

京剧源于南直隶的昆山腔、安徽的"徽调"和湖北的"汉调"等地方戏曲。1790年清乾隆皇帝80岁大寿，调集当时的四大徽班即三庆班、四喜班、春台班、和春班进京做祝寿演出。徽班进京后，声名鹊起，便长期留在北京演出，与在京久演的汉戏"汉调"、昆曲、梆子等互相影响,将徽剧的"西皮调"与汉戏"二黄调"融合,最终形成京剧。同治、光绪时期,京剧的剧目和舞台艺术逐渐形成,占据了北京舞台艺术的主要地位,并开始向外地流传。当时有号称"同光十三绝"①的十三位身怀绝技的名演员,其中擅演老生的程长庚,对京剧的剧目做了不少改革,至今还有不少在演出。晚清时期受到社会危机及西方文化的影响,戏曲出现改良。由清朝制定的禁女伶的规矩也被打破,开始出现女性戏曲演员。京剧中有关政治与历史方面的剧目也有所增加,出现一大批名角、名家,而旦角也逐渐崛起,形成与生角并驾齐驱之势。民国时期京剧进入繁荣时期,1927年北京《顺天时报》举办京剧旦角名伶评选,由读者投票选出梅兰芳、尚小云、程砚秋、荀慧生为"四大名旦"。"四大名旦"的产生,开创了京剧舞台上以旦为主的格局,并形成风格各异的四个流派。梅派扮相端庄典雅,唱腔醇厚流丽;尚派扮相俏丽刚健,唱腔清亮激越;程派扮相俊秀清雅,唱腔幽雅婉转;荀派扮相娇雅妩媚,唱腔柔媚婉约。这一时期还有前四大须生余叔岩、高庆奎、马连良、言菊朋以及武生杨小楼、盖叫天等名角,共同推动了京剧的繁荣和发展。

综上可见,中国戏曲由很多地方剧组成,主要有昆曲、京剧、秦腔、豫剧、黄梅戏、川剧、粤剧、评剧等等,其中昆曲和京剧为表现力最为丰富细腻的剧种。各个剧种风格有所不同,但都具有综合性、写意性、程式化、虚拟化的特征。这些特征突出地体现于集中国戏剧之大成的京剧。京剧的综合性在于,它把音乐、歌唱、舞蹈、表演、美工等多种艺术因素融为一体,并使之精致化。音乐是构成戏曲的一大要素,器乐不仅要调控全剧节奏,还要为演唱伴奏,配合表演,渲染气氛。演唱者在表演时,不仅有唱还有念,讲究字正腔圆。在戏曲里有优美而程式化的文舞,也包含杂技和武打。武打在戏曲中完全艺术化为一种富有节奏和韵律的表演性舞蹈。戏曲中的雕塑因素在于表演中人物不断地亮相和定型,而脸谱服饰和演出背景体现了绘画的影响。写意性表现在具体情节的进展中,舍其形而传其神。舞台上的时空观念不拘于真实的、客观的时空,而是一种主观的、意念中的时空。程式化表现在角色、化妆、穿戴与唱腔的规范性。戏曲的角色原分生、旦、净、末、丑五大基本行当,后来归并为生、旦、净、丑四个行当。每个基本行当又可以再分,生可分为老生、小生、武生,旦可分为正旦、花旦、老旦,净可分为正净、副净,丑可分为文丑、武丑。每一行都有其特有的唱腔、念白规定。各剧种有不同的脸谱勾法,京剧的基本脸谱有整脸、三块瓦脸、十字门脸、六分脸、碎花脸、歪脸、元宝脸、象形脸等,用不同的色调象征人物的性格与品行。红色象征忠义、耿直、有血性;黑色表示性格严肃,不苟言笑,又象征威武有力、粗鲁豪爽;白色代表奸诈多疑;绿色代表顽强暴躁;紫色代表刚正稳练;金银色表现各种神怪形象等。京剧人物基本上都是明朝服饰的装扮。在唱法上,老生用本嗓,老旦用真嗓,青衣用假嗓,小生大小嗓并用。戏曲人物的心理活动除了通过唱念表现外,还

---

① "同光十三绝"指:老生程长庚、卢胜奎、杨月楼、张胜奎;小生徐小香;武生谭鑫培;旦行梅巧玲、余紫云、时小福、朱莲芬;老旦郝兰田;丑行刘赶三、杨鸣玉。

通过身体和穿戴的一系列程式化动作表现出来，有翎子功、扇子功、手绢功、髯口功等，各类动作皆有一定之规。虚拟化体现在舞台布景和演员的动作上。戏曲的舞台一般缺少布景，"一桌二椅"、"门帘台帐"既是道具，又可当布景使用，如桌子可以当做山和墙，椅子可以当做门和井。演员则需要用虚拟的表演技巧来表现实景、实物，如演员用手做扶梯状，并一步步向上蹬踏，表现上楼，用手做出关门动作表示进出大门，用挥鞭运作表示骑马，用划桨动作表示行船。在表现战争场面时，用四个龙套代表千军万马，用一个圆场象征百里行程，即"三五步走尽天下，六七人百万雄兵"。

五、绘画与雕刻

中国绘画起源甚早，可以追溯到新石器时代。那些刻在岩石上的岩画和陶器上的图画，如鱼、鸟、鹿、花、叶以及各种几何图案花纹，初具写实和抽象的特征，反映出中国绘画的萌芽状态。[1] 商周之际，绘制在青铜器上的装饰花纹，如几何纹、饕餮纹以及狩猎、战斗、歌舞、车马等纹饰，以概括夸张的手法，创造古朴简洁的艺术形象。彩陶和青铜纹饰共同确立了中国绘画整体着眼、以线为主、平面构图的基本原则。

在这一基本原则之下，中国古代绘画在各个历史时期展现出不同的形态及成就。春秋战国至秦汉时期先后出现的瓦当画、画像砖、漆画及帛画，都注重人或物的整体形象，在技巧上追求立体效果，以白描为主要技法，线条流畅灵动，具有满、实、多、动的风貌。如长沙战国楚墓中出土的帛画《人物龙凤图》和《人物御龙图》皆以黑色勾描，线条圆劲流畅，形象简洁生动。这一时期留下姓名的画家很少，最有名的是西汉毛延寿。他是一位擅长画人物像的宫廷画家，相传因王昭君不肯向他行贿，就被他故意画得姿色平平。王昭君与匈奴和亲时，汉元帝才发现其美貌，一怒之下杀了毛延寿。

魏晋南北朝时期，绘画开始作为一门独立的艺术出现，成为中国绘画的形成时期。这一时期的绘画追求精微生动的写实技巧，出现了"以形写神"的人物画，并产生了宗教画和山水画。在色彩运用上，除追求鲜亮外，还出现了明暗晕染技法。如东晋画家顾恺之最早提出"传神说"，认为人物画的传神之处在于眼睛。顾恺之的真迹已失，现存后世摹本《女史箴图卷》、《洛神赋图卷》等。顾恺之在人物画中用连绵婉曲的线描来表达人物的神韵，不用折线也无粗细的突变，被后世称为"高古游丝描"，为人物画技法十八描之一。随着绘画的发展，绘画品评及绘画理论著作也随之丰富，并形成了一定的体系。如南朝刘宋的宗炳擅长山水画和人物画，并著有《画山水序》一文，是中国绘画史上第一篇

---

① 参见青海省文物管理处考古队：《青海大通上孙家寨出土的舞蹈纹陶盆》，载《文物》1979 年第 3 期；张绍文：《原始艺术的瑰宝——记仰韶文化彩陶上的〈鹳鱼石斧图〉》，载《中原文物》1981 年第 1 期；牛济普：《原始社会的绘画珍品——临汝仰韶陶缸彩绘》，载《美术》1981 年第 9 期；甘肃文物工作队：《大地湾遗址仰韶晚期地画的发现》，载《文物》1986 年第 2 期等。

山水画论。又如南朝齐梁之际的画家谢赫所著《古画品录》中提出评价绘画的"六法",即气韵生动、骨法用笔、应物象形、随类赋彩、经营位置、传移摹写,从理论上总结了中国古代绘画的基本技巧和美学目标,形成较为系统的绘画理论。

隋唐时期,中国古代绘画逐渐走向成熟,人物画、山水画和花鸟画,皆发展成为独立的画科。唐代人物画的名家众多,其作品的题材广泛,包括宗教人物、历史人物和贵族生活等。如初唐画家阎立本的《步辇图》就是描绘了唐太宗接见吐蕃大使禄东赞,并许以文成公主入藏的场景。唐中期最负盛名的画家是吴道子,被后世尊为"画圣",因其是画工出身,又被奉为民间画工的祖师。吴道子的画风格奔放,注重线条笔法,创造了笔闲意远的山水"疏体",结束了山水作为人物画背景的附庸地位,成为独立的画种。吴道子喜用焦墨线条略加淡彩,所画人物衣褶飘举,线条遒劲,具有"天衣飞扬,满壁风动"的效果,被誉为"吴带当风"。而画家张萱和周昉擅长画仕女图,影响了当时和后代的许多画家,形成专门的画科——仕女画。隋唐时期山水画从人物画中独立出来,以景为主,人物为辅,注意意境的表达,成为独立的画科。隋代画家展子虔的《游春图》为现存最早的山水画,唐代画家李思训受其影响,以金碧青绿的重彩作山水,形成传统山水画的一种重要样式,称为"金碧山水"或"青绿山水"。此外唐代山水画还出现了"泼墨体",即用笔蘸墨汁大片地洒在纸上或绢上,或点或刷,像把墨汁泼上去一样的一种画法。唐代诗人王维善画泼墨山水,并在画上题诗,形成融诗、书、画、印为一体的艺术风格,被后人誉为"诗中有画"、"画中有诗",成为文人画的始祖。随着人物画、山水画的发展,花鸟画也独立发展起来,将花鸟虫鱼作为描绘对象,画风细致,富有灵性,如唐代花鸟画家萧悦画竹"深得竹之生意"。五代时期的花鸟画家徐熙多用勾勒为主的淡彩画法,而黄筌笔法工整设色浓丽,故有"黄家富贵,徐家野逸"之称,并演变成后世花鸟画的工笔、写意两派。

宋元时期,中国古代绘画进入全面繁荣的时期。五代时,西蜀、南唐开始设立画院。北宋初年,也设立翰林图画院,在宋徽宗时达到鼎盛。凡入画院供职,须经过考试,而考题往往是前人的诗句,如"深山藏古寺"、"野水无人渡"、"蝴蝶梦中家万里"等。这就推动了山水花鸟画的发展,并形成构图严谨,用笔工整细致,风格华丽细腻的院体。与之相对的,则是以李公麟、苏轼、米芾为首的讲求笔墨情趣、强调神韵的文人画,多取材于山水、花鸟、梅兰竹菊等,借以抒发个人意趣。如李公麟发展出纯用线条和浓淡墨色描绘实物的白描画法,注重情态意境;苏轼提倡作画要有寄托,反对形似,明确提出"士人画"的概念,并与画家文同开创了"枯木竹石"的文人画题材;米芾、米友仁父子则打破了传统的勾皴擦染,用笔饱蘸水墨落于纸面,利用墨、水交融产生的模糊效果,表现烟云弥漫的江南景色,被称为"米点皴"或"落茄点",丰富了山水画的表现力。北宋后期,宋徽宗酷爱艺术,将绘画发展为科举制度的一部分,且他本人擅长绘画,尤以花鸟画为最精,并将自己专门描绘珍异动植物的作品编成《宣和睿览册》。与此同时曾供职于翰林书画院的画家张择端专工界画宫室,其作品《清明上河图》展现了北宋都城汴京的世俗风貌,描绘了约500多各行各业的人物,成为现实主义的绘画巨作。元代时聚集了很多画家的画院瓦

解了,而文人士大夫处境卑贱,于时流行的画风是逃避现实、寄兴遣情,不求形似,以写意为主。如南宋遗民郑思肖所画兰花,不甚求工,又不画根和土,暗喻国亡土失,无所凭依。文人画在这一时期占有重要地位,元初以赵孟頫、高克恭等为代表的士大夫画家,提倡复古,回归唐和北宋的传统,主张以书法笔意入画,开重气韵、轻格律,注重主观抒情的元画风气之先。元代中晚期的黄公望、王蒙、倪瓒、吴镇等画家,则以寄兴遣情的写意画为旨,其作品以反映消极避世思想的隐逸山水和象征清高坚贞人格精神的梅、兰、竹、菊、松、石等题材为主。其中倪瓒的画多以干笔皴擦,笔墨简淡清劲,极少用色,形成荒疏萧条一派。

明清时期,文人画仍占统治地位。由于社会思潮的变化,在绘画上也出现了保守与创新之别。明代恢复了御用画院,以戴进、吴伟为首的画家继承南宋院体的传统,山水画善用浓淡水墨的技巧变化,花鸟画工笔设色,水墨写意。而明中叶的"吴门四家"即沈周、文徵明、唐寅、仇英,则继承元代文人画以笔墨情趣为主的传统,强调感情色彩和意境,追求平淡雅逸的文人情致。明末清初的"四王"即王时敏、王鉴、王翚、王原祁,也都追踪元人,但一味追求笔墨韵味,缺少境界,成为正统的文人画派。与之相反,明代以陈淳、徐渭为代表,清代以八大山人朱耷、石涛及扬州八怪(罗聘、李方膺、李鱓、金农、黄慎、郑燮、高翔和汪士慎)为代表,则以写意为主,反对因袭,提倡独创,多用夸张变形的手法绘画。此外,在民间木刻版画、年画也兴盛起来。木刻版画是书商为了吸引读者而于书中附以插图,可分为金陵和徽派两大体系;年画则以套色彩印,出现了天津杨柳青、苏州桃花坞、山东潍坊、河南朱仙镇等年画中心产地。

总的说来,中国古代绘画按照题材内容可以分为人物画、山水画和花鸟画三大类;按照技法不同可以分为工笔画、写意画和介于两者之间的半工笔(小写意)画三种形式;按照用途可分为宫廷绘画、文人绘画、宗教绘画和民间绘画。相较于西方绘画,中国绘画在创作方法上多注重写情写意,主张以形写神,不拘泥于表面形象的刻画,把自然形象同个人感受相融合,强调情感的表现。在表现技巧上,中国绘画否认有一个固定观察点,而是主张仰观俯察、远近游目,采用移动透视的手法来处理构图,打破空间以至时间的限制,灵活自由地表现任何形象。在艺术形式上,中国绘画讲究"骨法用笔",以线造型,不求形似,画面基本是平面色彩,往往以墨代彩,再加以皴擦点染、水墨晕染等手法辅助,讲求画面的整体和谐与气韵生动。

新石器时代是中国雕塑的萌芽时期,玉石是雕刻的主要材料,同时还出现了陶塑。如辽宁省西部凌源县发现的原始时期的女神雕塑、女裸体陶塑、龙及鱼鸟等玉雕,显示出原始雕塑已达到相当的水平。夏商周时期,青铜成为雕刻的主流。虽然青铜器多是为了实用,但已初步具备了雕塑艺术的特性。春秋至战国时期,开始出现代替活人殉葬的土俑、陶俑,后发展为秦兵马俑。

秦汉时期是中国雕塑的发展时期。秦始皇陵兵马俑、西汉霍去病墓前石刻以及两汉的陶俑,并称为"秦汉雕塑之三绝"。秦兵马俑采用模制和手塑相结合、分段制作的方法,制作的材料为灰陶,质地坚硬细密,烧制成型后,再对其进行着色装饰。秦俑采取高度写实的风格,力求逼真地表现对象形体,并通过动作来表现人物的个性,如将军俑手持宝剑,射手俑握弓搭箭,有跪有立,驭手俑手握缰绳。西汉霍去病墓前现存的石刻有立马、卧马、卧虎等14件,用花岗岩雕刻而成。雕刻者运用循石造型的艺术手法,巧妙地将圆雕、浮雕、线刻等技法融汇在一起,刻画形象以恰到好处,足以表现客体特征为度,显得古朴雄厚而有气势。与秦代相比,汉代随葬俑的雕塑数量更多,其题材更加广泛,除了兵马俑外,还有家僮奴仆,日常生活中出现的灶、井、屋、仓、猪圈等。这些俑塑的造型简练而注意神似,其中动物形象也十分出色。如甘肃武威东汉墓出土的一套铜车马俑,其中的"马踏飞燕"构思巧妙,造型写实,重在传神。

魏晋南北朝时期,随着佛教的广泛传播,宗教雕塑成为主流。在雕塑材料上,石窟多以石雕为主,寺庙多为泥塑。其中石窟雕塑是这一时期最为丰富的文化遗产,代表性的石窟有敦煌石窟、云冈石窟、龙门石窟、麦积山石窟等。从佛的形象、服饰及佛龛装饰上来看,早期带有明显的外来文化特征,后期日益中国化,讲求瘦骨清相,注重细节的刻画。

隋唐时期,雕塑广泛应用于石窟、寺观、宫廷、陵墓和各种工艺品,达到了相当完善的程度。唐代的陵墓雕塑讲求博大凝重和典雅鲜活,如唐太宗陵前的昭陵六骏,以浮雕的手法刻画随唐太宗征战的战马,线条简洁,体态各异,造型准确。唐代的宗教雕塑则洋溢着现实人间的特色,人物形象端庄丰满,气质浑厚。如敦煌莫高窟现存彩塑像中第79窟的胁侍菩萨像头上的两片螺圆发髻是唐代平民的发式,脸庞施以粉彩,肤色白净,表情随和温存。不过唐代雕塑最大的成就是唐三彩,是一种小型的用于随葬的陶器。唐三彩以黄、绿、褐、青、白等色彩为主,造型丰富多彩,一般可以分为动物、生活用具和人物三大类,而其中尤以动物居多。唐三彩还首次在一件器物上同时使用红、绿、白三种釉色,经过高温烧制后,变成很多色彩,有原色、复色、兼色。

宋元明清时期,雕塑日趋生活化、世俗化和民间化,在手法上趋于写实风格,材料的使用也更加多样。宋代民间工艺品雕刻发展起来,作为陈设和儿童玩具的泥塑、瓷塑等受到人们的欢迎。当时苏州、杭州等地盛产泥人,如镇江地区宋墓出土一套泥娃娃,形象可爱,栩栩如生,盖有苏州匠师的印记。而陵墓雕塑则趋于程式化,缺少汉唐以来的恢弘气势。宋代宗教雕塑的世俗化、生活化得到加强,如山西太原晋祠的侍女像,动作姿态因职事、性格各不相同,体态优美,形象传神。元明清时期的宗教雕塑,有一部分融合了藏传佛教的艺术,注重镶嵌工艺、鎏金工艺和透雕工艺的运用,表现出强烈的装饰性。相较而言,工艺雕塑逐渐发展成为主流,附于建筑的砖、石、木雕刻及作为陈设的陶瓷塑、泥塑、玉雕、竹雕等,盛行于世。作品多出于民间工匠之手,其中如浙江东阳之木雕,苏州、徽州之砖雕,苏州虎丘及无锡惠山之泥人,都颇负盛名。

整体来看,中国古代雕塑按功能可分为陵墓雕塑、宗教雕塑、工艺雕塑;按形式可分为圆雕、浮雕、透雕。这些雕塑遗产所使用的材料非常丰富,艺术重心倾向于以装饰性为主,缺乏类似西方的纯粹雕塑品。同时中国古代雕塑具有明显的绘画性,这表现在平面性和彩绘两方面。所谓平面性即不注意雕塑的体积和立体感,而是注意轮廓线条,局部

大多平面性很强,在看不见的一面就缺少雕琢。另外,西方雕塑多通过材质本身显示对象的特质,除宗教神像外,一般雕塑多不加彩,而中国雕塑多使用彩绘,以提高雕塑的表现力,民间雕塑至今仍然保持着彩绘的传统。

【小结与思考】

中华文明精神境界的所有内涵都能在其文学、艺术形态中得到体现。早期的音乐多与礼乐活动相关,雍容肃穆,礼乐文化有所松动之后,燕享柔靡之乐流行,中古时代,多种民族音乐成分在中原都有表现的空间,并且相互融合,庙堂礼乐与民间娱情之乐共鸣,形成包容多样的音乐传统。上古已有采风之事,孔子编定《诗》,汇民谣、雅乐、祭祀之歌于一集,颇显古人因俗治世的理想,并且展现诗歌与音乐的紧密关系。战国兴楚辞,两汉盛乐府,魏晋六朝多古风,抵于唐代而名家辈出,诗作臻于鼎盛。宋诗不及唐诗浑厚质朴,然而宋词之精雅度越前代。元明清诗词皆能继续唐宋传统,唯气象稍逊。先秦诸子著述已具极高散文文学水准,秦汉时期,哲理散文不及先秦,然而政论、叙事、抒情散文并不逊色。魏晋南北朝时期散文,或沉雄华美,或婉转恳切,或清新隽永,多有佳作。唐代古文运动之后,“文以载道”,尚质朴流畅,韩愈、柳宗元、“三苏”及欧阳修、王安石、曾巩八大名家为其著者。明中叶以后,散文抒发性灵、不拘格套,少雄文,多小品。赋为中国特有文学形式,兼具散文、韵文特色,战国楚人多佳赋,而汉赋最繁荣。魏晋六朝以后,志怪小说流行,至唐代传奇兴起,宋元话本出现,抵明清而小说繁荣成熟,长、中、短篇皆有杰出作品。中国戏曲发源甚早,到元代杂剧接近成熟,有关汉卿、白朴、郑光祖、马致远“四大家”。明清剧作繁荣,汤显祖、洪昇、孔尚任皆有传世作品。清中叶京剧形成,经晚清以来的发展达到中国戏曲艺术的最高水准。中国古代早有各类绘画,魏晋南北朝时期,顾恺之《女史箴图卷》、《洛神赋图卷》等作品以及相关论说,将中国绘画推向高雅艺术境界。唐代人物、山水、花鸟画皆多有名家,作品众多。宋元明清时期,士大夫知识分子绘画全面繁荣,多取材于自然景物,抒发个人意趣,以工笔、写意为主,与西方绘画迥然不同。中国上古人物雕塑不及地中海文明之盛,然而秦代兵马俑群塑,规模气势别具一格。佛教传入后,石雕、泥塑、木刻佛像规模宏大,气象庄严。中国艺术多元多彩,蔚为壮观。

【思考题】

1.古代采风与诗歌发展有怎样的关系?

2.谈谈中国戏曲艺术与社会生活的联系。

3.中国的山水人物画有哪些艺术特征?

4.魏晋南北朝以来的小说类作品有哪些代表作?

第十五讲

军事和军事学

在人类文明史上,战争反复发生,因而是一个难以回避的话题。它是人类内部使用大规模暴力手段解决冲突的方式,可能摧毁秩序而无建树,可能维系和平秩序不被破坏,也可能带来社会的变革。但是无论如何,所有战争都以对人的杀戮来展开,都会带来巨大的人文牺牲,因而战争体现出文明的一个悖论——逐步走向文明的人类用不断升级的不文明方式实现自己的目的。所以如此的根本原因,是由于人类内部的集团利益分殊,这种利益分殊有时会达到这样一种程度,使得相关者判定必须强行制服甚至消灭对方才能使自己的利益得到实现,于是战争就发生了。文明演进的经历使得人类逐渐建立起关于集团关系的一些合理性原则,当人们判定某一战争行为符合这些原则的时候,就将之看做正当的、正义的,将不符合这些原则的战争行为看做非正当、非正义的。一般说来,战争为不得已之举,凡为扩大自身利益主动发动战争、侵略他者、穷兵黩武、在战争过程中荼毒生灵的,为非正义的;为捍卫自身尊严与生存权利,为保卫和平而战的,为正义的。不过,在历史上,发动战争者通常都会声言其战争举动具有正当性,因而在实践中判断战争的道义属性,是很复杂的事情。关于战争合理性限度的各类原则在一定意义上对战争产生了约束的作用,但都没有根本杜绝战争。只有人类创造出一种体制以及相应的共同观念,使得其相互利益能够通过有序机制实现常态均衡的时候,战争才有可能消失。然而迄今为止,还没有这样的体制和共同观念,所以战争还会发生。自古知兵非好战,具有赢得战争的能力,是维系社会共同体存续、维持和平的必要条件。在漫长的历史上,中华文明积累了关于战争与和平的深邃思想,也积累了战略和战术、军事体制和军事技术方面的丰富经验。

一、夏至春秋时代战争之大要

在文明发生以前就已经有战争,那基本上是用群体厮杀的方式和简单的技术实施的,其破坏性有限。人类组成国家,群体组织力大为增强,群体利益更为清晰而崇高化,战争就演变为群体生存所必需的手段和无可避免的宿命,演变为组织严密、目标明确、技术手段竞争的社会间总体冲突。应对战争的准备和参与战争的组织体系以及相关的设施、技术、理论是随着文明史的展开而日益复杂化的。

早在夏代开始传子不传贤的时候,因遭到有扈氏为首的部族反对,在甘(今陕西户县)这个地方发生了“甘之战”。《尚书·甘誓》记述的就是这次战争前夕启发布的战争动员令的内容。结果启取得了胜利,灭掉了有扈氏,巩固了夏王朝的统治,确立了王位传子制度。这次战争是服务于政治统治者利益的军事行为。

夏代最后的王桀腐败糜烂,百姓诅咒,大臣进谏,但桀一意孤行。这时商汤积德行义,在归附者的参与下,发动战争,推翻了夏朝。这次战争表明,民心向背是战争胜负的关键。

商朝末代的纣王类似夏桀,荒淫无道,诸侯中的周在强大起来以后,向天下诸侯发布讨纣命令,在商都朝歌郊外的牧野(今河南新乡一带)展开大战。商军人数占优,但军心涣散,阵前倒戈,纣王登上鹿台自焚而死,周朝由此建立起来。这再次表明战争是历史上推翻腐朽统治的重要手段,民心向背是战争胜负的关键。

周朝前期军力强大,曾经为巩固边疆区域发动针对周边方国的战争,制服了南方的荆楚,迫使犬戎西迁,拓展了周的边界,但随着西周自身逐渐腐化,其对周边征伐的合理性趋于消泯,徒然激化了与周边政权的矛盾。《汉书》中说:"至穆王之孙懿王时,王室遂衰,戎狄交侵,暴虐中国,中国被其苦。诗人始作,疾而歌之。曰:'靡室靡家,猃允之故;岂不日戒,猃允孔棘。'"①周幽王更在犬戎的直接打击下,身死国灭,西周王朝统治结束。这表明,对外战争需以内修国政为前提,穷兵黩武,是败亡之道。

周平王东迁之后,周王室衰微,不能维系诸侯国之间的秩序关系,诸侯争霸,战争频繁,出现了所谓"春秋五霸",即在春秋时期相继赢得霸主地位的诸侯领袖。其中的齐桓公任命管仲为相,对内实行经济、社会管理方式和军役征发方式的改革,实力雄厚之后,多次召集其他各国会盟,以武力为加盟者提供保护,征伐破坏和平秩序的"夷狄"或诸侯国。公元前651年,齐桓公在葵丘(今河南兰考东)大会诸侯,周襄王也派使者参加,会上订立的盟约申明,与盟的诸侯国从此以后永远不相征战,各国不得乱筑堤坝阻碍河流畅通,不得在邻国受灾时囤积粮食,不得在分封卿大夫采邑后不向周王报告。从历史文献记载来看,齐桓公霸业是以军事实力保障大共同体公共秩序,遏制无序战乱的事业。齐桓公死后,齐国陷入内乱,宋襄公想接替齐桓公成为新霸主。此时南方的楚国开始北进,宋国军队出而抗击,于公元前638年两军在泓水(今河南省柘城县西北)相遇。宋军先在泓水岸边摆好阵势,楚军渡河前来。这时宋军中有人建议趁楚军渡河未毕发动攻击,宋襄公不同意。楚军渡过泓水后紧急列阵,又有人建议趁其立足未稳发动进攻,宋襄公仍不同意。楚军列好阵势后,宋襄公下令出击,结果被楚军打败。宋人抱怨,宋襄公称:"君子不重伤,不禽二毛。古之为军也,不以阻隘也。寡人虽亡国之余,不鼓不成列。"②就是说,君子在战场上不去伤害已经受伤的敌人,不去俘虏敌军中的老人,古人不依仗地势险要打击敌人。我虽然只是殷商亡国者的后裔,但也不会去进攻一支没有排列好的军队。不久,宋襄公因箭伤去世,霸业成空。中原地区的诸侯纷纷倒向楚国,楚国势力北侵。这个事例反映出,直到春秋时代,军事战争的观念和方式还受到伦理意识的强烈影响,一些指挥者会因此而不顾战争失败的后果。

齐桓公之后,真正建立霸业的主要人物是晋文公。公元前636年,为规避国内动乱而在外流浪长达19年的晋国公子重耳在秦穆公军队护送下回国夺取君位,是为晋文公。他稳定政局,继而通过协助周襄王击败叛乱,取得周王的支持,修明内政,扩充三军。公

① (汉)班固:《汉书》卷九十四上《匈奴传第六十四上》,北京:中华书局,1962年,第3744页。
② 杨伯峻:《春秋左传注》之《僖公二十二年》,北京:中华书局,1981年,第397—398页。

元前633年,楚国联合陈、蔡、郑、许四国军队包围宋国,宋向晋求援。晋军在城濮(今山东鄄城西南)与楚军决战。战斗开始前,晋文公主动退避三舍,将军队后撤了90里,麻痹了楚军的统帅。战斗开始后,晋军首先攻击楚军右翼的陈、蔡两国军队,将之击溃。同时晋军一部分伪装主力向后败退,楚军左翼深入追击,失去中军支持,中途遭到晋军主力拦腰截击。佯装败退的晋军也反扑夹击。晋国大获全胜。这次战役中,晋国军队多方面运用了心理战、虚实佯诈、伏击、包抄等战术,体现出高超的军事谋略思想。城濮之战后,晋文公在践土(今河南郑州北)与诸侯会盟,周襄王也前来参加并册命晋文公为侯伯,正式承认他为诸侯的霸主。晋文公与诸侯签订的盟约中规定:"皆奖王室,无相害也。有渝此盟,明神殛之,俾队其师,无克祚国,及而玄孙。"①这与齐桓公争霸的意旨大致相同。

公元前613年,楚国庄王继位,兴修水利,发展经济,国势日强。其后陈兵周王城,询问象征王权的古鼎重量,北上制服晋的盟国郑国、宋国,其他各国纷纷请盟,楚庄王在中原建立霸业。其后,晋、楚两国势均力敌,出现均势,处于中原百战之地的宋国出面倡导和平。各国响应,确定晋楚两国同为霸主,晋的服国要服楚,楚的服国也要服晋,除秦、齐之外,所有的小国都要向晋楚两国同时纳贡。从此以后,大国忙于内部纷争,不愿对外开战;小国虽然需要同时提供双份贡物,但慑于晋楚两大国的武力,又鉴于先前的兵连祸结,欢迎和平。其后中原地区的大国争霸趋于平静,只有东南地区的吴、越争霸,已是春秋争霸的尾声。

公元前514年,吴王阖闾在楚国逃亡者伍员(伍子胥)的帮助下夺得王位,伍员积极谋划攻楚。公元前506年,阖闾率军联合蔡、唐两国伐楚。多次重创楚军后,两军在柏举(今湖北麻城)会战,楚军土崩瓦解,吴军长驱直入,攻下楚国都城郢(今湖北江陵)。楚昭王仓皇出逃,先入云中,后来逃到郧邑,最后又投奔了随国。楚国大臣申包胥到秦国求来援兵,秦、楚联军击败吴军,楚国复国后将都城迁到了鄀(今湖北宜城县东南)。公元前494年,吴王夫差率领大军攻打越国,越军被围困在会稽山上,向夫差求和。夫差战胜越国后,为称霸中原不断进军北方,先后征讨了陈、蔡、鲁、齐等国。在此期间,越王勾践"卧薪尝胆",经过"十年生聚,十年教训",逐渐恢复实力。公元前482年,夫差再次北上中原与晋国争夺霸主时,勾践乘虚攻入吴国,夫差率军返回。公元前478年,吴国发生重大灾荒,勾践率领大军再次向吴国发动攻击,到公元前473年攻克吴都,夫差自杀,吴国灭亡。越王勾践灭吴之后,也北进谋取霸主地位。他率军渡过淮水,与齐、晋等国在徐州会盟,还向周王进献礼物。周元王也派使者到会,赐命越王勾践为侯伯。

大体看来,在齐桓公、晋文公以后,争霸中原的战争愈来愈缺乏道义正当性和民生意义,成为强权者寻求威望、利益的手段。

---

① 杨伯峻:《春秋左传注》之《僖公二十八年》,北京:中华书局,1981年,第466—467页。

二、孙子奠定的中华传统军事学

春秋战国之际的孙子是中国军事与军事学史上，甚至世界军事学史上划时代的人物。在孙子之前的历史上，曾有大规模的战争，但是军事理论和军事学朦胧不清，自《孙子兵法》传世以后，中国传统军事学理论展露了其基本面貌，这对后来中华文明的存立和演变都有重大意义。

孙子名孙武，字长卿，因其军事学造诣高深而被尊称为"孙子"。他是奔齐的陈国公子完的后裔，家族有尚武遗风，祖父有战功，被赐姓孙。孙武自小好学，尤好兵书，曾考察各地古战场，潜心研究兵法。经伍子胥推荐，他入仕吴国，向吴王阖闾上兵书 13 篇。《孙子兵法》大约成书于公元前 496 至公元前 453 年间，现存 13 篇，6000 多字。这 13 篇分别是《始计》、《作战》、《谋攻》、《军形》、《兵势》、《虚实》、《军争》、《九变》、《行军》、《地形》、《九地》、《火攻》和《用间》。

孙子在这部著作中，首先强调军事是"国之大事，死生之地，存亡之道"，①不可不谨慎考虑道、天、地、将、法五种基本情况："道者，令民与上同意，可与之死，可与之生，而不畏危也；天者，阴阳寒暑时制也；地者，远近、险易、广狭、死生也；将者，智、信、仁、勇、严也；法者，曲制、官道、主用也。"②通晓这五种情况，才可能制胜。"夫未战而庙算胜者，得算多也；未战而庙算不胜者，得算少也。多算胜，少算不胜，而况于无算乎？"③这体现出将战争视为国家命运所系、慎战、统筹的战略意识。其次，孙子认为战争倾举国之财力，所以指挥者是"生民之司命，国家安危之主"，④"不尽知用兵之害者，则不能尽知用兵之利"，⑤要尽量取用于敌国，兵贵速胜，避免长久用兵。一旦进入战争状态，需尽量降低战争的破坏力，能通过谋略、外交、威慑"不战而屈人之兵"⑥为最佳，"全国为上，破国次之；全军为上，破军次之；全旅为上，破旅次之；全卒为上，破卒次之；全伍为上，破伍次之"。⑦ 显然孙子并不主张穷兵黩武和统治者随意发动战争，认为战争必须符合国家总体战略需要，即使卷入战争也要尽量避免伤亡。孙子认为，战争的胜负很大程度上取决于形势的对比，所以善战者需要明察力量对比，"先为不可胜，以待敌之可胜"。⑧ 有必胜之形势，一旦开

---

① 骈宇骞等译注：《孙子兵法·孙膑兵法》，北京：中华书局，2006 年，第 3 页。
② 骈宇骞等译注：《孙子兵法·孙膑兵法》，北京：中华书局，2006 年，第 3 页。
③ 骈宇骞等译注：《孙子兵法·孙膑兵法》，北京：中华书局，2006 年，第 8 页。
④ 骈宇骞等译注：《孙子兵法·孙膑兵法》，北京：中华书局，2006 年，第 14 页。
⑤ 骈宇骞等译注：《孙子兵法·孙膑兵法》，北京：中华书局，2006 年，第 11 页。
⑥ 骈宇骞等译注：《孙子兵法·孙膑兵法》，北京：中华书局，2006 年，第 17 页。
⑦ 骈宇骞等译注：《孙子兵法·孙膑兵法》，北京：中华书局，2006 年，第 17 页。
⑧ 骈宇骞等译注：《孙子兵法·孙膑兵法》，北京：中华书局，2006 年，第 24 页。

战,即"若决积水于千仞之溪"。用兵之际,指挥者需依托形势,灵活运用奇正、虚实,"任势者,其战人也,如转木石。木石之性,安则静,危则动,方则止,圆则行。故善战人之势,如转圆石于千仞之山者,势也"。① 孙子专论战役调动之法,称:"凡先处战地而待敌者佚,后处战地而趋战者劳……故敌佚能劳之,饱能饥之,安能动之。"② 他主张攻敌所必救,守其所不攻,我专而敌分,以十攻一,避实而击虚,因敌而制胜。两军相对,需进退有据,"其疾如风,其徐如林,侵掠如火,不动如山,难知如阴",③"高陵勿向,背丘勿逆,佯北勿从,锐卒勿攻,饵兵勿食,归师勿遏,围师必阙,穷寇勿追"。④ 这些战术思想在后来的军事史上产生了很大的影响。孙子主张战役指挥官具有以国家为重的胸怀,"进不求名,退不避罪,惟民是保",⑤平时怜惜将士,"视卒如婴儿,故可与之赴深溪;视卒如爱子,故可与之俱死"。⑥ 临战之际,则指挥官需拥有较大自主权,以应对战时复杂局面,如果指挥官拘泥死板,则会陷于"五危":"必死,可杀也;必生,可虏也;忿速,可侮也;廉洁,可辱也;爱民,可烦也。"⑦凡此五危,为用兵之灾。孙子对于行军驻扎的地理环境、察敌动静、战场形势把握、用兵进退、火攻之法等等都有精辟论述。尤其值得关注的是,孙子特别讨论了"用间"的问题。他提出,如果兴动十万之军,出征千里,百姓与国家费用浩繁,内外骚动而百业废弛,以争一日之胜,这时如果不能充分了解敌情,是"不仁之至也"。⑧ 欲知敌情,需使人用间,用间之法有五种:"乡间者,因其乡人而用之;内间者,因其官人而用之;反间者,因其敌间而用之;死间者,为诳事于外令吾间知之而传于敌国也;生间者,反报也。"⑨"故明君贤将,能以上智为间者,必成大功。此兵之要,三军之所恃而动也。"⑩

《孙子兵法》的内容中,包含关于基本军事观念、战略原则、战术策略、治军理念等多方面的思想。其中,关于军事为国家命运所系,必须慎战,如战必胜的思想,关于战争以国家财力、民心为基础的思想,战争以实现最大战略目标为核心而不以杀戮破坏为目的的思想,迄今不失为高明的见解。书中关于"不战而屈人之兵"、"上兵伐谋"、"将在外,君命有所不受"等思想,含有深刻的军事哲理。孙子关于军事战术的论述,则提供了古代军事技术条件下运用高明战术的基本思路。孙子的治军思想,也有借鉴意义。《孙子兵法》问世以来,备受推崇,被历代兵家视为兵学经典。近代以来,《孙子兵法》被翻译成多

① 骈宇骞等译注:《孙子兵法・孙膑兵法》,北京:中华书局,2006 年,第 34 页。
② 骈宇骞等译注:《孙子兵法・孙膑兵法》,北京:中华书局,2006 年,第 37 页。
③ 骈宇骞等译注:《孙子兵法・孙膑兵法》,北京:中华书局,2006 年,第 47—48 页。
④ 骈宇骞等译注:《孙子兵法・孙膑兵法》,北京:中华书局,2006 年,第 51 页。
⑤ 骈宇骞等译注:《孙子兵法・孙膑兵法》,北京:中华书局,2006 年,第 74 页。
⑥ 骈宇骞等译注:《孙子兵法・孙膑兵法》,北京:中华书局,2006 年,第 75 页。
⑦ 骈宇骞等译注:《孙子兵法・孙膑兵法》,北京:中华书局,2006 年,第 58 页。
⑧ 骈宇骞等译注:《孙子兵法・孙膑兵法》,北京:中华书局,2006 年,第 98 页。
⑨ 骈宇骞等译注:《孙子兵法・孙膑兵法》,北京:中华书局,2006 年,第 99—100 页。
⑩ 骈宇骞等译注:《孙子兵法・孙膑兵法》,北京:中华书局,2006 年,第 103 页。

国文字,不仅是军事学理论的重要文献,而且被广泛运用于经商等社会行为,成了一门世界性的学问。

除传世的《孙子兵法》外,1972年,山东临沂银雀山出土了《孙子兵法》残简,除原13篇外,尚有《吴问》、《四变》、《黄帝伐赤帝》、《地形二》、《见吴王》等5篇。竹简本《孙子兵法》除传世本《地形篇》外,其他各篇都有发现,共2700多字。由于竹简出土时残损严重,正文篇题仅《作战》、《刑(形)》、《埶(势)》、《虚实》、《九地》、《火攻》、《用间》等。竹简本《孙子兵法》与传世本在篇目的次序、文辞句子等方面稍有异,但内容基本相同。其中的5篇佚文,《吴问篇》是记吴王与孙子的问答,不见于传世本《孙子》但见于《通典》所引《孙子兵法》中;《黄帝伐赤帝》与传世本的《行军》有关;《地形二》与传世本的《九地》、《行军》类似;《见吴王》与《史记·孙子吴起列传》中的孙子用吴王宫中妇人演练兵法之事相似。可见,竹简本《孙子兵法》也是传世本《孙子兵法》思想的延续。

战国时期另有一部著名的兵书《孙膑兵法》,又名《齐孙子》。该书作者孙膑,相传为孙武后裔,也被称为"孙子",这个称谓一度与孙武混淆,甚至有人认为历史上的《孙子兵法》即为孙膑所写。银雀山出土汉简证明,孙武所著《孙子兵法》的确存在,而孙膑所著兵法则当称为《孙膑兵法》。从内容和思想来看,尤其是在战争观、军队建设和作战指导方面看,《孙膑兵法》是对《孙子兵法》的继承和发展。

《汉书·艺文志》曾对《孙膑宾法》有记载,但此后失载。1972年,银雀山汉墓竹简《孙膑兵法》出土,但由于年代久远,竹简残损严重。1975年,文物出版社出版了简本《孙膑兵法》,共收竹简364枚,分上、下编,各15篇。1985年,文物出版社出版的《银雀山汉墓竹简(壹)》中,收入《孙膑兵法》16篇,其篇目依次为:《擒庞涓》、《见威王》、《威王问》、《陈忌问垒》、《篡卒》、《月战》、《八阵》、《地葆》、《势备》、《兵情》、《行篡》、《杀士》、《延气》、《官一》、《五教法》、《强兵》。

《孙膑兵法》虽是残本,但今人依然能据以了解此书的基本理论思想。公元前354年,赵国进攻卫国。卫是魏的盟国,于是魏率宋、卫联军向赵国发动进攻,包围了赵都邯郸。次年,赵向齐求救,齐国派田忌为将,以孙膑为军师,率军救赵。田忌采用孙膑计策,不与魏军主力决战,而是率军直奔魏都大梁。魏军只好从邯郸撤围回救。当魏军行至桂陵(今河南长垣西北)时,遭到齐军拦腰截击,被打得大败。此战中,孙膑采用了避实就虚,"攻其所必救"的办法,创造了"围魏救赵"的著名战例。公元前342年,魏国进攻韩国,韩国也向齐求救。次年,韩、魏两军都已疲惫,齐威王命田忌为将,孙膑为军师,直取魏都大梁,引诱魏军远道回救。齐军进入魏地之后,孙膑下令逐日减少营地的军灶数目,给魏军造成齐军大量逃亡的假象。魏军中计,主帅庞涓率领精锐部队轻装追击,结果在马陵遭到齐国军队的伏击,魏国太子申被俘,主帅庞涓自杀。此后齐国势力大增,魏国力量大大削弱。《孙膑兵法》是孙膑军事思想的总结,该书强调战争服从于政治、依赖于经济,强调富国、强兵、安民,反对穷兵黩武。在军队建设上,主张对士卒进行系统的教育训练,提高军队的作战素质;在战争指导上,提出依据天时、地利、民心、士气、敌情、战法、战

机等多方面内容,指导战争;在作战指导上,发展了孙子的虚实理论,提出"批亢捣虚"的思想,主张攻虚击弱是取胜的关键所在,也是作战理论的核心内容。

战国时期流传的另一部兵书是《吴子兵法》,相传为战国初期吴起所著,原有48篇,后散佚,现存《图国》、《料敌》、《治兵》、《论将》、《应变》、《励士》6篇。吴起是卫国人,曾师从曾参学习儒家思想,但其时兵革不休,遂弃文从武,攻读兵法。他初任鲁国将军,以弱击强,大败齐国入侵之敌,从此一战成名。后遭迫害而避祸魏国,辅助李悝实行变法。他被任命为西河(今陕西合阳附近)守将,抵御秦、韩两国。公元前409、前408年,吴起攻取秦西河地区,置西河郡,任西河郡守。这一时期他"与诸侯大战七十六,全胜六十四,余则均解,辟土四面,拓地千里"。① 特别是公元前389年的"阴晋之战",吴起以5万魏军,击败了10倍于己的秦军,成为中国战争史上以少胜多的著名战役,为魏国成为战国初期的强大诸侯国争取了条件。

魏武侯时,吴起再受排挤,逃亡到了楚,为楚悼王赏识重用,被任命为最高军政长官——令尹。吴起励精图治,变法图强,加强军队建设,使楚国迅速强大起来,"南收扬越,北并陈、蔡……兵震天下,威服诸侯"。② 但是吴起的变法严重损害了楚国贵族官僚的利益。公元前381年,楚悼王死,吴起被心有怨恨的贵族联合杀害。吴起所著《吴子兵法》,汉代时尚有48篇,后来不断散佚,现存6篇,是吴起军事思想的集中体现。《吴子兵法》最大的特点是主张"内修文德,外治武备",③强调军队、国家要和睦,反对恃众好战,反对穷兵黩武。他和孙武一样,重视战争谋略,主张因地制宜、审时度势、灵活多变和出奇制胜的战术。他还提出,战争的胜负不在于军队人数的多寡,而取决于军队是否法令严明,赏罚是否诚信,士气是否可用。与此相应,吴起强调将帅需具有刚柔兼备的素质、依法治军的才能和指挥作战的能力。吴起本人曾多次带兵作战,因此,《吴子兵法》极具实用色彩。在历史上《吴子兵法》与《孙子兵法》齐名,并称为"孙吴兵法"。现有日、英、法、俄等译本流传,对世界军事思想的发展产生了一定的影响。

《尉缭子》是大约形成于战国时期的另一部军事著作。该书作者尉缭子已难考定,目前学术界对其时代主要有两种看法,一是认为其为梁惠王时人,二是认为其为秦始皇时人。④ 班固《汉书·艺文志》中对此书已有著录,后世著录篇目不同,流传下来的文本存24篇,清代编纂《四库全书》时将之归为5卷。1972年,银雀山汉墓出土《尉缭子》残简,内容与传世本大体相符。《四库全书总目提要》中称此书"大指主于分本末,别宾主,明赏罚,所言往往合于正"。⑤ 依照传世本卷次,该书卷一论述战争胜败的根本因素,主张胜负

① 娄熙元、吴树平:《吴子译注·黄石公三略译注》,石家庄:河北人民出版社,1995年,第3页。

② (汉)司马迁:《史记》卷七十九《范雎蔡泽列传第十九》,北京:中华书局,1959年,第2423页。

③ 娄熙元、吴树平:《吴子译注·黄石公三略译注》,石家庄:河北人民出版社,1995年,第1页。

④ 参见李解民:《尉缭子译注》,石家庄:河北人民出版社,1995年,《前言》第4页。

⑤ (清)纪昀等:《钦定四库全书提要》之《子部·兵家类·尉缭子》,台北:台湾商务印书馆,1986年,第71—72页。

取决于人事,需要修明内政,使国治民富,则可能"兵胜于朝廷";①"凡兵,有以道胜,有以威胜,有以力胜。讲武料敌,使敌之气失而师散,虽刑全而不为之用,此道胜也。审法制,明赏罚,便器用,使民有必战之心,此威胜也。破军杀将,乘闉发机,溃众夺地,成功乃返,此力胜也。"②卷二主要论证正当的战争方式,"凡兵不攻无过之城,不杀无罪之人。夫杀人之父兄,利人之财货,臣妾人之子女,此皆盗也。故兵者,所以诛暴乱,禁不义也。兵之所加者,农不离其田业,贾不离其肆宅,士大夫不离其官府,由其武议,在于一人。故兵不血刃而天下亲焉";③无论如何,须当慎战,"兵者,凶器也;争者,逆德也;将者,死官也,故不得已而用。"④卷三讨论朝廷统一民心,将领临战用权,刑赏,什伍连坐,规定职守的基本原则。卷四说明将领掌军治军之方法。卷五陈述练兵及战场调度用兵之法。总体看来,《尉缭子》在先秦诸多军事著作中是偏重讨论战争合理性以及国家总体建设对于战争胜负影响的,其中包含着人本主义思想,故有人将之视为杂家之书而非兵家之作。《尉缭子》中提到孙子、吴起,故此二人著作当被《尉缭子》参考。

另一部军事著作《司马法》,在《汉书·艺文志》中以《军礼司马法》为题,当时还有155篇。后多散佚,至唐代编《隋书·经籍志》时,录为3卷5篇。该书当是战国齐威王时令大夫讨究古代兵书《司马兵法》而将齐国大将司马穰苴的言论附于其中,所以号曰《司马穰苴兵法》。清代学者认为,"其言大抵据道依德,本仁祖义,所谓明白正大,廓然王者之规。三代行军用师之大经大法,犹藉存什一于千百。文章亦阂深简括,词旨严肃,非后人所能作。"⑤《四库全书》本存4篇,合为1卷。书中各篇,第一《仁本》,认为古人"以仁为本,以义治之",⑥唯不得已而用兵,"是故杀人安人,杀之可也;攻其国,爱其民,攻之可也;以战止战,虽战可也。"⑦不得已而进行战争时,需"不违时,不历民病,所以爱吾民也;不加丧,不因凶,所以爱夫其民也;冬夏不兴师,所以兼爱其民也。故国虽大,好战必亡;天下虽安,忘战必危"。⑧第二《天子之义》,讨论最高统治者唯能取法天地,观于先圣士庶之义,奉于父母而正于君长,教民立贵贱之伦,举国方同而意和,然后可以用兵。第三《定爵》,讨论治军原则,"凡战,间远,观迩,因时,因财,贵信,恶疑。作兵义,作事时,使人惠。见敌,静,见乱,暇,见危难,无忘其众。"⑨第四《严位》,讨论统兵之将威严有节,可以

---

① 李解民:《尉缭子直译》,石家庄:河北人民出版社,1995年,第10页。

② 李解民:《尉缭子直译》,石家庄:河北人民出版社,1995年,第28页。

③ 李解民:《尉缭子直译》,石家庄:河北人民出版社,1995年,第57页。

④ 李解民:《尉缭子直译》,石家庄:河北人民出版社,1995年,第68页。

⑤ (清)纪昀等:《钦定四库全书提要》之《子部·兵家类·司马法》,台北:台湾商务印书馆,1986年,第45页。

⑥ 刘仲平:《司马法今注今译》,台北:台湾商务印书馆,1975年,第1页。

⑦ 刘仲平:《司马法今注今译》,台北:台湾商务印书馆,1975年,第1页。

⑧ 刘仲平:《司马法今注今译》,台北:台湾商务印书馆,1975年,第1页。

⑨ 刘仲平:《司马法今注今译》,台北:台湾商务印书馆,1975年,第58页。

制胜。因为此书散佚部分过多，不能知其整体思想，就现存部分来看，其中包含许多比《孙子兵法》更早时期的通行观念，如特别强调战争的道德原则，固然体现上古人本主义思想，但如过分拘泥，则不易通权变，临战有效性尚待斟酌。其散佚部分可能包含更多战术思想，现存部分则过于笼统。

春秋战国时期战争频繁，有兵家一派，参与各国之间的竞争，故除上述作品之外，还有许多军事著作，但就对后世影响而言，上述几种最为显著。《四库全书总目提要》中说："宋元丰中，以'孙吴二子'、《司马兵法》、《黄石公三略》、《尉缭子》、《吕望六韬》、《李卫公问答》颁行武学试士，谓之'武经七书'。至国朝（清朝）始黜三略以下四家，定为孙吴司马三书，皆武科所习用。"①可知春秋战国时代的军事著作大体奠定了中国传统军事学的思想要旨。

秦汉以后，不断有军事著作问世，但至于晚近时代所见版本，多经后人改动，托伪之作亦多。即使如此，还是应该提到宋代的《武经总要》。这是中国古代官修的第一部兼涉军事理论和军事技术的兵书，成书于北宋仁宗庆历四年（1044年），由曾公亮、丁度奉诏主编。全书共40卷，分前后两集。前集20卷，论述军事组织、军事制度、军队训练、行军宿营、布阵作战、攻城守城、武器装备、军事地理等；后集20卷，主要辑录历代战例，比较用兵得失。此书一大特点是书中附有大量插图，对当时军队使用的各种兵器装备、攻城器械、战船和城防工事等，都绘制了相应图形，使之形象可见。该书还收录了中国最早配制成功的火药配方、最早用于战争的火器及其制造方法，是研究中国古代科技史的宝贵资料。明代人茅元仪编辑的《武备志》是规模最大的中国传统兵书，是编者用15年时间从古代2000余种有关书籍中抄录而成的。全书共240卷，200多万字，插图738幅。书内汇集历代兵书中的阵图及选拔和训练将士的方法，辑录了各种有关军制、军械、战法、攻防、后勤方面的材料，汇集了地理、边防、海防和各邻国的资料。

军事与国家政治息息相关，故中国传统军事思想与中国古人关于国家、政治、民生、社会治理、内外关系的思考联系紧密。比如，儒家宣扬仁义，其"仁政"思想与《司马法》、《孙子兵法》、《尉缭子》关于战争基础的理解有相通之处。同时，儒家也讲"足食、足兵"，提倡"慎战"，《论语》中曾说："子之所慎：斋、战、疾。"②儒家还主张"师出有名"，"礼乐征伐自天子出"，③认为战争的目的当是"禁暴除害也，非争夺也"。④ 兵学与道家思想关系也很密切。《老子》认为"兵者，凶器也"，主张为政者以道治天下，不以兵强天下。《老子》云："善为士者不武，善战者不怒，善胜敌者不与，善用人者为之下。"⑤这与中国兵学

① （清）纪昀等：《钦定四库全书提要》之《子部·兵家类·孙子》，台北：台湾商务印书馆，1975年，第44页。

② 程树德：《论语集释》卷十三《述而上》，北京：中华书局，1990年，第456页。

③ 程树德：《论语集释》卷三十三，北京：中华书局，1990年，《季氏》，第1141页。

④ （清）王先谦：《荀子集解》，北京：中华书局，1988年，第279页。

⑤ （魏）王弼：《老子注》，北京：中华书局，1959年，《诸子集成》本，第41页。

主张战争为不得已之事,不可轻易用兵,反对穷兵黩武的思想息息相关。《老子》中还说到,"国之利器不可以示人",①这与兵书所讲的"兵以诈立"之说类似。道家还主张以"以正治国,以奇用兵",②这一观念也与兵家思想一致。法家与兵学有更内在的关联。法家重视农战,如商鞅主张"非战非农,不得爵位"。③ 法家提倡的律法严格,重刑重赏,也多少与兵家主张相通。当然,兵学还受到墨家、阴阳家、名家等的影响,如墨家重视防卫,提醒小国注意储备粮食、武器、守备等,以防侵略。

三、秦汉以后的杰出军事家

中国历史上出现过诸多在军事上表现出杰出才能并以其军事实践对历史产生重大影响的人物。其数众多,此处择要加以介绍,以见其大致风貌。

秦汉之际人韩信,字重言,淮阴人,曾追随项羽,后归刘邦,先后受封为齐王、楚王、淮阴侯。刘邦曾称赞他"战必胜,攻必取",④刘邦死后为吕后所杀。楚汉战争之初,韩信向刘邦分析了楚汉形势,提出了夺关中,定三秦,击项羽的战略方针。这成了整个楚汉战争的根本方略。公元前204年,韩信在井陉口(今河北井陉东)攻赵。在这次战役中,韩信以不到3万的劣势兵力,佯装溃败,退到河边,背水列阵而战;同时,他又派2000轻骑兵奇袭赵营,拔掉赵军旗帜,换上汉军的旗帜。赵军见之大惊,阵势大乱。此战一举歼灭号称20万的赵军,阵斩赵军主将陈余,活捉赵王歇,为刘邦最终战胜项羽、统一全国创造了有利的战略态势。灭赵后,韩信休整兵马,安抚民众,摆出欲强攻燕国之势,再派使臣向燕王陈述利害,遂不战而降燕。此役堪称"不战而屈人之兵"的典范。

公元前203年,韩信率军东击齐王田广。十月破齐。项羽派将军龙且率军救援。十一月,韩信数万兵马与楚齐联军20余万对峙于潍水两岸。鉴于敌众我寡,韩信令所部乘夜在潍水上游以沙袋筑坝堵塞河流。拂晓,亲率一部渡河进攻,随又佯败退回西岸,龙且率军渡河追击。此时汉军决坝,河水直下,将楚军分割在潍水两岸。汉军乘势迎击西岸楚军,杀龙且,东岸楚军见势溃散。汉军乘胜追击,一举平定齐地。这就是历史上著名的"潍水之战"。汉军在北方战场取得决定性的胜利,直接威胁项羽统治中心,为转入反攻奠定了基础。

此外,韩信的军事指挥实践还为后世留下了大量的典故,如明修栈道、暗度陈仓,十面埋伏等。其用兵之道,为历代兵家所推崇。韩信善于带兵,他曾自诩兵将"多多而益

---

① (魏)王弼:《老子注》,北京:中华书局,1959年,《诸子集成》本,第21页。

② (魏)王弼:《老子注》,北京:中华书局,1959年,《诸子集成》本,第35页。

③ (宋)郑樵:《通志》卷五十九《选举略第二》,北京:中华书局,1987年,第715页。

④ (汉)司马迁:《史记》卷八《高祖本纪第八》,北京:中华书局,1959年,第381页。

善"，①一方面体现其自信，一方面体现其带兵才华。这令刘邦极度不安。韩信后为刘邦罢黜、软禁，最终死于吕后之手。据《汉书·艺文志》记载，韩信曾著有《韩信兵法》三章，惜已失传。

曹操，字孟德，沛国谯县（今安徽亳州）人。他在董卓之乱时起兵参与讨伐，虽未成功但声名远播。后为兖州牧，参与击败黄巾军，收编降卒 30 万，逐步控制中原地区，迎汉献帝于许昌。此后，他歼灭河北袁绍集团，北伐乌桓，但在南征东吴时大败于赤壁。不久之后，他击溃凉州张鲁，基本统一了整个北方地区。建安二十五年（220 年），曹操卒于洛阳，终年 66 岁。在统一北方的过程中，曹操深谋远虑，"挟天子以令诸侯"，争取"正统地位"，重视战略基地建设，实行屯田，发展经济，减轻民赋，安定社会秩序。曹操善于延揽人才，不拘一格，谋士众多，帐下荀彧、郭嘉、程昱、贾诩、司马懿、荀攸、许攸等，皆一时名士。他善于听取部下建议，治军严整，赏罚分明，用兵灵活，临危不乱，指挥若定。曹操还创立了一套世兵制度，把服兵役的人群固定下来，变成兵户，其家属随军，子孙世袭，耕战兼为。这一制度对后世兵制产生了深远的影响。他一生注释了很多前代兵书，最有成就的是《孙子略解》，在《孙子兵法》研究中成一家之言。除此以外，史书中记载曹操还撰有其他一些军事著作。

曹操征战一生，在史书上留下浓重一笔的是官渡之战。黄巾起义动摇了东汉王朝，豪强纷纷拥兵割据。建安四年（199 年）春，北方最大割据势力袁绍，与挟天子以令诸侯并向黄河以北发展的曹操产生严重矛盾。建安五年（200 年）二月，袁绍统步兵 10 万，进占黎阳（今河南浚县），与曹操夹河对峙。曹军初战大胜，然而彼强己弱，主动撤回官渡防守，寻机再战。袁绍不听持久作战的建议，结营南进，于八月自阳武（今河南原阳东南）推进至官渡，安营扎寨，东西数十里。曹操也分营相拒。两军对峙月余，互有攻守。其间袁绍一再拒绝分兵袭击许都（今河南许昌）的建议，执意从正面与曹军作战。曹军士卒疲惫，军粮将尽，仍坚守待机。十月，曹操采纳来降的原袁绍谋士许攸之计，率军 5000，打着袁军旗号，连夜偷袭袁绍大营后方约 40 里囤积大军粮草的乌巢（今河南封丘西），尽焚粮草。袁绍得知乌巢被袭，不加施救，反而急攻官渡曹军，未克。乌巢大败消息传至官渡，袁绍军心动摇，发生内讧。战将张郃、高览共投曹操。曹操乘势发起进攻，歼敌 7 万多人，袁绍仅与 800 骑逃回河北，从此一蹶不振。官渡之战集中体现了曹操善纳良策、多谋用奇、攻守兼顾的指挥才能，是中国历史上以少胜多的著名战例，为曹操统一北方奠定了基础。

诸葛亮，字孔明，自 27 岁起辅佐汉皇室后裔刘备在势力纷争的东汉末年混乱中创建实力基础，后为蜀国丞相，被封为武乡侯。诸葛亮具有深谋远虑的战略家眼光。他审时度势，在刘备势力微弱的时候就提出了三分天下，联合孙权抗拒曹操，再图进取的战略构

---

① （汉）司马迁：《史记》卷九十二《淮阴侯传第三二》，北京：中华书局，1959 年，第 2628 页。

想。他帮助刘备从"失势众寡，无立锥之地"①的处境，发展到雄踞一方，与曹操、孙权成鼎足之势。诸葛亮一生主张修明政德，自强不息，积极进取，"科教严明，赏罚必信"。② 当时蜀国国小力弱，他用兵谨慎，谋定而后动。诸葛亮平时重视军队素质训练，必有所备而出兵，故史称其"兵出之日，天下震动，而人心不忧"。③ 对于行营布阵，诸葛亮有独到造诣，其"八阵图"是后世阵法的重要渊源之一。其对手司马懿称之为"天下奇才"。④ 另外，诸葛亮还是一位军械设计师。他创造了连弩，能够十矢俱发，威力强大，有"摧山弩"之誉。诸葛亮还根据蜀国山地的特点，发明了运输军粮的木牛流马，既灵活，也节省人力物力。他对铠甲、兵器的锻造等也曾作了较大的改善。

成吉思汗(1162—1227 年)，原名铁木真。他生于蒙古贵族世家，但生活艰难，先是投靠札木合，后来笼络人心，招徕人马，脱离札木合，建立自己的斡鲁朵。1196 年，铁木真和克烈部脱里汗出兵助金，打败塔塔儿人，脱里汗由此接受金国册封，称"王汗"。1201—1202 年，铁木真和王汗联兵，大胜札木合联盟，札木合投降王汗。1202 年，铁木真消灭了四部塔塔儿，占领了呼伦贝尔高原。1203 年王汗对铁木真发起突然袭击，铁木真败退到哈勒哈河以北。不久，铁木真乘王汗不备，奇袭王汗。1204 年，铁木真消灭了乃蛮太阳汗的斡鲁朵，成为蒙古高原最大的统治者。1206 年，铁木真在斡难河源（今蒙古鄂嫩河）召开大会，统一蒙古各部，即蒙古国大汗位，号成吉思汗。1205—1209 年，蒙古三次进攻西夏，迫使西夏献女求和。1226 年，成吉思汗再次进攻西夏，次年灭之。1211 年，成吉思汗率大军攻打金朝，陆续攻破金朝河北、河东北路和山东各州县，1214 年，金朝遣使向蒙古求和。1215 年成吉思汗封耶律留哥为辽王。至此，蒙辽联手共同抗击金朝。1218 年，灭西辽。1219—1223 年，成吉思汗率 20 万大军西征。他几路进兵，分割包围了各战略重镇，各个击破，采用大规模屠杀、夷平城市、让俘虏打头阵等残酷手段震慑敌人。其进攻的地方远抵克里木半岛、印度河等地。1227 年夏历七月十二日，成吉思汗病逝，临终前提出联宋灭金的战略。

从上述情况中可知，成吉思汗善于综合运用军事、政治、外交策略，重视远交近攻，力避树敌过多。他用兵时注重详探敌情，善于运用分割包围、远程奇袭、佯退诱敌、运动中歼敌等战法，善于发挥骑兵之长。史称"深沉有大略，用兵如神"。⑤

在军事制度方面，成吉思汗也屡有创建。他首先在蒙古军队中创设法令，并创立了军制——千户制，为适应攻城需要，成吉思汗建立了炮军，攻城以炮石为先。同时，他重视吸取各民族的先进技术，广收工匠艺人，建立工匠军，设厂冶铁制造兵器。在通信联络上创建了"箭速传骑"，军令传递和军队调遣速度增快。

---

① （晋）陈寿：《三国志》卷三十五《诸葛亮传第五》，北京：中华书局，1959 年，第 930 页。
② （晋）陈寿：《三国志》卷三十五《诸葛亮传第五》，北京：中华书局，1959 年，第 930 页。
③ （晋）陈寿：《三国志》卷三十五《诸葛亮传第五》，北京：中华书局，1959 年，第 934 页。
④ （唐）房玄龄等：《晋书》卷一《高祖宣帝纪第一·宣帝纪》，北京：中华书局，1974 年，第 8 页。
⑤ （明）宋濂：《元史》卷一《太祖本纪第一》，北京：中华书局，1976 年，第 24 页。

毛泽东(1893—1976年),原名毛润之,中国现代军事理论家和战略家。他深谙中国国情,在现代中国国内革命战争和抗日战争中,创造性地运用传统军事学理论思想,提出了一系列创新性的军事战略、策略、战术思想,并用于军事实践,由弱到强,为新中国的建立做出了决定性的贡献。他的《论持久战》等著作,成为中国军事战略史上的重要文献,其军事思想在亚非拉民族解放运动中产生了巨大影响。毛泽东具有杰出的政治战略眼光,他根据中国国情,提出中国革命当通过农村包围城市实施,始终致力于发动基层人民群众,团结一切可以团结的力量,建立统一战线,在土地改革的基础上普遍武装人民,发动人民战争。这些为其通过长期武装斗争克敌制胜奠定了政治路线和战略方向的基础。毛泽东提出了十大军事原则:第一,先打分散、孤立之敌,后打集中和强大之敌;第二,先取中小城市和乡村,后取大城市;第三,以歼灭敌人有生力量为主要目标,不以保守或夺取城市和地方为主要目标;第四,集中兵力,各个击破,集中绝对优势兵力歼敌;第五,不打无准备之仗;第六,发扬勇敢战斗、连续作战的作风;第七,运动歼敌;第八,灵活主动,因地制宜,伺机进攻;第九,以俘获之敌补充自己;第十,利用战役的间隙,整训部队。① 这些思想,是新中国军事理论的源头。毛泽东还创造性地提出了一整套以劣势装备的军队战胜优势装备敌人的运动战、游击战战术,归纳为"十六字诀":敌进我退,敌驻我扰,敌疲我打,敌退我追。② 此外,毛泽东提出的积极防御、诱敌深入、集中兵力打运动战、速决战、歼灭战的作战方针等,都具有军事理论的意义。

四、军事制度与军事技术

军事制度包括军事领导体制、军队动员和组织方式、军事训练方式等,是国家或政治集团组织、管理军队以备战争的基本制度。军事技术包括武器装备、作战及通讯方式等等。二者密切相关。

夏商时期出现了专门的军队和相应的军制。根据甲骨文文献,商朝武丁时期已经有"左中右"三师,商王军队称为"王师"。商代是方国联盟制度,各联盟国的氏族军队需随王师出征。王族和各个强宗大族都有自己的军队。"师"是商代军队的最高编制。其军队有步卒和车兵两种,而以步卒为主,尤其是商代早期更是如此,甲骨文刻辞多是讲述步卒,很少提及车兵。古籍文献中记载商朝前期已有兵车,但可能并不多。后来随着社会手工业的高度发展以及战争规模的扩大,战车在军队中的地位逐渐凸显。当时的每辆战车上,一般配备3名甲士,呈品字形排列,御者居中,左右甲士持戈矛与弓箭,战时远则用

① 参见毛泽东:《目前形势和我们的任务》,见《毛泽东选集》第4卷,北京:人民出版社,1960年,第1247—1248页。

② 参见毛泽东:《红军第四军前委给中央的信》,见中共中央文献研究室编:《毛泽东文集》第1卷,北京:人民出版社,1993年,第56页。

弓箭,近则用戈矛。打仗时,车兵与步兵协同作战。此时铜兵器开始增多。商代军队依然由贵族组成,奴隶仍不能加入军队。甲骨文中未见"臣"、"羌"等奴隶参加军队的记载。随着战争的不断增多,对军队的技战术要求也逐渐提高。为此,商代开始注重战士的训练:一是通过学校对贵族子弟进行教育,"射"、"御"是这类学校的重要教授内容;二是以狩猎形式进行实兵演练,商代称之为"蒐旅"。这已经为甲骨文所证明。考古发现,商朝已经发展了城堡或者城池,对防守和防御有了初步的准备,但是与后世的城池相比,尚处于萌芽时期。

西周军制沿袭殷商而有所发展,严格实行"国人"从军。周军编制中,主要负担兵役的是"国人","国人"不但社会地位高,其经济地位相较于其他非统治阶级而言,也是最高的,因此有能力负担兵役中的军粮、战备物资等军赋。这是"国人"政治身份优越性的体现。至于"庶人"和奴隶,则一般是没有当兵权利的。这除了由政治地位决定外,很大的原因是他们无法负担军粮、战备物资等军赋。周朝的军队的最高编制依然是"师"。其常备军有宗周六师和殷八师,由周王亲自统率、指挥,有时委派王公大臣进行管理,有时甚至带病出征。周朝实行分封制,各个诸侯国也有自己的军队,新出土的晋侯苏钟明确表明,地方诸侯有自己的军队和指挥权,但是一旦出征,必须服从周王调遣和指挥。车兵在周代已经成为主要兵种,车战也逐渐成为主要的作战形式。战车与步兵协同作战,组成一个建制单位"乘"。"乘"既包括战车、甲士、车属步卒,还包括辎重和后勤徒兵。周朝军队已全部使用旗、鼓、铎、铙作为信号进行作战指挥,各级官吏和士兵均必须按照号令行动,要求行列整齐、动作协调。西周军事教育也与商代一样,实行学校教育和军事演习。周朝军队军令严格,《尚书·牧誓》中就有记载。至于兵器,周朝更是丰富多样。用于攻击的武器有矛、戈、箭、戟、殳、剑等,多为青铜铸造,其锐利程度和战斗性能远超过商代;防护性武器有甲、盾、干等,马车的战马也有一套护甲;攻城的器械有钩援和临冲。周朝的城池继承和发展了商朝的城池模式。考古证实,周朝的城池已经有城墙、护城河,城墙是夯筑而成的。

春秋战国时期是中国历史上社会激烈变化的时期,从经济到政治都产生了剧烈变化,军事制度、军事技术和军事科学也与此前的时代有着巨大的差别。这一时期,周王室衰微,诸侯、卿大夫的势力增大,"礼乐征伐自天子出"渐变为"自诸侯出"、"自大夫出"。春秋中后期,晋、鲁、郑、楚等国在改革田制的基础上,"作州兵"、"作丘甲"、"作丘赋"、"量入修赋",扩大兵员和军赋来源,开始出现普遍兵役制,魏、齐、秦等国还实行了募兵制,各国军队规模都大为扩展。各诸侯国奖耕战、尚首功、修赋税、明法度,力争富国强兵,并纷纷剥夺私属武装,强化国家直属军队,国君直接掌握军队征调大权,实行凭玺印、符节命将发兵的制度;国君之下,设将、相分管军队和政府,军队设专职武官,文武明显分职;建立奖励军功的军功爵制。这个时期的兵器也有长足发展。除了商周时期的兵器外,弩是这个时期的重要发明。铁兵器和抛射兵器被广泛采用,与此相应,作战样式和战略战术有所改进。由于车战受地形限制较大,春秋末期已有诸侯国将战车上的甲士改为徒兵,易车战为步战,提高了作战机动能力。而骑兵在这时更加急速发展。到战国后期,

战争中车、步、骑配合使用,野战流动性加大。春秋战国之际城邑的迅速发展,使城寨攻防也成为重要的作战样式。作战指导思想的变化也很显著,春秋以前的战争主要以战胜对方为度,战国时则以消灭敌军实力为准。车战时代重在野战,战国时设守要害和利用城池防御成为克敌制胜的重要手段。战国时的阵法已经多种多样,银雀山汉墓竹简中提到了方、圆、疏、数、锥行、雁行、钩行、玄襄、火、水等10种阵法。

秦统一六国,促进了军事技术的进步。秦代军事制度的最大特点是军权的高度集中和军队的高度统一,这是和专制主义的中央集权政治制度一致的。秦时全国军队区分为皇帝警卫部队、首都卫戍部队、边防兵和郡县兵四种。秦代的兵种与战国时期无大区别,分为陆军和水军两种。陆军分为骑、步、车三个兵种。秦代实行普遍征兵制,兵役建立在其户籍制度上。兵役和劳役不分,每个人达到法定年龄,就要按照规定服兵役。兵役又有更卒、正卒之分。秦朝幅员广阔,为了掌握军情和指挥军队,秦朝修筑了驰道,并建立了由亭、烽燧、邮驿组成的通讯制度。为了防御北方民族的侵扰,秦朝开始将原先战国时期各国的长城修缮、加固并连接起来,这是在某个特定时期的特别的防御手段。

汉承秦制而有所变革。太尉是名义上的军事最高负责人。征伐之时,大将军统军作战,其下有各类将军分担军事任务。将军以下有"校"、"尉"等军官。西汉初年,实行征兵制,男子成丁便要服兵役,分为正卒、戍卒和更卒。东汉主要采用募兵制,兼有征兵、谪兵、屯田兵及少数民族兵。西汉时期还曾实施寓兵于农的军事屯田制度。汉代兵种分为材官、骑兵、车兵、楼船兵等。材官作为一种地方预备兵制度,随着汉代初立而建立起来,这种军种一般在山地或者缺少马匹之地设置。楼船兵又称楼船士,是专门为水师中的主力战舰"舟师"而设置的新兵种,其士卒称为楼船士,将领则称为楼船将军。车兵在西汉时被淘汰,骑兵在汉族和北方少数民族作战中利于长途奔袭,灵活机动,逐渐成为军中主力之一。汉代骑兵有轻骑兵和重骑兵之分。轻骑兵基本无甲,武器以弓箭为主,马匹矮小而灵活;重骑兵着甲,武器为戟、矛、环首刀等近战武器,马匹高大,用于冲锋陷阵。汉代骑兵的主要武器有矛、刀、剑、戟、长斧、长椎、钩镶(钩推两用兵器)、弓、弩、盾等,马匹则是辔头、马鞍、马镫、马铠等一应俱全。可见,汉代骑兵装具已有重大发展。秦以后战争以铁兵器为主,至东汉铁兵器完全取代铜兵器。远射兵器,除有用手操作的擘张弩外,战国末期出现的用足踏张弦的蹶张弩已普及使用。这一时期军事交通、运输、军事工程作业等技术的进步也很突出。在防御手段上,汉代基本沿袭秦代做法而有所改善,城池已经注意深挖护城河,城堡注意设置哨亭、烽火台、虎落等。

三国时期,魏蜀吴三国士兵主要皆来源于征、募、招降,而且各国都逐渐形成了世兵制和屯田制度。东吴的水师和战船比历史上任何时期都要壮大。西晋时期,世兵制全盛,其全部兵员均来自世袭军户。东晋时期世兵制衰落,以募兵、征兵等方式加以补充。南北朝时期,世兵制仍是南朝正规兵役制度,但趋于没落,于是采取募兵制并利用犯人充当士兵。兵种方面,除了步兵、骑兵,南朝各朝都重视水师建设。与南朝相比,北朝更加注重骑兵建设,其兵源亦以世兵为主,兼以征兵和募兵。西魏时期,出现了府兵制。初创时的府兵制是对鲜卑拓跋部早期部落兵制加以变通的结果。拓跋部落成员皆为战士,但随着统治区域的扩大和频繁的征伐,拓跋部本族兵力不能满足需要,开始扩大兵源,并向兵农合一的方向发展。府兵不入民籍,另立军籍,自备弓、刀,免除租调和其他力役,平时生产、教习,有事出征。北周时府兵征募范围已经扩大到所有均田农民,北周正是依靠这样的武装力量统一了北方。

隋朝沿袭和发展了西魏、北周府兵制,在皇帝直接统辖下,设立十二卫府。每卫府统一军,置大将军一人,将军二人;下辖骠骑府、车骑府,分置骠骑将军、车骑将军;再下设大都督、帅都督、都督。十二卫除临时受命征伐外,平时主要担任京城宿卫和其他军事要地或重要设施的驻守人员。府兵军户编入民户,改属州县管辖。凡军役范围内的事宜,均属军府管理。军人依均田令受田,免纳租庸调,平日生产,每年有一定时间轮番宿卫,战时出征,资装自备。府兵的服役年龄一般在 20 到 60 岁。在乡为农,在军为兵,实行兵农合一、寓兵于农的制度,这是隋朝府兵制的特点。

唐袭隋制,其军队分中央禁军、地方军、边防卫戍军和边远地区的都护府军队等。唐朝设置三省六部。尚书省设兵部,为中央最高军事行政机关。全国府兵分十二卫和太子东宫六率。府兵以外有直接隶属于皇帝的左右禁军,置大将军和将军统领。战时则临时任命行军元帅和将领,统军作战,战士在战时自备兵器,应征入伍,战毕即回原籍。在地方,于各州和边镇设大总管府或总管府。中唐以后,府兵制逐渐废弛,兵制发生嬗变,募兵增加。又于边镇和军事冲要置节度使或经略使,为统辖各地区军、政、民、财的最高长官,负责戍守事宜。后期,唐朝还设立了监军制度,一方面派宦官担任出征军队的都监,一方面在各藩镇设置监军使,以监护将帅,控制军队。

宋代重文轻武,以宦官领兵或监军,实行"内外相制"、"兵无常主"之法,架空军事将领的权限。主管军事的最高机构是枢密院,其尚书省下仍设兵部,负责日常军政事务。宋代兵种分为陆军和水军。陆军有步兵和骑兵,水军运用比前代增多。在兵源方面,宋代更多采用募兵制,无论禁军、厢兵、藩兵、屯驻兵,大多招募而来,且灾民、囚犯、壮丁、营伍子弟均是招募的对象。北宋初,利用火药创制的火球、火箭等燃烧性火器用于战争,开始了战争史上火器与冷兵器并用的时期。南宋创制了长竹竿火枪。之后,在此基础上,开庆元年(1259 年)寿春府(今安徽寿县)制造出了发射子窠的突火枪。据《宋史·兵志》记载,突火枪"以巨竹为筒,内安子窠",点火后"子窠发出,如砲声,远闻百五十余步"。[①]宋朝于熙宁五年(1072 年)正式兴办武学,配备武学教授,教育学生攻读历代兵法,研究军事理论,并以弓马武艺训练学生。北宋政府还组织编纂出中国第一部新型兵书《武经总要》。其后又将《孙子》等 7 部兵书汇编为"武经七书",作为武学的必修课程。

元朝通过枢密院管理和指挥全国军队。出征时,组成行枢密院,以行使战场指挥权。军队按照成员组成可分为蒙古军、探马赤军、汉军和新附军,以陆军为主,水军较少。陆军中骑兵和步兵是两个主要兵种。元朝的兵役制度比较特别。元朝政府对蒙古族各部成年男子实行征兵制,凡是年满 15 岁以上即须义务服兵役,但是其他民族则实行军户制

---

① (元)脱脱等:《宋史》卷一百九十七《兵志第一五○》,北京:中华书局,1977 年,第 4923 页。

度。这种军户制度与之前的世兵制有相似的地方，即军人有军户，世代为兵，不能改变，如遇逃亡，则由军户的兄弟或子侄来顶替。此外，元朝实行屯田制度，包括军屯、民屯和军民合屯三种类型。军屯是从且耕且战的屯戍军发展而来的；军民合屯就是军屯民屯相结合的方式，可分为军民共耕或军督民耕两种形式。这些军屯兵平时农耕、操练，战时或被调往征戍，可以向正规军转化。另外，元朝在大都（今北京）设置了掌管回回炮的官署，由回回炮匠执掌，置总管。至元十八年（1281年）改称"回回炮手都元帅府"，"总管"改称"元帅"。至元二十二年（1285年）改为"回回炮手军匠上万户府"，"元帅"改称"万户"，其职位可世袭，这是新军种的萌芽。

到了明朝，军制进一步完善。明朝兵制与历代兵制相比存在两大特点。第一是吸收了唐宋等的兵制优点，建立了卫所制，进一步加强了皇帝对军队的控制。卫所制为明朝最主要的军事制度，洪武元年（1368年），明太祖在全国实行卫所兵制，其构想来自于隋唐时代的府兵制，即在全国的各军事要地设立卫所。卫所遍布京师和地方，约5600人为一卫，其长官为卫指挥使。卫下辖5个千户所，由千户统领。千户所下辖10个百户所，由百户统领，其下还有总旗及小旗等单位。卫所大部分军队在各地屯田耕种，称为屯军，少部分驻守操练，称为旗军，定期轮换，战时从征调发，平时还归卫所。卫所士兵实行军户制度，军户为世袭，管理严格，除籍困难。明朝中叶以后，军士占役，大量逃亡，军屯破坏，卫所制趋于崩溃，逐渐被募兵制所取代。

明朝兵制的第二个特点，是组建了独立的火器部队神机营，使火器的杀伤力得到充分发挥。永乐八年（1410年），明成祖朱棣设立神机营。神机营主管操练火器及随驾护卫马队官兵，是朝廷直接指挥的机动部队。它与卫所编制不同，其最高编制级别为营，营编提督内臣、武官、掌号头官；营下编中军、左掖、右掖、左哨、右哨五军，各设坐营内臣、武臣。营专习神枪、神炮。神机营配合步兵、骑兵作战，使火器的应用更趋专业化。此后，神机营逐渐成为明军的一个兵种，装备有火枪、火铳等，这是一种独立的枪炮部队建制。火器的广泛使用，使军队的作战方法发生了变化。军队作战指挥增加了组织运用火力、组织枪炮与冷兵器之间的协同和不同营种之间的协同等内容，战斗编组与战场管理也比以往更为复杂。

明代陆军除了传统的骑兵、步兵外，在东南沿海还设置水师，郑和下西洋从一个侧面反映了明代水师的强大。

清朝前期军队主要是八旗兵和绿营兵。八旗兵是满族入关前就已经建立起来的兵农合一的部族武装，后来扩展为满八旗、蒙古八旗、汉军八旗，是清朝建立的主要力量。但在入关后，由于其特权地位，逐渐腐化，丧失最初的战斗力。绿营兵是清朝入关后建立起来的，由归附的明朝军队和招募而来的军人组成。到了清朝晚期，八旗军和绿营兵都早已失去战斗能力，更不足以适应新的军事局面，一些士大夫寻求强国之路，先后开办了江南制造局、福建船政局、汉阳枪炮厂等30多个军工厂，在沿海地区建设了部分基地和要塞，创办了70多所军事学校，翻译和编著了多种军事书籍，从各方面引进西方军事理论和军事技术，改革军事体制。在此过程的初期，镇压太平天国等下层反抗运动中由封疆大吏与地方士绅联合建立、支撑的军队,如湘军、淮军等逐渐成为清朝主要军事力量和新式军队的基础。晚清建立的新式陆军,已经包含步、骑、炮、工、辎等兵种。海军一度规模宏大,但是清朝腐败,军政废弛,在1894年甲午中日海战中惨败。在兵役制度上,清朝后期主要采用募兵制。

民国初期,政府主席兼任国民革命军总司令,下设参谋本部和训练总监部,并在行政院内设军政部管理军事行政。1946年,成立国防部,隶属于行政院,下辖陆军、海军、空军及联合后方勤务等四个总司令部。在军队体制编制上,逐渐形成陆军、海军、空军三个军种。陆军是主要军种,以步兵为主,并建有骑兵、炮兵、工兵、辎重兵、通信兵等兵种。在兵役制度上,民国初期主要采用募兵制。1933年,民国政府颁布《兵役法》,实行征兵制。兵役分常备、国民两种。常备兵役又分现役、正役、续役。年满18至45岁的男子不服常备兵役者皆服国民兵役,平时按规定训练,战时应征。

中华人民共和国建立后,中国共产党坚持对军队的领导,中央军事委员会是全国武装力量的最高统率机构,国防部是国务院下属军事管理部门。兵役制度方面,实行义务兵与志愿兵相结合、民兵与预备役相结合的制度。新中国的兵种与当代各国兵种趋于一致。

【小结与思考】

军事是人类历史演进的重要内容,突出地体现着人类社会共同体和平诉求与竞争求存之间的复杂关系。中华古代典籍对于夏商周三代战争的描述,已经指明了战争胜负与民心向背的关系。随着华夏文明的演进,战争的规模和形式逐渐发生变化,随之而来的是军事科学和军事著作的产生和繁荣。春秋战国时期的孙武及其军事论著《孙子兵法》,奠定了中华文明史中军事理论的基石。此后的历史长河中,涌现出孙膑、吴起、曹操、诸葛亮、成吉思汗、毛泽东等诸多杰出的军事家,也出现了《孙膑兵法》、《吴子兵法》、《尉缭子》等军事著作。这些军事著作和军事家的作为,展现出中华军事观、军事思想的演变。随着国家、军队的产生和强化,军事制度也随之发生变化。军事制度受国家政治、经济、文化、科技等多方面制约和影响,早期的军事制度是松散的,随着国家机器的强化,军事制度逐渐健全并制度化。军事制度是社会制度的一个侧面。中华军事文明是中华民族传统文化的一个组成部分,对它的了解和研究,有利于我们对中华文明的了解和认识。

【思考题】

1. 谈谈孙武军事思想的特点。
2. 中国古代军队作战人员的来源主要有哪些?
3. 试举出中国历史上的一次重大战役,结合中国古代兵法讨论其得失。
4. 谈谈战争与和平的关系。

第十六讲

中华民族的历史记忆

中华文明在其形成与演进的悠久历程中,保持着世界上任何其他文明都无法与之相比的系统连贯的对于以往经验的记忆,这种记忆是通过发达而且一脉相承的历史学传统而保持下来的。中华史学可以上溯到商代国家档案的汇集和整理,以及商周时代朝廷设置的史官。到了春秋时期,各个国家都有自己的史书,并且形成了经过孔子修订而更具有系统历史记述功能的涵盖多国历史的《春秋》这样流传千古的编年体史学名著。到了西汉的时候,司马迁开创了纪传体史书编纂传统,后世对之加以继承发展,在世界史学史上独树一帜。典制体史书和地方志也是中国史学发达的标志。中国史学的观念,重人事,重道统,重直书,始终没有丧失基本人文精神。与此同时,官方主导的史学传统一直处于官方意识形态主导之下,在保持一般历史记忆的同时,曾对维护皇权政治发挥了重要支撑作用。私人纂修的史书,虽然地位略逊于官修史书,但也称繁盛,并蕴含了更多自由的思想。如此发达且一脉相承的历史学,展现出中华文明尊重历史、稳健持久的意蕴,是中华文明本身经历种种冲击挑战而其核心精神价值常在常新的内在依据,也是中华文明在现代社会与时俱进的宝贵资源。

一、中华史学的悠远传统

商周时代,国家体制中已经设置了专门保存、管理政府施政记录的史官。他们对于庙堂之上的政务决策进行记录。这种记录,既保持了施政的经验,以为后来之参考,又构成一种监督机制,使得施政、议政者的重要言行有案可查,后世的人得以对前人进行有根据的评价。周代已经整理成书的《尚书》,就是这种记录的选编。虽然这类记录行为还没有纳入系统自觉的历史编纂系统,但是已经具有史学的基本功能。今天西方的大多数学者将《尚书》翻译为"*The Book of History*",按英文直译当为《史书》。

最晚到西周末年的时候,周王室和各诸侯国都有了更为系统的经过编纂的史书。战国时的墨子说,他曾见到过"百国春秋",可见当时史事之盛。这种各个政权设官纂修的史书名称并不统一,晋国的叫《乘》,楚国的叫《梼杌》,周、鲁、齐、宋、燕等国都叫《春秋》。这些史书后来都散佚了,不过从孔子据《鲁春秋》修成的《春秋》,以及《左传》、《国语》等书中,还是可以略知当时各国国史基本内容的范围。

春秋末年至战国时期,国史之外又兴起了私人修史之风。孔子所修编年体史书《春秋》,就是迄今尚存的中国史学史上第一部私人撰述的历史著作。《春秋》编年记事,上起鲁隐公元年(前722年),下迄鲁哀公十四年(前481年),历鲁国12公,凡242年,以鲁国政务大事为中心,记载当时各国的重大事件、人物活动,记录当时的各国朝聘、会盟、征伐等大事。同时,《春秋》还记载了日食、地震、山崩、水灾、旱灾、虫灾等自然现象和灾异。《左传》是在《春秋》基本内容的基础上增加更为详明解说的编年史,相传为战国时人左丘明所作,覆盖事件从鲁隐公元年始,至鲁哀公二十七年(前468年),略长于《春秋》。

两汉时期,司马迁和班固分别写出了《史记》和《汉书》。司马迁生活的汉武帝时期是一个经济繁荣和大一统局面巩固的时代,这为出现贯通古今的历史著作提供了有利条件。《史记》开创了记载国家大事、典章制度、各类人物、社会风貌的纪传体史书体例,在史学和文学双重意义上都达到了极高的水平,司马迁本人也在后来被誉为世界文化名人。班固的《汉书》在基本体例方面继承司马迁的《史记》,在内容方面断代为史。由于覆盖时段集中,《汉书》在保留汉代文献方面比《史记》更为详明。其取法《史记》中的"八书"而变通所作的"十志",相当于 10 部专门领域的历史,为研究西汉典章制度、经济、社会、环境状况提供了丰富的史料。其中的《地理志》是中国第一部以疆域政区为单位的地理著作,开创了后代正史地理志以及地方志、地理学的先河;《艺文志》依据刘歆《七略》缩写而成,记述中国古代学术文化各种学科、不同学派的源流得失以及汉代官府藏书情况,是现存最早的目录学著作。《史记》、《汉书》的问世,标志着中国传统史学已臻于成熟。

魏晋南北朝时期,纪传体在史学中的地位进一步巩固。范晔的《后汉书》为反映东汉历史的新内容而在《汉书》类目基础上增加了党锢、宦者、文苑、独行、方术、逸民和列女等类传。每一个类传都记载了一组性质相近的历史人物,在一定程度上再现了东汉时期的社会风貌。陈寿《三国志》所作诸传,涉及方面很广,保存了不少宝贵的资料,如《华佗传》保存了古代医学的资料,《张鲁传》、《刘焉传》保存了道教史的资料。

此外,魏晋南北朝时期史学开始独立分科。西汉刘向所作《别录》,刘歆所作《七略》,皆将史书附于经部。西晋时期,秘书监荀勖著《中经新簿》,将所有图书分为甲乙丙丁四部,历史书属于丙部。东晋元帝时,著作郎李充重新进行图书分类,把史记类(即史书类)分属乙部,仅在五经类(甲部)之后,从而提高了史书在图书分类中的地位。南朝时期谢灵运《四部目录》、谢朓《四部书目》、任昉《四部目录》等,都沿用了这一分类。南朝梁阮孝绪《七录》又把史部详细分为 12 目。其后,《隋书·经籍志》再将史部分为 13 类。史书独立分类,排列次序提高,内部再加详细分目,说明史书增多,人们对史书的重要性也有了更充分的认识。

唐初确立了撰写前朝史的传统。唐太宗李世民领衔撰修的《晋书》,姚思廉修的《梁书》、《陈书》,李百药修的《北齐书》,令狐德棻等人修的《周书》,李延寿所撰的《南史》、《北史》以及魏徵等撰修的《隋书》,加起来占了后来所说的正史"二十四史"的三分之一。这些官修史书,由于有大臣监修,所选史官多为名家,便于利用国家收藏的资料,因此能够顺利完成。以后历代鼎革之际,继起的皇朝都十分重视修纂前朝史,将之作为朝政大事。不过,唐代最高统治者对史学的控制,对于史学的发展也产生了消极影响,如权臣监修,专横跋扈,书成众手,体例不一,回护不实,徇情曲笔等等。盛唐时期著名史学家刘知几对当时史界的各种弊端就曾进行深刻批评,写下了史学批评的典范著作《史通》。《史通》对唐以前的史学,第一次进行了系统的总结,提出了较为系统的史学批评理论。唐代后期的杜佑编撰了《通典》,是中国第一部典制史学巨著,记载了从传说中的黄帝时代到唐朝天宝年间各类典章制度的沿革和流变。该书的编成，于史书编年、纪传二体之外，又创立了一种新的史体——典制体。

宋代史学在通史撰述方面取得了突出成绩。北宋有编年体通史《资治通鉴》，南宋有纪传体通史《通志》，此外，宋代还产生了新的史书体裁——纪事本末体。司马光的《资治通鉴》按历史年代编写，从战国时期的公元前 403 年到五代时期的公元 959 年，记载了1362 年的历史。为了写这一部巨大篇幅的著作，司马光和他的助手们收集和整理了大量资料，除了采用历代的正史之外，还参看各种历史著作 300 多种。由于材料丰富、剪裁得当、考证严格，加上文字精练生动，《资治通鉴》成为中国史学史上最有价值的著作之一。郑樵的《通志》对纪传体有新的发展。其体例包括本纪、列传、世家、载记、年谱、略六种。"二十略"是《通志》的精华，它虽然相当于正史的书或志，但把记载典章制度的门类扩大到 20 个。其中的《氏族略》、《六书略》、《七音略》、《都邑略》、《校雠略》、《图谱略》、《金石略》以及《昆虫草木略》等，均为首创。纪事本末体成为一种独立的史书体裁，是从南宋袁枢《通鉴纪事本末》开始的。袁枢喜读《资治通鉴》，但"苦其浩博"，于是自出新意，着手将《资治通鉴》内容区别门目，以类编排，按照年代顺序，分编为 239 个题目。纪事本末体最大的优点是属事连贯，首尾明晰，这在很大程度上弥补了编年、纪传二体的一些缺点。

元代史学在典制体史书和正史撰述上取得了很大成就。元初马端临的《文献通考》，是继杜佑《通典》之后的又一部典制体通史名著。该书体例仿照《通典》，但分类更为详细，共有 24 考。其中，经籍、帝系、封建、象纬、物异 5 考，是为新创，分记历代书目、帝王、封爵建国、天象、灾异变化。全书记事，起于上古，而迄于宋宁宗嘉定之末（1224 年）。此书注意发挥郑樵《通志》所倡导的会通之义，与《通典》、《通志》并称为"三通"。元代还撰修了辽、金、宋三朝史。《辽史》116 卷，《金史》135 卷，《宋史》496 卷，均有本纪、表、志、列传。《辽史》、《金史》还有"国语解"，从语言上反映了民族政权的特色。元代所修辽、金、宋三史，生动地反映出这一时期中国史学内容的空前丰富。

明代史学在官修史书和私人撰史方面都有一定成绩。官修史书主要表现在《元史》的撰修。洪武二年（1369 年），朱元璋下诏撰修《元史》，命左丞相李善长为监修官，宋濂、王祎为总裁官。《元史》共 210 卷，记载了从成吉思汗至元顺帝约 160 年间蒙古、元朝史事，而以记元朝史事为主。由于编纂《元史》的准备工作做得不够充分，成书又力求迅速，因此，《元史》有芜杂缺略的毛病。又因参加修史的人不懂蒙古文字，经常把地名、人名搞错，以致有一人两传的情况。尽管如此，《元史》仍是后人了解、研究元代历史的珍贵文献。私人撰史方面主要有王圻《续文献通考》和谈迁的《国榷》。《续文献通考》共 254卷，共分 30 门，记载了自宋宁宗嘉定末（1224 年）至明神宗万历三十年（1602 年）以前，包括南宋、辽、金、元、明五朝大约 400 年间的典章制度。王圻《续文献通考》在马端临的《文献通考》24 门的基础上增加了 6 门：节义、谥法、六书、道统、氏族、方外。其中谥法、六书、氏族名目已见于郑樵《通志》的《二十略》；节义、道统、方外三考则是王圻所创立的。谈

迁的《国榷》104卷,是明朝的一部编年史,其主要根据是《明实录》、明代学者的著述和部分朝廷档案。谈迁撰述《国榷》,历36年之久,通400多万字,在私著明史中,是卷帙最浩繁、包罗最宏富的一部。

清代史学在史书体裁创新和历史考证方面都取得了很大成绩。清初黄宗羲编撰《明儒学案》,创立了记述学术源流的学案体史书。该书共62卷,列17个学案,全面反映了明代学术思想的风貌。完成《明儒学案》后,黄宗羲将主要学术精力投注于撰写《宋元学案》中,历时19年,至去世而尚未完成。其子黄百家继承父志,续修《宋元学案》,但仍未完稿,后来全祖望又续之,才最终完成。全书凡100卷,将宋元两代学术思想按照不同的派别加以系统总结。《明儒学案》和《宋元学案》的编排体例,后来不断为人所效法,出现了《汉学师承记》、《清学案小识》、《清儒学案》等等。

清代史学注重对前代史书内容的考证,如钱大昕的《廿二史考异》、王鸣盛的《十七史商榷》、赵翼的《廿二史札记》,都是这方面体现史学实证精神的代表作。此外,清中叶学者章学诚写出了《文史通义》,对清初以前的史学从理论上进行了比较全面的总结,提出了许多理论性的认识,如把古往今来的史书划分成撰述、记注两大系列,而圆神、方智分别是撰述、记注的特点。章学诚对于史学的这个认识,在《书教下》中有集中的阐述:"《易》曰:'筮之德圆而神;卦之德方以智。'间尝窃取其义以概古今之载籍,撰述欲其圆而神,记注欲其方以智也。夫智以藏往,神以知来,记注欲往事之不忘,撰述欲来者之兴起,故记注藏往似智,而撰述知来拟神也。"[1]章学诚还在总结前人修志经验的基础上,加以自己长期实践所得,提出了一套修志理论,创立了修志体例,建立起完整的方志学。章学诚在方志学上的杰出贡献是提出了方志分立三书的主张:"凡欲经纪一方之文献,必立三家之学,而始可以通古人之遗意也。仿纪传正史之体而作志,仿律令典例之体而作掌故,仿《文选》、《文苑》之体而作文征。三书相辅而行,阙一不可;合而为一,尤不可也。"[2]这种主张可谓前无古人。

二、中华史学的特色

中国的史学在悠长的发展过程中,与西方史学相比,具有重视史学经世、完备的史官制度、独特的方志撰述、别具一格的典制体史书等鲜明特色。

---

① (清)章学诚:《文史通义·书教下》,见章学诚著,仓修良编:《文史通义新编》,上海:上海古籍出版社,1993年,第16页。

② (清)章学诚:《文史通义·方志立三书议》,见章学诚著,仓修良编:《文史通义新编》,上海:上海古籍出版社,1993年,第699页。

（一）史学经世

史学经世是中国史学古老的传统，早在商周两代，就有从前代历史中吸取经验教训的传统。商初以夏朝兴亡作为镜子，《诗经·大雅·荡》说"殷鉴不远，在夏后之世"，就是要从夏朝衰亡的历史中吸取教训。周朝也从殷商的成败中吸取教训，《尚书·大诰》中说"不可不鉴于有殷"。孔子以史学经世的精神，撰述《春秋》。对《春秋》撰述上的成就，《左传》作者借"君子曰"给予这样的评价："《春秋》之称，微而显，志而晦，婉而成章，尽而不汙，惩恶而劝善，非圣人，谁能修之！"①说《春秋》能起到惩恶劝善的作用，这就讲到了《春秋》的社会作用。司马迁曾在《太史公自序》中大谈孔子修《春秋》的经世之旨，以及自己法孔子、继《春秋》而著述历史之意。他说："拨乱世反之正，莫近于《春秋》。《春秋》文成数万，其指数千。万物之散聚皆在《春秋》。《春秋》之中，弑君三十六，亡国五十二，诸侯奔走不得保其社稷者不可胜数。察其所以，皆失其本已。"②因此司马迁以史为鉴，把"稽其成败兴坏之理"作为自己撰写《史记》的中心任务，意在总结历朝历代兴亡更替的历史经验。

唐代史家杜佑和宋代史家司马光对史学经世有明确的自觉意识。杜佑编纂《通典》，不是为史学而研究史学，而是为现实服务。杜佑生活的时代，土地制度、赋税制度、兵役制度、选举制度、礼仪制度等都有所改变。因此杜佑对制度变革极为重视，故著《通典》写历代社会制度史，作为当世施政的参考。他在《通典·自序》中开宗明义地说："不达术数之艺，不好章句之学。所纂《通典》，实采群言，征诸人事，将施有政。"③把撰述历史和解决现实问题直接联系起来，这是杜佑对史学作用问题在认识上的重要发展。司马光修《资治通鉴》，相当于给皇帝写历史教科书，更注意历史上的人物善恶、政治长短，以引为鉴戒。因此司马光明确提出修史的目的是"鉴前世之兴衰，考当今之得失，嘉善矜恶，取是舍非"，④就是要探索修身治国的历史经验。明清之际，是个天崩地裂的时代，社会的动荡与鼎革，史学家的忧国忧民，使史学的经世致用传统得到进一步弘扬。顾炎武著《日知录》和《天下郡国利病书》，黄宗羲著《明夷待访录》和《明儒学案》，王夫之著《读通鉴论》和《宋论》，这些著作，都是为了解决社会矛盾而寻找出路，深入地探讨了古今变化及时政要害，是史学经世、有鉴于今的代表作。总之，明清之际顾、黄、王三大家，又将史学经世推进了一大步。

（二）史官制度

中国史书从政府施政的记录开始发源，很早就形成了以官修史书为主的传统，这与西方史学从个人吟唱的史诗开始，演变为以个人撰写的史书为主的传统有很大的区别。

---

① 杨伯峻：《春秋左传注》之《成公十四年》，北京：中华书局，1981 年，第 870 页。
② （汉）司马迁：《史记》卷一百三十《太史公自序第七十》，北京：中华书局，1959 年，第 3297 页。
③ （唐）杜佑：《通典》卷一，北京：中华书局，1984 年，第 9 页。
④ （宋）司马光：《资治通鉴》，《进书表》，北京：中华书局 1956 年，第 9608 页。

据《周礼》、《礼记》等书所记，夏商周三代所置史官名称甚多，有太史、小史、内史、外史、左史、右史之别。太史掌国之六典，小史掌邦国之志，内史掌书王命，外史掌书使乎四方，左史记言，右史记事。春秋时期，各诸侯国都有史官负责撰写国史。他们忠于史实，直书实录，将真实的历史传于后世。如晋国太史董狐开创了"书法不隐"的传统，不畏权贵，直书"赵盾弑其君"；①齐国的庄公被崔杼所杀，太史照实写了一笔"崔杼弑其君"，②崔杼大怒，就把太史杀了。太史的弟弟仍然这样写，崔杼把太史的这个弟弟也杀了；太史的第二个弟弟又写，又被崔杼杀了；太史的第三个弟弟还是冒死记载，崔杼终于作罢。南史氏听到太史被杀，拿着简册前往去执行真实的记载，听到已经直书，才返回去，这种秉笔直书的精神被世人广为传颂，也是中国史学的优良传统。

东汉自明帝至桓帝多次撰修《东观汉记》，是古代设馆修史制度的滥觞。到了唐代，政府开始组织学者补修前代未备史书。同时"别置史馆，专掌国史"，史馆设于宫中，以累积、整理本朝历史文献，以备修史之用。五代迄清，史官制度多因唐制而各有损益，其名称因代而异，职掌略同。宋有国史院、实录院、起居院和日历所，各有史职；辽有国史院，金有国史院和记注院；元、明、清三朝的主要修史机构，都与翰林院有一定的关系。元设翰林兼国史院，置修撰、编修官等职，掌修史事宜；明以翰林院掌史事并曾设立"国史馆"；清以翰林院掌国史、图籍文献，以国史馆、实录馆掌纂修事。著名史家金毓黻曾制成《历代史官制度沿革表》，③对历代史官递嬗变化之沿革进行梳理，便于人们对史官制度进一步研究。

从上古时期就形成并在后来以不同方式保持下来的史官制度在文明史上最大的意义在于集中体现了国家政治"慎终追远"的价值取向。对于以往经历的详明记录为现实和未来的行为提供经验教训参考，从而使后人更为明智；将前人的作为讲述给后人，表示对于历史的尊重，从而使后人敦厚纯朴。这种取向的终极目标，其实是把握合理与明智政治的恒定内涵。正因为如此，中国的史官有秉笔直书的价值追求，也能发挥对政治一定程度的监督作用。这种传统的弊端，则主要在于庙堂政治成为中国史书的主导内容，遮蔽了史家个人自由思想的发挥并使社会下层人民的生活面貌在地位最凸显的史书中处于边缘地位。

（三）地方志编纂

方志即一方之志书，是专门记载某一特定地方历史沿革、风土民情、物产地理、人物文献之事的著作。两汉时期，由地方性的人物传记与地方性的地理著作相汇集，形成名为志、传、记、录或者图经的一类书籍。如东汉初年，光武帝刘秀为了表彰自己的家乡，曾下令编写《南阳风俗传》。在其影响下，沛、三辅等地也产生了这类著作。方志的编修到

---

① 杨伯峻：《春秋左传注》之《宣公二年》，北京：中华书局，1981 年，第 662 页。

② 杨伯峻：《春秋左传注》之《襄公二十五年》，北京：中华书局，1981 年，第 1099 页。

③ 参见金毓黻：《中国史学史》，北京：商务印书馆，2007 年，第 117—126 页。

宋代得到了定型,如周应合编纂的《景定建康志》采用纪传体的体裁,图、表、志、传全部都有。马祖光在给此志所写的序中明确提出方志所载内容必须有益于政治,有益于教化,有益于劝诫等。明代编纂的方志,数量众多,据《中国地方志联合书目》著录,今存明代方志900多种。明代在方志编纂上有一个特点,是开创了边关志、边镇志、卫志等方志门类。如嘉靖初年郑晓编纂了《九边图志》,万历初年刘效祖编纂了《四镇三关志》等。这说明地方志的编纂和发展,完全是为了适应当时政治、军事、经济的发展需要。到了清代,方志的撰修进入了全盛时代。清朝曾于康熙、乾隆、嘉庆三次编撰《大清一统志》。嘉庆时期学者章学诚集前代方志编纂之大成,系统阐释了方志编纂的理论与方法。他提出,"方志乃一方之全史",由此界定了方志为地方社会全面整体之史书的基本性质。他还创立了一套完整的修志义例,提出了方志分立三书的主张:仿纪传正史之体而作志、仿律令典例之体而作掌故,仿《文选》《文苑》之体而作文征。

地方志大多由地方官主持或者资助编纂,也有个人编纂者,因而国家意识形态仍然贯穿于大多数地方志中,但是与其他官修史书,尤其是所谓正史相比,地方志关注的是特定的地方社会,皆以记载该地方社会的自然环境、历史变迁、人文风貌、民生状况为核心内容。这从史学的意义上说,较大程度上超出了政治史的局限,包含着大量环境史和社会史的内容,很具有"全面的历史"的意味。所以中国传统史学重国家政治的偏向,到了地方志发达的时代,其实获得了很大程度的补正。在世界史学史上,如此普遍、持续的地方志编纂是独一无二的。

(四)典制体史书

典制体史书指记载历代典章制度的专书。《隋书·经籍志》称为"旧事",两唐志称为"故事",《四库全书总目》称为"政书"。中国古代最早涉及典章制度的,当推典、谟、训、诰一类的文字记载,以及"三礼"之类的专著。到西汉司马迁所著的《史记》,在纪、传表载人事变化之外,有"八书",即《礼书》、《乐书》、《律书》、《历书》、《天官书》、《封禅书》、《河渠书》、《平准书》,以记天文、地理和典章制度。东汉班固作《汉书》,改《史记》中的"书"为"志",共列十志:《律历志》、《礼乐志》、《刑法志》、《食货志》、《郊祀志》、《天文志》、《五行志》、《地理志》、《沟洫志》、《艺文志》。后来断代史多沿袭这一传统,设"志"以记各代典章制度。由于历代典章制度有很大的因袭继承性,断代为书,势必原委不明,而且自然不可能很有系统。因此唐代刘知几的儿子刘秩作《政典》,力求前后贯通。杜佑在《政典》的基础上加以扩充,撰成《通典》一书。《通典》是我国留存至今的一部专记历代经济、政治、文化等典章制度沿革的专门著作,共设八典:《食货典》、《选举典》、《职官典》、《礼典》、《乐典》、《兵刑典》、《州郡典》、《边防典》。此后,继作纷出。南宋郑樵撰成《通志》,宋末元初马端临仿《通典》体例,撰成《文献通考》;《通志》、《文献通考》与《通典》合称为"三通"。"三通"之后,清代又官修了《续通典》、《续通志》、《续文献通考》、《清朝通典》、《清朝通志》、《清朝文献通考》,与"三通"合称"九通",再加上《清朝续文献通考》,统称为"十通"。从"八书"、"十志"到典章制度史巨著《通典》、《通志》、《文献通

考》，这类史书构成了一个通贯的公共社会管理制度和经验的文献系列，使得中华文明对于公共社会管理的历史记忆非常连贯清晰，举世无可匹敌。

三、伟大的史学家和史学著作

中华文明史上出现过诸多伟大的史学家，司马迁、刘知几、杜佑、司马光、章学诚等，是其中的佼佼者。司马迁的《史记》是世界上第一部纪传体通史；司马光完善编年史书，运用严谨方法编纂了《资治通鉴》；刘知几评论唐以前史著、史家得失，系统阐释了中国风格的历史学理论，展现了中国历史学批评的风貌；杜佑首创典制体通史，强化了史学经世的传统；章学诚总结传统史学，在理论意义上将之提高到新的水平。这些史学家的学术追求及其成绩，为中华文明史增添了光彩。

（一）司马迁与《史记》

司马迁（约前145—前87年），①字子长，西汉左冯翊夏阳县（今陕西韩城南）人。他的父亲司马谈为汉朝太史令，负责国家藏书与档案，著有《论六家要旨》，总结先秦学术思想，体现汉初学术文化特色。司马谈立志写一部通史，但直到其在元封元年（前110年）去世，仍未能实现。司马谈死后三年，司马迁继任太史令。这使他有机会阅读皇家图书馆的藏书。他又多次侍从汉武帝巡视南北，见览益广。经过充分准备，司马迁在太初元年（前104年）开始《史记》的撰述，到太始四年（前93年）基本完成。

"史记"原本是古代史书的通称。司马迁的著作原称《太史公书》或《太史公记》，从三国时期开始，《史记》才成为《太史公书》的专称。《史记》是一部贯通古今的通史，所记上起传说中的黄帝，下迄汉武帝太初年间，前后约3000年的历史，其中对战国、秦汉之际的记述尤为详尽。全书由十二本纪、十表、八书、三十世家、七十列传五部分组成，共130篇，计526500字。与以前的史著比较，《史记》具有鲜明的特点：一是取材广泛，内容丰富，不仅引用了大量文献资料，而且还有司马迁几十年实地采访的资料，是涉及政治、经济、军事、文化等各方面的百科全书；二是结构宏伟，体例完备，创立本纪、表、书、世家、列传五体交错的体裁，奠定了纪传体通史的基本格局；三是体现了实录精神，如汉武帝时期是西汉的极盛时期，但司马迁并没有陶醉于对盛世的讴歌，而以一个史学家的眼光，看到了盛世背后的社会问题，特别是奢侈之风在迅速蔓延："当此之时，网疏而民富，役财骄溢，或至兼并豪党之徒，以武断于乡曲。宗室有土，公卿大夫以下，争于奢侈，室庐舆服僭于上，无限度。物盛而衰，固其变也。"②四是文采飞扬，不仅是史学名著，也是脍炙人口的文学名著。

---

① 关于司马迁的生卒年，学界有多种说法，尚无定论，姑取此说。

② （汉）司马迁：《史记》卷三十《平准书》，北京：中华书局，1959年，第1420页。

(二) 刘知几与《史通》

刘知几(661—721 年),字子玄,唐彭城(今江苏徐州市)人。他自幼爱好史学,11 岁时听父亲讲《春秋左氏传》,听毕即能复述,及长,读书不囿于前人之见。武则天长安二年(702 年)适逢朝廷设馆修史,他作为史官参与修史。但其见解、才能在史馆中得不到充分发挥,于是自撰《史通》,表达自己对史学的见解。《史通》成书于中宗景隆四年(710 年),全书分为内、外两篇,各 10 卷。内篇主要论述史书体例和编纂学,外篇主要论述史官建制沿革、史书源流及古人著述得失。该书是中国第一部史学评论专著,从历史编纂学的角度,对唐中叶以前史书的类别、源流和体例,作了比较系统的总结。刘知几将唐以前史书分为正史与杂著两大类。对于正史,又按其著作源流分为六家,即尚书家、春秋家、左传家、国语家、史记家、汉书家,按其编纂体例,又分为"编年"、"纪传"二体。对于杂著,则按内容分为"偏记"、"小录"、"逸事"、"琐言"、"郡书"、"家史"、"别传"、"杂记"、"地理书""都邑簿"等十流。书中对史书体例,从本纪、世家、列传、表、志,到论赞、题目、断限等细节,一一提出了自己的意见。如刘知几在《序例》篇强调史书体例的重要性:"夫史之有例,犹国之有法。国无法,则上下靡定;史无例,则是非莫准。"[1]在《书志》篇提出增立都邑志、氏族志、方物志。在详述历代史官建制沿革之后,该书对于唐代设馆修史及大臣监修制度,提出了尖锐的批评,认为史馆人员很多,但"每欲记一事,载一言,皆搁笔相视,含毫不断。故头白可期,而汗青无日",[2]可见史馆修史人浮于事,监修意见不一,史官无所适从。刘知几还对史书中五行灾异、谶纬迷信之说进行了批判,对传统儒家的圣人和经典,提出了大胆的怀疑,把灾祥与人事区分开。刘知几力主史家直书、实录,反对徇情曲笔,并提出优秀史家需有史才、史学、史识三长的见解。史才指选择、鉴别、组织史料的能力;史学指渊博的学识;史识是指史家透视历史的见识与直书的自觉意识。

(三) 杜佑与《通典》

杜佑(734—812 年),字君卿,唐京兆万年(今陕西西安)人,官至司徒同平章事,有政治经验,且知识渊博。唐代宗大历元年(766 年)杜佑开始编写《通典》,历 35 年,至德宗贞元十七年(801 年)完成。此书专叙历代典章制度的沿革变迁,从远古时代的黄帝起,到唐玄宗天宝末年止(肃宗、代宗以后事偶尔附载于注中),分为 9 类,食货、选举、职官、礼、乐、兵、刑、州郡、边防,每类又各分子目。对于历代典章制度,都详细叙述源流,铺陈前人议论,并加自己见解。《通典》创立了典制体通史的新体裁。《通典》的内容分类反映了杜佑对社会结构的自觉认识,而且杜佑还从内容编次上规定了各门之间的逻辑关

---

[1] (唐)刘知几著,(清)浦起龙通释,王煦华整理:《史通通释》,上海:上海古籍出版社,2009 年,第 81 页。

[2] (唐)刘知几著,(清)浦起龙通释,王煦华整理:《史通通释》,上海:上海古籍出版社,2009 年,第 555 页。

系,这在他为《通典》写的自序中有集中的反映:"夫行教化在乎设职官,设职官在乎审官才,审官才在乎精选举,制礼以端其俗,立乐以和其心,此先哲王致治之大方也。故职官设然后兴礼乐焉,教化隳然后用刑罚焉,列州郡俾分领焉,置边防遏戎狄焉。是以食货为之首,选举次之,职官又次之,礼又次之,乐又次之,刑又次之,州郡又次之,边防末之。或览之者,庶知篇第之旨也。"① 杜佑把食货置于《通典》各门之首,反映了杜佑对社会经济结构的重视,而且杜佑对"食货"与"教化"之间的关系也有正确的认识,他说:"夫理道之先在乎行教化,教化之本在乎足衣食。"② 杜佑还继承了孔子以来史学经世的传统,明确提出史家应把历史撰述同"将施有政"直接结合起来,反映了史学家关心现实的政治情怀。

(四)司马光与《资治通鉴》

司马光(1019—1086年),字君实,陕州夏县(今属山西)人。《资治通鉴》是司马光和他的助手刘攽、刘恕、范祖禹等人编纂的一部规模空前的编年体通史巨著。全书294卷,约300多万字。所记上起周威烈王二十三年(公元前403年),下迄后周显德六年(959年),记载了共1362年的历史。《资治通鉴》成书以后,很快普及于社会,得到高度评价,堪与《史记》媲美。

《资治通鉴》网罗宏富,体大思精。司马光和他的助手刘攽、刘恕、范祖禹都是通儒硕学,当时一流史家。他们不仅参照先前正史,而且对杂史、小说兼收并蓄,从而使《资治通鉴》成为网罗宏富的百科全书。《资治通鉴》记前后1362年事,选材严格,详尽得法。司马光在《进资治通鉴表》中说:"专取关国家盛衰,系生民休戚,善可为法,恶可为戒者。"③而且,此书常在记载相关事件之后,以"臣光曰"的方式引出编者评论,使"资治"主题更加明确。是书熔文史于一炉,用北宋的新古文叙述史事,前后一致,上下贯通。其叙述官渡之战、赤壁之战、淝水之战、淮西之战的文字,极具文采。司马光为作《资治通鉴》,曾搜集大量史料,并对不同的文献进行详细考证,编成《通鉴考异》30卷,这是中国史学史上第一部系统的考订史实的专著,体现了很鲜明的科学实证取向。

(五)章学诚与《文史通义》

章学诚(1738—1801年),字实斋,会稽(今浙江绍兴)人。他一生著述丰富,其中对后世影响最大者是《文史通义》。该书纵论古今史学,表达对于史学的诸多创见。章学诚主张史学经世致用,反对专务考索和空谈义理两种倾向,认为"文章经世之业,立言亦期有补于世,否则古人著述已厌其多,岂容更益简编,撑床叠架为哉"。④ 他在前人探究的基

---

① (唐)杜佑:《通典》卷一,北京:中华书局,1984年,第9页。

② (唐)杜佑:《通典》卷一,北京:中华书局,1984年,第9页。

③ (宋)司马光:《资治通鉴》之《进书表》,北京:中华书局,1956年,第9607页。

④ (清)章学诚:《文史通义·与史余村》,见章学诚著,仓修良编:《文史通义新编》,上海:上海古籍出版社,1993年,第556页。

础上,更明确地提出"六经皆史"说,认为"古人未尝离事而言理,六经皆先王之政典也",①从而指明了史学与经学的密切关系,扩大了史学的范围。章学诚赞赏刘知几的"史才三长"思想,在此基础上增补"史德",并专门写了《史德》篇加以阐述。所谓史德,是指"著书者之心术",也就是史家的学术品德。他说:"盖欲为良史者,当慎辨于天人之际,尽其天而不益以人也。尽其天而不益以人,虽未能至,苟允知之,亦足以称著书者之心术矣。"②在《文史通义》中,章学诚还总结前人经验,结合自己参与地方志修纂的实践,从方志的性质到内容,从义例的创立到资料的来源,无不一一论及,提出了系统化的修志理论,并使之发展成为专门的学问——方志学。

四、中西史学的会通

19世纪中叶,西方列强以武力打开中国大门,中国迅速陷于民族、国家生死存亡的困境。这时,一些目光敏锐的思想家超越传统的中国中心意识,在一种大大拓宽了的世界意识下,撰写他国的历史。

魏源在鸦片战争失败后,痛定思痛,为了抗御西方殖民主义者的侵略,积极了解英国及其他各国情况,在林则徐《四洲志》的基础上,扩大编撰成《海国图志》。书中采辑了西人著作计20余种,除部分是早期来华传教士的著作外,其余均为鸦片战争前后来华西人的最新著作,初步运用对比法,研究东西方历史的异同和联系。其中的《南洋西洋各国教门表》、《中国西洋历法异同表》、《中国西洋纪年通表》等,对佛教、伊斯兰教、基督教各世界宗教和中西纪年历史作了对比考察。在此之前,中国正史之中的外国史地,多简略而失实。《海国图志》向人们提供了几十幅新的世界各国地图,详述各国史地,按亚洲、澳洲、非洲、欧洲、美洲的顺序依次展开,这大大开拓了国人的世界眼光。曾经游学欧洲的王韬所作《法国志略》24卷,根据日人冈千仞著《法兰西志》、冈本监辅所著《万国史记》等著作和报刊资料,加上其在欧洲的亲见亲闻,展现出法国的历史。在这本书中,王韬提出了中国人了解世界、认识世界的紧迫性,认为国人如果"固陋自安"则人无以自奋、国无以自立。黄遵宪曾任中国驻日使馆参赞,他搜集日本历史、文化资料,采用图书200余种,加以实地调查,著成《日本国志》40卷,分国统、邻交、天文、地理、职官、食货、兵、刑法、学术、礼俗、物产、工艺等12类,记述日本从古代至明治维新3000多年的历史。在《日本国志》的《学术志》中,黄遵宪主张汉学、西学兼而用之,走会通之路,认为明治维新的成功证明汉学、西学可以兼用,日本的历史表明不可盲目排斥西学。

---

① (清)章学诚:《文史通义·易教上》,见章学诚著,仓修良编:《文史通义新编》,上海:上海古籍出版社,1993年,第1页。

② (清)章学诚:《文史通义·史德》,见章学诚著,仓修良编:《文史通义新编》,上海:上海古籍出版社,1993年,第182页。

在黄遵宪之后,严复、王国维、何炳松、梁启超等人都大力倡导中西史学的会通,并分别做出了各自的贡献。严复对中西文化做了大量的比较研究,他既真切认识到两种文化的巨大差异,同时又能"即异观同",发现中西文化的共性。从1895年的《原强》、《辟韩》等政论文,到1898年出版发行的译作《天演论》,严复介绍了众多的西学理论及其相关背景知识,尤其是对进化论的介绍,深刻影响到当时中国思想界的基本观念。

王国维在1911年撰写的《〈国学丛刊〉序》中明确提出"学无新旧也,无中西也,无有用无用也"。① 王国维用这种态度来治史,既尊重乾嘉学派的考证精神,也汲取西方的实证思想,如孔德、穆勒、斯宾塞等人提倡的实证方法,这种实证主义史学主张把自然科学的理论和方法应用于历史研究,认为有实证的历史才是可信的历史。这就使王国维的史学研究开创出一番新的局面,具体表现在王国维研究古史的"二重证据法",包括三个方面,"一曰取地下之实物与纸上之遗文互相释证","二曰取异族之故书与吾国之旧籍互相补正","三曰取外来之观念与固有之材料互相参证"。② 而其中的"取外来之观念与固有之材料互相参证"更体现出王国维会通中西学术的境界。

五四运动前后,何炳松大力倡导西方史学理论和方法论。他是最早直接从欧美引进西方史学著作的中国学者之一,改变了此前从日本辗转引进,往往背离原意的状况。他在1921年翻译的美国鲁滨逊的《新史学》,是中国史学界完整翻译过来的第一部西方史学理论和方法论的著作。何炳松努力引入西方史学理论和方法论,目的是比较中西史学的异同,借鉴西方史学,建设中国新史学。因此,他抉发中国传统史学理论之精微,为寻找西方史学理论和中国传统史学理论的结合点,做了大量尝试性工作,如他在1928年完成的《通史新义》,把西方史学原理和刘知几《史通》、章学诚《文史通义》所阐发的史学原理对比、贯通,试图构建自己的通史理论体系。何炳松撰写的《历史研究法》一书还认为,刘知几、章学诚议论之宏通及见解之精审,决不在西方新史学家之下,特别是章学诚在发挥通史意义、辨别通史利弊等方面的观点,有时远远超过西方史学家。因此,何炳松是我国比较史学的先行者,在他的不少论著中,经常可以看到中西史学的比较研究。

梁启超在1890年拜康有为为师后,阅读了大量西学书籍,成为传播西学的代表人物。1896年,梁启超在《时务报》上发表了《西学书目表》,反映出西学对梁启超的新史学理论产生了很大的影响。西学对梁启超晚年从事历史研究也产生了很大的影响,如西方的实证主义史学方法、兰克史学、新康德主义的历史观、实用主义的史学方法、柏格森和杜里舒的"生命史观"、罗素的历史观等都在梁启超的著作里有所体现。梁启超1922年出版的《中国历史研究法》一书既批判性地继承了中国传统史学方法,又吸收和借鉴了西方近代各种科学方法,从而建立了20世纪初中国新史学理论体系的轮廓。梁启超既反

① 王国维:《观堂集林(外二种)》,石家庄:河北教育出版社,2003年,第700页。
② 陈寅恪:《〈王静安先生遗书〉序》,见傅杰编校:《王国维论学集》,昆明:云南人民出版社,2008年,第508页。

对"崇古",也反对"崇洋",认为学问无国界,无主奴之见,对西学的吸收要食而能化。

著名历史学家金毓黻在《中国史学史》一书中认为,清季至民国三十年前后是中国史学的革新期,"本期学者,如章太炎先生,论史之旨,已异于前期,而梁启超氏,更以新史学相号召,而王国维氏,尤尽瘁于文字器物以考证古史,其他以西哲之史学,灌输于吾国者,亦大有人在,其势若不可遏,有中西合流之势,物穷则变,理有固然,名以革新,未为不当"。① 可见当时中西合流、中西会通已成为一种时代潮流。

中国马克思主义史学也是中西会通的,其中李大钊、郭沫若等马克思主义史学家在坚持唯物史观的基础上,大力吸收西方新学理,对发展中国马克思主义史学做出了重要贡献。李大钊于 1920 年在北京大学等校开设史学思想史课程,写出了《史学思想史讲义》,讲义内容包括《史观》、《今与古》、《鲍丹的历史思想》、《韦柯及其历史思想》、《马克思的历史哲学与理恺尔的历史哲学》、《唯物史观在现代史学上的价值》等。李大钊探讨了近代欧洲历史哲学产生和发展的过程,也研究了马克思的唯物史观的产生与发展,这些研究启发李大钊提出了建立新的历史哲学学科的设想。1924 年,李大钊出版《史学要论》一书,它是我国第一部系统地阐述历史唯物主义,并将之与历史研究的具体问题相结合的著作。李大钊在书中论述了历史哲学应该研究的主要问题,认为"凡历史事实之非历史科学所能探究、所能解释的问题,都归历史哲学的领域。即凡历史事实之须从哲学的见地基于世界全体的原理以根本的说明其本性及原则者,都为历史哲学所当研究的问题。例如历史事实究竟的本性如何? 历史事实的根本原则如何? 历史事实或于各个或于全体究竟有如何的意义? 这些问题,都是历史哲学领域内的问题"。② 因此,可以说李大钊是中国马克思主义历史哲学的开创者。

郭沫若在史学上的巨大成就在于将马克思主义、中国传统文化和西方文化相结合。对中国来说,马克思主义是一种外部传入的思想成果和文化内容,也是西学重要的组成部分。20 世纪初,中国的先进知识分子接受马克思主义,传播马克思主义,并与中国的历史实际相结合,使中西文化在中国社会发生历史性交融。而郭沫若于 1928—1929 年撰写、1930 年出版的《中国古代社会研究》,是尝试把马克思主义理论与中国的历史实际相结合,用唯物史观来指导历史研究的开山之作。郭沫若关于中国古代社会的研究是西学中学并重。所谓西学,就是马克思主义关于人类历史发展规律的著作和学说。郭沫若真诚服膺马克思主义,他说:"谈'国故'的夫子们哟! 你们除饱读戴东原、王念孙、章学诚之外,也应该知道还有马克思、恩格斯的著作,没有辩证唯物论的观念,连'国故'都不好让你们轻谈。"③郭沫若还通过《中国古代社会研究》一书写出中国历史本身的特点,来作为恩格斯的《家庭、私有制和国家的起源》的续篇,"研究的方法便是以他为向导,而于他所

① 金毓黻:《中国史学史》,北京:商务印书馆,2007 年, 第 428 页。
② 李守常:《史学要论》,石家庄:河北教育出版社,2000 年,第 52 页。
③ 郭沫若:《中国古代社会研究·自序》,见《郭沫若全集·历史编》第 1 卷,北京:人民出版社,1982年,第 9 页。

知道了的美洲的印第安人、欧洲的古代希腊、罗马之外,提供出来了他未曾提及一字的中国的古代"。① 郭沫若不仅研究了马克思主义理论,还有着深厚的传统学问的功底,他埋头于十分艰难的考古、古文献、古文字的研究,取得了一系列成果,如《卜辞通纂》《青铜时代》《十批判书》等。可以说,郭沫若是在中西文化交流中诞生的史学大师。

中国的世界史学科的兴起和发展,一方面是中国史家面向世界历史的产物,另一方面也是与中西会通、中外史学交流的发展密切相连的。中国的世界史研究萌生于 19 世纪中后期,是从中国先进知识分子魏源等人"睁眼看世界"开始的,与救亡图存的时代主题息息相关。1949 年新中国成立后,中国世界史研究由对外国史学的介绍,逐渐向对外国史学的研究转化。1978 年中国进入改革开放的新的历史时期,中国的世界史研究也广泛汲取世界各国,包括西方大国同行的有益成果,引为借鉴,不断提高自己的科研水平,并逐渐形成了具有中国特色的世界历史研究理论体系。在这一体系的形成过程中,吴于廑做出了很大贡献。他在 20 世纪 60 年代与周一良共同主编《世界通史》,90 年代与齐世荣共同主编《世界史》,反映了中国学者当时在世界通史研究领域的最新成果。吴于廑在马克思主义经典著作的启迪下,经过长期的思考,对世界史学科提出了系统看法,如关于世界历史学科的对象和范围,吴于廑认为:"世界历史是历史学的一门重要分支学科,内容为对人类历史自原始、孤立、分散的人群发展为全世界成一密切联系整体的过程进行系统探讨和阐述。世界历史学科的主要任务是以世界全局的观点,综合考察各地区、各国、各民族的历史,运用相关学科如文化人类学、考古学的成果,研究和阐明人类历史的演变,揭示演变的规律和趋向。"②这样,世界史学科有了不同于其他学科的特定的研究对象和研究任务。吴于廑这一界定对于世界史学科建设具有十分重要的意义。

在当下这样一个全球化时代,中国社会更加开放,中国史学日益成为世界史学的组成部分,不仅西方史学继续影响中国历史研究,中国史学研究者的工作和史学著述也开始受到日益增多的国际关注。

【小结与思考】

中国史学是中华文明史的重要组成部分,史学是文明的产物,也是文明的记录。中国的史学在悠长的发展过程中,与西方史学相比,具有重视史学经世、完备的史官制度、独特的方志撰述、别具一格的典制体史书等鲜明特色。在中国历史上,产生过一大批令人敬仰的史学家,司马迁、刘知几、杜佑、司马光和章学诚等,就是这些史学家中的佼佼者。世界几大古代文明,只有中华文明没有中断而延续下来,这与在史学发展过程中产生的史学著作密不可分。这些史学著作记录着中华民族的文明历程和创造精神,不仅是

① 郭沫若:《中国古代社会研究·自序》,见《郭沫若全集·历史编》第 1 卷,北京:人民出版社,1982 年,第 9 页。

② 吴于廑:《吴于廑学术论著自选集》,北京:首都师范大学出版社,1995 年,第 52 页。

中华文明的优秀文化遗产,而且是世界文明史上的优秀文化。中国史学在 21 世纪,既要有世界眼光,适应世界历史的潮流,也要保持本民族的史学特色,以广阔的胸襟、宏观的眼光,综合中西史学而走向会通。

【思考题】

1. 谈谈中华史学与中华文明延续性的关系。
2. 中华传统史学有哪些主要特点?
3. 试举出中华传统史学中 10 位杰出的历史学家及其代表作。
4. 中西史学的会通对现代中国人的历史观念产生了哪些影响?

第十七讲

帝制时代的中外交流与互动

中华文明是通过内聚过程壮大起来的内陆文明,在它的演进历程中,不断与其外部的社会、文化、文明进行各种类型的交流与互动,无论当时直接的后果如何,一般来说,这类交流与互动总是能够增益中华文明的文化内涵,也将中华文明的成就传播到周边甚至更遥远的人群中。在中华文明核心区的早期演进中,其直接接触的外缘区域主要生活着游牧或者农牧兼营的人群,先秦时代的中原文献经常用夷、狄、蛮之类的词表示对他们的统称。当时的中华文明共同体还在汇聚的前期,所以这种接触不宜界定为中华文明的"对外"关系,而应看做中华文明内聚演进过程中核心区与边缘区的互动现象。当时中原地区与更遥远的外部区域的交往应该也曾发生,只是现存绝大多数先秦文献的编著者当时主要以内向的方式关注国家政治和伦理文化,对更大范围的交往记载不详。所以,真正意义上的中外交往应该从秦汉时期说起。秦汉时期形成的大一统的国家形态使中华文明的行政共同体架构比以前清晰了许多,从而"内"、"外"的分野比以前明确起来。到了这个时候,讨论"中"、"外"的关系,可以有比较清晰的概念了。当然,属于当时所说的"外"的一些区域,在后来的历史发展中,逐步成为内地的边缘区,甚至内地化。这类情况,需要用演变的眼光来看。

一、张骞出使西域和丝绸之路

秦朝的建立标志着中华文明核心区域实现了行政意义上的整合,在此基础上,其内部的文字、交通、度量衡,以及各种行政、经济、社会、文化制度大幅度地统合齐一,于是中华文明以一个行政整合的共同体姿态对外交往的条件就具备了。但是秦朝对内统治过于生硬残暴,战国时代的诸国贵族势力又不甘心失去原来的地位,以至于秦朝很快崩溃,对外交往未及展开。西汉初期发生诸多统治上层内部的利益分配问题,中华文明与外部区域的往来也缺乏突出表现。到汉武帝刘彻(前156—前87年)在位时,社会经济逐步恢复,国家财富也有了显著增长,于是开始着力经营西域。

西域就是西方,汉朝时人以都城长安为原点,把玉门关、阳关以西至中亚甚至更远的地方笼统称为西域。所以汉代的西域包含着中华文明的西部边缘区,也包含边缘区以外更远的地区。西汉初期,人们了解的西域大约有36国,语言不一,互不统属,多以城郭为中心,兼营农牧。匈奴强盛后,这些小国大多被匈奴征服,匈奴进而与汉朝形成对垒之势。为挟制匈奴,汉武帝于建元三年(前138年)派遣使臣张骞率百余人出陇西向西,去联络西迁至妫水(今塔吉克斯坦、土库曼斯坦、乌兹别克斯坦和阿富汗的界河阿姆河)流域的大月氏人。张骞在西行途中被匈奴俘虏,羁縻十余年后寻机逃脱,西越葱岭,经大宛(今中亚费尔干纳盆地)、康居(王都在今乌兹别克斯坦塔什干一带)到达大月氏(今阿姆河北岸)。大月氏人无意东返故地,张骞遂于元朔三年(前126年)返回长安。此行的政治目的虽未达成,但是使汉朝人获得了大量前所未闻的西域资料。

此后汉朝夺取河西地区,汉与西域之间的道路自此畅通。元狩四年(前119年),张骞率300多人,携带牛羊万数,金币丝帛巨万,再度出使西域,目的是招引乌孙人返回河西故地,以"断匈奴右臂",并与西域各国取得联系。张骞到达乌孙时,恰逢乌孙内乱,因而未能达到劝说乌孙东归的目的,但他借此行之机分遣副使出访了大宛、康居、大月氏、大夏(今阿富汗北部)、安息(今伊朗)等国。元鼎二年(前115年),张骞偕同乌孙使者返抵长安,由他派往大月氏等国的副使也同各国报聘汉朝的使者陆续返回,汉朝同西域各国的友好关系建立了起来。张骞副使出使大夏时,曾在那里见到邛竹杖和蜀布,据说来自身毒(印度),由此知道巴蜀与身毒之间可以交通。

汉朝控制西域大部分地区之后,西域东端的楼兰(今新疆罗布泊西)、车师在匈奴的策动下,经常劫掠汉使,遮断道路。为确保西域通道,汉于元封三年(前108年)遣军击破楼兰、车师,并在酒泉至玉门关一线设立亭障,作为供应粮草的驿站和防守哨所。元封六年(前105年),汉以宗室女细君嫁给乌孙王。细君死后,又以宗室女解忧同乌孙继续和亲,通过政治联姻加强了与乌孙的关系,使乌孙成为钳制匈奴的力量。汉宣帝神爵二年(前60年),匈奴内部分裂,西部的日逐王降汉,于是汉在西域设立都护,治乌垒城(今新疆轮台东北),统辖当地诸国,颁行汉朝号令,有乱则讨,西域各国与汉朝确定了臣属关系。

自西汉中期开始,从河西走廊经塔里木盆地南北缘通向中亚、西亚以及更远地区的道路已经畅通无阻,西方各国的毛皮制品、香料和其他奢侈品通过这条道路输入中国,中国所产的丝绸、漆器等也通过贸易大量输出西方。到19世纪,德国地理学家李希霍芬(Ferdinand von Richthofen,1833—1905年)开始把这条沟通中西的商路称为"丝绸之路"。丝绸之路开辟以后,使者、商人往来于路,大量丝帛西运,各类西域珍奇异物也输入中国,中国首都长安俨然有了世界都市的气象。

两汉时期的丝绸之路东起长安,沿渭水西行,经河西走廊,至敦煌分为南北两道。南道西南行出阳关,穿越白龙堆至楼兰,然后沿今塔克拉玛干沙漠南缘的昆仑山北坡西行,经鄯善、且末、于阗、莎车等地,越过葱岭到达大月氏、身毒、安息(今伊朗),再西经条支(今叙利亚、伊拉克一带),最后抵达大秦(东罗马帝国)。北道从敦煌西北行出玉门关,经楼兰沿孔雀河至渠犁(今新疆库尔勒),然后西经乌垒、轮台、龟兹、姑墨(今新疆阿克苏)、疏勒(今新疆喀什),越葱岭到达大宛、康居、安息。南北两道相会于今伊朗境内的马什哈德,再往西可达大秦。东汉和帝时,汉朝出兵夺取伊吾卢(今新疆哈密),迫使北匈奴西迁,从而开辟出一条新北道。该道由敦煌向北至伊吾卢,然后西经柳中、高昌壁、车师前部交河城(今新疆吐鲁番),经焉耆越天山至龟兹,再循原北道西至疏勒。《魏略》称之为"中道"。[①] 丝绸之路开通后,中国的丝绸和养蚕技术、铁器、釉陶、井渠法和造纸术都陆续西传。中亚、西亚的特产如胡桃(核桃)、石榴、芝麻、黄瓜、大蒜、胡萝卜、胡豆(蚕豆)、

---

① 按,《魏略》已经亡佚,此记载见陈寿《三国志》裴松之注。

橄榄、胡椒、苜蓿等也先后传到中国。大宛的"汗血马",非洲的鸵鸟、狮子,以及西方的宝石、香料等,也由西域古国贡献而来。

除了陆上通路以外,汉代东南沿海还有海上对外交通港口。近年来的考古发现表明,番禺(今广州)是当时中国南方最早的海外通商港口。根据《汉书·地理志》,当时还有日南边塞(出海口在今越南岘港)、徐闻(今雷州半岛南端)、合浦(出海口在今广西合浦南)3个出海口岸,当是番禺的外港。当时中国的船只沿印度支那半岛沿岸南下,行5个月可到都元国(在今马来半岛),又4个月可到邑卢没国(在今缅甸)。由此再行两个多月,就可以抵达黄支国(今印度东海岸建志补罗,出海口为马德拉斯)。黄支国之南有已程不国(今斯里兰卡),是汉朝使者沿海路到达的最远地点。

东汉中叶以后,从地中海经印度洋到南海的海路交通终于开通,中国和罗马第一次发生了外交联系。公元166年,罗马皇帝马克·奥勒略·安敦尼阿斯遣使者从海路经日南来到中国,并带来象牙、犀角、玳瑁等礼品。只是由于交通设施技术还不发达,这类交往并未经常化。

二、佛教的传入及其中国化

历史上,外来文化对于中华文明影响之最大者,一是佛教,二是现代西方文化。佛教大约在西汉末、东汉初时由印度传入中国,当时人多并祀黄帝、老子、浮屠,把佛教看做与黄老之学类似的道术,甚至有"老子入夷狄为浮屠"的传闻。到东汉时期,已经有大量佛经被翻译为汉文。北方多传小乘,偏重个人修行;南方多传大乘,强调普度众生。

佛教的传入很快使中华原始信仰向体制化宗教转变。东汉后期,鬼神、巫术、方术、星象、谶纬、阴阳、五行,各种思想杂陈并荣,众祠遍地。这时的黄老学说在儒学获得官方意识形态地位之后,被排挤到边缘,与神仙方术之类地位仿佛,遂相互感染,日远于哲学伦理而近于神仙方术,于是黄老之学流为修炼养生求神的术业,其著述渐渐形成宗教性的论说。东汉末,杂糅黄老和神仙方术之说与民间泛神论信仰的早期道教形成,出现了《太平清领书》、太平道、五斗米道。汉顺帝时人张陵(道教徒称之为张道陵、张天师)造作道书,自称太清玄元,招收信徒。该道奉老子为教主,将其当做创造宇宙、化生天地的神灵,其运作的许多方式汲取了佛教的因素,如戒律规范、造像崇拜、诵经修行等,组织性、制度性趋于严密,发展成为中国式的制度化宗教。

三国两晋南北朝时期,社会动乱频仍,佛教宣扬灵魂不灭、生死轮回、因果报应之说,适应普通人渴望精神解脱的需要,迅速发展,并且开始渗入国家政治生活。东晋十六国时期,北方的后赵、前秦、后秦、北凉等政权的统治者提倡佛教。后赵统治者石勒尊天竺僧人佛图澄为"大和尚",经常向他咨询军国大事;后秦姚兴动用武力,将在后凉的龟兹僧人鸠摩罗什迎到长安,待以国师之礼,并设置僧官,管理僧众。北魏时,从中央至州、郡、

县及各寺院都设有僧官,形成了完整的佛教管理系统。同一时期的南方,佛教也大为流行。东晋初年,释慧远避乱南下,定居庐山,聚众讲学,阐发佛理。他依据佛教宣扬的业报轮回思想,结合中国传统信仰,建立起因果报应论:"一曰现报,二曰生报,三曰后报。现报者,善恶始于此身,即此身受。生报者,来生便受。后报者,或经二生三生百生千生,然后乃受。"①这种因果报应论把佛学思想与中国本土的天命思想、泛神论思想相结合,增强了佛教的吸引力。刘宋初年,僧竺道生宣传涅槃佛性说和顿悟成佛说,认为"一切众生都有佛性",通过修行除去痴妄而觉悟就可以"顿悟成佛"。这就指出了一条便捷得救的道路,因而迅速传播。南朝梁武帝萧衍不仅敬重僧侣,大造佛寺,还亲自讲论佛法,著译佛经。他撰写了《断酒肉文》,强令僧尼一律遵守,此后形成汉族僧尼吃素的习俗。梁武帝倡导三教同源说,把老子、周公、孔子都说成是如来佛的弟子,儒、道二教都来源于佛教。这是三教合一论的滥觞。迄今许多西方学者认为,传统中国的信仰是以儒、道、佛"三教"(Three Teachings)为轴心的。

佛教发展促使僧侣西行求法。僧法显在后秦弘始元年(399年)从长安出发,历尽艰辛,到达天竺,后由狮子国(今斯里兰卡)乘船从海路回国,往返途经30余国,历时15年。后来他在建康(今江苏南京)翻译带回的大量佛经,写成《佛国记》,记述了古代中亚、印度、南海诸国的地理、历史和风土人情。伴随佛学,西域、印度的文化也大量传入中国,对中国语言学、雕塑艺术以及天文学、医药学等产生了很大影响。公元4世纪以后,今新疆、甘肃、陕西、山西、河南等地及江南某些地方出现了大量佛教主题的石窟,形成了一种融合绘画和雕塑于一体的石窟艺术。在众多的佛教石窟中,最为著名的是敦煌、云冈和龙门三大石窟群。

经过魏晋南北朝时期的消化,佛教在中国衍生出天台宗、法相宗、华严宗、禅宗、净土宗等宗派,其中影响最大的是禅宗。该派宣传诵读《金刚经》即能见性,提出"自性若悟,众生是佛",故人们要想成佛,不必去诵习烦琐的经典,也不必长期修行,只要本心清净,妄念俱灭,就可以"顿悟"本性,从而成佛。因为此派的主张简捷易行,到唐末五代时成为影响最大的中国化佛教宗派。北宋开国后,朝廷设立译经院和印经院,支持佛经翻译与印行。宋太宗亲自撰写《新译三藏圣教序》。宋太宗和宋真宗还先后下诏重修、增修五台山、峨眉山等地寺院。宋真宗时全国有僧尼40多万,寺院4万余所。

佛教曾与中国本土思想文化之间爆发冲突,但随着佛教本土化逐渐加深以及本土社会对佛教接受程度的深化,冲突让位于融合。

南北朝时期的范缜就曾与笃信佛教的竟陵王萧子良展开激烈论战。梁武帝组织60余人写出75篇宣扬神不灭思想的文章,范缜则针锋相对,写出《神灭论》与之论战。范缜

---

① 释僧祐:《弘明集》卷五《三报论》,影印《文渊阁四库全书》本,台北:台湾商务印书馆,1986年,第77页。

提出："神即形也,形即神也。是以形存则神存,形谢则神灭。"①又说:"形者神之质,神者形之用,是则形称其质,神言其用,形之与神,不得相异也。"②范缜的《神灭论》不仅体现出佛教与中国本土无神论之间的冲突,而且体现出中国古代无神论思想在遭遇佛教冲击砥砺后展现的锋芒。北魏和北周时期,也曾发生统治者灭佛的事情。到了唐代,则爆发了儒学与佛教的直接冲突。韩愈主张抑佛乃至拆毁寺庵,遣散僧尼,在唐宪宗奉迎法门寺佛骨的时候,要求把佛骨投诸水火,以绝后患。唐武宗不喜佛教,曾下令灭佛,拆除了4600多所寺院,迫使26万僧尼还俗。即便如此,经过长期的传播,佛教还是逐渐成为中国社会中一个组织力最强的宗教,有遍布全国的寺院,所有的寺院都有一定的资产,与国家权力经常保持密切的联系,有数量巨大的经典和传播文本,并且在教义方面与中国人原来的信仰和思维倾向日益契合,成为高度本土化的宗教。在这种情况下,即使排斥佛教最有力的儒家,也与佛教思想发生了交融和相互渗透,即使激烈反佛的韩愈学说中也吸收了佛教的"法统观"和"心性说",柳宗元则认为佛教经典中有一些内容"不与孔子异道"。③

三、唐、元时代开放的中国

(一)大唐盛世的国际关系

在中华文明史上,当政治分裂的时候,中华文明内部各个民族、地域、政权之间的大单元互动关系凸显为历史的主题,对外部的关系一般退居次要地位;当实现政治统一的时候,中华文明就会展现出以共同体整体方式对外交往的姿态。唐、元两个时代,中国实现大范围统一并且在世界上显示出多方面的先进性和强大力量,故在对外关系中表现得最为开放。

唐代疆域辽阔,多民族互动共存,文化快速融合,疆域东及朝鲜半岛北部、库页岛,西达咸海,北到西伯利亚南部,南抵越南中部。当时的对外交通相当发达。通往西方的陆上丝绸之路保持通畅,以长安为起点,由河西走廊经西域,直达中亚、西亚。通往南亚诸国有三条陆路:一是由河西走廊越葱岭向西南行,经阿富汗,沿喀布尔河东下,至印度;二是由四川经西藏,至尼泊尔、巴基斯坦和印度;三是由云南达缅甸,由缅甸入印度。远洋海路交通主要是出广州,越马来半岛,经斯里兰卡,入波斯湾,或沿阿拉伯海沿岸,以达红海。通往朝鲜半岛可出陆路取道幽州经辽东,渡鸭绿江,至平壤,或者由登州或莱州走海路经辽东半岛沿海而达朝鲜。去日本,除了经由朝鲜半岛以外,海路可从扬州、明州(今

① (唐)姚思廉:《梁书》卷四十八《范缜传》,北京:中华书局,1973年,第665页。
② (唐)姚思廉:《梁书》卷四十八《范缜传》,北京:中华书局,1973年,第665—666页。
③ (唐)柳宗元:《柳宗元集》卷二十五《送僧浩初序》,北京:中华书局,1979年,第673页。

浙江宁波)出航,利用季风至日本,或者由楚州(今江苏淮安)沿山东半岛,经朝鲜半岛而至日本。唐朝中叶,每年来广州的各国船只多时达到4000余艘。唐朝末年,泉州成为重要的外贸港口。交通的发达,商业贸易活动的频繁,使唐朝西北的敦煌、凉州、兰州、高昌,东南的广州、泉州、扬州,以及长安、洛阳成为对外商业贸易的重要城市。尤其是长安,是世界闻名的国际性大都市,汇集了来自世界许多地方的各类宾客。当时的政府部门中有外国人任职,太学中有外国留学生,商馆中有各色外国商人,名山大川、佛教圣地则有外国僧侣前来求经学法。

与唐代中国隔海相望的日本仰慕华风,向唐朝派遣大量使者、留学生、学问僧。这些人回国后传播中国典章制度、天文、历法、艺术及生产技术,推动了日本在公元7世纪模仿唐朝制度的"大化改新",后来又颁行了《大宝律令》、《养老律令》等法典,还在京城设立"大学",研习内容与唐朝学校相仿,所用书籍也是由唐朝传入的。日本古代曾使用汉字作为表达和记录的工具,后来利用汉字表达日语的声音,逐渐形成用大体取自楷体汉字部首的"片假名"和借用整个汉字的"平假名"来书写的日本文字体系。日本8世纪修建的新都,建筑布局仿照长安,甚至朱雀大街、东市、西市等名称也完全一致。天宝元年(742年),唐高僧鉴真和尚(688—763年)东渡日本传法,历尽艰辛,以至双目失明,终于在天宝十三年(754年)到达日本,成为佛学在日本的重要传播者。日本留学生阿倍仲麻吕于开元五年(717年)来唐朝,取汉名晁衡,仕唐官至散骑常侍、镇南都护,与诗人王维、李白交往甚密,后来病死在中国。日本僧人圆仁在扬州、五台等地学法近10年后归国,著有《入唐求法巡礼行记》。

唐时的天竺,大体相当于今天的印度、巴基斯坦和孟加拉,内分中、东、南、西、北五天竺。与中国关系最密切的中天竺摩揭陀国国王戒日王曾遣使与唐朝建立官方联系。唐太宗、高宗时也一再派人出使天竺。后来官方使节减少,民间前往天竺礼佛求法之事则史不绝书。当时的印巴次大陆东西两岸,常有唐朝商船往来;天竺商船也经常到达广州、泉州进行贸易活动。中国的麝香、纻丝、色绢、青瓷、铜钱、樟脑输入天竺,天竺的胡椒、棉花、砂糖及多种奢侈品也输入中国。7世纪末,中国的纸已由中亚陆路传到了印度,以后又传去了造纸术,从此印度结束了用白桦树皮、贝叶写字的时代。

唐代高僧玄奘于贞观初年从长安出发,经丝绸之路,辗转达于天竺。他在天竺求法10多年。贞观十九年(645年),玄奘由陆路返回长安,带回佛经657部。后来玄奘把老子的《道德经》译成梵文,流传天竺。他根据旅行见闻而写成的《大唐西域记》,记载了138个古国的山川、物产、风俗、宗教和政治经济情况。另一位高僧义净在唐高宗咸亨二年(671年)乘波斯船从广州出发,经海路前往天竺求法,在印度13年,游历30余国。后于武则天证圣元年(695年)回到洛阳,带回佛经400部。义净翻译了《华严经》等重要佛典,所撰的《南海寄归内法传》和《大唐西域求法高僧传》是研究7世纪东南亚地区社会文化和中外交通的珍贵资料。

天竺的熬糖法在贞观年间传入中国,改进了中国的制糖技术。在艺术方面,印度的建筑和雕塑、绘画艺术也流传中国,敦煌、云冈以及麦积山石窟里的雕刻、壁画和塑像,都直接受到了印度犍陀罗或笈多艺术风格的影响。唐太宗10部乐中,包括天竺乐。唐朝境内有天竺医生行医,天竺的外科手术、整骨术、眼科技术及解剖学都对中国医学有较大的影响。唐代名医孙思邈在其著述中引用的天竺按摩法,一直保存到今天。印度的天文历法也在唐代传入中国。狮子国在唐高宗与玄宗时期都曾遣使送来礼物。此后,双方保持着密切的贸易关系,广州一带的外国商船,以狮子国的为最大,而且每年要来数次。

波斯是丝绸之路的必经之地。唐初,波斯几次遣使来唐。唐高宗时,波斯遭到大食侵袭,求救于唐,唐朝出兵声援。波斯被大食灭亡以后,波斯王子卑路斯及其子泥涅斯先后到唐朝避难,留居长安,受唐官爵,最后客死中国。波斯商人大批来唐朝做生意,长安、扬州、广州有很多波斯店,以经营宝石、香料、珊瑚、玛瑙、药材而闻名。唐代中国由波斯输入了菠菜和波斯枣。波斯的马球也在中国流行开来。唐朝的丝绸、瓷器、纸张等物品,更是大量输入波斯,并通过波斯再向西方传播。波斯湾的港口常有中国商船停泊。

公元7世纪初,穆斯林统一阿拉伯半岛之后,东灭波斯,西陷开罗,建立了势力达到中亚、南亚和北非的阿拉伯帝国,被唐朝称为大食。唐高宗永徽二年(651年),唐与大食正式通好,此后使者往来频繁。长安、洛阳、扬州、泉州、广州等地都有为数众多的阿拉伯商人,其中有许多在中国定居,有的还在唐政府中任职。玄宗时期,大食与唐朝争夺对中亚诸小国的控制权。天宝十年(751年),唐将高仙芝与大食军队战于怛罗斯(今哈萨克斯坦江布尔城附近),唐军大败,被俘2万余人,其中包括一些造纸工匠,造纸术因而西传。在怛罗斯战役中被俘的还有历史学家杜佑的族侄杜环,他在大食住了10年,归国后,著《经行记》,书中谈到他在大食都城亚俱罗曾见到来自大唐的绫绢匠、金银匠、画匠。可见,在这个时期,除了造纸术之外,唐朝的其他手工业技术也传到了阿拉伯。大中年间(847—859年),大食商人后裔李彦升在长安考中进士。公元7世纪初,伊斯兰教通过来华经商的伊斯兰教徒传入中国。唐末、五代之际,在今新疆喀什立国的喀拉汗王朝萨图克·博格拉汗接受伊斯兰教,其子阿尔斯兰汗将之提升为国教,该地成为中国境内伊斯兰教信奉者最集中的地区。

唐代,来自中亚、西亚、欧洲的祆教、摩尼教、伊斯兰教、景教等宗教在中国普遍流行。祆教出于波斯,又名拜火教,崇拜火及天神,北朝时已传入中国。唐武德四年(621年),长安城建祆寺,洛阳及西北的凉州、沙州等地也都建有祆寺。隋唐政府允许在华"胡人"信奉祆教,但禁止其向内地民间传布。唐武宗会昌年间(841—846年)废佛时,祆教也遭禁绝。但在西北地区一直传袭不断,后来还出现在中原地区。摩尼教也出于波斯,糅合祆、佛、基督等教教义而成,约于唐延载元年(694年)传入中国。玄宗时,限定摩尼教只在西域胡人中传播,代宗时许其在内地传播。武宗会昌灭佛后,一些摩尼教徒转入地下,演化成一种民间秘密宗教。景教即基督教中的聂斯脱利派,出于东罗马,经波斯、中亚,传入中国。高宗时,长安、洛阳、广州、沙州等地皆已建有该教寺院,玄宗时改称其寺为大秦寺。唐德宗建中二年(781年),在长安立"大秦景教流行中国碑",此碑至今仍完好保

存在西安。

唐初,真腊遣使与唐建立外交关系,其后朝贡来访不断。唐中宗以后,真腊分为水真腊(今柬埔寨、越南及泰国一带)与陆真腊(今老挝)两部,二者皆遣使于唐。9世纪初,真腊两部重新统一,继续与唐保持往来关系。中国货物在真腊十分畅销,真腊商船也经常来往于唐朝的广州一带。立国于今印度尼西亚苏门答腊岛的室利佛逝、堕婆登和爪哇岛的诃陵(别名又称社婆、阇婆)与唐朝也均有密切往来。

(二)元代的开放

1206年,统一了草原诸部的蒙古族领袖铁木真即大汗位,号称成吉思汗,国号大蒙古国,随后马不停蹄,南侵西征东伐,其后继者窝阔台、蒙哥等,继续扩张,建立了横跨欧亚大陆的大帝国。处于蒙古帝国中央地位的是以中原为中心的元王朝。成吉思汗长子术赤封地在今咸海、里海以北地区,称钦察汗国,后来渐渐突厥化。成吉思汗次子察合台的封地为畏兀儿与河中(今锡尔河和阿姆河之间的地域)之间地区。成吉思汗三子窝阔台封地在今新疆额敏以北地区。稍后,在忽必烈时期,主持西征并控制了波斯、阿拉伯地区的蒙哥汗之弟旭烈兀受封阿姆河以西地区,在那里形成伊利汗国。随旭烈兀西征的人将中国的火药武器制造技术传到波斯、阿拉伯,再传到欧洲,其中还有精通天文历算、历史文化、医学的学者,将中国的天文学、纸币制度、雕版印刷技术、驿传制度、牌符制度、中国医学也传入了这些地区。

这样庞大的帝国,虽然内部分为不同区域,但还是形成一种空前规模的行政秩序和密切的人流、物流往来关系。从各地通往元朝的驿路等交通路线构成庞大的网络,持有元朝颁发的牌子,可以在一些驿路上畅行无阻。元朝人自己感觉当时"四海为家","无此疆彼界","适千里者如在户庭,之万里者如出邻家"。① 旅行者的安全得到保证,亚欧各地商人纷纷来华贸易,各类人才也汇聚元朝的首都大都。蒙古统治者对西亚、欧洲来的人给予特权,其社会地位在蒙古人之下而在汉族等中原居民之上,同时对各种宗教兼容并蓄,也里可温(基督教)与佛、道、伊斯兰教一样可以建立教堂,享有免除赋税、徭役等特权。当时,自伊利汗国来华的波斯人、阿拉伯人空前之多。他们或者参与元朝政权,或者经营商业,也有些人将波斯、阿拉伯的天文学、医学知识传到中国。应忽必烈之召东来的波斯天文学家扎马鲁丁等人编制了《万年历》。元朝专门设立了回回司天台,监测天文,修订历法。元大都、上都还都设置了"回回药物院",很多阿拉伯医生在民间行医卖药。

1245年,教皇英诺森四世决定派遣传教士普兰诺·卡尔平尼等人分别携带教皇给蒙古可汗的信出使蒙古,劝其改信基督教,蒙古大汗贵由回信拒绝。1289年,教士孟特戈维诺(Monte Covino)受教皇尼古拉四世之命往东方传教。他经伊利汗国、印度,于1294年到达大都,随后从元廷得到在中国传教经商的许可。他们结交蒙古贵族,建起教堂。此

---

① (元)王礼:《麟原文集》前集卷六《义冢记》,影印《文渊阁四库全书》本,台北:台湾商务印书馆,1986年,第416页。

后有大批欧洲传教士来到中国。至元二年(1336年),元顺帝遣使罗马教廷,受到热情款待。1338年底教皇派出一个50人的使团随元使回访,于1342年抵达上都,1346年自泉州乘船归国,1353年回到法国向教皇复命。

1265年,意大利威尼斯商人尼古剌(Nicolas)、马窦(Matteo)兄弟抵达元上都。忽必烈向他们了解欧洲各国情况后,派使臣出使罗马教廷,命尼古剌兄弟充当副使随行。途中元使因病留下,尼古剌兄弟带国书继续前往罗马,于1269年向罗马教廷递交了元朝皇帝的国书。1275年,兄弟俩和尼古剌的儿子马可·波罗(Marco Polo)携带新任教皇格里哥里十世书信到达上都,然后长期居住于中国。马可·波罗曾多次奉命出使云南和江南等地,并在扬州做官3年,又奉命出使过占城、印度。后马可·波罗奉命随同使者前往伊利汗国。他从泉州出发,经爪哇,渡印度洋,到达伊利汗国。完成使命后,马可·波罗西还,于1295年回到威尼斯。后来马可·波罗口述旅行东方各国的见闻,由他人整理为《马可·波罗寰宇记》,在欧洲广泛流传。该书中文本由冯承钧翻译,题《马可·波罗行纪》。书中记载,元大都规模宏大,外城周长28600米,设城门11座。大都"城外每门有附郭甚大,其街道与两邻近城门之附郭相接,延长有三四里。每一附郭或街道有华厦甚众,各地往来之商人居焉,每国之人各有专邸"。[①] "百物输入之众,有如川流之不息","外国巨价异物及百物之输入此城者,世界诸城无能与比"。[②]

四、封贡体系与大航海

(一)封贡体系

大致自隋唐大一统国家政权重建后,中国作为亚洲内陆最强大、最发达、最繁荣的共同体,与其文化外缘区域和周边的民族、国家发展起一种封贡关系。这种关系以中国上古时代的封藩关系为参照,其核心是中国作为区域政治之宗主和权威,提供该区域政治、经济、文化的一般秩序保障,与此相应的往来方式是朝贡制度。在这种关系格局中,作为宗主国的中国不干预藩属国内部事务,也不屑从藩属国获取很大的经济利益,但要求藩属国尊奉中国为上国,其国君形式上接受中国朝廷的册封,奉中国朝廷为正朔,凭中国颁发的勘合,依照贡期、贡道、贡使人数和贡舶数量来朝贡献方物,进而领取通常价值远远超过贡品价值的赏赐。这是现代国际秩序发生以前的世界历史上出现的一种由区域性权威维系国际秩序的体制。在直到19世纪中叶的大多数情况下,这种秩序体制提供了亚洲区域和平的基本框架。它并不体现完全平等的国家关系,但尊重和平共处,比起近

---

① [意]马可·波罗著,冯承钧译:《马可波罗行纪》,南京:江苏文艺出版社,2008年,第200页注1。

② [意]马可·波罗著,冯承钧译:《马可波罗行纪》,南京:江苏文艺出版社,2008年,第199页。

代弱肉强食的恶性国际竞争,体现更多的强弱往来共存理念。同时,这种封贡体制以中国的统一和相对强大为前提。中国统一强大时,封贡关系稳定;中国力量受到质疑时,这种关系就会动摇。其间,当然也会发生由于复杂的具体矛盾而导致的内部冲突。

朝鲜半岛与中国东北毗邻。汉初燕人卫满率1000余人东走出塞,在朝鲜半岛西北部建都王险城(今朝鲜平壤)。汉武帝时派军攻灭卫氏朝鲜,于其地置玄菟、乐浪、真番、临屯四郡。后来,朝鲜半岛北部的高句丽兴起,南部的马韩、辰韩、弁韩的势力也不断增强,并与汉属乐浪郡时有冲突。隋朝建立之后,高句丽国主派使节前来进贡,受隋册封。后来高句丽兵犯辽西,隋文帝几次派军讨伐高句丽,皆无功而返。朝鲜半岛西南部的百济、东南部的新罗,都在隋代遣使贡献方物,受隋朝册封。唐朝建立后,高句丽、百济、新罗都遣使来朝,受唐朝册封。后来新罗统一朝鲜半岛,派遣大批子弟到长安学习,其中一些人参加唐朝的科举考试,有人进士及第,出任唐朝官职。7世纪末,新罗人薛聪创造了"吏读"法,用汉字作为音符来标记朝鲜语的助词、助动词等,夹在汉文中间使用,帮助阅读汉文经典。新罗商人频繁来唐朝贸易,北起登州、莱州,南到楚州、泗州等地,都有新罗商人的足迹。

到了公元13世纪前后,以朝鲜半岛为根基的高丽王朝曾配合蒙古军队攻灭契丹势力,向蒙古纳贡。后来蒙古诛求无厌,双方发生多次战役。1259年,高丽王送世子王倎入质,双方议和。中统元年(1260年),高丽王死,王倎(后改名禃)回国即位,忽必烈将其女儿嫁给王禃之子王愖(后改名睶,又改名昛),高丽遂为元朝属国。1283年,为准备东征日本,忽必烈在高丽设征东行省,以高丽王王昛与蒙古将领阿塔海共领省事。元成宗大德四年(1300年)撤罢。王昛之子謜(后改名璋,蒙古名益智礼不花)亦娶元朝公主为妻,高丽王族和元皇室保持"甥舅之好"。

明朝建立之后不久,高丽内部发生政变,大将李成桂建立朝鲜王朝,很快与明朝缔结封贡关系。在明代中国与其周边国家的封贡关系中,朝鲜与中国关系最为密切,朝贡频繁,双方使者往来不绝。朝鲜国家制度多方面学习明朝。万历二十年(1592年),日本关白丰臣秀吉发兵18万余人,兵船数百艘,入侵朝鲜。3个月间,日军几乎占领朝鲜全国。朝鲜国王李昖向明朝告急。明廷初派副总兵祖承训率军3000赴朝鲜救援,结果全军覆没,于是再派兵部右侍郎宋应昌为经略,李成梁子李如松为提督,率军4万渡鸭绿江抗倭援朝,又调遣川军和水师增援。至次年四月,日军屡败后退至釜山一带,汉江以南土地全部收复,明军撤回。万历二十五年(1597年),日军集结14万之众,再度侵入朝鲜腹地。明廷派遣兵部尚书邢玠为总督,率军援朝,互有胜负。次年七月,丰臣秀吉死,日军军心浮动。明军与朝鲜军队联合作战,在釜山沿海歼敌万余,取得抗击日本侵略的彻底胜利。此后,朝鲜君臣感激明朝"再造"之恩,为之立坛祈祷祭祀。明朝末年,在东北建立清朝的皇太极发兵征服朝鲜,逼令朝鲜"去明国之年号,绝明国之交往",①朝鲜遂由明朝之藩属变为清朝藩属。

清初,朝鲜基于对明朝的感情,对清廷略微疏远,以后逐步改善。两国间除了进行"朝贡贸易"外,还在会宁(今朝鲜咸镜北道会宁市)、中江(今朝鲜慈江道中江郡)、庆源(今朝鲜咸镜北道庆源郡)等地进行定期贸易。中国运往朝鲜的商品有丝绸、棉布、谷物、汉文书籍和文房四宝等;朝鲜输入中国的有貂皮、鹿皮、水獭皮、腰刀、铜、硫黄、麻布和高丽纸等。中国的书籍在朝鲜很受欢迎,除了获自清朝的赏赐,朝鲜使节还自行购买各种中国类书。直到1895年《马关条约》签订,朝鲜才名义上宣布独立,随后迅速被日本吞并。

元代对安南曾有战事,后来安南、占城皆向元朝称臣纳贡。明永乐时期,安南发生内乱,国王陈日煃之弟陈天平逃至南京向明朝求救。明朝派军队护送陈天平归国,为篡位的黎氏所杀。明朝政府遂在永乐四年(1406年)派军队攻入安南,俘获黎氏父子。次年,在该地设交趾布政使司,分府、州、县、卫所治之。后来安南官民屡叛,兵兴不绝。明朝遂在宣德二年(1427年)放弃交趾布政使司,恢复其藩属国地位。清顺治年间,安南奉表进贡,此后相互间使节来往不断。两国陆路和海上贸易都比较繁荣,中国输出的商品有布匹、绸缎、纸张、陶器、铁锅、颜料和药材等;安南输入的商品主要以大米、槟榔、胡椒、冰糖、竹木、香料和海产品为主。当时在安南境内,康熙通宝与安南本国所铸铜钱都能通用。到19世纪后期,越南遭法国侵略,向清朝求救。清朝派军援越,战事进行中时,由于当时清朝软弱,与法国议和,越南独立。

琉球在明代频繁入贡往来。清顺治十一年(1654年),琉球国王来京,与清政府建立封贡关系。其使臣隔年来华一次,成为定例。清廷在福建修建了"柔远驿"和"进贡厂",专门接待琉球使团。琉球留学生有的到北京国子监读书,名"唐监生",有的在福州学习,名为"勤学人"。两国的"朝贡贸易"中,琉球向中国输出的有马、硫黄、红铜、螺壳、牛皮和海产品,此外还有苏木、胡椒等转口贸易品;其从中国运回的货物主要有生丝、绸缎、铁制品、陶瓷、书籍、药材、糖及文房四宝等。

18世纪以后,西方殖民势力向中国周边国家渗透,影响了各国与中国的关系,但清廷和朝鲜、琉球、安南等继续保持着宗藩关系。

元朝与日本官方关系不睦,日本浪人则时常骚扰中国沿海地区。14世纪末,日本北朝的足利义满统一全国,开始了室町幕府时期。明朝建立后,中日几度磋商相互关系,但并没有建立起相互信任。在明朝与周边国家的封贡体系中,日本属于被限制较多的国家,规定其"十年一贡,人止二百,船止二艘",②超出此限即不接待。这样的限额,不能满

---

① 《清实录》第2册,《太宗实录(全)》卷三十三,"崇德二年正月戊辰",北京:中华书局,1985年,第430页。

② (清)张廷玉等:《明史》卷三百二十二《外国三·日本》,北京:中华书局,1974年,第8347页。

足日本对华贸易的要求,以日本和中国海盗为主体,勾结中国沿海豪民势力的武装走私遂发展起来。走私不足,继以武装掠夺,成为持续扰乱明代中国沿海民生和国家安全的严重倭患,至嘉靖中后期达于极点。明朝先后派遣张经、俞大猷、戚继光、胡宗宪等苦战十余年,至嘉靖四十三年(1564年),方才平定倭患。到了万历时期,日本侵入朝鲜,中国又与日本进入战争状态。在这样的大背景下,明朝与日本官方的关系始终不佳。

(二)大航海

唐朝中期,吐蕃、党项等族在西北地区阻断了中原通过古丝绸之路对外交往的途径。五代十国和宋朝,统治地域远不及汉唐,对外贸易主要经由海路。

两宋时期,中国领先水平的造船技术和指南针开始运用于航海,为远洋航行的安全和效率提供了保障。当时每年夏至以后,各国商船乘西南风来到中国各港口贸易,十月以后又乘东北风返航归国,中国的商船也同样利用海上季风往来各国各地区进行贸易活动。中国商船、商人直接到达的国家和地区有20多个,与中国保持贸易往来的则有50多个国家和地区,包括东亚的日本、高丽,东南亚各国,西亚的阿拉伯各国和非洲东海岸各国。宋朝在沿海主要口岸设市舶司管理对外贸易,包括广州、明州(今浙江宁波)、泉州、临安、温州、密州板桥镇(今山东胶县)、秀州华亭县(今上海松江县)等。镇江、苏州、江阴等地虽然没有设立对外贸易管理机构,也是对外大宗商品集散地,依市舶法对外商进行管理。官府在设有市舶司的港口城市设立外商居住区蕃坊,任用外商为蕃长管理公事。对于能够吸引外商来华贸易的蕃长或蕃舶纲首,可能授予官职。外商货船入港后,由市舶司按全部货物的比例进行抽解,称"抽分"。抽分之后,禁榷货物由官府全部收买入官,其余货物按一定比例收买,然后才允许与商人进行交易,称为"博买"。随着中外贸易的展开,中国铜钱大批外流,东南亚和西亚各地的商品交换中都大量使用中国铜钱。两宋对外贸易中,出口的商品主要有瓷器、陶器、漆器、书籍、药材、茶叶、丝织品、工艺品,以及金银等各类金属。进口的商品主要有日本的沙金、宝刀、扇子,高丽的人参、纸笔、药材,南亚和阿拉伯各国的药材、香料、象牙、珠宝等。

元代袭南宋旧制,设市舶提举司管理海外贸易,具体地点有过变更,主要有泉州、庆元、上海、澉浦、温州、杭州、广州等。出海船只需经市舶司审核,发给公凭。输入的外国货物需依例抽分。元朝还实行过一种官本商办的外贸,由政府提供船舶、资本,商人提供人力,所得利益政府得七成,商人得三成。据元末旅行家汪大渊《岛夷志略》的记载,当时和中国有海上贸易关系的国家和地区,在菲律宾以南以西的沿海国家和地区就达到97个,最远处到达非洲的层摇罗(今坦桑尼亚的桑给巴尔岛)。整个东南亚海上的贸易主要掌握在中国舶商的手里。外贸中,中国的输出品主要是纺织品、陶瓷器、金银铁器、杂货类日用品以及水银、硫黄等矿产品、名贵中药材等,输入的多是香料、珠宝等奢侈品。

明永乐三年(1405年)至永乐二十二年(1424年),明朝七次派出大规模武装贸易舰队出使今天的印度洋至非洲东海岸的"西洋"诸国。首次出航由宦官郑和率领,从苏州刘家港出海,用大船62艘,皆长44丈,宽18丈,共载士卒27500余人。船队经福州下占城,遍历南洋群岛诸国,至印度西南海岸的古里而回。第二次由郑和率船48艘,经马来海峡至锡兰岛而归。第三次于永乐七年(1409年)出发,经占城、满剌加、苏门答腊、古里、阿丹等地,擒锡兰王亚烈苦奈儿而回。第四次出发于永乐十一年(1413年),达于非洲东岸。第五次于永乐十五年(1417年)出发,大体循第四次远航的途径。第六次于永乐十九年(1421年)出发,遍历各国进行封赏。第七次于永乐二十二年(1424年)出发,至三佛齐而归。宣德六年(1431年),又有第八次远航。这些持续了20多年的政治性远航贸易活动促进了中国与南亚各国的联系,推动了中国南洋贸易的发展。随同远洋船队出航的马欢著《瀛涯胜览》,费信著《星槎胜览》,巩珍著《西洋番国志》,留下了关于"西洋"各国和当时中国海外交通历史的重要资料。郑和的远航时间在达·伽马和哥伦布远航之前数十年,显示出当时中国的造船航海技术处于世界的前列,中国是亚洲文明和当时国际贸易体系的中心。宣德以后,明朝皇帝个人的雄武伟略大逊于前,官僚士大夫的进取精神也趋萎缩,转于守成。同时,这些远洋出航耗资巨大,遂告中断不继。

官方举行的大规模航海事业中辍以后,海上对外贸易主要由民间商人进行。明初对民间海外贸易实行严格的限制,在倭寇之患严重的时期,甚至实行较严厉的海禁。嘉靖末年,倭寇之患既平,明朝遂在隆庆(1567—1572年)初年有限度地开放海禁。商人在申请获得引票后,可以到指定地点贸易。此后,民间海外贸易繁荣,出现了"五方之贾,熙熙水国,刳艅艎,分市东西路。其捆载珍奇,故异物不足述,而所贸金钱,岁无虑数十万,公私并赖"[①]的局面。抵至明朝末年,有多个私人海上集团活跃在东海、南海、印度洋一带,他们中间势力强大者,拥有强大的海上舰队,足以与任何海上势力争锋。明朝灭亡之后,福建海商郑氏家族的海上力量,在郑成功的带领下,以武力从荷兰人手中夺回了台湾。

五、明清时代的中欧文化交融与礼仪之争

(一)晚明西学

15世纪末,哥伦布发现美洲新大陆。16世纪初,麦哲伦完成环球航行。西欧、北欧一些国家鼓励航海探险、开拓海外市场、开辟殖民地,早期殖民者、冒险家和耶稣会传教士,纷纷前往世界各地。在欧洲殖民势力东来的总背景下,葡萄牙扩张势力率先伸展到亚洲。正德六年(1511年),佛郎机(葡萄牙)人侵入马喇加(马六甲)。正德十二年(1517年),葡萄牙国王遣皮来资(Thomas Pirez)为使率舰队来华,在广东遭地方政府拒绝入境后,开炮强行进入广州,然后以贿赂买通镇守太监,获准进入北京。在广东的葡萄牙人则乘机抢掠并占领了东莞县屯门岛海澳,在所至之处兴建房屋,打算久留扩张。嘉靖十四年(1535年),葡萄牙人通过贿赂,获准在香山县壕镜澳(澳门)停泊贸易船只。后逐渐在

---

① (明)张燮:《东西洋考》,北京:中华书局,1981年,周启元所作序。

澳门搭造居停棚屋,进而建造房宇,使澳门成为葡萄牙在中国东南门户的一个殖民据点。此后,欧洲商人、殖民者、传教士纷纷进入中国。

1549年,耶稣会士沙勿略(Francis Xavier)开始在日本传教。1574年,以耶稣会东方观察员身份来到日本的范礼安(Alexander Valignani)反省了前后60名传教士在中国失败的教训,提出了传教士穿袈裟、学中文的"适应"方针,以利于使中国人认同天主教。几经挫折之后,意大利人利玛窦(Matteo Ricci,1552—1610年)在万历二十九年(1601年)得到明朝允许,定居北京,并在北京建立了天主教堂。利玛窦认为,在中国传教必须从天主教与儒家思想传统融通的切入点逐步展开,尽量附会中国传统文化的概念来阐释天主教的教义。他把"God"翻译为中国传统文化中就有的"上帝",把他所传播的宗教称为"天主教",其神学则称为"天学",以求在中国得到广泛认同。他身穿儒服,抨击佛教和道教的"偶像崇拜",但却不排斥对孔子和祖先的崇拜,同时尽量用西方自然科学知识打动中国的学者,然后在交往中渗透宗教观念。他将《万国舆图》介绍到中国,使中国人了解世界五大洲之说。利玛窦晚年,回忆了在中国传教的经历,几经翻译整理之后,成为今天可以看到的《利玛窦中国札记》。这本书回顾了利玛窦等人在中国传教的经历,并且对当时中国的社会、文化、政治情况做了一些叙述,反映了从西方人角度所看到的中国的面貌和文化精神。当时明朝大学士徐光启在和利玛窦的交往中,了解了许多西方科学知识,觉得这些西方人存"实心",为"实行",有"实学",认为天主教"必可以补儒易佛",西方人的"格物穷理之学"可以帮助中国富国强兵。徐光启和利玛窦合译了《几何原本》,介绍欧几里得几何,丰富了中国平面几何知识。徐光启还参考西方人熊三拔(Sabbathino de Ursis)的《泰西水法》,与中国传统水利技术知识结合,著成《农政全书》中的《水利卷》。当时,有一批中国知识分子与西方人交往、合作,一起介绍西方思想知识。如王徵和传教士邓玉涵(Jean Terrenz)合译了《远西奇器图说》,介绍物理学原理和简单机械构造;李之藻随利玛窦学算法,认为中西数学水平并无大的差别,但西法远为畅捷,写成《同文算指》,演示西方数学并期待此法可以帮助中国人"心心归实,虚骄之气潜消,亦使人跃跃含灵,通变之才渐启"。[①] 当时的传教士还向中国的工匠传授西洋火器制造技术等,运用在明与后金的战争中,发挥了很大的威力。崇祯二年(1629年),钦天监推测日食发生错误,于是由徐光启主持,吸收西方人加入,对《大统历》进行了修订。

当时中国士大夫中的一些精英人物,如徐光启、冯应京、邹元标、叶向高、李之藻、曹于汴、郑以伟等,皆对西学持肯定的态度。耶稣会人士的中文著作,也大多得到中国学者的润色方才出版。所以应该说,明朝末年中国士大夫基本上是以开放的心态来对待西方学术、文化乃至宗教的。他们对西方科学技术的介绍,促成了中西文化思想交流的一次意义重大的努力,使中国学术思想比以前更注重计量、分析和实证。但是,当时的欧洲已经发生了文艺复兴和宗教改革,文化和社会结构重新定向,并且借助于科学技术、工业生

---

① 梁家勉:《徐光启年谱》,上海:上海古籍出版社,1981年,第104页。

产和贸易以及殖民主义向全世界扩展。中国的士大夫对这些并没有深刻的认识，这埋下了近代中国在西方强力冲击下不知所措的远因。从宗教与文化的角度来看，耶稣会士东来的主要目的是以天主教改造中国人的信仰，这出于基督教的普世主义性质，同时也是和西方殖民主义向东方进行扩张的历史运动相辅相成的。儒家士大夫对天主教的态度和耶稣会士刻意经营的适应中国国情的努力有很大关系。他们大多从天主教和儒家可融通的地方看到天主教在中国的可行性，但是天主教在中国的发展却不可能停止在这个层次上，两者的深层次接触必然会引发进一步的冲突。对于这类问题，徐光启等人也没有清醒的认识。

（二）清前期的西学及"礼仪之争"

清朝前期的统治者多尔衮、顺治帝、康熙帝等人，皆默许、优容西方传教士的传教活动，肯定和赞许西洋天文历算的成就，推行西洋新历法。尤其是康熙帝，对于西方的天文历算及医学等知识的学习，更有高度的热情。顺治元年（1644 年），多尔衮委任汤若望主编新历。汤若望趁机进呈天文观测仪器，并证明西洋新法比汉、回天文学家推崇的《大统历》、《回回历》更为准确，于是清廷采用西洋历法制历，取名《时宪历》，并任命汤若望为钦天监正。顺治、康熙之交，杨光先等人再三参劾汤若望等人，主张"宁可使中夏无好历法，不可使中国有西洋人"。他历数汤若望等传教士的三条罪状：阴谋造反，邪说惑众，历法荒谬。康熙三年（1664 年），汤若望、南怀仁等传教士及李祖白等钦天监官员被逮捕入狱，次年四月，以图谋不轨的罪名判汤若望及李祖白等 5 名钦天监官员死罪，南怀仁充军，各省传教士押往广州，驱逐出境，同时废除新历，恢复旧历。由于出现彗星天象，京师地震三日，加上孝庄太皇太后的干预，传教士才得以无罪开释。康熙亲政后，重新审理此案，并亲自实地测验，证明新法优于旧法，遂为汤若望平反昭雪，恢复《时宪历》，驱逐到广州的传教士获准返回各地教堂。康熙帝经常利用为政之暇，从南怀仁等西洋传教士学习天文历算，医学和哲学等，掌握了不少西学知识。他任用南怀仁主持钦天监工作，并根据南怀仁推荐，令多名欧洲人到钦天监和宫中任职。他还前后多次通过传教士致信罗马教廷和教皇，希望他们选择精通天文历算及物理学等科学技术的人员至清廷效力。康熙二十七年（1688 年），第一批法国耶稣会传教士携带各种天文、数学书籍和仪器到达北京。此后，有数批通晓科学技术的西方人络绎来到中国。康熙帝给予这些西方传教士及科技人员以优厚的待遇，先后命南怀仁、白晋、张诚（J. Gerbillon）等人为其讲授几何、测量、代数、天文、物理及解剖学知识。康熙帝在位期间，出现了融中西天文、测量、乐律、数学精要的大型丛书《律历渊源》，以及诸多西学译著。康熙五十二年（1713 年），康熙帝在畅春园的蒙养斋成立算学馆，以皇三子胤祉为主持者，集全国相关著名学者，编成了《律历渊源》、《律吕正义》、《数理精蕴》、《西洋历法新书》、《灵台仪象志》、《钦定骼体全录》、《坤舆全图》、《坤舆图说》、《神威图说》等。清前期的西学传播，未足百年，因"礼仪之争"的激烈化而终止。

与晚明相比，清前期的西学传播主要局限于宫廷，缺乏明末那样比较广泛的社会基础。康熙帝自幼受儒家学说的影响，亲政后推行尊孔崇儒、优容士人的文教政策，并基于规范人心、巩固统治的目的，将程朱理学奉为官方哲学。同时，他又讲求"实心"、"实政"，注重实效而不拘泥于经典，对于外来思想和知识少有顾忌，所以能在不影响清朝统治，以中国传统文化为本位的前提下，容许基督教在中国的传播，并利用传教士的科技知识为宫廷服务。他谕令翻译人体解剖学著作，但不许传阅刊印；对西学充满兴趣，认可西洋学术的实证精神，却不支持西方传教士向中国学者讲授，不鼓励本国学者从事中西方文化交流，使西学的传播处于可控制的范围之内，所出现的西书翻译大多出于康熙帝自己对于西学的兴趣爱好。由于康熙帝对西方的数学、天文、医学尤其是数学感兴趣，所以清前期的西书翻译也以数学为主，翻译编辑成诸如《几何原本》、《算法原本》、《算法纂要总纲》、《比例规解》、《测量高远仪器用法》、《八线表根》、《勾股相求之法》、《借根方算法节要》等十几部西方数学书籍。而且，清前期西书翻译的主体是西方传教士，与明末相比，缺乏中国学者积极主动的参与。

利玛窦适应中国知识分子心态而推行的传教策略，即所谓"利玛窦规矩"，并不曾得到罗马教皇的批准。此种做法被报告给教皇之后，康熙四十三年（1704年），罗马教皇下谕不许中国教众以"天"或"上帝"称天主，不许礼拜堂悬挂有"敬天"字样的匾额，不许中国教众祀祖、祭孔等。康熙帝与罗马教廷进行交涉无效。于是，康熙帝于康熙五十六年（1717年）谕令礼部禁止天主教在华传教。康熙五十九年（1720年）又重申："以后不必西洋人在中国行教。禁止可也，免得多事。"[1]至此，清廷与罗马教廷的关系宣告破裂。此即著名的"礼仪之争"。雍正时，规定除留京效力的传教士外，其余各省教士俱安置澳门，令其附舶回国。后因"西洋人私赴各处传教者日益众"，并在各地"绘图测镜，消息潜通"，甚至勾结地方官为非作歹，[2]清廷于乾隆五十年（1785年）、嘉庆十六年（1811年），又先后制定西洋人传教治罪条例。至鸦片战争前，天主教在中国的影响已呈衰微之势。鸦片战争爆发之后，中国官方允许基督教在中国传教，罗马教廷后来也逐步放松了对中国信徒是否祭祀祖先等习俗的限制。

（三）中国文化的西传

耶稣会士东来之前，欧洲主要通过《马可·波罗游记》了解中国，局限于对中国物质生活层面的某些肤浅认识。耶稣会士进入中国以后，欧洲通过传教士的书简、回忆录以及大批翻译并西传的汉籍，不仅进一步了解了中国的物质生活、国家和社会的一般状态，还将认识的触角伸向中国的精神文化世界。利玛窦于明万历二十一年（1593年）就将"四书"译成拉丁文，寄回本国。天启六年（1626年），法国籍传教士金尼阁（Nicolas

---

① 陈垣识：《康熙与罗马使节关系文书》，见沈云龙主编：《近代中国史料丛刊续编》第7辑，台北：文海出版社，1974年，第96页。

② 参见（清）夏燮：《中西纪事》，长沙：岳麓书社，1988年，第26—27页。

Trigault)将"五经"译成拉丁文在杭州刊印。清康熙初年,传教士殷铎泽(prosper Intorcetta)与郭纳爵(Ignace da Costa)合作,将《大学》译成拉丁文,取名为《中国之智慧》。殷铎泽还翻译了《中庸》,题为《中国之政治道德学》,在广州及印度果阿刊印。康熙二十六年(1687年),由中国返回欧洲的比利时传教士在巴黎出版了《中国哲学家孔子》。康熙五十年(1711年),比利时传教士卫方济(F. Noël)将"四书"、《孝经》等译成拉丁文在欧洲出版,他还著有《中国哲学》,系统介绍了中国儒家经典和古代的哲学思想。雍正九年(1731年),法籍传教士马若瑟(Joseph de Prémare)将元代纪君祥的《赵氏孤儿》译成法文,寄回法国。乾隆十八年(1753年),伏尔泰据此译本写成了剧本《中国孤儿》,上演后影响很大。雍正十三年(1735),法籍耶稣会士杜赫德(Du Halde)在巴黎刊行了被誉为中国百科全书的《中华帝国志》,①书中对中国古典经籍做了摘要介绍和分析。此外,宋荣君(Antoine Gaubil)所译的《书经》,白晋、傅圣泽(J. Foucquet)合译的《易经要旨》等,对西方了解中国经典都发挥了重要作用。对中国古代医学著作的翻译和介绍也是传教士感兴趣的领域。波兰籍传教士、医生卜弥格(Michel Boym)将中国晋朝名医王叔和的《脉经》译为《中国医法大全》(又称《中国医法举例》),并于1682年在欧洲出版。杜赫德的《中华帝国志》第三卷专门刊载了《脉经》、《脉诀》、《本草纲目》、《神农本草经》、《名医必录》、《医药汇录》等古典医学著作的部分内容。来华传教士还编写、出版了许多反映中国社会现状的书籍。金尼阁根据利玛窦的日记编写了《基督教远征中国史》。白晋编写的《中国皇帝的历史画像》②等书,在欧洲影响很大。

当时,中国典籍西传的规模超过西方典籍的东传。康熙三十六年(1697年),法籍耶稣会士白晋奉康熙帝旨意赴欧洲招募传教士时,随身带去49册300卷的书籍,其中包括《广舆记》、《资治通鉴纲目》、《尚书》、《春秋》、《礼记》、《周易》、《诗经》、《性理大全》、《本草纲目》、《算法统宗》、《武经七书》、《说文解字》等。康熙六十一年(1722年),法籍传教士傅圣泽返回欧洲,为皇家图书馆购买了85种1764册中文书籍,并将自己在中国20年间所搜集的3980种中文书籍全部捐献给皇家图书馆。③ 在欧洲尤其是法国产生了强烈反响。它既是欧洲人了解中国的重要途径,又构成了欧洲汉学研究的重要基础。

16世纪末17世纪初,中国瓷器、漆器、丝绸产品输入欧洲后,很快引起欧洲各国的注意。18世纪以后,随着中国货物种类输入的增多以及对中国了解的增进,欧洲人产生了对中国的强烈好奇和向往,社会上出现了"中国热"。欧洲人喜欢中国的青花瓷,大量进口中国瓷器,并长期模仿中国的瓷器图案,乃至造成英文中称瓷器为"China"(中国)。中国漆器于17世纪传入法国,至18世纪已由宫廷普及民间,刺激了法国漆器业的发达,而

---

① 法文书名为 *Déscription géographique, historique, chronologique, politique, et physique de L' empire de la Chine et de la Tartarie chinoise*,1735年在巴黎出版。

② 法文书名为 *portrait histoire de l' empereur de la Chine*,也翻译为《康熙大帝传》,1699年该书拉丁文本收入莱布尼茨的《中国近事》第2版。

③ 参见彭斐章主编:《中外图书交流史》,长沙:湖南教育出版社,1998年,第186页。

且漆器图案仍以模仿中国漆器花鸟图案为主。18世纪,随着法国社会对中国丝绸需要的增加,法国丝绸制造商设法仿制中国以龙为图案的丝织衣料。中国的园林建筑风格通过瓷器、漆器、丝绸等物品上图案的媒介作用,为欧洲人所知晓,对17世纪、18世纪欧洲的园林建筑产生了不小的影响。英国皇家建筑师特别推崇中国园林建筑风格,于1750年模仿中国园林建筑风格建成丘园,①并先后撰写、出版了《中国建筑设计》、《东方园林概论》。中国人的生活习俗也对欧洲尤其是法国的风尚习俗产生了影响。

中国的社会历史知识和思想文化传入欧洲,被强调理性、主张以理性判定一切事物的欧洲启蒙思想家所利用,或成为其思想精神的资源之一。法国启蒙思想家伏尔泰,抓住中国文化宗教色彩淡薄,以认识"道"为学术最高目标的特点,对孔子推崇备至,称赞中国哲学"既无迷信,亦无荒谬的传说,更没有诅骂理性和自然的教条",称中国人"是在所有的人中最有理性的人"。法国百科全书派的代表人物狄德罗,称道儒教以理性治理国家。霍尔巴赫主张政治与道德的结合,认为在此方面做得最具模范性的是中国,主张欧州政府以中国为模范。法国重农学派的创始人魁奈,于1767年发表《中国专制制度》,认为中国国家建立在自然法则之上,君主亦受此自然法则支配,故中国的政治是"合法的专制政治";又由于他提倡以农为本,所以赞赏中国长期奉行的重农轻商主义政策;他还受《周礼》均田贡赋法的启示,提出实行土地单一税政策的主张。德国古典思辨哲学的创始人莱布尼茨(G. W. Leibniz),主张以哲学的宗教取代神学的宗教,并了解中国文化。他于1697年根据到华传教士所提供的材料写成《中国近事》,②在比较中西文化的基础上,认为中国虽然在数学、思辨的科学上以及军事上不如欧洲,但在实践哲学上远胜欧洲人,称赞中国是一个伦理完善、处世之道进步的民族,主张请中国派遣人员,教导欧洲人关于自然神学的目的和实践。英国的启蒙学者也常常援引"中国人的议论"批驳《圣经》,中国文化成为他们主张自然神论的资料。

应当看到,中国的思想文化对18世纪启蒙思想家的影响,是以欧洲社会思想文化及其动向为依托的,故只能是一种泛义的历史影响。启蒙思想家对中国文化的认识,并不完全符合中国文化的实际。

六、清前期中国与西方关系的变局

(一)《尼布楚条约》与马戛尔尼使团来华

清朝前期,欧洲殖民者已经东来,染指中国东南沿海地区,并渗入中国社会,但是还不构成直接的威胁。这时清朝国势强大,也并不把东南沿海的欧洲人放在眼中。实际构

---

① 丘园,Kew Royal Botanic Gardens,位于伦敦西部。

② 原书标题为 *Novissima Sinica*,1697年出版。

成对中国挑战的是沙皇俄国。沙俄地跨欧亚,不断扩张,在明末清初已经侵入中国黑龙江流域。清顺治元年(1644年)前后,俄军入侵黑龙江,顺治六年(1649年)占领黑龙江上游达斡尔族城堡雅克萨城。顺治十五年(1658年),俄军侵占石勒喀河流域的尼布楚城,所到之处,淫掠烧杀。在清廷试图和平交涉而对方置之不理的情况下,清军于康熙二十四年(1685年)出击,收复了雅克萨城。但不久,俄军再次侵占雅克萨城,被清军包围,不得已求和。康熙二十八年(1689年),中俄代表会谈于尼布楚,签订了《尼布楚条约》。条约规定,双方以额尔古纳河、格尔必齐河、外兴安岭为东部边界,其中外兴安岭与乌第河之间地区待议;俄军撤出雅克萨城及在中国境内的所有据点。这是中国历史上与西方人签订的第一个近代国际关系性质的条约。雍正五年、六年(1727年、1728年),清朝又与俄国分别签订《布连斯奇条约》、《恰克图条约》,划定了两国中段边界:以恰克图为分界点,东自额尔古纳河,西至沙宾达巴哈为界限,以南为中国领土,北为俄国境。这些条约确定了中俄领土范围界限。

中国与西欧国家的直接政治性接触应该说是以清乾隆五十七年(1792年)英王派前驻印度马德拉斯总督马戛尔尼伯爵为使来华为开始标志的。马戛尔尼所率是一个700余人构成的庞大使团,其主要目的是谋求扩大对华交往中的商务利益与外交权利。但是,习惯居高临下地对待封贡使者的乾隆帝,把这个使团也看做是一拨"贡使",要求英使觐见时行外藩朝贡天朝的三跪九叩大礼。英使则以维护对等之独立国英国国王的荣誉而加以拒绝。双方交涉以后,乾隆帝以通融态度在避暑山庄接见英国使团,马戛尔尼行单腿跪拜礼。礼仪性接待后,使团返回北京,清廷认为英使来华朝贡结束,颁赐国书礼品,示意英使回国。马戛尔尼所负外交使命尚未完成,遂向清政府提出一系列要求,包括准许英国派人驻北京照管商务;允许英商在宁波、舟山、天津、广东等地自由通商;准许在北京建商馆贮货发卖;在舟山附近占用一小岛供英商居住与贮货;拨广州附近一处地方供英商居住并准其自由出入;减免英商在广州、澳门内河运货税额;免除英国人居住税并发给许可证;允许英国人在各省传教等。这些要求遭到清廷的拒绝。乾隆帝指出:"天朝尺土,俱归版籍,疆址森然,即岛屿沙洲,亦必划界分疆,各有专属。"并警告,如英船驶至浙江、天津,欲求上岸交易,"定当立即驱逐出洋"。① 马戛尔尼使团只好离京,达广州后,又向两广总督递交了包括11项条款的书面要求,除在京已提出的6点要求外,还要求英国商人可随意与任何中国人贸易,不必通过公行、行商;英人犯罪或有不法行为,其同国人如无参与帮助犯罪者,一律不负连带责任;如英商认为适宜或有必要长期留居广州者,应准其留居等。在没有取得任何结果的情况下,英国使团在澳门略事逗留,然后返回了英国。

在与马戛尔尼使团的接触中,由于清廷不了解世界形势,不了解近代国家的外交关

---

① 参见《清实录》第27册,《高宗实录(一九)》卷一四三五,"乾隆五十八年八月己卯",北京:中华书局,1986年,第186—188页。

系、方式，把经过工业革命而蒸蒸日上的大英帝国继续当做"荒蛮"番邦对待，没有充分重视英国不断膨胀的对华侵略意图，也没有警觉到需要筹划如何应对未来的挑战。英国使团所提出的要求，则包含诸多殖民主义诉求，充斥着欧洲早期殖民扩张者的傲慢和野心。此后，中英又曾发生几次交涉，清廷都以"天朝上国"的姿态大致拒绝对方要求而没有采取相应的筹备举措，直到1840年被迫以武力仓促应战。在大致同一个历史时期，中国与俄国能够协议签署条约，而与英国则交涉无果，主要是因为中国与俄国接壤，利害直接具体，双方都能看到签订条约的必要性，而中英远隔重洋，利害对于中国统治者来说朦胧遥远，宁可疏远无事，英国方面则一时也无可奈何。

（二）清中叶的"有限开放"与鸦片战争

许多现代史书喜欢渲染清代中国"闭关锁国"，这其实是夸大其词。清初的确曾为切断台湾郑氏与大陆反清势力的联系，下令"片帆不准入海"，又曾强令沿海居民内迁20里，使得中外贸易呈现萎缩之势。但是这种政策实施时间不长。康熙二十二年（1683年），清廷统一台湾，次年就开放了海禁，允许商民出洋贸贩。当时指定广州、漳州、宁波、云台山4处为通商口岸，实际上外贸活动集中于广州。这种一口通商的做法颇受诟病，也的确是相当保守的通商政策，但是至今也没有哪个地域较大的国家全国各地都是自由通商口岸，毕竟是择地而设，因而都是有限制和管理的。此国际通商口岸既然开设，而且在西北与沙俄，在东北与朝鲜，都另有通商渠道，就不应当把当时的中国看做是"闭关锁国"的，而应当看做是"有限开放"的。实际上从广州通商到鸦片战争爆发的接近160年间，是中国对外贸易发展的一个辉煌的时期。

康熙二十八年（1689年），英国商船"防御号"来到广州，开始对华贸易。康熙五十四年（1715年）英国人在广州设立商馆，贸易额逐年提升。到18世纪中叶，英国对华贸易额已超过欧洲其他国家对华贸易额的总和。到18世纪末，英国对华输入商品总值占到欧美国家对华输入商品总值90%的份额。在中英贸易中，中国输出的优质茶叶、精美丝绸、坚密土布等，在西方大受青睐。18世纪初，英商购买的茶叶不过500担，到18世纪中叶增至5万担，增加到100倍，到19世纪初，更增至20万担。19世初，英商从中国购入生丝不到1200担，到19世纪30年代增至8000担以上。英国商人运到中国的商品主要是毛纺织品、金属制品和棉花。这些商品中，毛纺织品生产成本较高，销售价格昂贵，中国的普通消费者无力购买，销路不畅；金属制品以铅制品为多，价格不菲，且不对中国民众的消费思路，颇受冷落；只有棉花一类商品，为长三角、珠三角蓬勃发展的棉纺织业所急需，销售量较大。到19世纪初，英国商人每年运进中国的棉花价银达400多万两。为平衡对华贸易逆差，英国每年必须向中方支付大量的白银货币。清朝一名高级官员记载当时的情景说："夷船必待风信，于五六月间到粤，所载货物无几，大半均属番银。"①中欧贸

---

① 故宫博物院编：《文献丛编》第5册，《福建巡抚常赍奏太平粤海两关税务情由析》，北京：北京图书馆出版社，2008年，第352页。

易中还有一个大项,即中国制造的瓷器大量出口,其中有大量瓷器是欧洲人出样定制,在中国制作后输出的。直到今天,在欧洲各国都还可以看到丰富的中国瓷制品。

欧洲对华贸易中缺少可供出卖的产品,造成大量白银流入中国,逐渐摸索出利用向中国输入鸦片平衡贸易逆差的办法。雍正五年(1727 年),英国首次向中国批量输入鸦片 200 箱,每箱重 133 磅。清政府随即在雍正七年(1729 年)颁布吸食鸦片禁令,但鸦片输入未减反增。18 世纪中叶,英国东印度公司排挤荷兰、丹麦等公司在印度的势力,垄断孟加拉、比哈尔、奥理萨等地出产的鸦片,进而用贷款方式引诱部分印度农民种植罂粟。乾隆三十二年(1767 年)输入中国的鸦片突破 1000 箱,嘉庆五年(1800 年)突破 3000 箱。清政府在嘉庆元年(1796 年)、嘉庆五年屡次申明禁止鸦片入口规定。但英国鸦片贩子利用行贿和走私手法继续把鸦片输入中国。至鸦片战争前夕,输入中国的鸦片平均达到 4 万箱。道光十三年(1833 年)以后,中国每年为弥补贸易逆差而输出白银均在 1000 万两左右。中国货币不足,民众购买力大幅下降,商业萧条,社会经济濒临崩溃边缘,清朝政府财政捉襟见肘,中国人体质虚弱精神委靡不振,陷入严重社会危机。清朝政府无奈,派遣钦差大臣林则徐前往广州严厉禁烟。林则徐在广东檄谕英国领事义律查缴烟土,驱逐趸船,收缴烟土二万余箱,亲莅虎门焚烧殆尽。英国殖民主义者不久以此为借口,发动了第一次鸦片战争。清朝军队战败,被迫与英国等西方国家签订了《南京条约》,中国从而失去了与西方国家平等交往的地位,中华文明的存亡陷入深重危机。

【小结与思考】

秦汉以后,中华文明以行政整合的共同体姿态对外交往的条件已经具备。汉朝为防御匈奴,曾经派遣张骞出使西域,逐步了解西域情况,建立了与该地区多国的密切关系,设立了西域都护,统辖当地诸国。自西汉中期开始,汉朝通往中亚、西亚以及更远地区的"丝绸之路"开辟,使者、商人往来于路,长安成为世界都市。东汉中叶以后,中国与罗马帝国经由海路发生官方联系。两汉之际,佛教传入中国,对中国本土宗教信仰方式、学术思想、艺术特色、民间生活、经济结构,都产生了深刻影响,同时在中国社会、文化环境中逐步演变,经历长期的冲突、融合,逐渐本土化。唐朝和元朝是中国历史上政治统一、疆域广大,又比较开放的时代,中国对于外来事物的吸收以及中国事物向外部的输出,都极为自由频繁,唐代首都长安和元代首都大都,都是当时世界上最繁荣也最开放的大都会。大致自隋唐以降,中国与其文化外缘区域和周边的民族、国家间发展起封贡关系,中国成为区域性国际秩序的保障国。其中,中国与朝鲜半岛关系最为密切,文化认同感也最强。元、明、清时代,中国与日本官方关系始终不睦,但相互影响仍然具体且深远。五代、宋、元时代密集频繁的海外贸易奠定了明代官方组织的大规模航海活动的知识和技术基础。明前期政府组织的 7 次大规模武装贸易远航成为工业化以前世界历史上最为壮观的远洋活动。航行所至,覆盖当时印度洋主要航路,远达非洲东海岸,促进了印度洋贸易体系的发展,强化了中国与南亚、西亚各国的联系,促进了航海科技的进步,也增广了中国人

的世界知识。官方大规模航海中辍以后,中国民间商人的海外贸易活动继续发展,到16世纪以后达到非常繁荣的局面。欧洲殖民者在16世纪染指中国东南沿海,但一时尚未构成严重威胁。17世纪初,耶稣会士采取适应方针,开始在中国传教,在传播天主教教义的同时,将一些欧洲科学知识传入中国,并与中国学术界进行了一些合作,这是中欧文化的第一次深层交流。清朝前期在华西学继续传播,但主要限于宫廷之中。在此期间,大批中国图书传入欧洲,影响了欧洲的思想文化。18世纪初,罗马教皇与康熙皇帝就中国教众信仰方式发生争执,双方关系破裂。17世纪后期,清朝政府与沙俄签订《尼布楚条约》,以近代国际条约方式确定中俄边界,标志着中国实践近代国际关系的开始。18世纪末,英国国王派使团来华,谋求扩大对华商务、外交权益。其要求包含殖民主义诉求,中国统治者又习惯自我中心,双方交涉无果。清初曾在东南沿海一度实施封锁政策,统一台湾后开放海禁,虽然限于一口通商,但与西北中俄贸易、东北中朝贸易呼应,形成"有限开放"格局。自此直到鸦片战争爆发的约160年间,中国在大规模对外贸易中长期处于入超地位。

【思考题】

1. 汉、唐、元时代中华文明的中外交往有哪些特色?

2. 为什么佛教会较深程度地中国化,而其他一些宗教则并不明显?

3. 如果要你写一部《中国航海史》,你会写哪些方面的内容?

4. 明清时期的中国与欧洲之间发生了哪些信仰和知识方面的交流?

第十八讲

中华文明与现代社会

1840 年鸦片战争爆发虽然没有顿然改变全中国普通民众的日常生活,但作为一个标志性的事件,开启了中华文明作为一个共同体转入现代社会形态的一个新的历史时期。这个时代的前 70 年,即从 1840 年到 1911 年,习惯上被称为中国历史上的"近代史"时期。这一时期中国变革的主要线索,一是在列强麇集的民族危机中救亡图存;二是推进中国国家组织形态、功能的转变,从帝制转变为共和制;三是建构更加开放的市场经济体制和现代工业、金融、商业制度;四是实现社会平等;五是探索适合中国在现代国际社会中生存的新文化形态,同时造就新式人才。从 1912 年到 1949 年的 37 年,习惯上曾被称为中国历史上的"现代史"时期,是初建共和体制的中国社会整合为一个行政有效的现代共和国,从而为深化整体社会改造奠定基础的时期。此间前 70 年间的演变主题中除了第二个主题已然淡化外,其余皆依然存在,而且救亡图存变得更加紧迫,但若不能整合出有效的共和政府,则所有积极变革的目标都无法实现。从 1949 年到当下,习惯上称之为"当代史"时期,是中国经由曲折探索走出独特现代化道路并以独立姿态深度融入国际社会的时期,在这一时期,前列 5 个主题中,第三、四、五个主题凸显为突出历史课题。从 1840 年至今,历 170 年,中华文明在世界上重现了其盛大而充满活力的姿态,同时还面临着诸多问题,开始由学习借鉴性的自我改造者渐渐转变为探索创新性的新社会文化建构者。

一、近代中国的救亡图存、经济变革与政体改建

鸦片战争爆发时,正当清朝统治进入衰朽期的时候,举措无当,加以英国船坚炮利,中国军民武器装备相对原始,西方列强又皆与英国利益分沾、沆瀣一气,中国失败,被迫签订了丧权辱国的中英《南京条约》。该条约规定中国废除原有公行代理外贸制度,开放广州、厦门、福州、宁波、上海 5 处为通商口岸,准许英国派驻领事,准许英商及其家属自由经商、居住,英商进出口货物税款由中英双方商定,清政府向英国赔款 2100 万银元,割香港岛给英国,"常远据守主掌,任便立法治理"。这样一场变故不仅使中国丧失外贸方式自主权、部分关税自主权、部分领土主权以及大量财富,而且使得习惯以天朝上国自居的中国社会上层不知所措,中华文化优越感受挫,清朝政府与社会的矛盾急剧深化。

大门既开,列强蜂拥攀比,步步紧逼。中英《虎门条约》,中美《望厦条约》、中法《黄埔条约》、中俄、中美、中英、中法《天津条约》,中俄《瑷珲条约》,中英、中法、中俄《北京条约》,《中俄勘分西北界约记》,中法《会订越南条约》,中日《马关条约》,中国与英、美、日、俄、法、德、意、奥、比、西、荷各国签订的《辛丑条约》,在大约半个世纪的时间中纷至沓来。中国大面积丧失国土,大量丧失主权和财富,租界林立,被肢解、被殖民地化的危机日益深重,原来的藩属之邦也脱离而去,不复昔日繁荣富庶、万方倾慕模样。

在这样的时代,起而谋求挽救危机并做出突出表现的是中国的士绅群体。早在鸦片

战争期间,林则徐就搜集资料,编成《四洲志》,主张采购西方武器。湖南人魏源在此基础上,编成《海国图志》,提倡"师夷之长技以制夷",探索应对外来挑战的新途径。这时候中国的官僚士大夫普遍认识到西方军事技术早已经优越于中国,开始探索变革的思路和方式。19世纪50年代,中国国内社会矛盾激化,受西方宗教影响的下层知识分子洪秀全等人发动西南地区基层民众举行起义,要求社会平等,推翻清朝,建立"太平天国",席卷西南、东南及中原部分地区。洪秀全的族弟洪仁玕曾在香港受到西方传教士影响,撰写了《资政新篇》,主张效法西方国家,兴办工厂、铁路、银行、报馆。这场运动的社会改革诉求是中国社会在西方冲击和国内社会矛盾积累基础上形成的,与后来中国社会演变的大方向一致,且为其先声。但是,虽然其社会政策多有改进设想,但其政治体制不仅仍然是个人专制的,而且还加上了比中国帝制时代的皇帝还要浓重的神权色彩,并无进步意义可言。其文化内涵则极其复杂,夹杂着基督教、中国民间宗教、中国传统政治文化哲学等多种成分,在这种格局下,不可能形成全民上下认同的文化局面,在中国救亡图存、改良谋变的大背景下被衬托为一场另类的运动。这场运动,历时约10年,终于在清朝政府、中国士绅势力、西方势力的联合打击下失败,中国社会进一步陷入混乱和贫困。

19世纪60年代,曾经镇压太平天国运动的官绅得到清朝政府的认可,在全国各地发起自强运动,其核心是学习西方科学技术及经济制度,与西方展开贸易、外交往来,谋求富国强兵。清朝政府设立了总理各国事务衙门、北洋通商大臣、南洋通商大臣。主张借鉴西方经验兴办实业的官绅被称为"洋务派",其推进的体制和社会变革被后来的历史学家称为"洋务运动"。在这场运动中,中国建立了早期的新式军事工业、民用企业,使中国的民族资本家带着买办和官绅色彩发展起自己的经济和社会实力,形成了虽不发达但接近西方模式的金融、资本、商业、交通运作体系,培养了早期的现代海军和科技人才。在这个过程中,也有大量权利落入西方殖民势力手中,而且工商业在官绅势力主导下改变了中国的社会结构与生活方式,不能不带来官绅势力更深层的腐败,从而又深化了国家行政体制失效的危机。这时中国虽然在行政体制中增加了新式机构,也建立了颇有规模的"新军",但是中国作为一个共同体被肢解的危机不是在舒缓,而是在深化。清朝这个年深日久、腐朽无能的统治王朝的没落,在当时的国际环境下强烈地显示为民族和国家的总危机。1894年,中国在中日甲午战争中失败,从而使中国不仅受制于西方列强,而且成了东亚昔日仰慕者砧板上的鱼肉。

在将挽救清朝与挽救中国混同对待的洋务派自强运动日渐显现出其局限性的时候,19世纪80年代,较为激进的政治社会改良运动风生水起。广东南海人康有为上疏清朝皇帝,要求全面变法。其疏被阻隔不能上达,康有为及其追随者遂以讲学、著书、办报等方式,抨击时政,传播社会改良思潮。1895年,正当《马关条约》签订之年,康有为在北京应试时发动"公车上书",造成巨大社会反响。考中为官后,康有为终于得到光绪帝的公开支持,在1898年推行"维新",时当旧历戊戌年,故称"戊戌变法"。这次变法极其温和,主要是裁撤闲散衙门及绿营,允许官民上书言事,废除八股考试,改设新式学校,允许自

由办报及成立学会,设立管理工商的机关,提倡民办实业。这些举措并未直接触动清朝上层统治阶层的利益,但其方向毕竟构成对政权体制内最高既得利益者的威胁。掌握实际权力的慈禧太后调动顽固派势力和新军实力派袁世凯的军队,软禁光绪帝,屠杀主要维新志士,使这次变法仅仅持续百日就夭折了。此后士绅阶层在保留清朝体制前提下实现社会近代化改良的梦想再也不曾得到社会广泛支持。

这时外来殖民势力与中国社会的矛盾已经在中国社会的底层导致了激烈的冲突,排外情绪强烈,中外摩擦、冲突不断造成群体事件,有时甚至造成武装对抗。其中,以华北地方为主的反帝义和团运动公开打出驱逐洋人的旗号。列强不满意清政府平息民间暴乱的成效,在1900年组成八国联军,直接在华镇压中国民间排外反抗势力。清朝廷首鼠两端,逶迤暧昧;洋务派勾结列强,以地方"互保"名义弹压民间排外武装力量;维新派借机"勤王",希图从慈禧太后的控制下解救光绪皇帝。混乱中,八国联军打入北京,放手烧杀,奸淫抢劫。慈禧太后挟光绪帝出逃西北,随后与列强议和,决心"量中华之物力,结与国之欢心"。[①] 1901年,列强与清朝签订《辛丑条约》,规定清朝向列强道歉,赔款4.5亿两白银,在北京设立使馆区,拆毁大沽炮台,永远禁止中国人组织或参加反帝团体……中国沦入本国腐朽政权与殖民列强共管、前途益发凶险的境地。到了这步田地,中国的救亡图存和一切政治、社会、经济、文化改良都已无法借诸现有的政治体制和政权系统进行,政治革命成为必要环节。

自19世纪中叶以降,伴随前述种种变革和危机,中国社会逐渐培育起一代新知识分子,他们在实业界、政界、军界等一切领域传播爱国主义和社会变革思想,在发展中逐步开始组织革命团体,策划以武力推翻清朝统治,建立共和制国家。1905年,孙中山领导的中国革命同盟会成立,提出"驱除鞑虏,恢复中华,建立民国,平均地权"的口号,进而提出民族、民权、民生三民主义。这时,日暮途穷的清朝政府宣布实施"预备立宪",希图以形式上的君主立宪制抵消共和革命,但已不能挽救人心。经过多次武装起义失败之后,1911年,旧历辛亥年,湖北新军在武昌举行反清起义,各省迅速响应。1912年1月1日,中华民国南京临时政府成立,推举孙中山为临时大总统,以当年为民国元年。清朝灭亡,存在了2000多年的帝制政治体制也宣告灭亡,中华文明开始凭借共和制国家体系谋求独立、变革和发展。

二、民族解放与新国家

共和体制对于中华文明来说,不是本土孕育而生的,是一种借鉴而来的新事物,其诞生所经历的孕育期不过60年,文化底蕴、社会主导力量、权力运作方式及其保障监督等

---

① 故宫博物院明清档案部编:《义和团档案史料》下册,北京:中华书局,1959年,第945—946页。

等等各个方面,都准备不足。而且,推动中国走向政体革命的,主要是危机和为应对危机而形成的变革潮流,所有危机都还存在,所有的变革都还没有完成,所以,第一个共和政体的政府——南京临时政府,宛如诞生在一个颠簸脆弱的摇篮里。这时清朝廷仍在北京,未被撼动。掌握清朝最精锐军事力量的军阀袁世凯按兵不动,等待浑水摸鱼。各省实力派中顽固、立宪、维新、革命各种倾向者混杂,虽然大多承认南京临时政府,但并不听从其政令。列强居心叵测,运作其间。下层民众不明就里,并未大规模参与。许多赞同推翻清朝的上层人士,并不特别拥护孙中山领导的南京临时政府,而是希望出现一个足以统合中国各种力量的政治权威,选择一个"强人"执政。孙中山遂同意在袁世凯迫使清帝退位并保持共和政体的条件下将政权转交给袁世凯,即以南京政权之转让,换共和政体之保持。

袁世凯之类军事强人,在中国历史上的混争时期经常出现,他们熟稔权谋、迷信实力,却无普世理想和政治原则,一切全凭对自己的利弊得失的衡量行事。他执政后,很快显露出军阀独裁面目,所有国会、内阁、选举之类机制,都被玩弄于股掌之间,并且冒天下之大不韪,承认了日本提出的旨在灭亡中国的《二十一条》中的绝大部分条款。当时列强为保持其已经获得的在华利益,大多希望袁世凯之类对外不惜丧失主权、利益,对内则有强制手段的人物掌权,以便通过驾驭此类人物控制中国,因而给予袁世凯特别支持。在此背景下,1914 年 12 月,袁世凯宣布复辟帝制,改元"洪宪",自称为"中华帝国皇帝"。结果遭到全国人民激烈反抗。到 1916 年 3 月,袁世凯在举国讨伐声中宣布撤销帝制,恢复共和,随后在众叛亲离中死去。

清朝已亡,孙中山实力不足,袁世凯死去,其后的中国,遂出现了缺少公认权威的军阀势力轮番执政的局面。这些势力,无不需要列强支持或者默认,因而与列强逶迤妥协,不能废除清朝与列强签订的不平等条约,且无不腐败而外强中干,数次漠视天下民生安危,发动利益争夺战争。民国的诞生,显然没有缓解鸦片战争以来的民族危机和社会的贫穷混乱。在这种情况下,推翻军阀政府成为实现民族独立解放,进而实施全面社会改造的前提,主张更彻底地进行国家政治变革的力量从而走上了历史舞台。

1919 年,孙中山改组同盟会,建立中国国民党,积极筹备武装北上,讨伐借共和制外衣而行独裁政治之实,无意社会改革,无意废除清朝与列强签订的不平等条约的军阀政府。1921 年,受西方社会思想中的马克思主义和俄国革命范例影响的中国共产党成立,探讨以更彻底的方式改造中国,将之推进到社会主义社会的道路。在苏联代表的促进下,1922 年,国民党和共产党实现第一次合作,筹办黄埔军校,共同准备北伐。

从 1924 年开始,孙中山数次推动北伐,然而其间整合各路革命势力颇为艰难,各派军阀之间的战争变幻莫测,不断出现复杂政治局势。结果北伐师出未捷,孙中山于 1925 年 3 月因病去世,革命力量失去公认领导者。其后,以广州为基地的国民革命政府继续推动北伐,然而风云突变,在刚刚取得一些胜利的情况下,获得北伐军事领导权的蒋介石主导的国民党右派在 1927 年 4 月 12 日开始大规模清洗共产党人。随后摆脱已经迁至武

汉的国民革命政府,在南京另立国民党中央党部和国民政府。把持武汉国民政府的汪精卫势力,不久也开始公开反共。国共合作彻底破裂。

国民党各派经过一段时间的角逐、争斗、妥协,在1928年2月大体集中于以蒋介石为首的南京国民政府旗帜下。随后,国民党举行第二次北伐。同年6月,将军阀张作霖势力逐出北京,7月宣告北伐成功。1928年6月4日,张作霖在开至沈阳附近的列车上被日本关东军炸成重伤,不久死去。张作霖之子张学良直接掌握东北军政之后,很快与南京国民政府统一。至此,清朝被推翻以后仍然保持势力,控制国家政治和地方资源的旧军阀势力基本消亡。随后一个时期,国民党内部各派势力斗争仍然激烈,军事实力派蜕变为新军阀,相互之间发生多次战争,但在对外方面,南京国民政府还是体现出统一政府的一定权威。南京国民政府成立以后,随即向列强提出重新界定中外关系,称:"中国八十年间,备受不平等条约之束缚……今当中国统一告成之会,应进一步而遵正当之手续,实行重订新约,以副完成平等及相互尊重主权之宗旨。"①当时中国政府外交部提出,凡中外条约已届期满,当然废除,尚未期满者,以适当手续解除重订,旧约期满而尚无新约者,另订临时办法处理相应事务。到1928年底,中国国民政府相继与美国、德国、挪威、比利时、意大利、丹麦、荷兰、葡萄牙、英国、瑞典、法国、西班牙12个国家签订了新的通商条约,日本横加刁难,到1930年才勉强签署了与中国的新的关税条约。根据这些条约,中国基本恢复了关税自主权,但海关行政管理权仍操纵在外国人手中,税率标准也未能全面自主。其后,中国政府与列强进一步交涉,试图废除列强在中国的领事裁判权,各国拖延,一时未能实现,随后爆发了"九一八事变",谈判搁置。

日本在明治维新之后不久就明确了侵占朝鲜半岛,进而占领中国东北,然后再进一步扩大统治范围,以组成东亚大帝国的基本方略。1894年中日甲午战争之后,日本实际控制朝鲜半岛,1910年将之吞并。第一次世界大战期间,日本胁迫、诱使袁世凯政府批准《二十一条》中的大部分条款,扩大在华利益,摆出全面占领中国的姿态。1927年,日本田中义一内阁确定以武力直接控制所谓"满蒙"地区,特别是中国东三省的政策。1928年,日本关东军制造皇姑屯事件,炸死控制东三省的中国军阀张作霖,准备借机武装占领全东北。1931年9月18日,日本军队自己炸毁沈阳附近北大营南的一段南满铁路,谎称中国军队破坏南满铁路,对中国军队发动全线攻击,在4个多月的时间里,基本占领了东北全境。这时的南京国民政府,害怕与日本的全面冲突危及自己的统治地位,奉行"攘外必先安内"方针,积极围剿在西南地区日渐发展的共产党势力,寄望于其他列强调停中日冲突,下令中国军队不加抵抗,结果眼睁睁地看着东北领土和人民落入日本人的手中。1932年3月,日本扶植清末代皇帝溥仪为伪满洲国执政,溥仪则立即签字将治理"满洲国"控制区的一切权力交给日本。不到半个月,日本政府宣布正式承认伪满洲国,同时双

---

① 中国第二历史档案馆编:《南京国民政府外交部公报》第2册,南京:江苏古籍出版社,1990年,第131—132页。

方签订《日满议定书》,确定伪满洲国的日本殖民地地位。

为配合东北伪满洲国并推进全面侵略中国之设想,1932年初,日本人策划在上海激发社会冲突,借口保护其租界,派遣海军陆战队在上海登陆,随后向上海中国守军发动大规模进攻,酿成"一·二八事变"。日本投入军队总数达70000余人,飞机150架。中国第十九路军顽强抗战,南京国民政府却未提供积极支援,伤亡惨重之后,中国上海驻防军队撤退到上海外围地区。国联及英、美、法等国出面斡旋,同年5月5日,中日签订《上海停战及日方撤军协定》。该协定实际承认日本军队长期驻留上海部分地区,中国驻军却受到限制。

1934年,伪满洲国改名为"满洲帝国",溥仪改称"皇帝",年号"康德"。日本向中国东北大批移民,计划不久使日本人不仅控制东北政治、经济,而且主导其社会生活。无数中国居民失去土地,沦为日本移民奴役的对象。1935年,日本又开始积极策划华北地区的中国军政长官宣布"自治",以便重演东北故事。日本军队不久有步骤地逼近北平,中国陷入比晚清还要严峻的殖民地化危机。

孙中山去世后的国民党,名义上继承孙中山提出的三民主义,实际上也致力于推动国家统一和社会改进,但依赖军事实力掌控大权的蒋介石带有过多军阀政治和袍哥①社会的风气,谋求个人独裁,用个人依附纽带关系构造政府和国家机关,一味依赖大买办资产阶级和官绅地主阶级,漠视中国基层社会的不平等和民众的贫困,对待日本侵略,犹疑妥协,举棋不定,中国的政府威望没有真正建立起来,民族危机加深,民生困苦也在深化。与此不同的是,中国共产党在与国民党合作失败之后,更多地把动员社会底层的广大工农无产者参与革命,武装夺取政权,建立社会主义国家,进而实现民族解放和社会改造作为基本方向。他们通过发动北伐军中的一些部队起义和组织工农革命武装,建立起自己掌握的工农红军,依赖这支武装力量,推行土地所有权改革,从而唤醒了大批农民"耕者有其田"的古老愿望和参与社会改造的积极性。蒋介石看到共产党领导的工农革命运动与自己的政治目的和利益所在有根本的冲突,尤其忌惮工农红军武装力量的存在,不顾严峻的民族危机,坚持围剿共产党力量,迫使工农红军将主要军事力量从江西、贵州、湖南等地转移到陕北,并步步紧逼,希图将之彻底消灭。

1936年,全国抗战呼声高涨,一些国民党政权体系内部的军政领导者在对蒋介石迟迟不肯明确举国抗战方针的情况下,开始拒绝执行蒋介石的命令,自行抗战,甚至进入半独立状态,抗战和反蒋成为联系在一起的呼声。1936年12月,受命围剿西北地区红军的张学良将军在西安将前来视察的蒋介石扣押,随后通电全国,呼吁停止内战,抗战救国,并邀请中共中央派人共商大计。在全国一致要求的压力下,蒋介石接受了一致抗日的要

---

① 袍哥原意指晚清、民国时期以四川为中心的西南地区帮会组织,曾在晚清、民国社会变迁中构成很大势力。国民党早期曾借助此种势力。然此处为泛指,谓以私人依附为纽带构成的非政府帮会组织及其行事方式,此种方式渗入国家权力机关即造成公共权力私人化。

求,各派政治力量经过反复协商,确定了联合抗战的具体方针,国共两党开始第二次合作。

1937年7月7日晚,日军宣称在卢沟桥附近演习的一个日军士兵失踪,要求搜查宛平县,被拒绝后,对宛平县城发起进攻,"七七事变"爆发。驻守京津地区的中国二十九军顽强抵抗,伤亡将士5000余人,到7月底京津失守。南京国民政府在一切妥协退让斡旋无效的情况下,终于放弃幻想,转入抗日战时体制,同时大幅度改变国内政策,很快形成了全民族、各党派捐弃前嫌,共同抵抗日本侵略的局面。然而,抗战初期,中国军队整合未备,装备不佳,虽然在各个战场、战役中拼死血战,重创日军,但蓄谋已久的日军还是迅速推进。"七七事变"后大约1年的时间里,日本军队在已经占领东北的基础上,占领了北平、天津、大同、太原、德州、济南、徐州、上海、南京、杭州、武汉、广州等大中城市,控制了整个东南沿海、长江中下游、珠江流域。攻入南京之后,日军进行了惨绝人寰的大屠杀,大约30万中国人惨遭屠戮。国民党内部亲日派汪精卫公开投敌,1940年3月在遭日军大屠杀不久后的南京成立了日本卵翼下的汪记"国民政府"。南京国民政府则迁往重庆,大批文化教育机构也纷纷迁往西南地区。其后,中国军民在东北、华北、西北、东南所有敌占区坚持抗战,使日寇根本无法在中国确立其殖民统治秩序。1941年12月7日,日本袭击太平洋上的美军基地珍珠港,太平洋战争爆发。美国、英国、加拿大相继对日宣战。同月,日本占领香港。1942年1月1日,中、美、英、苏等26国签署《联合国家宣言》,保证相互支援,不与敌军单独缔结停战和约,形成了反法西斯同盟。日本扩张主义者丧心病狂,成为世界公敌,中国军民抵抗日本侵略的战争则成为全世界爱好和平的人民共同事业的组成部分。其后,中国军队组织了百团大战、长沙会战、浙赣会战、常德会战等对日会战,并且派遣军队赴缅甸对日作战。其间,英、美两国宣布废除了清末不平等条约规定的在华特权。1943年底,世界反法西斯战争总的胜利前景已经显现,美、英、苏、中四国外长共同就反法西斯战争胜利后的世界关系签署了宣言,随后美、英、中领导人在埃及开罗举行会议,签订了《开罗宣言》。该宣言表示将在获取战争胜利之时,剥夺日本自1914年后在太平洋上夺占的一切岛屿,将日本侵占的中国东北、台湾、澎湖列岛等归还中国,日本必须无条件投降。中国人民在维护民族国家独立主权的抗日战争中,赢得了国际社会的尊重,开始获得外交事务中的大国地位。1944年11月,大汉奸汪精卫在日本病死。1945年春季以后,抗日战争进入反攻阶段。同年5月,美国军队对日本本土进行大规模轰炸。7月,中、美、英三国联合发表《波茨坦公告》,敦促日本无条件投降。8月,美国向日本本土投下两枚原子弹,炸死及后来因辐射而死亡的人数约30万人,苏联同时出兵进入中国东北,关东军一败涂地。8月15日,日本天皇宣布无条件投降。8月16日,日本扶植的南京汪记伪政权瓦解。8月17日,伪满洲国灭亡,溥仪被苏军逮捕。9月2日,日本政府代表在停泊在东京湾的美国军舰密苏里号上签署了投降书。9月9日,中国战区日军首脑在南京签署对华投降书。中国军民经过14年浴血奋战,以伤亡3500万人、举国经济残破、人民离散的代价,终于和世界反法西斯阵营的同盟者一起赢得了抗日战争的胜利。

1945 年 9 月，国民党、共产党在重庆就和平建国根本大计展开谈判，然而国民党实际上倾向于武力统一，以军事手段消除共产党实力，共产党对爆发内战的可能性也早有预判。局部冲突已经发生。内战迫近的情况下，美国政府派遣陆军上将马歇尔将军作为美国总统特使来华调处。1946 年 1 月，国共两党及其他党派及无党派人士 38 人在重庆召开政治协商会议，通过了《政府组织案》、《和平建国纲领》、《宪法草案案》、《国民大会案》等重要文献，全国人民期待以民主方式重建国家。然而国共两党在接收前日军占领区等问题上发生了激烈冲突，国民党运用特务手段压制民主人士、党派的言论等做法使其逐渐失去文化知识界的支持。7 月，国民党对全国范围内的共产党控制区大举进攻，内战爆发。美国本来尽力调停，希望中国建立国民党主政、共产党参政，军政分离，三权分立的政治体制，并不支持国民党发动内战。但在内战已经爆发之后，转而支持国民党，为国民党政府提供大批军事、经济物质支援，事实上坚定了国民党内战的决心。这时，共产党武装力量在抗日战争中已经发展壮大，并在继续推行解放区土地改革的基础上，赢得了中国农村贫困民众的衷心拥护，积极部署对国民党军队的作战。1947 年 8 月，国民党政府通过了《中国国民党戡乱建国总动员方案》，放弃和平解决国内政治纷争的口号，动员戡平"共匪叛乱"。正当国民党政府着手发动全面内战的时候，国统区经济社会陷入混乱。

国民政府财政长期赤字，债台高筑，从 1946 年 10 月起在全国增加统一新税，批准地方开辟新税，大量印发纸币，货币随即大幅贬值。为缓解货币危机，国民政府抛售黄金，结果引发黄金抢购潮，通货膨胀更为严重，物价上涨，失去控制。整个国统区工厂严重开工不足，物资匮乏，饥民相望，民变蜂起。1948 年 8 月，国民党政府强制发行金圆券，限期收兑先前发行的纸币、民间所有的黄金及外国货币，逼迫民营银行交出黄金、外汇以兑换金圆券。高压经济金融政策恶化了国民党与民族资产阶级的关系，金融、市场秩序益发混乱，金圆券迅速贬值，物价在 1 年多的时间里飙升 500 倍。国统区物资奇缺，民生凋敝，各个阶层都对国民党失去了信心。而共产党则在其控制的根据地实行土地改革、生产自救，而且整个领导阶层保持与人民群众同甘共苦，清廉自律，在国内各个阶层甚至国际社会，形成清新进取的形象。1948 年，共产党军队开始向国民党军队展开战略总决战，同年 9 月至 1949 年 1 月底，在辽沈战役、淮海战役、平津战役三大战役中，国民党主力部队 150 多万被歼灭，军事力量对比已经彻底逆转。1949 年 4 月至 6 月，解放军攻占了南京、杭州、上海、武汉、南昌，继续向华南和西南挺进。1949 年 10 月 1 日，中华人民共和国中央人民政府在北京成立，12 月，国民党政府迁往台湾。到 1950 年 10 月，中国大陆领土基本上统一到中华人民共和国体制之内。新国家的建立，标志着鸦片战争以来中华文明遭遇的空前危机基本解除，中国实现了民族独立，领土恢复，人民解放，开始在新的基础上进行政治改进和社会经济文化建设。

三、"新文化"的曲折之路

从1840年鸦片战争爆发到1949年中华人民共和国成立,前后109年的时间里,中国经历了翻天覆地的变化,经济体制发生变革,推翻帝制,建立共和,实现了民族独立。在所有这些变化的深处,是中国新文化的探索,其艰难曲折,与前述变化相比毫不逊色。

鸦片战争爆发前后,林则徐、魏源等具有一定世界眼光的人就提出要睁开眼睛看世界,要"师夷之长技以制夷"。这虽然相对于后来急剧的变化而言,是不足以指出外力冲击下中华文明变革之总方向的,但已经是中华文化意识演进的一个里程碑。中华文明是在长期的内聚运动中生长的,具有以中原上古文化为根本的倾向,崇尚古代经典,因而也以本土文化精神为尚,对外来事物足可吸纳、兼容,但是必以中原文化精要为本,使之适应既有之自我。这在真正意义上的国际竞争不强,中华文明周边落后于我的时代,并不会产生问题,但在世界连通为一个互动的大体系,民族国家利益促使全球恶性竞争的时代,其保守性就被凸显为一个需要刻不容缓地改变的弱点了。改变的渠道,首先是正视他者,然后是学习他者的优长,而学习他者意味着判定自己有不如人处。所以,能够师夷之长技,是不小的进步。正是这种思想认识,开启了自强和洋务运动的先声。

洋务运动初期,冯桂芬撰写《校邠庐抗议》,推崇采用西学、制作洋器的主张,并进而提出"以中国之伦常名教为本,辅以诸国富强之术"的宗旨。郑观应撰《盛世危言》,进一步提出:"中学其本也,西学其末也,主以中学,辅以西学。"稍后,洋务派主要人物之一张之洞在1898年发表《劝学篇》,论证"中学为体,西学为用"。戊戌变法期间梁启超所拟《京师大学堂章程》也明确界定其宗旨为"中学为体,西学为用,中西并用,观其会通"。从消极的意义上说,中体西用之说偏重西方学术的技术性层面,过度强调中国本土学术思想传统的根本性,将"体"、"用"剥离为二,有回护中国制度变革和文化价值思想开放鼎新的含义;从积极的意义上说,中体西用之说明确看到实用科技的先进并不等于文化的优越,不将价值、信仰看做全部蕴含在技术进步程度中的附丽因素,力求防止不顾国情的全盘西化,倾向于调和渐变,是一种近乎中道的取径。在实际变革中,两种倾向一直存在,但晚清民族和社会危机的日益深重及清朝政府的深度腐朽,推动激进的方式逐渐占据思想文化的主流。

洋务需要大量新式人才,故开办了一批以西方语言文字和实用科学技术为内容的学堂,培养了一批近代科技军事人才和知识分子,也推动了西方文化风气的流布。其中的京师同文馆,从事西方书籍翻译并设有印刷所,翻译出版西方书籍200多部;江南机器制造局也附设翻译馆,到1880年,已经翻译出版近百种书籍,涉及科学、技术、社会思想等各个领域。1872年开始,清政府派遣幼童和新式学堂的优秀学生到美国、欧洲学习。这种做法开始改变中国知识精英的教育背景和知识、文化素质。在洋务运动之前,中国境内大体只有西方人所办报刊,以及 1858 年由伍廷芳建议在香港创办的《中外新报》;洋务运动期间,则有大批中文报刊在内地开办,成为传播新的社会思想、文化风气的媒介。洋务运动带来的社会经济变化以及西方人的大量涌入,在工商业、金融发达地区,造成了社会生活方式的悄然改变,西方人的饮食、服饰、娱乐方式、价值观念等等日渐流行。

洋务派自强主张的一个重要基点是在维系现有帝制体系的前提下,在朝廷、地方政府和大官绅资本家主持下实现富国强兵。与此相比,维新派思想家的主张是鼓励民间资本发展,同时以温和、渐进的方式,学习、借鉴西方政治制度和社会制度,其中的激进者如谭嗣同,激烈抨击君主政治,严复主张全面借鉴西方资本主义和民主政治制度。前者得到晚清统治上层的支持但却不足以保持中国的独立与领土完整,后者则为晚清统治上层所绞杀,并未获得实施的空间。然而洋务派和维新派思想对于当时的中国而言,都是变革思想,其传播和实践,都是培育后来中国新知识、新文化的雨露。

19 世纪末,中国各个主要政治派别乃至拥有实力的集团、阶层,都对在保持清朝政统的前提下实现民族独立和社会改造失去希望。接下来的事情,实际上是如何产生一个新的政治权威和建立怎样的政治权威的问题。在这个时期,鼓吹革命最有力者,是章炳麟、邹容、陈天华、秋瑾等人。其基本主张,都是全面学习西方,推翻清朝,内争人权,外争国权。维新派保持帝制和清朝政权的主张,自然成为革命派抨击的直接对象。孙中山的三民主义思想,正是在这样的浪潮中形成的,其特殊之处是,孙中山从一开始就不仅仅在思考和宣传,而且在不断努力建立实施革命的武装力量。1905 年,孙中山及其支持者建立同盟会,确认以民族、民权、民生三民主义为其纲领,以推翻满清王朝,创立民国,平均地权为使命。这个主义的特点是,它指出了实践革命的道路,明确提出了当下政治变革的目标,并且注意到中国国情的特殊性,因而相应地把土地所有权变革作为实施社会革命的方向。其局限,一是未能厘清反清与中华民族革命的关系,二是对帝国主义态度暧昧。

辛亥革命期间和辛亥革命以后,中国变帝制为共和国的政治变革方向依然明确,文化改造虽有大致的方向,但却充满歧义,远未明朗。辛亥革命以前,章炳麟等人就在鼓吹国粹主义,要旨是复兴中国传统学术,用国粹激励排满光复。其价值在于保持基本的民族文化自信,其问题在于狭隘的汉族优越主义。辛亥革命以后,国粹主义的排满色彩淡化,但民族文化保守主义凸显成为其一大特色。1915 年,陈独秀创办《新青年》杂志,鼓吹"民主"、"科学"为新社会、新文化之根本。当时袁世凯正在借用儒学为复辟帝制的工具,儒学即成为陈独秀倡导的新文化抨击的对象,因为陈独秀认为儒学与民主共和制度根本不能相容。文学家鲁迅在其作品中对儒家学说支撑的中国旧伦理道德、制度、礼教进行深刻剖析,揭示其落后、愚昧性。胡适倡导白话文,摆脱千百年来中国文化人使用的文体。在这种环境中,报刊等主要媒体大多采用了白话文,因而在形式上就与先前的文化环境形成了判然的区别。新文化、新文体极大地冲击了旧士大夫主导的文化统系,将西方思想的传播与一般文化的普及汇聚起来,培育了更广大阶层的社会觉醒,也改变了人们的文化好尚风气。

1919 年，第一次世界大战诸战胜国在巴黎召开"和平会议"，讨论战后事宜。中国本为战胜国之一，该会议却将战败国德国在中国山东的全部权益转交给日本，而北洋军阀政府竟然电令中国代表在这样的合约上签字。5 月 4 日，以北京大学等北京学校学生为主体的五四运动爆发。学生们汇集在天安门广场，要求取消《二十一条》，惩办卖国贼，抗议巴黎和会，要求中国代表团拒绝在巴黎合约上签字。运动迅速席卷全国，学生罢课游行，工人罢工，商人罢市。中国代表团终于拒绝在该合约上签字。事后，北洋军阀政府迫于帝国主义的压力，企图在该合约上补行签字，激起全国各地反抗浪潮。军阀政府强行镇压，造成了数次惨案。这场斗争，促成了中华全民爱国主义精神和国际平等、社会进步、民主、科学精神的大觉醒，也使军阀政府的腐朽本质暴露无遗。一场对新文化进行探索和追求的运动风起云涌，各种学派、思潮激烈争鸣。马克思主义在这样的背景下广泛传播，成为推进中国政治、社会、文化变革的主要力量。

20 世纪二三十年代，新文化和新式教育在中国大部分区域，尤其是城市中全面展开。这时的学校教育，早已超越了先前培养少数专门人才以富国强兵的诉求，转为着眼更长远的国民素质培养和文教兴国事业。普通教育、社会教育、专门教育、大学教育、扫盲教育、农民教育等次第展开，男女教育平等也在城市中初步实现。1928 年，国民政府设立中央研究院，下设 10 个专科研究所，个别领域的科学研究甚至达到了世界先进水平。历史学摆脱了传统史学的束缚，发展起以进化论、科学方法、爱国主义为基调的新史学。文学艺术多元多彩，涌现出诸多流派和杰出的作家、艺术家。尤其是在抗日统一战线形成之后，文化艺术界空前团结，以抗日救亡为主题的文艺创作硕果累累。

四、新中国的现代化之路

中华人民共和国建立，彻底改变了 1840 年以来 100 多年间中国受制于外国侵略、殖民势力的处境，中华民族实现了独立和主权完整，重新界定了与其他国家的关系，这是一个划时代的进步。与此同时，中国的国家组织也由混乱纷争状态过渡到形成基本统一、行政有效的政府，因而可以全面整理、建立相应的社会治理法律法规、机构，中国进入相对和平稳定的历史时期，这为经济、社会、文化建设奠定了基本的秩序条件。

这时，苏美两大国为首的两大阵营对抗已经成为国际关系的基本格局，新中国政府站在中国共产党的长期盟友苏联一边。美国在 1950 年发动了侵入朝鲜的战争，威胁到刚刚建立的中华人民共和国的稳定。中国出兵援助朝鲜，1953 年，双方谈判确定以北纬 38 度线为界，停止战争。此后，以美国为首的西方势力对中国实行封锁，支持台湾政权反攻大陆，支持边疆地区的反叛活动，造成持续紧张的环境，但是中国大陆保持了基本稳定，制定了新的宪法和人民代表大会制度、政治协商制度、民族区域自治制度，并且提出了和平共处五项原则，很快展开了中央政府主导的大规模经济和社会建设事业。

新中国成立前夕,毛泽东写作了《新民主主义论》,用"新民主主义"来概括新国家的基本体制。稍后,将之修改界定为"人民民主专政",即工人阶级通过共产党领导而实现的工人、农民、城市小资产阶级和民族资产阶级的专政体制。其目标是将中国由农业国推进到工业国,由新民主主义社会推进到社会主义社会和共产主义社会。在经济恢复取得一定成效的情况下,1953年提出了社会主义过渡时期的总路线,推行国家对农业、手工业、资本主义工商业的社会主义改造,有步骤地消灭经济私有制,奠定国有经济主导的经济体制。其实施,在所有制方面主要涉及城镇中的企业国有化和公私合营,以及农村在土地改革基础上的集体合作化,在经济格局方面注重重工业,在流通领域实行主要生产和生活物资的统购统销。这种方式很大程度上受苏联经验的影响,以革命时期的大规模群众运动和政治挂帅的方式推动,求速、求纯,既取得了一些成就,也留下了诸多隐患。到1957年底,第一个五年计划指标基本完成,计划经济体制确立,国家工业化基础也初步形成了。

在这种情况下,中共中央内部在如何把握经济建设方针问题上发生分歧,很多人反对"冒进",知识界也有许多对于政策的批评。毛泽东则于1958年提出了"大跃进"的主张,要求在很短时间内在多项经济指标上赶上和超过英国,第二个五年计划被纳入"大跃进"的轨道。于是,全国范围大炼钢铁,农村虚报高产,各领域都出现荒诞浮夸风气,随后农村普遍由集体所有制的合作社转变为具有更高程度公有化性质、更大规模的人民公社。1959年,中共中央召开庐山会议,确定了进一步反对右倾的方针,"大跃进"狂潮再起。结果,国民经济各部门比例严重失调,民生物资极度短缺,通货膨胀,国家财政不堪重负,到1963年,全国非正常死亡人数达到约2000万之多。中共中央看到问题所在,从1960年开始就进行调整,不久即有成效。但是在经济方针改进的同时,在政治上片面强调党内、党外阶级斗争,开展了"社会主义教育"等一系列政治运动。到1966年,"文化大革命"爆发,彻底打乱了经济建设的局面。

这场运动,最初从毛泽东支持文艺界批评吴晗所作的新编历史剧《海瑞罢官》开始,很快发展为毛泽东发动全国群众,揪出和打倒党内各阶层"走资本主义的当权派"的浩大运动。党内野心家、阴谋家趁机排陷异己,谋求领导地位。全国学生组成"红卫兵",停课"闹革命",破"四旧"、铲除"封、资、修"、批斗"反动学术权威"和"反革命修正主义分子",同时把对毛泽东本人的崇拜推到狂热的程度。随后工人也组成"群众组织",以"造反有理"的名义向各地政府、机关、单位领导者"夺权"。各地、各单位都出现了所谓的"革命委员会",充当临时权力机关,很多地方出现不同派别的群众组织的大规模武斗。国家主席刘少奇等高级领导人被迫害致死。全国原行政、司法机关基本瘫痪,军队受到一定冲击,工厂严重停工,交通无法正常运转。1968年,大批"红卫兵"被作为"知识青年"动员迁往边疆、农村。1969年,中共中央召开第九次代表大会,推出一些措施使社会动乱局面逐渐趋于缓和,但是却把"文化大革命"以来造成的政治格局与极"左"意识形态判定为正确的方向,甚至预立一直鼓动"文化大革命"的林彪为毛泽东的接班人。1971

年,在"文化大革命"开始以来步步走红的林彪叛逃国外,途中坠机身亡,促使中共最高领导阶层开始进行一些反省,结束运动的主张开始抬头。从1971年到1976年底,由于党内两种对立主张派别的此消彼长,政策在继续"文革"极"左"路线与回归稳定建设之间来回反复摇摆。直到毛泽东逝世以后,极力推动极"左"思潮和阶级斗争意识形态的"四人帮"被逮捕,中国政治才真正进入到拨乱反正、回归建设的历史时期。

1978年,中共中央十一届三中全会确定了解放思想、实事求是,把工作重心转移到社会主义现代化建设上来,实施改革开放的决策。改革从农村生产关系领域首先突破,农民联产承包责任制极大地调动了农民的生产积极性,迅速带来农村活跃的生产面貌。随后,工业企业下放经营自主权,推行责、权、利挂钩的管理制度,推动竞争淘汰重组,扶持个体经济,全面计划经济带来了国家财政负担的减轻,国家税收的增加,经济活力的增强。1979年,开始在东南沿海开设"特区",放手引进外资和国外先进技术,允许私人资本和海外资本运作,采纳国际通用金融体系,取得了举世瞩目的发展。在整个20世纪80年代,在土地联产承包责任制环境下率先富裕起来的东南地区,发展起大批乡镇企业,极大地提高了国民生产水平,拓展了人口就业渠道,缩小了城乡差别。与此同时,文教、科技、外交、国防事业都以富有活力的姿态发展起来。

1989年,北京学校的青年学生举行了一系列要求进一步增加教育投入、惩治腐败、加速政治改革的集会,一些主张彻底西方化的知识分子引导青年学生采取激烈的绝食等方式,中国共产党领导上层意见分歧,海外别有意图的势力悄然施加影响,结果酿成了一场严重暴力冲突。冲突之后,中共中央坚持了改革开放的基本方针,提出了"中国特色社会主义"理论和在20世纪末使中国人民生活由温饱进入小康的目标,整个90年代,中国的经济建设保持了快速发展。1997年前后,亚洲金融危机爆发,亚洲大多数国家陷入金融崩溃的临界点,经济停滞,中国却一枝独秀,为稳定亚洲货币与促进经济恢复发挥了中流砥柱的作用。中国改革开放的成果,成为20世纪末世界经济活力的有力来源之一。1997年,香港在租借给英国将近百年之后回归祖国。1999年,长期租借给葡萄牙政府的澳门也回归祖国。21世纪的前10年刚刚过去的时候,中国在城市化、工业化的道路上快速发展。2006年宣布永久取消农业税,2010年时已经成为按照GDP总量计算的世界第二大经济体。中国海军在波斯湾实行常规化护航,中国的航空母舰也已经开始试航。从1840年到2010年的170年间,中华文明在经历了无数摧折、坎坷以后,以崭新的面貌顽强地站立了起来。

五、全球化时代的中华文明

新中国在曲折的现代化道路上行进的时候,整个世界也在发生深刻的变化,中国与世界的总体变化是互动而且日益深刻地联系在一起的。当新中国刚刚建立的时候,美苏两大阵营带有极强意识形态色彩的抗争恰好展开,从而造成了半个世纪包含多次局部战争的"冷战",全世界都处于非此即彼、非资本主义即社会主义的选择张力之间。基于历史的原因,中国与苏联缔结了同盟关系,与以美国为首的西方阵营则处于长期紧张状态。20世纪50年代以后,中国与苏联关系恶化,到60年代公开论战,形成了中国以"第三世界"国家自居而置身美苏对抗之外的格局。第三世界本身,则在第二次世界大战以后相继摆脱旧殖民主义统治,建立独立国家,然后进入"不发达"、"后发展"、"低度发展"的纠结之中。在这样的国际环境下,中国经济相对孤立,获自外部的经济动力不足,用自力更生的方式谋求发展。90年代初,苏联阵营瓦解,"冷战"结束,全球经济一体化倾向加速,国际联系加强的同时,资本主义在全球范围内普遍扩张,一时间似乎半个世纪以来的世界历史以资本主义的胜利做出结论,美国也开始放手施展单边主义的"国际警察"手脚。

在这种情况下,很多人认为,西化就是现代化,中国的发展就依照何等程度上相似于西方来衡量。然而这种判断很快受到质疑。2001年,伊斯兰原教旨主义者使用恐怖手段,用劫持的美国飞机炸毁纽约世界贸易中心大楼,美国很快卷入了在中东和阿富汗的战争。2008年,美国爆发由于金融过度"创新"而累积的金融泡沫破裂而激起的"金融海啸",大批银行、公司倒闭或重组,迅速牵连整个世界。不久,美国通过大量发行货币挽救金融机构、刺激经济发展,这一举措又导致美国主权债务评级下调,其经济发展前景评级黯淡。与此同时,沐浴20世纪后半期欧洲的普遍乐观主义而生的"欧盟"的多个成员国发生主权债务危机,金融一体化而财政分立的欧洲各国相互牵绊,欧元体系岌岌可危。日本则在2010年遭受地震、海啸袭击,继而发生严重核泄漏,债台高筑,政府首脑更换频繁,前景未卜。20世纪末以来的国际政治、经济面貌的全部含义需要在许多年以后才能透彻解读,然而前述基本情况已经表明,西方模式不是无缺陷的,资本主义制度的确包含着内在的矛盾,既不是完美的,也不是万能的。因而,虽然19世纪以来亚洲各个国家都通过模仿西方而实现了发展,但是单纯模仿西方并不是没有弊端,中国作为一个后发展国家,的确需要探索更为合理、明智的生存与发展之路。在过去几百年间始终主导世界并为其他国家、地区、民族提供模板的欧洲、美国自身,也有很严峻的社会模式如何存续的课题需要探讨。

21世纪的中国,在继续建设发展中,比以前各时期更加关注经济发展速度、水平以外的问题。其中,坚持基于中国国情的生存与发展道路是一个基本方向。所谓中国国情,在深层而言,就是中华文明的传统及其遗产。中华文明几千年的经验在急切学习西方的晚近百余年间被推到边缘,在需要探索全新的未来的时代则又成为必要的参照。

中华文明有人本主义的传统,珍惜民生,尊重自然,追求和谐。这些价值虽然在帝制政治主导的时代都不能完全实现,但一直保持为民族文化的深沉诉求。有了这样的传统,在参照晚近共和民主政治经验和国际经验的情况下,就有可能在融通中促生超越西式个人主义和竞争主义的新的现代价值观。中华民族如果能够在未来稳健处理政治民主建设与社会和谐统一的关系,在实用主义与理想主义之间把握中道,在民族自尊与普

世关怀之间适度均衡,在实现经济效益与社会合理性之间找到可行的调控机制,就不仅能够实现自强,而且能够溥惠于人类,为新时代的世界文明做出超越以往任何时代的贡献。

【小结与思考】

　　1840年鸦片战争标志着中华文明转入现代形态的新历史时期的开始。中国与世界各国的关系顿然改变,面临被殖民地化和被肢解的危机,中国文化也在现实竞争的挫败中显露出弊端。在全面危机中,中国士绅阶层和其他阶层积极救亡图存,尝试了基层民众运动、自强与洋务运动、维新变法,直至武装起义等等,推翻腐朽的清朝统治,变帝制为共和制,奠定了民族独立和社会变革的基本制度基础。共和初建时期,出现军阀实力派轮流控制政府的局面,独裁、卖国、腐败,不一而足。孙中山领导国民党,联合共产党,推动二次革命,推翻军阀,谋求建立真正的民主共和国家。然而孙中山去世后,国共合作破裂。国民党控制中国核心地区和中央政府权力后,并未积极推进社会改革,日益倾向于独裁政治,但犹然能在对外关系中恢复部分国家主权。正当中国政治、社会变革缓慢推进之际,日本对华的大举侵略爆发。1931年,日本以武力直接控制中国东北,随后扶植清朝末代皇帝溥仪为首建立伪满洲国,东北沦为日本殖民地,大批日本人移民到中国东北。同时,日本进攻上海,策划华北地区自治,直至1937年发动"七七事变"。其后大约1年间,日本军队占领中国华北、华中、华南大部分大中城市,在南京等地进行大屠杀。在此局势中,共产党与国民党再度合作,其他政治力量也大多求同存异,加入抗日统一战线,唯国民党内亲日派汪精卫势力公开投降日本。太平洋战争爆发后,中国军民抵抗日本侵略的战争成为世界反法西斯战争的一部分,坚持在正面战场和敌后战场打击日本侵略者,直至1945年日本战败投降。其后国、共两党在和平建国大计方针上未能取得一致,爆发内战。国民党统治区经济崩溃,共产党则在广大农村推行土地改革,得到农民拥护,不久彻底击败了国民党军事力量,建立了中华人民共和国中央人民政府。自此,中国彻底改变了1840年以来受制于外国势力的处境,实现了独立和主权完整,也形成了有效的政府机构。在经济恢复获得成效后,中国共产党在推动社会主义所有制改造中偏于激进,导致经济陷入困境,未及调整,爆发"文化大革命",十年动乱之后,进入改革开放与和平建设时期。经历大约30年的摸索和努力,到21世纪初,中国形成了独特的经济社会模式,香港、澳门相继回归祖国,成为世界第二大经济体,民生状况和文化教育各领域也都展露出新的气象。在1840年以来的社会变革中,中国文化也经历了复杂的嬗变。首先是正视西方技术的先进性,学习西方经济制度,兴办实业。随后学习西方社会制度,变帝制为共和,"民主"、"科学"成为新社会、新文化的价值核心,文学艺术形式大众化,传统文化价值则经历了从遭受激烈批判到得到重新诠释以适应现代社会要求的演变。20世纪末,"冷战"结束,然而和平未能实现,西方社会又爆发了经济、金融危机。这使得中华文明的人本主义传统、追求和谐的境界,以及生生不息的品质,成为探索人类社会存续思想的更为凸显的参照系。

【思考题】

1. 中华民族在 1840 年以后经历的民族危机中有哪些突出表现,危机是如何得到化解的?

2. 推翻帝制以后出现的中国政府都在"共和"体制范围,其差别是什么?

3. 中国的现代化为什么既要学习西方,又不能完全复制西方模式?

4. 中华传统文化在现代社会中有怎样的地位,应该如何对待传统中的精华与糟粕?拿什么去衡量哪些是精华,哪些是糟粕?

第十八讲 中华文明与现代社会

参考文献

[1]赵毅,赵轶峰.中国古代史[M].第二版.北京:高等教育出版社,2010.

[2]《中华文明史》编辑工作委员会.中华文明史[M].石家庄:河北教育出版社,1999.

[3]钱穆.中国文化史导论[M].修订本.北京:商务印书馆,1994.

[4]钱穆.国学概论[M].北京:商务印书馆,1997.

[5]张光直.中国青铜时代[M].北京:生活·读书·新知三联书店,1999.

[6]王钟翰.中国民族史[M].增订本.北京:中国社会科学出版社,1994.

[7]翁独健.中国民族关系史纲要[M].北京:中国社会科学出版社,2001.

[8]王文光.中国南方民族史[M].北京:民族出版社,1999.

[9]牟钟鉴,张践.中国宗教通史[M].北京:社会科学文献出版社,2000.

[10]任继愈.中国佛教史[M].北京:中国社会科学出版社,1985.

[11]任继愈.中国道教史[M].上海:上海人民出版社,1990.

[12]马西沙,韩秉方.中国民间宗教史[M].北京:中国社会科学出版社,2004.

[13][美]史华兹.古代中国的思想世界[M].程刚译.南京:江苏人民出版社,2004.

[14]谢乃和.古代社会与政治:周代的政体及其变迁[M].哈尔滨:黑龙江人民出版社,2011.

[15]朱大渭,梁满仓,刘驰等.魏晋南北朝社会生活史[M].北京:中国社会科学出版社,1998.

[16]杨渭生.两宋文化史研究[M].杭州:杭州大学出版社,1998.

[17]冯尔康,常建华.清人社会生活[M].沈阳:沈阳出版社,2002.

[18]陈东原.中国妇女生活史[M].上海:商务印书馆,1937.

[19]高世瑜.中国古代妇女生活[M].北京:商务印书馆,1996.

[20]闵家胤.阳刚与阴柔的变奏:两性关系和社会模式[M].北京:中国社会科学出版社,1995.

[21]游国恩等.中国文学史[M].北京:人民文学出版社,1963.

[22]洪再新.中国美术史[M].杭州:中国美术学院出版社,2004.

[23]金文达.中国古代音乐史[M].北京:人民音乐出版社,1994.

[24]金毓黻.中国史学史[M].北京:商务印书馆,2007.

[25]瞿林东.中国史学通论[M].武汉:武汉出版社,2006.

后　　记

　　这本《中华文明史》是应东北师范大学本科非历史专业通识课建设之需而编写的。最初曾依照陕西师范大学出版总社建议，拟邀请多院校教师合作编写，西北师范大学李清凌教授还曾专程来到长春，商讨编写计划。后来主要考虑协调编纂思路及统稿方便，改由东北师范大学历史文化学院教师承担全部撰写工作。主编设计了全书的体例和章节框架以及行文风格要求，对各章初稿进行了通读、修改、补充，拟定了大部分课后思考题，统一了初稿中引用文献的版本。全书的编写具体分工如下：主编本人编写了第一讲、第二讲、第三讲、第四讲、第五讲、第六讲、第十七讲、第十八讲；其余分担如下：苏力，第七讲；季爱民，第八讲；谢乃和，第九讲；张利军，第十讲；李媛，第十一讲；王德忠，第十二讲、第十三讲；马艳辉，第十四讲；汤志彪，第十五讲；武少民，第十六讲。全书初稿完成之后，参与撰写人员全部参与了对书稿的通读、校订。其后，又邀请中央民族大学陈楠教授、辽宁师范大学赵毅教授、东北师范大学王彦辉教授等对全书提出审查意见，并酌情再加修改。

　　本书编写过程中，参考、借鉴学界成果很多，除非直接引用，不能一一注明，书后所列主要参考文献涉及其中比较主要的部分，在此对相关学者表示感谢。东北师范大学教务处为本书编写提供了项目资金支持和诸多建议。编写者对所有为此书编写提供支持、建议、帮助的学者、机构致以感谢。今后在教学实践中，还当尽量吸收学生意见，继续修订，使之更加符合通识课程教学的需要。

赵轶峰

2011 年 12 月于长春